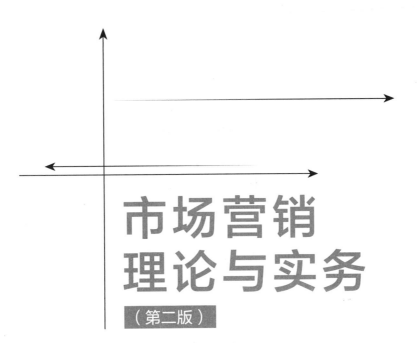

市场营销
理论与实务

（第二版）

黄炜 ◎ 编著

北京大学出版社
PEKING UNIVERSITY PRESS

内 容 简 介

本书在各个方面紧扣市场营销领域的最新动态和最新思维，并在多个章节，结合真实的营销场景，深入、全面地论述市场营销的实践方法。本书的重要内容和特色内容主要包括：消费者的购买行为与消费心理研究，阐述 3 种市场营销思维；10 种市场营销调研方法，设计调研问卷的 11 个注意事项；7 种细分消费品市场的方法；市场领先者与非市场领先者可采取的市场竞争策略；产品市场定位的 2 个层次；从市场营销角度规划产品策略；10 类定价策略与技巧；控制渠道的方法；窜货及治理；市场营销管理与 11 个营销管理案例；销售技巧、经验与感悟；4Ps 营销组合理论的发展；互联网企业的 6 种经营思维；我国电子商务应用状况；国际营销中的社会文化因素；从 8 个方面详细、深入论述市场营销的其他方面及发展，包括服务营销、体验营销等。这些内容体现了作者在选定若干论述主题后，又进行了全面、系统、深入的论述。本书层次分明，逻辑清晰，浑然一体。

本书适合本科、大专学生使用，对研究生也有一定的参考价值；同时适合企业中非市场营销专业的但欲转型到该专业的员工使用，对市场营销专业的员工也有一定的参考价值。

图书在版编目（CIP）数据

市场营销理论与实务 / 黄炜编著. --2 版. 北京：北京大学出版社，2024. 7. -- ISBN 978-7-301-35252-6

Ⅰ. F713.50

中国国家版本馆 CIP 数据核字第 20241PU722 号

书　　　名	市场营销理论与实务（第二版）
	SHICHANG YINGXIAO LILUN YU SHIWU（DI-ER BAN）
著作责任者	黄　炜　编著
策 划 编 辑	李娉婷
责 任 编 辑	赵天思　李娉婷
标 准 书 号	ISBN 978-7-301-35252-6
出 版 发 行	北京大学出版社
地　　　址	北京市海淀区成府路 205 号　100871
网　　　址	http://www.pup.cn　　新浪微博：@北京大学出版社
电 子 邮 箱	编辑部 pup6@pup.cn　　总编室 zpup@pup.cn
电　　　话	邮购部 010-62752015　　发行部 010-62750672　　编辑部 010-62750667
印 刷 者	天津中印联印务有限公司
经 销 者	新华书店
	787 毫米 × 1092 毫米　16 开本　19.75 印张　455 千字
	2024 年 7 月第 2 版　2024 年 7 月第 1 次印刷
定　　　价	59.00 元

前　言
PREFACE

1. 本书的内容选择原则

本书聚焦于市场营销本身，本书内容均是市场营销的核心内容，包括企业营销人员关心的理论、技巧与实践，不涉及战略管理、运营管理等内容。针对选定的写作内容，即本书的 15 个章节，基于作者的广泛研究，本书力求把它们论述、分析得全面而透彻，使每个章节都成为一个完整的体系，并对市场营销实践有指导价值。因此本书克服了市面上某些教材各方面都想讲，但往往蜻蜓点水，只简单介绍概念和相关知识的不足。

市场营销的相关教材，一般要么着重论述理论、理念，可起指导作用；要么着重阐述实践和案例，可起参考作用。本书结合了两者的优势，通过系统深入的理论分析、生动的实践探讨，力图使读者有所收获，产生阅读的欲望。这也是本书的特色。

作者撰写本书时还遵从了一个策略——不管是理论分析还是实践探讨，都多从实践需要的角度撰写而非多从学术研究的角度撰写。如果偏重后一角度，则书稿内容常常会偏向聚焦于各种细节的论述和概念剖析，即使写市场营销的实践工作时亦如此。然而这些不是大多数普通读者需要和关注的，它们是学者们关注的，大多数普通读者更关注有操作性的、整体的、有趣味的、更宏观一些的问题。

2. 本书特色

作者撰写本书时，时刻关注国内外的市场营销环境，大量阅读前沿文献，把新的市场营销理念、案例和市场营销技术、方法纳入本书。本书的内容、风格与其他市场营销教材有一定的不同，更贴合"市场营销新思维"这一主题和教学目标，将带给读者一种不同的感受。本书内容前后呼应，风格统一，全书浑然一体。

本书中的案例均是文字精炼而内涵丰富的，读者不会有读长篇案例的费力感，同时，借助这些案例，读者又容易理解相关的理论阐述。本书中案例丰富，有的一章里除了论述内容里的案例，专门列出的案例就有二十多个，且每个案例都紧密贴合其前的理论阐述。对较复杂的案例，案例后多有注解和评析。

作者秉持辩证思维，客观论述市场营销的相关方面，而非偏执于某一个观念，以拓展读者的思维。例如，本书辩证且全面地介绍了广告营销和无广告营销，市场调研的有效性与无效性，产品或型号的无实际价值的快速更新与有实际价值的快速更新，销售过程中执着坚持的效用与适时放弃并转向其他潜在客户的效用，品牌策略和无品牌策略，等等。

作者撰写本书时，采用了类似软件开发的原型开发方法，不断对内容进行充实、完善（包括对内容进行系统化、修订错误、精简次要内容、增强趣味性、增加理论深度等），参考前沿文献中的精华，调整章节结构，反复"迭代"，精雕细琢。

本书不仅专门设两章论述互联网营销和电子商务，还在其他章节的适当处也论述了相关的互联网营销思维、方法和电子商务实践，这吻合了互联网营销和电子商务已经渗透到市场营销各环节的现实情况，可以指导读者更好地结合线下和线上业务。这也使本书内容更互联网思维化和电子商务实践化。

大量有趣、实践性强且贴合本书论述内容的习题，也是本书的一大特色。这些习题既能帮助读者深入地理解阅读内容，进一步掌握理论知识，也能锻炼读者的思考能力，帮助读者练习面对实践问题时如何思考并找到对策。为了增强习题的上述效用，作者常常有意识地把习题与理论论述或案例分析内容稍稍隔开一定版面空间，以减弱答案的显而易见性。另外，本书习题的形式和风格与市场营销学课程大学期末考试的大致相同，能考查读者的学习效果。为此，本书习题不一定与本书论述内容完全绑定，习题里的词汇或术语与理论论述中的也不一定完全一致——参加过大学期末考试的人都清楚这一情况，考试内容不可能都是老师讲过的，否则就没有适当的难度了。

本书图文并茂，风格活泼，并在少量适当的地方加入相关党史、中国特色社会主义理论体系等方面的简短论述，以顺应课程微思政的潮流，也可以帮助读者基于我国国情深入理解有关市场营销的理论、理念和策略。书中部分插图为百度搜索提供的图片，作者对这些图片的作者和提供者表示衷心的感谢！

由于作者的学识有限，书中难免会有瑕疵，敬请读者批评指正，作者的邮箱是：huangwei0630@163.com。

与本书配套的授课录音网址是：https://www.ximalaya.com/shangye/53440408。

黄　炜

2023 年 4 月 14 日

上海工程技术大学管理学院

目 录

CONTENTS

第 1 章

市场与市场营销

学习目标

- 理解市场的现代概念和市场营销的概念；
- 理解消费者的购买行为与消费心理；
- 掌握购买决策的五阶段模式；
- 了解生产观念、产品观念、营销观念、推销观念和社会营销观念间的区别和联系。

1.1 市场的概念与分类

1.1.1 市场的概念

从现代市场营销学的角度，可以把市场定义为：为满足特定需求而购买或准备购买商品或服务的消费者群体。当下的市场定义突出了消费者，以消费者为中心。当今世界，市场是非常稀缺的资源，而我国的巨大市场使我国在全球具有突出优势——我国不仅人口多，购买力也很强。

市场是交换的范畴，随着商品经济不断发展、变化，在不同的时期、不同的场合具有不同的意义。市场的传统概念是交易场所，1948 年，美国市场营销协会还把市场定义为"一些买主和卖主发生作用的场所（地点）或地区"，然而在现代营销实践中，场所概念难以反映市场本质，也不利于市场分析。

以前也有人把市场看作商品交换关系的总和或者所有购买者的需求总和。

习题 1-1　多项选择题 ▶ 在现代市场营销学概念中，组成市场的最基本要素是（　　）。①

A 供应者　　　B 消费者　　　C 商品　　　D 购买力　　　E 购买意愿

第二次世界大战结束后，传统市场营销学演变为现代市场营销学，市场营销学被广泛应用于社会各领域。市场营销的学科范畴也跳出传统的狭义市场领域，而呈现与其他学科、专业融合的态势，例如，对营销心理学、营销行为学、营销工程学等理论的研究也得到重视。1987 年，菲利普·科特勒讲过这样的概念：经济学是市场营销学（市场营销学也研究商品流通、供求关系及价值规律）的"父亲"，行为学是其"母亲"，哲学和数学是其"祖父""祖母"。市场营销学还吸收了管理学、社会学等学科的理论和知识，例如，预测时可能需要用到社会学领域的预测或趋势判断方法。

1.1.2 市场的分类

1. 按交易对象的商品形态分类

按交易对象的商品形态可把市场分为商品市场、资金市场、土地市场、技术市场、文化市场、服务市场等。下面重点介绍商品市场、资金市场和土地市场，但其他几种市场在当今社会也是重要市场。

（1）商品市场通常指有形的物质产品市场，主要以各种生活消费品、生产资料为交

---

① 习题 1-1，选 BDE。

易对象，也是交易量最大、范围最广、种类最多、交易方式最复杂多样的一类市场。其中，生活消费品市场还具有终极市场的性质。因此商品市场属于主体市场。

（2）资金市场又称金融市场。资金市场又分为货币市场和资本市场。

货币市场又称短期资金市场或短期金融市场，指经营期在一年以内的货币资金融通市场，包括银行短期存贷款市场、企业间短期借贷市场、商业票据承兑贴现（对持票人来说，贴现是将未到期的票据卖给银行获得现金；而对银行或贴现公司来说，贴现是与商业信用结合的放款业务）市场、国库券和可转让存单市场、短期拆借市场等。这类市场具有融资期限短、信用工具变现力强等特点，可以为各类市场组织调节其资金流动性提供便利。

资本市场又称长期资金市场，指经营一年以上的中长期资金借贷和证券的金融市场，包括中长期存贷款市场、股票市场和中长期债券市场。资本市场又分为发行①市场（或称一级市场）和转让市场（或称二级市场）。与货币市场相比，资本市场的融资期限长，影响因素多，因而风险较大。

（3）我国现阶段的土地市场大体上由三个层次组成。一级市场由国家垄断经营，它涉及集体土地所有权的变更（变更为国有，我国没有私有土地）和国有土地所有权的实现；二级市场是土地开发公司对土地综合开发、经营形成的市场；三级市场是土地使用权有偿转让（企业和农民等都可以转让土地使用权）的市场。

2. 按交易方式分类

按交易方式可把市场分成现货市场和期货市场，也可以分成批发市场和零售市场等。

现货市场是进行实时现金支付和实际商品交付的商品市场，现货交易的对象是商品本身。

期货以某种大宗产品（如棉花、大豆、石油等）或金融资产（如股票、债券等）为标的，标准化为可交易合约。期货市场的特点有：交割在成交一定时期后进行；交割的商品很可能是标准、规范的期货合约，而不一定是实际货物；具有转移风险的功能。

杠杆原理是期货投资的魅力所在。在期货市场里交易无须支付全部资金，从事国内期货交易，只需支付规定的保证金即可获得未来交易的权利。假设某日铜的价格比某期货交易员当初交易时上涨了 3%，保证金比例为 5%，如果交易员当初操作对了（做多），其投资利润率将达 60%。投资利润率是按如下方法计算得到的：$3\% \div 5\% = 3\% \times 20 = 60\%$，20 就是杠杆率，即总共可投入保证金的 20 倍的资金以交易获利，包括保证金在内。投入 20 倍的资金是按原价购买，所以大大获利。

还可以更直观地理解上述 60% 的投资利润率。期货单价上涨 3%，因而该期货的总价值也上涨 3%。而交易时的投入仅为交易款的 5%，那么可得式（1-1）。

$$\frac{交易款 \times 3\%}{交易款 \times 5\%} = 60\% \qquad (1-1)$$

60% 即利润与当初交易时投入的比值。有读者可能会质疑：除了保证金，交易时不是支付了 95% 的余款了吗？投入不只是"交易款 ×5%"呀。作者的回答是：虽然交易

---

①　例如首次公开发行（Initial Public Offering，IPO）。

时支付清所有款项，但也真正获得了该期货的所有权，即投资者拥有了此项财富，并且此项财富增值3%。如果抛售该期货，则除了迅速收回全部投资——交易款与保证金之和，还有3%的利润。而当初的保证金只是交易款的5%。

由于抛售能迅速收回投资，所以可以不考虑从交易到抛售的短暂过程，而把期货交易的过程简化为仅看期初投资（保证金）和期末利润（或亏损），因而能用式（1–1）计算投资利润率。即使不抛售，投资者也获得该实物资产，利润（或亏损）也是客观存在的。

在实际的生产经营过程中，企业为避免商品价格的千变万化导致成本上升或利润下降，可利用期货交易进行套期保值，即在期货市场上买进或卖出与该企业在现货市场上交易的数量相等但交易方向相反的期货合约，使该企业在期货、现货市场交易的损益相互抵补。从而锁定企业的采购成本或商品销售价格，保住既定利润，规避价格风险。这就是对冲的概念。就同一商品而言，期货市场价格往往低于现货市场价格。

3. 按市场主体的地位分类

按市场主体的地位可把市场分为卖方市场和买方市场（看谁的话语权强）。

卖方市场指卖方处于支配地位、由卖方左右的市场，其特点是：市场上某种商品的供应量少于需求量，价格有上升的趋势，交易条件有利于卖方，买方形成竞相购买的态势。生产观念适用于卖方市场，则生产的产品往往都能卖出去，产能不足将明显影响企业占据市场份额和控制市场的能力。

买方市场指商品供大于求，卖方之间竞争激烈，买方处于有利地位的市场。

资源（铁矿石、稀土等）市场和商用大飞机市场就是卖方市场，而且卖家少，买家多。在国际市场上，往往我国买什么，什么贵，因为我国的需求量大，再加上以前我国的产业（例如钢铁产业）集中度不高，所以我国与外国（资源）企业的谈判优势就弱。因此，我国合并钢铁企业及航空企业等不仅是为了追求规模效应，也是为了与外国企业进行更有利的谈判，例如与力拓、必和必拓、淡水河谷、波音、空中客车的谈判。参见2.3节最后一段。"集中力量办大事"本是社会主义国家的优势，但我国过去关于钢铁、家电等产业的政策过于宽松，导致各地方政府在这些产业一窝蜂重复上马项目，产业集中度很低，因此很多企业发展不好，没有竞争力，在国际市场没有定价话语权。

 案例 1–1

美国高通公司的卖方市场

由于美国高通公司（下文简称高通）掌握了通信领域内一大批标准必要（指既是国际标准，又是必不可少的）专利，许多手机制造企业不得不购买高通的手机芯片，这便形成了卖方市场。高通在获得高额利润之际，滥用市场支配地位，实施限制、排除竞争的垄断。2015年2月，高通被我国国家发展改革委处以60.88亿元人民币的罚款，相当于它于2013年在中国市场的销售总额的8%，并被要求在中国市场整改经营，取消若干不合理的垄断措施。[①]

---

① 钟磊：《中国反垄断第一大案：高通反垄断案评析》，《对外经贸实务》2015年第7期。

有时虽无竞相购买的态势，但交易条件有利于卖方，也会形成卖方市场，例如东阳市、义乌市之间的水权交易。因为义乌市迫切需要解决水资源不足的问题，而东阳市是否出售水权，对其自身的影响似乎不是很大，因而东阳市的话语权就强一些。

作者这几年每年都出书，体会到我国出版行业也是卖方市场。毕竟想出书的人多，包括作家、高校教师、其他学者等，而出版社却数量有限。并且近几年出版政策和审查更加严格，国家新闻出版署每年提供的书号数量大大减少。因此，出版行业也偏向于卖方市场。

但现代社会中大多数市场是买方市场。

4. 按营销渠道分类

按营销渠道可把市场分为产地市场、销地市场和中转型市场。

（1）产地市场：这类市场靠近产地，容易汇集销售者，赢得客户的青睐（便利、价廉），例如义乌小商品城。

（2）销地市场：这类市场能汇集足够多的客户，从而赢得销售者的青睐，例如城市中的农贸市场。

（3）中转型市场：这类市场的交通和运输都很方便，从而能赢得销售者和客户的青睐，例如新加坡以及中国的香港、保定、武汉的市场。

5. 按购买者属性和购买目的分类

按购买者属性和购买目的可把市场分成个人消费者市场、生产者市场（生产资料市场或工业品市场）、中间商市场和政府市场。

1.2　消费者的购买行为与消费心理研究

消费者的购买行为由消费心理引起，消费心理包括求异、求便、求实、求廉、求趣、从众等心理。例如，"双十一"网购狂潮不仅是打折促成的，也是从众心理促成的。可以用暗箱理论分析消费者为什么产生购买行为。

本节内容更针对个人消费者，因此本节在大多数情形中都用消费者这个名称，这也符合大众认知——讲消费者，人们一般都对应到个人消费者。实际上还有企业消费者及其他机构消费者，但这些名称普及度不高，而且说到消费者，人们一般不会对应到企业消费者及其他机构消费者。

一般而言，客户可指代企业消费者及其他机构消费者，也可在"客户"前加定语——企业客户、政府部门客户、事业单位客户等。客户当然也可以是个人，即个人客户，例如银行的个人客户。不过在大众的一般认知中，客户这个名称是指能给企业、其他机构及个人带来较大业务的对象，我们在商店里买一瓶水甚至买一件昂贵的时装，商家一般不会把我们定性为客户。

顾客这个名称的灵活性很强，不但可以指给企业、其他机构及个人带来小生意的消费者，常常也可以指大客户。

这三个名称并无绝对的界限，某银行的个人客户可能只在该行存了 1000 元且未接受该行的其他服务，因此我们不能强求统一使用一个名称，而应根据语境和实际应用选择合适的名称。所以即使在本节中，有的地方也会用到顾客或客户这两个名称。用这两个名称还有另一方面的考虑，即他们已与卖方（生产企业或中间商，包括个人）产生交易行为，除非加上"潜在"这个定语。而消费者则可以指普罗大众，包括与卖方产生交易的对象，也包括潜在顾客，更大比例的、更大量的则是可能永远不会与某卖方产生交易的对象。

1.2.3 小节提到以顾客为上帝的说法，就不宜说以消费者为上帝，因为消费者可以指普罗大众，一家企业或某个个人营销者能以普罗大众为上帝吗？完全照顾不过来。承接上述逻辑，也不宜说某企业或机构的消费者，而应说顾客或客户，因为这是一种强联系，但可以说消费者在某商场购物，消费者在某健身中心锻炼，因为这样的语境反映的是相对较弱的联系。这些例子告诉我们，在不同的语境和应用场景，应当使用这三个名称中更合适的那个。

1.2.1　消费者的购买行为类型

1. 沉着型（或称理智型）购买行为

消费者在购买过程中沉默寡言，态度持重，喜欢细致检查和比较商品。销售人员须沉得住气，对自己的方案和商品有信心。从心理学的角度、礼貌的角度，也不应打搅消费者，要给予消费者良好、舒畅的购买体验。需要提醒的是，销售人员与企业客户打交道时也要注意此点。

2. 温顺型购买行为

消费者选购商品时往往根据介绍做出决定，很少亲自重复检查商品的品质，而是更加注重服务态度与服务质量。针对此类购买行为，销售人员应当表现出专业性，得到消费者的信赖。

3. 反感型购买行为

消费者高度情绪化，对环境的细小变化及销售人员态度的细小变化都能察觉，性情孤僻。他们在购买过程中往往不能忍受别人的多嘴多舌，对销售人员的介绍异常警觉，担心销售人员忽悠他们，对销售人员抱不信任的态度。如何接待这类消费者呢？销售人员说话时要特别谨慎，千万不能有冲撞或得罪的只言片语，否则生意就"黄"了，要顺从消费者。

4. 激动型购买行为

消费者傲气十足，甚至会用命令式的口气对销售人员提出要求，对商品品质和服务质量的要求极高。如何接待这种类型的消费者呢？销售人员应该尊重消费者，不违拗、不顶撞、不争辩；应持的指导思想是和气生财，热情服务。销售人员没有必要在营销过程中过多表现自己的个性，更没有必要与消费者置气。

5. 情感型购买行为

消费者在购买商品时往往带有浓厚的感情色彩，那么销售人员也要善于打感情牌，满足其感情需要，感染他们、鼓励他们购买。

销售人员须揣摩消费者心理，对不同类型的消费者采用不同的营销策略。销售人员还须记住，自己是为消费者服务的，绝不能挑剔其言行和性格，须随时调整心态，宽容对待每一位消费者。

1.2.2　消费者的购买决策

消费者购买决策的一般过程是：认识需要→收集信息→评估选择→决定购买→购后感受（可能还有购后行动）。这就是消费者购买决策的五阶段模式，在具体的情景中应灵活应用此模式和分析此过程。例如，消费者购买住房和购买饮料的决策过程及购买行为是有区别的，购买住房是复杂的购买行为，而购买饮料则是习惯性购买行为，前者要复杂得多。现使用五阶段模式分析这两种购买行为。

在认识需要阶段，认识购买住房的需要往往是一个长期的、渐进的、逐渐明确化的过程，当然，也可能有突发的需求想法；认识购买饮料的需要则简单、快速得多。

购买住房的收集信息过程往往非常复杂、漫长，比较全面；购买饮料的收集信息过程则简单得多，甚至不需要收集信息，因为属于习惯性购买行为。

评估选择的过程与前一个阶段的情况类似，在购买住房的情景中，消费者往往需要引入亲友、同事、同学乃至专业人士，以辅助其评估备选方案和决策。

决定购买阶段的情况与上述阶段类似，决定购买住房可能还是一个犹豫不决、患得患失的过程，可能长期难以最终下决心；而决定购买饮料则要干脆、迅速得多，决定时的心态基本上也是宁静、轻松的。

购后感受的情况也与上述情况类似，购买住房后的感受可能很复杂，可能是开心、庆幸，也可能是痛苦、愤怒、后悔、自责，而购买饮料后的感受则简单得多，可能只是喝饮料时的清凉、爽快、愉悦的感觉，也可能没有什么感受。

对很多商品，例如家具、家用电器等，消费者往往在去商场购买前就已做出初步决定；而对另一些商品，例如一般日用消费品、一般食品、衣服等，则往往在购买现场才做出决定。所以企业在拟订销售计划前，应了解消费者在何处做出购买决策，在此基础上有区别地进行针对性的包装设计、广告宣传和现场布置等，使商业网点的布局尽可能适应消费者的需要。例如，对于消费者在现场做出购买决策的商品，企业须使包装更有吸引力，把广告资金更多地投入现场，即做售点（Point of Purchase，POP）广告，使现场布置更出彩，促使消费者购买。

Costco 超市则努力做到让消费者在现场不需要做决策或者只需要做简单决策。雷军说："进了 Costco，不用挑，不用看价钱，可以闭上眼睛买，这是一种信仰！"它为每一个品类只精选了两三个品牌，同时确保价格比竞争对手的低，凡价格高于竞争对手的均下架。其商品毛利率始终保持在 10% 左右，远低于其他零售企业。除电器外，各类商品可无理由退货，且不设定期限。

习题 1-2　单项选择题 ▶ 影响消费者购买行为的个人因素主要是（　　　）。①
A 动机　　　　B 收入　　　　C 民族　　　　D 家庭

习题 1-3　单项选择题 ▶ 消费者购买决策的最后阶段是（　　　）。②
A 评价备选方案　　　　B 认识需要　　　　C 购后感受
D 购买决策　　　　　　E 收集信息

1.2.3　在营销中努力琢磨人性

营销的终极战场是消费者的心灵，在这方面，我们知道得越多，市场营销就越有效，所以要学习、应用和研究消费心理学、消费行为学等。

1. 一些分析与启示

2006 年，沃尔玛退出韩国市场的主要原因是没有采取措施适应韩国市场。例如，沃尔玛店内高大的货架让韩国娇小玲珑的家庭主妇生厌；由于着力追求卖场规模和低廉的土地成本，未将卖场设立在大型居民区附近，给韩国人的普遍印象是比其他超市更远、更不方便。与之形成对比的是，屈臣氏把货架高度由 1.6 米降到 1.42 米，就是为了照顾他们的顾客主体——女性顾客。由于是小型超市，屈臣氏也有条件开在繁华地段和居民密度大的地段。

21 世纪初，家乐福在日本也有类似经历，其失败的原因包括：照搬在欧美的经营经验，在千叶县的商业区开超市，然而区域内几乎没有居民，消费者开车前去购物的新鲜劲很快就过去了。另外，日本人讲究食材要新鲜，很多日本女性婚后不工作，她们有时间去附近超市购买新鲜食品，不像欧美消费者那样喜欢一次大量采购，远离居民区的家乐福显然不能满足日本消费者的需求。日本的商业文化决定了家乐福 45% 的商品必须从分销商处购入（日本生产企业的很多产品由商社销售），不可能都从工厂进货，因此家乐福的低价策略也难以充分发挥效用。最后，家乐福以亏损约 3 亿欧元的代价败走日本。③

营销寓言 1-1

雕刻老鼠的比赛

有一个国家有两个好木匠，有一天国王想让他们比出高低来，便要求两位木匠各雕一只老鼠，看谁雕得逼真。第一位木匠雕的老鼠栩栩如生，令国王赞不绝口；而第二位

---

① 习题 1-2，选 B。
② 习题 1-3，选 C。购后感受将影响下一次购买决策。购买决策的顺序是认识需要、收集信息、评估选择、决定购买、购后感受。
③ 乐绍延：《不讨主妇欢心，家乐福败走日本》，《新华每日电讯》2005 年 3 月 13 日，第 13 版。

木匠雕的老鼠只有老鼠的神态，形貌并不逼真。当国王正要宣布第一个木匠胜出的时候，第二位木匠不服，提出要找一只猫来试试谁雕得更像。找来一只猫后，这只猫毫不犹豫地扑向了第二只"老鼠"。国王不解地问第二位木匠，为什么猫更认定第二只"老鼠"？木匠答道，我用鱼骨雕的老鼠。

在营销中也是这样，那些成功的营销人员往往是最了解"猫"的需求的人。从这则寓言还可以引申出别的思考：营销人员是更应该关注本公司老板、经理们的规定和想法（类似寓言里国王的评判），还是更应该关注市场的需求（类似猫的判断）？ ① 从长期绩效看，自然应该更关注后者。例如华为公司总裁任正非反复对下属说："你们脑袋要对着客户，屁股要对着领导。"他认为，企业腐败，大多是因为员工把力气花在讨好上司，而非思考客户的需求上。因此他明文禁止上司接受下属招待，就连开车到机场为上司接机都会被他痛骂一顿："客户才是你的衣食父母，你应该把时间、力气放在客户身上！" ②

而苹果公司则一度能兼顾这两者，也就是既满足了公司高层管理者的要求，例如乔布斯的要求，也极大地满足了消费者的需求。在苹果公司，这两者的要求是一致的，也就是苹果公司的经营者和管理者准确地把握了市场需求。苹果公司基于对人性的了解，把握消费者的欲望和需求的细节，把产品做到极致，把人性营销也做到极致。其出色的饥饿营销就是对消费者渴望获得新款苹果手机这种心理的有效把握。

虽然在生活和一般的学习、工作场景中不提倡完美主义，但在对待产品设计、生产，质量控制，营销、服务时，追求极致、追求完美仍值得提倡。企业不追求完美，焉能有好的产出并让消费者钟情于自己？

营销寓言 1-2

小公主与月亮 ③

小公主对国王说："天上的月亮好漂亮呀，我想把它摘下来挂在脖子上。"宠爱小公主的国王让他的大臣们想办法满足公主的愿望，可是没人能做到。当然，大臣们也有自己的理由，例如月亮很远很远，月亮比我们的国家还大，月亮是被巨钉钉在天上的，等等。小公主得不到月亮，生了心病，国王也着急上火。宫廷戏班里的小丑看到国王不高兴，就问出了什么事。国王说出了原由，小丑沉思良久后说："月亮究竟是什么东西，其实谁也说不清楚，各人有各人的看法。我们应该搞清楚，小公主心中的月亮是什么样的。"国王同意小丑的看法，让他去问公主。小公主回答小丑道："月亮比我的手指甲小一点，因为我伸出手指放在眼前就挡住了月亮。"小丑又问："月亮是由什么东西做成的呢？"公主回答："我想大概是金子做的吧。"接下来的事情就好办了。国王命人用金子打造了一个小月亮送给小公主，她的心病就好了。

---

① 营销寓言 1-1 中第一个市场应该是国王，因为是国王要求两个木匠比赛的，后来被第二个木匠巧妙地转换到第二个市场，即猫的市场。

② 苏朝晖编著《客户关系管理：建立、维护与挽救》，人民邮电出版社，2016，第 198 页。

③ 李岳编著《倾听弦外之音：语言本来是透明的》，中国物资出版社，2006，"引子"第 1-2 页。

此营销寓言表明，营销人员应注重了解消费者的所思所求，对待儿童消费者更应如此，他们正像小公主一样，其想法与成人的可能完全不一样，老年消费者的消费心理与中年消费者的往往也有很大差异。

2. 基于消费者人性研究的 3 种营销方式

图 1-1 显示了基于消费者人性研究的 3 种营销方式及其出现的先后顺序。

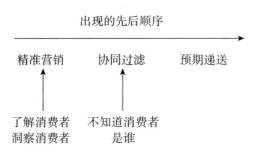

图 1-1　基于消费者人性研究的 3 种营销方式及其出现的先后顺序

1）精准营销

通过数据分析、挖掘大数据等手段准确洞察消费者的心理和购买行为特征，然后实现精准营销、提供精准服务，是新商业区别于旧商业的一个特点。

 案例 1-2

Target 超市的洞察

有一次，美国的 Target 超市将婴儿商品目录邮寄到一户家庭，该家庭的父亲到 Target 超市大吵大闹，说超市的这种行为侮辱了他的家庭。因为他们夫妻的年龄已很大，不可能再生孩子，而他们的女儿才十七岁，Target 超市邮寄婴儿商品目录给他们，不是在侮辱他们的女儿吗？事情的结果是，过了两天，这位父亲到 Target 超市，向该超市的员工道歉，因为他的女儿确实怀孕了。这位父亲此前还不知道，但 Target 超市却已知道此情况了。

不过，这种客户关系管理或客户信息跟踪方法容易使企业陷入侵犯客户隐私的困境。有一则公益广告反映了精准营销，也反映了此困境。该广告的广告词如下。

"我的成长总伴随着许多叔叔、阿姨的'关心'。我刚生下来时，有人打电话问：'生啦？胎毛笔做吗？'三岁时，有人打电话：'这里是国际双语幼儿园……'"

苹果公司在这方面的做法是，以自己的忠诚换消费者的忠诚。苹果公司规定，小应用软件的开发者必须重视用户隐私，保护好用户的数据，用户不再使用其应用软件时，必须把用户的数据删得干干净净。否则苹果应用商店将把这些小应用软件下架，并且不再上架。

2021 年 7 月，国家互联网信息办公室把滴滴品牌的 25 个应用程序下架，就是因为其违法收集、使用客户信息。

与精准营销对应的是"广种薄收""广撒网"式的营销，例如大做广告。这种营销方式耗资也大。

2）协同过滤

协同过滤是指运用大数据分析，使营销人员了解顾客群的重要信息和特征，进而采取有效的营销方法。

3）预期递送

预期递送指预测消费者周期性购买的物品，提前做好递送准备。在我国居住密集的地区，预期递送可能并不是那么重要，但在居住分散的地区，例如美国的部分地区，由于快递成本高，就很需要预期递送——若估计（递送）沿途的消费者会购买，则在发车前把预计会被购买的商品放在车上。例如，亚马逊在2013年12月获得"预测式发货"专利并把它运用到营销工作中。

消费者在刚刚接触预期递送服务时可能会吓一跳，因为他们下订单后，需要的商品可能在十几分钟内就到了——顺路送达。没有预期递送服务的话，被订购的商品可能需要四五天才到——快递服务商不愿意特地送货，成本太高。

在中国的密集居住环境中，一位快递员可能一天往同一居民区或单位跑好几趟——因为需求多，离得近，所以不一定需要预期递送方法。不过，像京东这些电商使用区域配送中心和前置仓库，也大大提高了配送效率，加快了配送速度。

 案例 1-3

王永庆的预期递送服务

台湾著名企业家王永庆在90多年前就采用了预期递送的服务，他当时还是一个卖大米的小老板。他记录下顾客买大米的时间、顾客家的人口、顾客家男主人拿薪水的日子，然后根据顾客购买的时间，估计顾客家的大米不多了，就在送货顺路时给这些顾客带一些大米去，看看他们是否需要。过一些日子，等顾客家男主人拿了薪水，再上门收大米钱。

所以，"预期递送"不是什么新鲜思想，古今中外早已有之。在此销售过程中，王永庆作为一个小老板，在90多年前，还有其他一些非常贴心的服务，让当今的营销人员都要竖起大拇指。现代人不能小瞧古代人或者王永庆那个时代的人的服务意识，他们其实早就把顾客当作上帝了。

3. 基于消费者人性研究的4种营销技术

1）"聚焦幻觉"营销技术

利用人们过度关注一件事或者一个方面而对事物认知产生的偏差，达到营销目的。例如，有的业主在卖房子时，刻意强调外观或者装修有多好，让购买者忽略结构不太好的事实。再如，有的商店强调自己的某些热销商品价格比别家的便宜，使消费者误以为此店的商品总体上更优惠。

2）"锚定"营销技术

例如，当你去商场购买一件商品时，如果营业员告诉你这件商品是800元，那么你

会在 800 元的基础上讨价还价，但如果营业员告诉你的是 500 元，你就会在 500 元的基础上讨价还价。

3）损失厌恶或损失规避营销技术

消费者常常对损失的反应强于对收益的反应，即有损失厌恶或损失规避倾向，针对这种倾向可形成损失厌恶或损失规避营销技术。①

例如，营销人员告诉消费者不买某件商品将有某种损失，比告诉其买这件商品将获得某种收益更有可能说服消费者购买。在 7.4 节介绍的卡特彼勒公司与小松公司进行营销竞争的例子中，前者的营销人员就可以使用损失厌恶或损失规避营销技术提醒客户：如果仅因为当前的价格便宜而购买小松公司的工程设备，后续的培训费、油耗费、维修费等都会明显增加；而购买卡特彼勒公司的商品则能有效节省这些费用。

再如，在淘宝上购物的时候，对同一类商品，消费者有可能不会选择价格最高的，也不会选择价格最低的，而倾向于选择价格适中的。这也是损失厌恶和损失规避心理在发挥作用——消费者担心价格太低会使买到的商品没有自己预期得好；也不喜欢价格太高的，担心高价商品不值这个价，自己做了冤大头。所以消费者常常选择规避这样的风险，遵循中庸思想。

4）环境影响营销技术

例如，气味、音乐、颜色和触觉对消费者的影响。

劳斯莱斯汽车的座椅散发出独特的苹果香气，能吸引消费者。

视觉来源占所有信息来源的 80%，色彩和外观是产品的第一语言，因此视觉营销显得尤其重要。人们常常用"色香味俱全"评价心仪的菜肴，其中，"色"排在第一位；在餐厅点菜时，菜肴的颜色和外观可能在很大程度上影响消费者决策。体验店的盛行也说明了购物环境对消费者的影响。

听觉营销，让消费者随着自己的情绪做出决定，例如，圣诞节歌曲常常能使消费者感受到圣诞节的氛围并开始圣诞节购物。夏天，商场舒缓的音乐常常能沁人心脾；冬天，富有激情的音乐也会让消费者感到温暖。当客流量较小时，商场会倾向于用柔和舒缓的音乐，这样可以延长消费者的停留时间；当客流量较大时，商场会倾向于用快节奏的歌曲，有利于加快消费者的移动速度，使其尽快完成交易（麦当劳、肯德基也用类似做法）。

4. 营销人员对客户进行角色定位

很多人都提"顾客是上帝"，虽然比较夸张，也有些奉承，但此思想对改善服务有指导价值，尤其在快速消费品和服务行业。但在实际营销工作中，营销人员要适时调整客户在自己心目中的角色。首先须认识到，他们不是去找客户讨钱，而是帮客户赚钱，或者为客户带来愉快的享受，等等。

---

① 另一种相反的理解则是：面对收益时，人们表现为风险厌恶；面对损失时，人们则表现为风险偏好。例如人们面对有十分之一的概率获得 1000 元与有五分之一的概率获得 500 元的机会时，常常选后者，这就体现了风险厌恶。人们面对损失或为了避免损失时，常常会冒险，结果可能是得不偿失，或者无所得并仍然失去了试图避免失去的，甚至是双重失去——不但失去了试图避免失去的，还因冒险失去了更多。考试作弊的糟糕结果就可以用上述规律表述。有的人甚至为了避免失去拥有的东西铤而走险，不惜违法犯罪，这些都表现为风险偏好。

在与大客户交往时，例如，在进行工业商品销售、工程建设项目营销以及其他大项目营销时，要努力经营与客户的关系，以平等的心态、热情真诚的态度相处，方能逐渐清楚对方的好恶，然后两看相不厌，做对方喜欢的事。

培训公司、咨询公司的营销人员有时可把客户看作学生或者病人——他们有困惑、麻烦、痛苦，才来找培训公司或咨询公司帮忙。

对分销商，营销人员须恰当地像管教、激励、支持孩子一样对待，否则他们可能怠于营销，甚至会搞事，例如窜货。应用物质激励、精神激励引导分销商开发分销网络，做好深度分销，寻找市场空白，做好终端陈列，及时反馈信息；应对分销商加强（产品或服务）专业知识、销售技巧、市场竞争分析方面的培训；应管理市场中本企业产品或服务的价格体系，保障各级渠道的利益。[①]

1.3 市场营销的概念与市场营销思维

1.3.1 市场营销的概念

市场营销是企业在变化的市场环境中，以顾客的需求为生产经营的出发点，为满足顾客的需求与实现企业目标，综合运用各种经营和销售手段，把商品和服务整体地卖给顾客的一系列市场经营活动。在这方面，IBM 公司是一个典范。市场营销的精髓是向顾客传递价值。由于营销在企业经营中占有突出地位，营销战略与产品战略共同被作为企业的基本经营战略，对保证企业总体战略的实施起关键作用。

美国著名市场营销学家麦卡锡在其代表作《基础营销学》中指出：任何商品经济社会的市场营销均存在两个方面，一个是宏观市场营销，另一个是微观市场营销。宏观市场营销把市场营销活动与社会联系起来，着重关注市场营销与满足社会需要、提高社会经济福利的关系。微观市场营销是企业活动或企业职能，着重于从市场需求出发，把商品或服务从生产者转移到消费者手中，实现企业的盈利目标。

市场营销中可被控制的变量或因素很多，20 世纪 60 年代，麦卡锡把这些变量归纳、精简成 4 个基本变量——产品（Product）、价格（Price）、渠道（Place）和促销（Promotion），再加上策略（Strategy），即 4Ps。1986 年科特勒提出"大市场营销组合理论"，即 6Ps，增加的 2 个基本变量是公共关系（Public Relations）和政府权力（Power）。

1.3.2 市场营销思维

第一个市场营销思维层次：基层营销人员应该见利见效地解决眼前的市场问题，将营销战略意图落实到具体策略上，穷尽方法实现目标，这就是营销执行力。在这

[①] 苏朝晖编著《客户关系管理：建立、维护与挽救》，人民邮电出版社，2016，第 146–147 页。

个思维层次上，营销人员会这样想：营销不就是打价格战、促销战和终端战吗？我设法比竞争对手打得更好不就行了吗？很多营销人员，甚至有些经理都认为营销就是打广告、促销和服务。但这些成功的招数很快会被竞争对手模仿，他们的力度甚至可能更大。

第二个市场营销思维层次：围绕既定的目标市场和消费者，组合营销策略。在这个思维层次上，出现了深度分销、概念营销、体验营销、服务营销、终端营销等营销模式，使得竞争对手一时很难像以前那样简单模仿和跟随，毕竟这些营销策略组合需要较系统的组织能力、较强的队伍执行力和相当多的营销资源。但是，在当今产品和服务同质化的同时，营销策略与手段也跟着同质化了，竞争对手还是会追上来的。

第三个市场营销思维层次：谋局胜于夺势。这一思维与"上兵伐谋，其次伐交，其次伐兵，其下攻城"的思想是相通的。在这个营销思维层次上，企业家就成为市场营销的主角。他们须改变游戏规则（例如不再打价格战），谋成一个局：改变与客户的交易关系，使之成为价值链中的一个环节，并越来越依赖自己（不排除在有的情形中，此想法有点一厢情愿）；通过整个产业链建立真正的产品价值差异（与竞争对手进行价值竞争），摆脱单个竞争对手的纠缠，变成价值链之间的竞争。在某种意义上，这种市场营销思维层次使一般意义的营销策略（包括促销）组合多余了。

习题 1-4　判断改错题 ▶ 市场营销就是推销和广告。（　　　　）①

1.4　不可执着于产品观念

产品观念是指导企业开展市场营销的一种传统的思想。这种观念认为，消费者都喜欢那些高质量、多功能和有特色的产品，因而产品导向型企业致力于生产高端产品，并不断改进，使之日臻完美。传统的营销观念并非不好，例如苹果公司的经营思想就包括产品观念，但不能过于执着。苹果公司后来也调整了产品导向的策略，改变了对外的傲慢态度，使产品体系更开放，欢迎其他开发者（例如应用开发者）成为合作伙伴；响应中国消费者的呼吁，降低在中国市场的售价。

在产品观念之前还有生产观念。生产观念是一个较久远的观念，它指出，顾客总是喜欢随处可得（也称为具有易购性，具有易购性的商品并非总受顾客欢迎，例如奢侈品不具有易购性却很受欢迎）、价格低廉的商品，强调以量取胜，注重提高生产效率和市场覆盖率。例如，亨利·福特过于关注生产效率和产量，这曾给福特公司带来辉煌，但后来却导致福特公司竞争不过通用汽车公司，并且亏损严重。

产品观念比较适合供不应求的卖方市场。在卖方市场，生产企业应当提高生产效率，大批量生产，以满足庞大的市场需求，否则会白白失去盈利机会。

---

① 习题 1-4，×。当前，市场营销的内涵和外延得到极大丰富和扩展。其过程向前延伸到生产领域和生产前的各种活动，向后延伸到流通过程结束后的消费过程；其内容扩大到市场调研、市场细分、产品开发、制定价格、选择分销渠道、广告、推销、售后服务、信息反馈等诸多方面。

　　许多营销人员认为：顾客欣赏精心制造的产品，他们能够鉴别产品的质量和功能，并愿意花较多的钱买质量上乘的产品。一个类似的观点是酒香不怕巷子深。

　　但事实上，顾客常常不能鉴别产品的质量和功能，企业不宣传，顾客就不愿意花更多的钱。

　　2007 年 1 月，美国最好的小提琴家之一贝尔在华盛顿核心地区（暗示了行人的文化素养整体而言是比较高的）朗方广场地铁站假装街头艺人，演奏一些高难度名曲。45 分钟过去了，虽然大约有 2000 人经过，但是无人停下来认真欣赏，人们总共只向他放在地上的帽子里投了 7.17 美元。原因很简单，就是人们不知道拉琴的是知名小提琴家，也就是此刻未被包装、宣传的小提琴家。

　　另外，顾客不一定愿意花更多的钱买质量上乘的产品。例如，开设在巴西的家乐福超市从墨西哥进口做工粗糙的尿布，因为便宜，所以该商品相对于宝洁和金佰利的高质量商品，很有竞争力。很多消费者还是喜欢买便宜货。拼多多能拼出自己的一片天地就很能说明问题，只要品质达到顾客的标准，他们为什么不买便宜货呢？为什么不利用拼多多的各种优惠机会、拼购机会呢？除了少部分钱多得花不完的顾客，大部分顾客还是重视性价比的。

　　经理们往往会迷恋自己的产品，而对该产品能否迎合顾客的需求不敏感；不适当地把过多注意力几乎都放在产品上，而较少放在顾客的需求上。这就会产生营销"近视症"，看不到真实的购买、消费场景，看不到顾客的偏好。即使产品本身很好（按产品经理们的眼光），也难以吸引顾客的心。

　　小猫是个钓鱼高手，小兔向它取完经后也去钓鱼，却一条也钓不到。小猫过来实地辅导才发现，小兔按照"在鱼钩上挂上好吃的鱼饵"的经验之谈，挂的是小兔最喜欢的胡萝卜。

　　有些企业就像这只小兔，以为拿出了自己最好的产品就能获得市场，可是它们认为的最好的不一定是顾客渴望的。所以科学有效的市场营销调研和分析是必不可少的，参见第 3 章。

　　一位老太太去水果摊买苹果，如果摊主对她说，我的苹果又脆又甜，老太太可能不感兴趣，默默走了。因为如果是老太太自己吃，她的牙可能不太好，吃不动这样的苹果。不脆的、果肉沙沙的苹果才适合她，就是所谓的"老奶奶苹果"。而如果老太太是给怀孕的儿媳买苹果，她可能想买酸酸的苹果而非甜苹果。所以说卖家认为好的特点，不见得顾客也认可。

　　执着于传统的产品观念，就好像对顾客说：我的产品很好，快来买吧！现代营销观念则是告诉顾客：我非常懂你，我的产品能帮你解决问题，让你的生活、工作更进一步，快来买吧！中国在非洲销售产品的知名手机品牌传音就是这样一个典型案例，参见14.1 节。

　　苹果公司也在践行着现代营销观念，苹果公司的理念是，不要销售，而是帮顾客解决问题。苹果公司的一本训练手册写道："你的工作是理解所有顾客的需要，甚至是顾客自己都没有意识到的需要。"

案例 1-4

"狗不理"包子在杭州遭到冷遇

"狗不理"包子是"天津三绝"之首（得名于高贵友的小名，始创于 1858 年），但在杭州却遭到冷遇。原因在于其忽视了杭州消费者是否能接受其产品特色这一问题。

首先，其包子馅比较油腻，不合喜爱清淡食物的杭州市民的口味；其包子馅多半含蒜一类的辛辣刺激物，这与杭州这个江南城市的传统口味也相悖。其次，"狗不理"包子不符合杭州市民的生活习惯。杭州市民把包子作为便捷快餐，往往边走边吃；而"狗不理"包子由于薄皮、水馅、容易流汁，不能拿在手里吃，只能坐下用筷子慢慢享用。因此，不少杭州消费者不会花较多的钱买这个质量上乘的产品，而情愿买当地便宜的包子。

有些企业把注意力集中在现有的产品上，集中企业的主要资源研究该产品并大规模生产。下面四个案例中的失败主体也有创新，但他们看不到消费者的需求在不断发展、变化，看不出新需求将导致产品的更新换代，意识不到在新的市场形势中营销策略应随市场的变化而变化。当企业拥有了一种拳头产品后，产品观念最容易产生。

案例 1-5

瑞士钟表行业错过了发展石英表的机会

1954 年，瑞士的一位工程师发明了石英电子技术，写了一份报告给行业权威人士，却被认为毫无价值。1969 年，瑞士试制出第一只石英电子表，却被钟表界权威人士嗤之以鼻。而日本获得瑞士研究出来的石英电子表后，立刻开展攻关。五年后，日本向全球销售电子表。1975—1980 年，日本电子表挤垮了 178 家瑞士钟表厂。瑞士钟表在全球市场的占有率从 50%～80% 猛跌至 1982 年的 9%。[①]

案例 1-6

柯达公司错过了率先发展数码摄像技术的机会

在数码摄像技术快速发展时，曾经创造全球辉煌经营业绩的柯达公司被自己坚守胶卷技术的策略蒙蔽了双眼，被自己的现有产品绊住了脚步。尽管柯达公司于 1975 年发明了全球第一台数码相机，但它当时没有意识到数码摄像技术背后隐藏的巨大商机，反而担心该技术会影响自己的胶卷业务，因而搁置其已领先一步拥有的数码摄像技术。柯达公司当时也在创新，但这些创新重点针对胶卷产品。（与之形成鲜明对比的是 6.7 节中介绍的案例 6-8。）

---

① 郑强国、吴青梅主编《企业战略管理》，清华大学出版社，2017，第 104 页。

案例 1-7

微软公司未适时加强开拓相关领域

微软公司由于过于偏爱 Windows 操作系统和 Office 软件（业绩好，利润高），也在这方面犯了一些错误，即没有适时加强开拓相关领域，例如手机操作系统和搜索引擎领域，因而在这些领域被谷歌公司大大占了上风。尽管微软公司强调专业化经营，但刚刚提及的这两个领域也是微软公司很希望占领制高点的领域，而且比尔·盖茨在较早的时候已经从谷歌公司的招聘广告意识到谷歌公司似乎正欲发力于手机操作系统研发。另外，微软公司从 20 世纪 80 年代就开始开发、销售 Windows 操作系统和 Office 软件，然而这些操作系统和软件的较新版本，仍有若干瑕疵，并且（大大）影响日常使用。因此说微软公司并未把产品质量做到极致。

当今瞬息万变的市场使企业仅掌握产品质量（例如诺基亚手机的摔不坏特性）一个要素就能称霸的时代不再。诺基亚公司当时坚持的是质量第一而不是客户第一，并认为拥有质量就拥有市场。

案例 1-8

诺基亚公司输在没有正确认识市场的眼光

21 世纪初，诺基亚公司没有及时看清市场需求的变化——手机用户对触摸屏功能（此功能代表了简洁与方便）和网络应用、多媒体应用、"娱乐中心"乃至办公应用的偏爱，因而未能跟上时代的变化。可以说诺基亚公司关键输在认识市场的眼光方面，所以尽管它当年的研发投入比苹果公司的还多，尽管它也有很多创新，却未能获得市场的青睐。（详见案例 6-9。以技术为中心、忽视用户体验也是要不得的。）

1.5　营销观念、推销观念及社会营销观念

1.5.1　营销观念

实现企业诸目标的关键在于正确确定目标市场的需求，并且比竞争对手更有效地传送目标市场期望的东西。市场营销的核心是满足顾客的需求。只有当所有的管理人员都认识到，企业所有部门的工作都是为顾客服务，市场营销不仅是一个部门（市场营销部）的名称，而且是一个企业的经营哲学时，这个企业才能算是一个以顾客为中心的现代营销企业。管理学家德鲁克说："市场营销是如此的基础，以致不能把它看成是一个单独的功能……从顾客的角度看，市场营销是整个企业的活动。"企业的价值在市场营销过程中体现，产品卖不出去，企业的所有员工都应该感到羞耻，因为所有员工的工作都体现不出价值。

健特药业公司创始人史玉柱当年为给脑白金写一篇好的宣传软文，不仅把策划班子里的十位高手集中到酒店封闭式创作，还把候选作品拿到营销会议中，让各地子公司的经理一轮轮地评选。经过众人的共同努力写出的宣传软文自然很有宣传的威力。

营销对一个公司不同的部门而言有不同的含义。对产品经理而言主要意味着通过市场调查研究消费者；对工程师而言意味着产品开发和产品设计的不断更新，不过在有的公司，产品经理在这方面也有责任；对销售人员而言意味着销售规划。[①]因此当这些部门合作时，尤其就营销目标合作时，常常冲突较多，难度较大。尽管如此，他们如果能克服障碍、有效合作，就能大大有利于营销工作的开展，例如，有效结合营销量化指标和财务量化指标可更好地洞察市场。

有一个例子，戴尔公司是面向市场的，而非面向生产或产品，在这样的理念指导下，它的产品还未生产出来就已经被售出——成品几乎零库存。

一个反面案例则是电信运营商各式各样的套餐和流量包产品，这些产品看起来似乎能拓展市场、增强市场竞争力，却也给电信运营商自己挖下了坑。产品越多，后台支撑系统越复杂，改造、升级、维护系统的费用也会大大增加，导致入不敷出。在这样的情形中，营销部门必须与运营、财务部门有效沟通与合作，认识到营销手段不是越多越好，甚至客户也不是越多越好（越多可能导致的亏损越大），要有全局观，要看公司的整体经营效果。营销人员不能有高高在上的想法，认为他们是给公司带来业务的，至于如何支撑运营、成本是否增加，则与他们无关。[②]

 **营销寓言 1-3**

先有鸡还是先有蛋？

有一家餐厅生意很好，门庭若市。总经理年纪大了，想退休并找一个满意的接班人。他把该餐厅现有的三位经理先后叫到面前。总经理问第一位经理：“先有鸡还是先有蛋？”第一位经理想了想，答道：“先有鸡。”总经理又问第二位经理：“先有鸡还是先有蛋？”第二位经理答：“先有蛋。”总经理问第三位经理：“先有鸡还是先有蛋？”第三位经理镇定地答道：“客人先点鸡，就先有鸡；客人先点蛋，就先有蛋。”总经理笑了，于是擢升第三位经理为总经理。总经理忽然问经理们这个问题，肯定是有用意的，聪明的经理应该抓住这个机会。

资料来源：刘治江，2017.市场营销学教程 [M]. 北京：清华大学出版社.

习题 1-5 判断改错题 ▶ 市场营销活动主要发生在流通领域。（　　　）[③]

[①] Edger H. Schein, "Three Cultures of Management: The Key to Organizational Learning," *Sloan Management Review* 38, no.1（1996）：9-20.

[②] 李建州：《智说营销》，中国经济出版社，2020，第256页。

[③] 习题1-5，×。市场营销活动不仅发生在流通领域，也发生在生产、分配和消费等领域。不同于产品观念，市场营销观念以消费者为中心，从生产、分配领域，甚至从构思、规划领域就开始考虑消费者的需求，因而在这些领域和终端的消费领域都有市场营销活动。

1.5.2　推销观念

营销观念之前还有推销观念，这一观念认为：如果由顾客决策，那么他们通常不会购买足量的商品，因此企业须采取各种手段，促使顾客积极购买。推销实际上只是营销活动中的一种职能。然而当前产品非常丰富，顾客的选择也极其多，所以营销人员应该努力为顾客找到合适的产品，或者说为自己的产品找到合适的顾客，而不是一味向顾客推销产品，也可把生产观念、产品观念和推销观念看作从企业角度出发的营销观念，有人把它们称作"前营销观念"。

营销学家科特勒把营销比作冰山，把销售比作此冰山露出水面的部分。其实不仅销售是露出水面的部分，营销的一些其他工作也是露出水面的部分——相对于顾客、市场而言是外显的，例如公关、宣传推广。不过营销也有相当一部分工作是在水面以下的，例如营销策划、产品规划和设计、价格管理、质量控制、品牌管理、经销商管理、销售组织管理、市场竞争乃至售后服务。读者可对照本书目录体会。

1.5.3　社会营销观念

社会营销观念发展和完善了营销观念，它要求企业在营销决策中权衡企业利润、消费者需求和社会长远利益，抱着对消费者和社会负责的态度，有选择地开发、生产、销售产品——增进消费者利益和社会利益的产品。应该把企业看成讲信用、讲商誉、讲道德的组织，而不是赚钱的机器。这样，企业既能在满足消费者需求的基础上获得经济利益，又能满足整个社会的利益诉求，从而具有强大的生命力。

随着资本所有权与企业经营权的分离，许多人不再把企业仅看成投资者的企业，而看成一个由各要素所有者（例如知识资本所有者、劳动力所有者）为实现自身利益而组建的契约组织。因此，企业必须满足参与企业契约的各利益相关方的要求。

这既是社会进步的需要，也是广大消费者的消费趋势和需求。例如，接受过环保教育并认可环保理念的消费者更愿意消费环保产品，也愿意为环保产品支付更多的金钱。他们可能会到网上寻找践行环保理念的企业，作为自己的供应商。15.6 节"绿色营销的效用和实践方法"就讲到，沃尔玛强制要求其供应商以更环保的方式供应商品。不少企业通过实践社会营销观念，获得了可观的经营收益和持续发展。

当今企业面对的是越来越具有批判性的公众，社会的认可成为企业至关重要的成功因素。在产品日趋丰富的社会中，选择哪个企业的产品，很大程度上取决于企业形象。良好的企业形象可以帮助企业得到公众的信赖，有助于企业产品占领市场。所以越来越多的企业开始关注自身在公众心目中的形象，这也是推动绿色营销的重要动力。绿色营销也属于面向社会的营销观念。

特斯拉公司甚至获得了大量非用户的喜爱，特斯拉不仅代表绿色，还代表高科技，这也是一种很好的形象内涵。湖南天然工坊电子商务有限公司提出"使用 6 箱竹妃纸 = 拯救 1 棵树"的价值主张，既推销了自己的产品，又呼吁社会各界一起保护环境。

营销观念和社会营销观念都属于现代市场营销观，之前的推销观念则不在此列。

对社会营销观念的另一种理解是把营销理念引入社会领域，借鉴商业领域的营销思想、方式和活动，为各种群体乃至整个社会增进福祉。例如，慈善也可产生营销效果。1888 年，英国利华兄弟公司（后与荷兰 Margarine Unie 公司组建联合利华）创始人为员工建"阳光村港"、建学校，希望他们过上乌托邦的生活，也希望美好的生活体验能让员工产生更高的生产质量。这产生了巨大的口碑效应，连皇室都前去参观。

 案例 1-9

沃尔玛中国重视以人为本的人力资源管理

沃尔玛中国 95% 以上的商场总经理由中国本土人才担任，女性员工占比超过 60%，管理团队（7 级职级以上）中约 42% 是女性。2009 年，沃尔玛中国成立了"女性及包容领导力发展委员会"。

 案例 1-10

中美史克的教训

2000 年，我国国家药品监督管理局通告暂停使用和销售含苯丙醇胺（PPA）的药品制剂，中美史克因此损失惨重。其实在此前几年，美国食品药品监督管理局就开始研究苯丙醇胺造成的不良反应。中美史克及其在美国的关联公司是否知道这一信息？如果知道了却无动于衷，则既是对社会不负责，也是对自身未来的经营不负责。在含苯丙醇胺的药品制剂被暂停使用和销售后，中美史克长时间不能提供替代品，导致其销售额猛降，市场份额大跌。

资料来源：马连福，2002. 现代市场调查与预测 [M]. 北京：首都经济贸易大学出版社.

 案例 1-11

耐克公司遭遇抗议和抵制

20 世纪 90 年代，耐克公司因为越南的"血汗工厂"分包商，卷入消费者的抗议与抵制漩涡中。安永公司对耐克公司在越南的一家工厂的审计报告显示：几千名年轻女性每天工作 10 小时，每周工作 6 天，暴露在高温、噪声和污秽的环境中，每周只有 10 美元的工资。工作环境中的致癌物超标 177 倍，77% 的员工患呼吸道疾病。

习题 1-6　思考题 ▶ 麦当劳餐馆

有一家麦当劳餐馆长期为老人提供特色服务，但老年消费者潜在地影响了餐馆的其他业务。餐馆经理该如何对待？

注意：麦当劳（中国）有限公司于 2017 年在证照层面正式更名为金拱门（中国）有限公司。

分析 ▶ 基于社会营销观念，该经理不能排斥老年消费者，可在空闲时段为老年消费者提供优惠，吸引他们尽量在这一时段来餐馆消费。这样既回报了社区，满足了老年消费者的消费需求；又充分利用了餐馆的空闲时段和设施，增加销量；还减少了对餐馆其他业务的影响。

　　另外，麦当劳的高热量和高脂肪类食物对关注健康的人来说是不能容忍的。在大多数消费者比以往更关注健康饮食的今天，麦当劳绝不可以坐视不理，墨守成规（正如它和肯德基曾经做的那样）；更不能被动到被消费者告上法庭。美国的一些烟草公司就因为消费者的健康诉讼而损失巨大。经营者须注意，健康理念是社会营销观念的元素之一。

　　习题 1-7　多项选择题 ▶ 现代营销观念与传统商业观念的本质区别在于(　　　)。①
A 面对的市场不同　　　B 营销出发点不同
C 营销产品不同　　　　D 营销手段不同
E 营销目的不同

　　习题 1-8　论述题 ▶ 新旧两类营销观念的区别有哪些？②

---

　　① 习题 1-7，选 BDE。对营销人员而言，面对的市场和营销的产品固然不同，但它们是外在的客观环境、客观条件，选项 BDE 才是与两种观念自身相关的本质区别项，当然，它们是由营销人员体现的。
　　② 习题 1-8，答：第一，企业营销活动的出发点不同。在旧营销观念指导下，企业以产品为出发点；在新营销观念指导下，企业以消费者需求为出发点。第二，营销活动的方式、方法不同。旧营销观念下，企业主要用各种推销方式；新营销观念下，企业则是从消费者需求出发，利用市场营销组合策略占领目标市场。第三，营销活动的着眼点不同。旧营销观念下，企业经营管理者的目光短浅，倾向于计较每一项交易或短期交易的盈亏；新营销观念下，企业除了考虑现实消费者的需要，还考虑潜在消费者的需要，在满足消费者需要、符合社会长远利益的同时求得企业的长期利润。

第 2 章

市场营销环境

第 1 章论述了市场的概念，其实，市场也可被理解为企业的经营环境，包括市场营销环境，也包括交易场所（传统的市场概念）。例如，我们说电信市场等概念时显然不是仅指客户或消费者，而是更广泛地指电信企业所处的经营环境。

2.1　市场营销的微观环境

图 2-1 描绘了市场营销的微观环境。

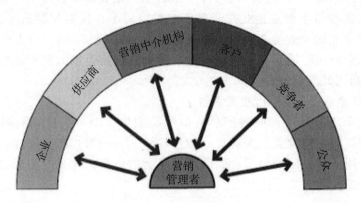

图 2-1　市场营销的微观环境

1. 营销管理者

为了创造客户价值和建立客户联系，营销管理者（处于中心位置者）需要所在企业的其他人员和部门配合。例如，如果沃尔玛的运营部门不能达到最低运营成本，其营销部门就不能像自己承诺的那样提供低价。

同时，为了创造客户价值，营销人员还需要与所在企业的价值传递系统中的其他企业合作。例如，只有当雷克萨斯的供应商提供优质零部件、经销商拥有优质服务时，雷克萨斯才能提供高质量的用户体验。

2. 客户

客户是市场营销的微观环境中最重要的角色，整个价值传递系统的目的是为目标客户提供服务，并与他们建立良好的关系。

3. 营销中介机构

营销中介机构包括：分销商；营销服务机构，如调研公司、广告公司、咨询公司；金融中介，如银行、信托公司、保险公司。信托业务主要包括委托和代理两个方面的内容，前者指财产的所有者为保护自己或其指定人的利益，将其财产委托给他人，后者指一方授权另一方，代为办理一定经济事项。社会分工越细，这些营销中介机构的作用就越大，而企业则可做好主业，提升核心竞争力。

4. 竞争者

从消费需求的角度划分，一家企业的竞争者包括以下对象。

1）愿望竞争者（或称消费竞争者）

如果一家企业是生产电视机的，那么生产冰箱、洗衣机、地毯等不同产品的企业就是其愿望竞争者。电视机企业需要考虑如何促使消费者先更多地购买电视机而不是其他产品，从而与冰箱企业、洗衣机企业等形成了一种竞争关系。

2）平行竞争者（或称需求竞争者）

平行竞争者是指提供满足同一种需求的不同产品的竞争者。例如，自行车、摩托车、轿车都可作为家庭交通工具，这三种产品的生产企业是各自的平行竞争者。劳斯莱斯汽车公司与大多数轿车制造企业并非真正的竞争对手，反而与制造游艇、私人飞机，生产珠宝，建造豪宅的企业更有竞争关系（均为奢侈品提供者）。劳力士手表公司的情况与劳斯莱斯汽车公司的情况类似。平行竞争者概念提醒营销人员不能患"竞争者近视症"，不能只看到明处的竞争者。

3）产品形式竞争者（或称行业竞争者）

产品形式竞争者是指生产同种产品，但产品规格、型号、款式不同的竞争者。例如，洗衣机有滚筒式、搅拌式、大容量、微型等款式——形式产品，洗衣功能则是核心产品。再如，家用计算机制造公司和商用计算机制造公司也互为产品形式竞争者。这就是市场细分的概念。

习题2-1　判断改错题 ▶ 相对于黑白电视机而言，纯平彩色电视机属于全新产品。（　　　）[①]

4）品牌竞争者

品牌竞争者指提供的产品相同或相近，规格、型号相近，但品牌不同的竞争者。对这些产品而言，市场细分不明显，竞争更加激烈。但同一企业的相同产品的不同品牌之间主要不是竞争关系，而是互补关系。例如，宝洁公司推出的飘柔、潘婷、海飞丝、沙宣产品都是洗发水，且其主要功能并无显著差异，但其广告宣传的重点各有差异、各具特色，旨在满足不同消费者的不同需求，扩大销量，占据超市的货架空间，挤压竞争者的市场空间（参见10.2.1小节中的案例10-2）。

在产品形式竞争和品牌竞争中，产品出现了许多规格、型号、款式、品牌。有人说，"魔鬼"（这里指神奇的东西、魅力）就藏在细节中，但太多的例子表明，现在很多企业非常巧妙地把无意义的细微差异包装成"显著"的差异。

一个典型例子是可口可乐与百事可乐的差异。产品的品质相近时，为了体现差异，企业往往会宣传文化差异（参见15.3节）。上述差异还被冠以美名——创新。请再看下面的案例。

---

① 习题2-1，×。属于换代产品。

 **案例 2-1**

吉列公司产品更新换代的速度

吉列公司于 1930 年推出经典蓝吉列剃须刀片，40 年后才推出升级版——双层刀片。又过了 18 年才推出感应刀架。但在此之后，只过了 5 年时间，吉列就推出了超级感应刀架。然后仅仅过了 4 年，三层刀片的吉列锋速 3 问世。紧接着至少有 4 种升级版的吉列锋速 3 问世。如今，五层刀片的吉列锋隐也已上市，虽然这款产品还比较新，但它居然也有了几款升级产品。

资料来源：穆恩，2018. 哈佛商学院最受欢迎的营销课 [M]. 2 版. 王旭，译. 北京：中信出版社.

有的企业未采用这种快速迭代创新策略。例如，在其他企业每年推出几十款产品，消费者根本搞不清这么多型号之际，苹果公司每年只推出一款新手机，却能收获全球"果粉"。因此，雷军在小米公司一直传播"克制贪婪"的理念，专注于做该做的事，并把工作做到极致。

 案例 2-2

德国美诺产品的稳定性

受乔布斯高度称赞的德国美诺（家电公司美诺成立于 1899 年）产品的更新换代并不快，实际上对有的产品而言，例如洗衣机，这符合消费习惯。洗衣机的使用者多为女士，她们不太热衷于产品的技术更新。换一种新型号，她们就得重新学习如何使用，这是一个麻烦事。热水器的情况也类似，消费者一般都希望它们的使用寿命越长越好。这也符合环保精神。

有时确实可把原本无差异或者难以差异化的产品或服务做成有实质差异的。例如，有一家公司的门把手内在质量高于其他竞争对手的，但外表上没什么差异，顾客觉得"它们看上去都一样"，这家公司并不能获得更大的市场份额，反而由于成本、价格稍高，市场竞争力较弱。后来，公司管理者受"它们看上去都一样"这句话的启发，想到了在外形方面加强设计，就可以使原本普普通通的门把手展现美感与个性，进而促进销售。

也有一些快速的产品更新有实际意义，例如服装的更新，因为该行业的消费需求和市场趋势变化非常快。2014 年，韩都衣舍推出 3 万款新品。快时尚领域的领导品牌 Zara（西班牙 Inditex 集团的子公司，服装和连锁零售品牌）每年推出约 1.2 万款新品。

 案例 2-3

Zara 为何能快速、大量推出新产品？

Zara 尽力在最短时间内满足消费者对流行的需求：当竞争对手为节约成本采用船运时，Zara 采用空运——欧洲的所有 Zara 连锁店一天内可收到货，美国的是两天内，中国、日本的是三天内。Zara 不惜把营销经费用于对物流系统的扩充与完善，例如建了两个空运基地。

其经营优势还包括拥有 260 多家布料供应商，保障了原材料的稳定、快速、低价供应，并削弱了供应商的议价能力；在西班牙总部周围设立了 20 个高度自动化的染色、裁剪中心；把劳动密集型生产工序外包给欧洲的近 300 家合作企业及亚洲的 100 多家供应商，但仍然有一半的产品是它在西班牙的 22 家工厂自己生产的，这使其能更灵活、快速地调整生产。

这些经营措施与高频率款式翻新一起，助力 Zara 实现快时尚。

2.2　市场营销的宏观环境组成

2.2.1　经济环境

美国学者罗斯托将世界各国的经济归纳为六种类型：传统经济社会阶段、经济起飞前的准备阶段、经济起飞阶段、迈向经济成熟阶段、大量消费阶段、追求生活质量阶段。处于前三个阶段的国家为发展中国家，处于后两个阶段的国家为发达国家。

1. 消费者支出模式和消费结构

没有孩子的年轻人组成的家庭往往把更多收入用于购买冰箱、家具、陈设品等耐用消费品；而有孩子的家庭随着孩子的长大，其预算会发生变化，孩子的娱乐、教育等方面的支出较多；孩子独立生活后，该家庭的支出预算又会发生变化，用于保健、旅游、储蓄的部分会增加。因此，应当针对不同类型的家庭销售不同的产品和服务，或者说采用不同的营销组合。

消费结构指消费过程中，人们消耗的各种消费资料以及劳务的构成。恩格尔（19世纪德国统计学家）系数表示家庭购买食品的支出占家庭总收入或总支出的比例。恩格尔系数越大，生活水平越低；反之，恩格尔系数越小，生活水平越高。为什么这么说呢？因为一个家庭的食品支出相对比较稳定，如果该支出的占比有减小的趋势，往往是因为该家庭的总收入增加了，并且往往用于别的方面的支出增加了，即生活水平提高了。

联合国粮农组织制定的标准是：一个国家的家庭平均恩格尔系数大于 60% 表示绝对贫穷，50%～60% 表示温饱，40%～50% 表示小康，30%～40% 表示富裕，30% 以下表示最富裕。1978 年，我国农村居民恩格尔系数是 67.7%，城镇居民的是 57.5%，整体处于绝对贫穷级别。2016 年，我国的全国居民恩格尔系数是 30.1%，已达到富裕的级别；2018年为 28.4%；2019 年为 28.2%；2020 年为 30.2%；2021 年为 29.8%；2022 年为 30.5%；2023 年为 29.8%。消费者的关注点逐渐转移到精神层面。（日本总务省公布的数据显示，2014 年度日本的恩格尔系数平均达 24.3%，为自 1993 年 21 年以来的最高水平。）

习题 2-2　单项选择题 ▶ 用于购买食品的支出占家庭总收入的比例下降，意味着（　　）。①

A 恩格尔系数增大　　　B 基尼系数减小
C 恩格尔系数减小　　　D 基尼系数增大

　　按照国际经验，人均国内生产总值在 8000 美元左右时，消费结构将从生存型消费向发展型消费升级。世界银行数据显示，2017 年，中国人均国内生产总值是 8817 美元，略高于中等偏上收入地区的平均水平。2017 年，卢森堡的人均国内生产总值是 110193.2 美元，美国的是 59907.8 美元。2018 年，中国人均国内生产总值是 9905.4 美元；2019 年，达 10143.9 美元；2020 年，为 10408.7 美元；2021 年则达到了 12617.5 美元，在全球属于中等偏上的位置，并且已经超过了全球人均水平。

　　美国在 2021 年的国内生产总值达到 23.32 万亿美元；中国为 17.82 万亿美元，位居第二；日本仍是第三名，国内生产总值为 5.03 万亿美元。

　　2021 年，摩纳哥、列支敦士登的人均国内生产总值依旧在全球各国中领跑；卢森堡以超过 13 万美元的人均国内生产总值继续位居全球第三名。而人均国内生产总值达到 10000 美元被认为是中等发达国家水平的标志，国际货币基金组织发布的数据显示，2021 年共有 71 个国家人均国内生产总值超过 10000 美元。发达国家居民收入与国内生产总值的比值大约是 55%，2023 年我国尚未达到。

　　从我国整体情况看，供给侧尚未对消费结构升级（从生存型消费到发展型消费）做好准备，这也是要进行供给侧结构性改革的原因之一。中国人在国外尤其是在发达国家大规模扫货的现象显示我国的经济增长为他国拉动需求提供了动力。

　　从另一个角度来看，优化的消费结构是优化产业结构和产品结构的客观依据，因为有（不良）需求就有相应的生产与销售。这就是要对国民开展环保观念、节约消费观念宣传的原因。有人甚至提出要把不浪费的要求从道德层面提到法律层面。但是仍有不少人对节约、理性消费不以为然，并提出不大量消费就不能拉动内需，进而就不能促进经济发展的观念。这样的观念显然与可持续发展理念相左，例如，破坏了代际消费的可持续性与平衡。2013 年，国内出现提倡"光盘行动"的热潮，2020 年，党中央再次号召节约粮食，"光盘行动"入选"2020 年度十大网络用语"，这些是否定上述过度消费错误思想的显著体现和有力依据。

📖 **相关理念**

"断舍离"与"极简主义"

　　"断舍离"与"极简主义"劝告人们，不要因为攀比，买不需要的东西，可以把省下的钱更多地花在确实需要的方面。例如，真的需要买第二套房吗？如果并不需要第二套房，何必贷款购房成为"房奴"。把这笔钱用在旅游、深造、创业、做研究等方面，不是会使人生更丰富多彩，实现更大的人生价值吗？

---

① 习题 2-2，选 C。

如果单位离住处不远，真的要买车、开车去上班吗？骑自行车就足够了，还能锻炼身体。如果开车的话，不但买车要花很多钱，而且每年的养护费、保险费也不少。

美国家庭平均拥有的物品数量惊人，其中不少东西都是非必需品。据说猫王至少买过100辆凯迪拉克（他花钱如流水，差一点破产，因而被经纪人乘隙控制）。

"断舍离"和"极简主义"可以劝导物质占有欲过强的人减少向社会和自然环境索取。

2. 消费者信贷

消费者信贷是影响消费者购买力的一个重要因素。

（1）短期赊销。

短期赊销指消费者在某零售商店购买商品时无须立即付清货款，有一定的赊销期限，如果消费者在规定期限内付清货款则不用付利息。这也是一种促销。

（2）分期付款。

分期付款分两种：一种是用于一般商品的分期付款，可能也要付利息，以信用作为保证；另一种是住房、汽车类商品的分期付款，购买金额较大，涉及银行的参与。消费者购买住房时，自己必须先支付一部分房款，再以购买的房产作为抵押，向银行借款支付剩余的房款，以后按照借款合同的规定在若干年内分期偿还银行贷款本金和利息。消费者对用这种方式购买的住房有装修、改造及出售权。

消费者信贷与社会经济政策密切联系，它是一种经济杠杆，可以调节商品供给与需求之间的关系。当商品供不应求时必须收缩消费者信贷，从而适当抑制、减少需求。例如，为了抑制房价上涨，政府严控、收缩购房贷款。政府可把消费者信贷投向需要发展的产业，促进这些产业发展——消费者有更多贷款资金，购买增加，从而在需求侧促进该产业的消费。

习题 2-3　多项选择题 ▶ 企业在分析经济环境时应着重分析以下主要经济因素（　　　）。①

A 消费者收入变化　　　　B 消费者支出模式
C 消费者价值观念　　　　D 消费者价格反应
E 消费与信贷

习题 2-4　多项选择题 ▶ 影响购买力水平的因素主要有（　　　）。②
A 消费者收入　　　B 消费者支出　　　C 消费者信贷　　　D 储蓄　　　E 币值

3. 国内的一些经济环境数据

世界银行公布的数据显示，2000 年中国的人均国民总收入（2015 年不变价美元）是 2171.5 美元，在 207 个国家和地区中仅排在第 141 位。

---

① 习题 2-3，选 ABE，其他两项是消费者心理因素和行为因素。
② 习题 2-4，选 ABCDE。消费者收入、消费者支出、消费者信贷自然会影响购买力；有储蓄则心里有底，更有可能购买；币值也会影响购买力水平，尤其在过去，英国和美国消费者比中国消费者的购买力水平高，一个重要原因是其国家的币值高。

国家统计局公布的数据显示：2018 年，中国人均国民总收入是 9732 美元，高于中等收入国家平均水平；2019 年，中国人均国民总收入是 10410 美元，在公布数据的 192 个国家和地区中排名第 71 位，高于中等偏上收入国家 9636 美元的平均水平。2021 年，中国人均国民总收入是 11890 美元。

国家统计局数据显示，截至 2019 年年底，中国大陆总人口（包括 31 个省、自治区、直辖市和中国人民解放军现役军人，不包括香港、澳门特别行政区和台湾省以及海外华侨人数）超过 14 亿人，其中男性约 7.15 亿人，女性约 6.85 亿人。劳动年龄人口（15～59 岁）约 8.96 亿人，老龄人口（65 岁以上）约 1.76 亿人。中国在 1999 年就已步入老龄化社会。第七次人口普查结果显示，全国总人口约 14.4350 亿人，普查标准时点是 2020 年 11 月 1 日零时。

2019 年，常住人口超 7000 万人的有广东省、山东省、河南省、四川省、江苏省和河北省，广东省、山东省人口分别超过 1 亿人。2019 年，北京市、上海市、江苏省、福建省和浙江省的人均地区生产总值均超 10 万元。不过广东省、山东省也是地区生产总值总量大省。

为更好地理解国内经济环境，读者可以与 14.2 节里的国际市场环境数据进行对照。

2.2.2　政治与法律环境

一国政府不仅以管理者身份直接干预经济，还以消费者身份影响市场需求。政府的支出水平不同，对社会需求结构和需求总量的影响是有差别的。政府有时会对某一类产品形成独买权，这种垄断行为制约了企业的营销运作能力。

目前我国颁布的与企业国内营销有关的法律主要有《中华人民共和国广告法》《中华人民共和国反不正当竞争法》《中华人民共和国价格法》《中华人民共和国消费者权益保护法》《中华人民共和国计量法》《中华人民共和国专利法》《中华人民共和国环境保护法》等。

在国际营销方面，我国的有关法律和行政法规有《中华人民共和国对外贸易法》《中华人民共和国反倾销条例》等。出口控制主要包括出口国控制（控制出口到哪些国家）、出口产品控制和出口价格控制。倾销指一个国家或地区的出口商或生产企业以低于其国内或地区内市场的正常或平均价格，甚至以低于成本价格的价格，将其商品抛售到另一个国家或地区的行为，目的在于击败进口国或地区的竞争对手，夺取市场。倾销可能会给进口国或地区的相同或类似产品的生产企业及行业带来损害。反倾销法规仅适用于国与国之间或相对独立地区之间的外贸业务，不适用于一国或一独立地区内的贸易业务（内贸）。正因如此，一国之内才会有价格战，有时销售价格甚至低于成本价格。

在规范行业发展方面，政府的政策、法规反应还应更灵敏。例如，针对国内共享单车的情况，政府如果能及时出台管控政策，不让过多的企业进入此行业，对在位企业的过度竞争行为及时、有效地引导和管理，就不会出现如此多的无序竞争，就能减少社会资源的浪费，减少大范围的新问题。

2.2.3　社会文化环境

不同的国家或地区有不同的文化。在一个国家或地区内，不同年龄、不同区域、不同民族的群体可能存在不同的亚文化。具有不同亚文化的群体在消费行为方面可能有很大差异。营销人员可以根据不同亚文化群体的不同需求和消费行为，选择不同的亚文化群体作为自己的目标市场。

不同的文化背景下有不同的审美观。

西方国家的人认为白色象征圣洁、忠贞，他们的婚礼就是像图 2-2 里这样布置，而中国文化则多认为白色代表不幸。在马来西亚和新加坡，绿色象征疾病和死亡；而阿拉伯地区（沙漠地区）的人民却酷爱绿色，对他们而言，绿色象征着生命和绿洲。

图 2-2　西方国家的婚庆布置

从人口因素角度看，非传统家庭（已婚但没有孩子的夫妻、单亲家庭、单身或同居）数量在不断增加。营销人员要考虑的问题是：如果目标客户是非传统家庭，应该为其提供哪些产品或服务？还有一些类似的问题需要营销人员考虑：如果非传统家庭数量的占比已经比较高，企业应该为它们提供哪些产品或服务？应该怎样营销？

分析社会文化环境时可借鉴社会学的相关研究成果。

2.2.4　技术环境

随着社会发展，新产品的开发周期大大缩短，产品更新换代加快，开发新产品成了企业开拓新市场和赖以生存发展的根本条件。但不可唯技术论、唯产品论（参见 1.4 节），因此营销人员须不断寻找新市场，发现新需求；研发、经营人员须预测新技术，时刻注意新技术在产品开发中的应用，从而开发出给消费者带来更多便利的新产品。例如，现在越来越多的消费者通过互联网订购商品，这也要求企业在制订市场营销组合策略时应认真考虑技术环境。

科学技术是一把"双刃剑"，在给某些企业创造市场机会的同时，可能给另一些企业带来灾难，例如科技的发展和变革使石油行业的发展史成为一幕悲喜剧。

当前的五大科技新生力量是"大智云物移"，即大数据、人工智能（深度学习）、云计算、物联网、移动互联网，它们的发展正风起云涌。2020 年 11 月 Analytics 公布了一项数据，截至 2020 年上半年，全球物联网设备数量达 11.7 亿个，而非物联网设备数量则继续维持在 10 亿个左右。我国的物联网设备连接数量占全球的 75%，其中中国移动公司就占 54% 的份额，占全球的一半多。而 Transforma Insights 发布的一项研究显示，2019 年年底，激活的物联网设备已达 76 亿个，预计到 2030 年将增长到 241 亿个。麦肯锡公司预测：到 2025 年，物联网的市场规模将达 11.1 万亿美元。

2020 年 8 月 7 日，中国经济信息社在无锡发布《2019—2020 年中国物联网发展年度报告》。该报告显示，我国移动物联网连接数已突破 12 亿，设备连接量占全球比重超过 60%。

2.2.5　PEST/PESTEL 分析框架

2.2.1～2.2.4 小节这四方面的内容即组成 PEST（政治、经济、社会、技术）分析框架。经济环境对市场营销的影响最大，所以本书首先在 2.2.1 小节论述经济环境。企业需要通过调节自身的相对可控因素，例如产品、价格、渠道、促销方式，还有 2.1 节所述微观环境中的某些因素（供应商、营销中介机构，甚至客户），以适应自身不能控制的宏观环境。

占全球人口 16% 的发达国家居民消耗着全球近一半的燃料和三分之一的谷物（可是发达国家依旧谴责发展中国家对全球环境造成了很大压力，发达国家度过了快速发展期，现在却试图阻止发展中国家经历这段时期）。迄今为止，欧洲和美国在全球碳排放量中的占比一直很高。中国目前是最大的碳排放国，这在很大程度上归因于中国是全球消费品生产大国。一般来说，全球的富裕人口都对改善环境、改善气候负有不可推卸的责任。[1]

另一组数据可印证上述数据。《2023 全球碳中和年度进展报告》和碳中和的相关新闻、报道显示，在碳排放已达峰的发达国家中，法国、德国、英国和韩国的人均碳排放峰值为 10～16 吨二氧化碳当量，达峰时人均 GDP 在 2.7 万～3.1 万美元；美国和澳大利亚的人均碳排放峰值为 26 吨二氧化碳当量，达峰时人均 GDP 约为 5 万美元。反观发展中国家，中国计划于 2030 年前实现碳达峰，预计碳达峰峰值为人均 10 吨二氧化碳当量，峰值仅约为美国、澳大利亚的 40%，与法国的峰值相似。南非、印度和巴西的碳达峰峰值均小于或等于 10 吨二氧化碳当量，达峰时的人均 GDP 均在 1 万美元以下。由此可见，发展中国家显然在平衡经济和碳排放方面面临更大挑战，但仍然制定了更有雄心的碳中和目标。

在目前提出碳中和目标的国家中，超过 90% 的国家把实现碳中和目标的年份设定为 2050 年及以后，发达国家中仅有冰岛、德国、芬兰和瑞典四个国家承诺在 2050 年以前实现碳中和。从发展阶段角度看，德国、英国、法国等发达国家早在 1990 年就实现了碳达峰，从碳达峰到碳中和有 55～60 年的间隔；美国、加拿大、澳大利亚等发达国家在 2000—2006 年实现碳达峰，与碳中和目标年份也有着 45～50 年的间隔。然而墨西哥、阿根廷、中国等大多数发展中国家虽尚未实现碳达峰，仍然提出了 2050 年或者 2060 年的碳中和目标和 2030 年的中期目标，二者仅间隔 20～30 年。这意味着发展中国家需要在碳达峰之后，使用发达国家从碳达峰到碳中和一半的时间实现本国的碳中和承诺。发展中国家在碳中和目标年份上展现出了更大的雄心。

由于自然资源紧张，开发可替代资源将为企业带来新的机遇；而随着风电产业、光伏产业、核能产业的发展，这些领域也出现了许多商机。

---

[1]　阿比吉特·班纳吉、埃斯特·迪弗洛：《好的经济学：破解全球发展难题的行动方案》，张缘、蒋宗强译，中信出版社，2020，第 259 页。

致力于环保的国家不仅是在尽自己的国家责任，实际上也可以在环保事业、绿色事业中抓住经济机遇，例如中国的电动车产业在全球实现"换道超车"，中国的光伏发电、风能发电和核电都走在全球前列。

有研究者把自然维度归入社会维度，也有研究者把自然维度和法律维度独立出来并与上述 PEST 分析框架结合，形成 PESTEL 分析框架。

2.3 几种常见市场

1. 技术市场

（1）按技术产品类型，技术市场可分为硬件技术市场、软件技术市场和科技服务市场。

硬件技术市场的商品有研制品、中试（中试就是产品正式投产前的试验，是在大规模量产前，对产品做较小规模试验）产品、新材料、新设备和新型元器件等；软件技术市场的产品有（新）工艺、（新）设计、（新）配方、（新）测试方法、计算机软件等；科技服务市场的产品则是技术咨询、培训、讲座等服务产品。

（2）按技术产品的所有权关系，技术市场可被分为专利技术市场和专有技术市场。

专有技术未获得专利权，此类技术主要依靠技术保密措施保护拥有者的权益。例如可口可乐、云南白药即属于此情况。对这一类产品，公司通过专利方法很难有效保障自身的利益，主要原因包括：对侵权行为较难举证；市场分布广，专利保护成本较大。

需要注意的是，对专利技术的保护有期限（在我国，发明专利权的期限是 20 年，实用新型专利权是 10 年，外观设计专利权是 5 年），并且专利的非核心技术是不能保密的，过了保护期限，别人也可使用此技术。有巨大市场价值的专利还会引来"攻城"竞争行为，例如，竞争对手设法绕开某专利（除非对方用一系列专利形成"保护网"，例如，高通公司的专利"保护网"就较难被攻克），形成新技术、新工艺等，也能生产竞争性产品。

与之形成对比的是，如果保密措施完善，从理论上讲，专有技术可以一直被排他使用下去。例如，云南白药、可口可乐这一类产品的配方、生产工艺等就被其生产企业采用保密方法保护。不过，专利技术拥有者也可以把专利技术的核心技术作为商业秘密隐瞒，如只显示电路图的示意图。柯达公司买了一个专利后发现使用效果并不好，询问发明人后得知其还有一个使用技术并未出售，而购买该使用技术需要 10 万美元。

 案例 2-4

有时专利权也保护不了自己的产品

尽管美国的卡骆驰公司为其鞋子的独特设计申请了几项专利，但大量的仿冒者还是直接或间接地仿造出卡骆驰鞋子。卡骆驰因而失去竞争力，其股价在一年的时间里暴跌，其股票成为垃圾股。

英国百代公司发明了计算机轴向断层成像扫描仪，并申请了专利。通用电气医疗系统部对该产品采用逆向工程方法，设计出绕过百代公司专利的模型。最后，百代公司在竞争中输给了通用电气医疗系统部。

偷窃别的企业的专有技术属于违法行为。但如果不存在偷窃行为，一家企业的技术和另一家企业的专有技术相同或接近，则不能认定存在违法行为，因为专有技术拥有者的技术并未受到专利保护。像宝钢这样的企业拥有许多技术秘诀，这些技术秘诀也属于专有技术。对饮食企业而言，饮食配方常常是其核心商业机密。

2. 服务市场

按世界贸易组织的界定，服务贸易包括12个部门（领域），即商业服务、通信服务、建筑及相关工程服务、分销服务、教育服务、环境服务、金融服务、健康与社会服务、旅游及旅行相关服务、娱乐文化与体育服务、运输服务、其他服务。

服务市场还可按其经济性质划分成产业服务市场、生活服务市场、流通服务市场、金融服务市场、知识服务市场和社会服务市场等类型。

（1）产业服务市场是与生产过程直接有关的服务市场，例如加工、包装、物流、零配件供应、设计等服务市场，也包括租赁市场、调研市场、广告市场、产权交易市场，还包括会计、律师服务市场等。

（2）生活服务市场包括文化娱乐服务等。

（3）流通服务市场包括批发零售市场、中介代理市场、邮政通信市场等。

（4）金融服务市场包括信贷保险市场、黄金市场等。

（5）知识服务市场包括信息收集和处理等。

（6）社会服务市场包括公共交通市场等。

人们对服务产品的需求是更高层次的消费需求。购买的数量可多可少，购买的时间可早可晚，价格变化对需求的影响比较大（非刚性需求）。

3. 文化市场

随着社会生产力的发展和人们物质生活水平的逐步提高，人们的文化消费需求也在增加。

美国大片国际畅销，我国电影业的竞争力日益增强，各种畅销书大行其道……这些都是文化消费需求日益增长的表现。

再看一个具体的企业案例。在完成商业地产布局之后，大连万达集团的重心开始从竞争日趋激烈的商业地产向文化、旅游等领域转移。2018年，万达文旅集团（原为万达文化集团）的收入首次超过地产集团的，占比达32.3%。

国家电影局的数据显示，2018年，全国电影总票房是609.76亿元，同比增长9.06%，城市院线观影人次就达17.16亿，同比增长5.93%，其中国产电影总票房是378.97亿元，同比增长25.89%，市场占比62.15%。如果以2018年票房为衡量标准，我国已成为全球第二大电影市场（仅次于美国）。2019年全国电影总票房642.66亿元，同比增长5.4%，其中国产电影总票房411.75亿元，同比增长8.65%，市场占比64.07%，城市院线观影人次17.27亿。2023年全国电影总票房549.15亿元，其中国产影片票房 460.05 亿元（占比有逐年上涨趋势），城市院线观影人次 12.99 亿。

另外，我国国土辽阔，自然风景秀丽，历史文化遗产丰富，具有得天独厚的文化旅游资源，因而文化市场前景广阔。2013—2017 年，中国稳居国际游客到访量全球第四大国。中国还是全球最大的国际旅游消费市场，2018 年，国际旅游支出达到 2773 亿美元，同比增长 5.2%；全球第二大国际旅游消费市场美国的国际旅游支出同比增长了约 7%，增至约 1440 亿美元。

创造文化产品时，创作者或是靠涌动的创作激情，或是靠对市场需求的理性预期，不可能有明确的消费对象。因此投资文化产品要承担较高的市场风险，不确定性很强。例如，电影《一九四二》叫好不叫座；《战狼 2》的票房业绩好得出人意料，13 天达到 34 亿元人民币，刷新中国票房纪录，但此前，导演吴京对其市场前景并无必胜把握。作者看过《战狼 2》后，觉得其情节并不比《战狼 1》更吸引人。任何一个行业形态都融入了不同的文化内涵，例如酒文化、茶文化、饮食文化、居住文化、汽车文化，所以各行业都有适用的文化营销手段。

4. 生产资料市场（生产者市场）

生产资料需求具有派生性，例如，食品加工厂对面粉与食品加工机械等生产资料的需求，是消费者对面包之类的食品的需求引起（派生）的。掌握生产资料市场的派生性特点，就容易为生产资料经营者的市场营销活动，以及开拓新市场和开发新产品等工作指明方向。

生产资料需求还具有低弹性的特点，其价格变化常常不会影响企业的需求。例如，虽然巴西淡水河谷公司、澳大利亚必和必拓公司大幅提高铁矿石的价格，其他国家的钢铁公司还是得买他们的产品。但大客户相对于小客户仍具有较强的话语权，参见 1.1 节相关内容。中国的钢铁公司作为大客户，如减少采购量，淡水河谷等公司也会感到经营、销售的巨大压力。2008 年金融危机期间，淡水河谷等公司已经体会到了。同样，美国政府打压华为后，虽然这确实让华为感到"做无米之炊"的巨大压力，但高通的压力也很大。因为华为是高通的大客户，所以尽管高通还有三星等大客户，但被美国政府禁止向华为出售芯片后，高通同样有不能承受的压力。所以高通等美国企业一直联名向美国政府呼吁解除对华为的禁售令。2020 年 11 月，高通终于获准继续向华为销售芯片。

习题 2-5　多项选择题 ▶ 生产资料市场的购买决策包括（　　　　）。①
A 借助中介购买　　　　B 修正再购买　　　　C 新任务购买　　　　D 直接再购买

---

① 习题 2-5，选 BCD。借助中介购买不是一种决策；直接再购买指向同一供应商购买。

第 3 章

市场营销调研与市场需求预测

学习目标

- 了解市场营销调研的 6 方面内容；
- 了解 10 种市场营销调研方法；
- 掌握设计调研问卷的 11 个注意事项；
- 了解市场需求预测。

扎实的市场营销调研和准确的市场需求预测对市场营销是非常重要的。20 世纪 80 年代之前，肯德基在一些亚洲地区遭遇过营销失利，所以在进入中国市场前，该公司认为必须先熟悉和了解中国市场，包括中国文化。肯德基甚至选择新加坡作为进军中国市场的试点。麦当劳在进入中国市场前也连续 5 年跟踪调查，了解中国消费者的经济、收入情况和消费习惯；提前 4 年在中国的东北地区和北京郊区试种马铃薯。

 案例 3-1

肯德基在中国的市场营销调研

20 世纪 80 年代，肯德基在进入中国市场前，派一位管理人员到中国考察。此人来到北京，看到北京居民的穿着都比较朴素，就报告说：炸鸡在中国有市场，但无大利可图，因为中国的消费水平低，能掏得起钱的人少。由于他没有收集、整理具体数据，仅凭直观感觉和经验做预测，肯德基以不称职为由，给予其降职处分。

肯德基又派了另一位管理人员到北京考察。此人在几条街上测算行人流量，然后请 500 个不同年龄、不同职业的人免费品尝炸鸡样品，并详细询问他们对炸鸡味道、价格、店面布局等方面的意见。他还详细调查了北京的鸡源、油、面、盐、鸡饲料等相关行业。经过整体分析，他得出结论：肯德基可以进入北京市场，虽然每只鸡的利润微薄，但由于消费群巨大，公司仍能获得高额利润。肯德基总部据此做出决策，1987 年，肯德基中国在北京开出首家肯德基店。该店开张不到 300 天，盈利就达 250 多万元。

资料来源：余凯，王蕾，邵李津，2016. 管理学 [M]. 北京：清华大学出版社.

实际上，该案例背后还有一个小典故。麦当劳比肯德基更早对中国市场感兴趣，但麦当劳派出的调研人员是一位不了解中国的美国人。这位调研人员认为，中国各地的口味都不一样（其实很多其他国家往往也是这样，包括美国）。例如在吃早餐的偏好方面，北京人爱喝豆浆、豆汁，吃豆腐脑、油条；上海人习惯吃泡饭；广东人要喝早茶。他的结论是中国人绝对不会吃汉堡，于是麦当劳进军中国的计划搁浅了。然而现实情况是，现在很多中国年轻人都会在麦当劳或肯德基吃好快捷的早餐或者打包后再去上班。

3.1 市场营销调研的 6 方面内容

市场营销调研借鉴了经济学、心理学、管理学、社会学的概念和研究方法，主要包括以下 6 方面的内容。

1. 宏观经济调研

企业经营必须适应国家经济的发展形势。经营者应当关注国家的基建规模、基建投资情况、人口增长情况、就业率等宏观经济因素。宏观经济调研的目的是判断企业的经营方向。

2. 科技发展动态调研

科技发展动态调研是指调研与本企业生产的产品和提供的服务有关的科技现状和发展趋势，包括：全球科技现状和发展趋势，国内本行业的科技现状和发展趋势。科技发展动态调研的目的是掌握本行业的科技发展动态以确定本企业的科研方向，以及确定发展什么样的新产品、什么质量水平的产品。

3. 用户需求调研

用户需求调研是指调研用户的现实需求和潜在需求。把握潜在市场需求，特别是开发将来可能成为"时代需要"的产品，对企业的兴衰非常重要。例如，从传统手机转向智能手机，苹果公司创造了辉煌；把握亿万网民的社交需要，开发方便、丰富的使用功能，脸书（Facebook）和微信成为潮流领导者。再如，武汉钢铁（集团）公司（现已与宝钢集团有限公司联合重组）实施精品名牌战略，坚持"应用一代、试制一代、探索研究一代、思考规划一代"的新产品开发方针，要求每个项目都具有成本优势和产品优势。

 案例 3-2

宝洁公司曾经忽视市场营销调研的教训

宝洁公司生产的婴儿尿布历史悠久，20 世纪 80 年代，宝洁公司决定把婴儿尿布打入中国香港和德国的市场。宝洁公司通常每进入一个市场，都要进行买地试营销，以发现存在的问题。但这一次，宝洁公司认为，无论中国香港的婴儿还是德国的婴儿都需要尿布，不会有什么问题。但是问题恰恰就出来了。（就像迪士尼公司那样，以为有了在本国和东京开迪士尼乐园的经验，就可以把这些经验照搬到巴黎去，结果出了营业方面的大问题。用一句话概括就是，在有的情况中成功乃失败之母。）中国香港的消费者反映，宝洁公司的尿布太厚；而德国的消费者反映，宝洁公司的尿布太薄。同样的尿布，怎么会有完全不同的反馈呢？

宝洁公司经过仔细调查才发现，中国香港的婴儿和德国婴儿的尿量大体相同，因此原因不在婴儿身上而在婴儿妈妈身上。原来，中国香港的妈妈们把婴儿的舒适当作头等大事，孩子一尿，就换尿布，而宝洁公司的尿布可以兜几次尿，自然就显得太厚，有些浪费。德国的妈妈们就比较制度化，早上给孩子换一次尿布，到了晚上再换一次，这期间孩子会尿很多次，尿布吸不了那么多，自然就显得薄了。

 案例 3-3

本田汽车公司推出雅阁轿车前的充分调研——确保满足美国市场需求

日本本田汽车公司（下文简称本田）准备在美国推出一款雅阁轿车。在设计新车前，他们派技术人员到美国洛杉矶考察高速公路的情况。这些技术人员丈量路长、路宽，采集高速公路的柏油，拍摄进出口道路的设计。然后，本田专门建设了一条长 9 千米、与美国的一样的高速公路，就连路标和告示牌都一样。

在设计行李箱时，设计人员的意见有分歧，于是他们就到停车场看了一个下午，看人们如何取放行李，最终统一了意见。结果，本田的雅阁轿车一到美国市场就备受欢迎。①

 案例 3-4

客户的拒绝背后隐藏着需求

20世纪60年代，美国一家润滑油企业的营销人员到南美洲的一家著名矿场推销润滑油。由于竞争激烈，这位营销人员不得不把价格压得很低，并许下许多承诺，可是对方仍不为所动。在推销一次次失败后，这位营销人员认识到一个真相：对方不是需要润滑油，而是需要机器设备能正常运转。（作者多次看到一句话："客户不是要钻孔机，而是要一个完美的洞。"这与前面这个认知异曲同工。）

发现客户的根本需求后，这位营销人员对该矿场老板说："我愿意对你的设备正常运转负责，如果设备出现故障并停工，我愿向你赔偿相关损失。"矿场老板很惊讶，这个提议显然引起了他的极大兴趣。这位营销人员接着说："我为你提供上述服务的条件是，你得按照我提出的保养计划保养设备，并使用我的润滑油……"于是，这个营销人员推销成功了。成功的关键是，他把自己的润滑油营销人员身份转变成设备保养顾问身份，并提供一揽子服务。②

这位矿场老板当然知道自己的根本需求，但之前他为什么不直接对这位营销人员说呢？这可能因为他认为对方只是一位润滑油营销人员，并不能满足自己的这个根本需求，所以不想跟营销人员说。也可能因为前来推销润滑油的人太多了，这位矿场老板懒得跟这位营销人员说自己的根本需求。所以，客户的根本需求往往需要营销人员自己探寻和思考（参见第6章营销小诗的含义）。

该营销人员获得成功还有其他重要条件，例如，他拥有丰富的专业知识与行业经验，所以现在有营销工程师这样的职位。营销人员如果自身不具备专业知识，就必须能整合其公司的有关人才、技术资源，即找到支撑自己营销工作的专业人员和资源。从另一个角度看，企业应系统地整合营销人员与技术人员，使营销人员如虎添翼，获得市场竞争力。

4. 产品销售调研

以下问题是营销人员常常须考虑的问题，且往往需要通过产品销售调研来回答。

本企业生产的各种产品在一定的销售区域内是独家产品还是多家产品之一？用户对本企业的产品是否满意？若不满意，原因是什么？满意的原因又是什么？（了解满意的原因是为了继续发挥优势。）本企业的产品在市场上是畅销还是滞销？原因是什么？

此外，营销人员还需要了解本企业哪些产品的销售处于导入期或增长期（需要促进），哪些处于成熟产品的旺销期（需要保持），哪些在市场上处于饱和状态（需要及时"降温"，继续扩张可能导致相反结果），哪些已处于衰退期（需要准备退出市场），

---

① 张岩松、徐文飞主编《市场营销：理论·案例·实训》，清华大学出版社，2017，第17页。
② 苏朝晖编著《市场营销：从理论到实践》，人民邮电出版社，2018，第162页。

以及产品价格在市场上有无竞争力，用户对产品价格有何反应，现有的销售渠道是否合理，如何增加销售渠道、减少中间环节（益处：除了降低成本，还能增强对销售渠道、价值链和市场的控制能力）、选择广告媒介，广告效果如何，等等。

案例 3-5

三星公司营销成败的启示：营销人员须重视市场调研

三星公司的激光打印机首次进入中国市场时，由于不适合中国的打印纸情况，产品没能适销对路。后来，三星公司携专为中国市场研制的激光打印机卷土重来，并辅以铺天盖地的广告宣传。三星公司的经营者设想：广告轰炸→大量用户购买→渠道商跟风进货的局面是可以自然形成的。然而三星公司忽略了中国激光打印机市场当时几乎被惠普、联想等少数几家企业垄断的现实，最终没有构建起属于自己的渠道体系，它不得不第二次鸣金收兵。

而后，三星公司汲取前两次失败的教训，带其打印机产品"三顾"中国市场。三星公司通过总代理周密调查和分析，对经销商进行"封闭式"管理，实施有效的营销策略，所有营销策略都自上而下（在公司组织架构和渠道架构方面）被统一执行，各层面销售效率迅速提高。在不到两年的时间内，三星打印机产品杀入了中国低端激光打印机市场的前三甲。[1]

资料来源：万后芬，汤定娜，杨智，2007. 市场营销教程 [M]. 2 版. 北京：高等教育出版社.

习题 3-1　判断改错题 ▶ "推式"策略首先针对的是消费者，因此采用该策略的营销者把主要精力放在广告上。（　　　）[2]

还有许许多多的案例都表明了产品销售调研的重要性，进行国际营销时不要轻易使用"自我参考"的思路，他国市场与本国市场可能情况迥异。

美国通用磨坊公司曾耗巨资向日本市场销售蛋糕糊，后来发现只有 30% 的日本家庭有烤箱（美国有烤箱的家庭比较多），而营销计划已实施大半，骑虎难下。

麦当劳进入日本市场时，采用了"小白脸麦当劳"的滑稽形象，营销结果很不好，原来，在日本白脸意味死亡。改用麦当劳叔叔的广告形象后，获得了成功。

可口可乐公司曾把两升的大瓶可乐打入西班牙市场，但销量很少。后经调查发现，在西班牙用大冰箱的家庭不多（这也与美国的情况不同），这是大瓶可乐滞销的原因。改用小瓶后大获成功。

美国贺曼公司的贺卡尽管风行国际市场，但在法国却难以打开局面，原来，浪漫的法国人不喜欢贺卡上印有现成的贺词，而是喜欢亲自写上心里话，其他一些欧洲国家的人也是如此——这与美国人不一样。

5. 调查竞争对手

营销人员还需要调查竞争对手的情况。例如，在全国或一个地区有哪些同类型企业？其生产能力、技术能力和销售能力如何？主要竞争者的市场占有率多大？主要竞争

---

①　此案例也说明了渠道的重要性。
②　习题 3-1，×。应改成"拉式"策略。

者采取了哪些市场营销组合策略？有些调研项目（例如竞争对手情报）适宜委托给专业调研公司实施，或者购买专业调研报告。不要因为调研费或调研报告的价格高昂，而不做这方面的尝试。有些调研项目不是本企业的市场人员能够完成的，专业调研公司有一些特殊的情报渠道，这是一般市场人员难以拥有的；而且如果为了调研而聘用较多的市场人员，可能工资花费反而远远大于上述花费。

收集竞争对手情报的方法有：购买、剖析竞争对手的产品，或者更进一步，使用逆向工程方法，参见 2.3 节案例 2-4 中通用电气医疗系统部的案例；在港口或火车站记录竞争对手的货运数量；分析竞争对手的招聘广告；通过竞争对手的供应商了解竞争对手的产量；假装成顾客，讨价还价，以了解竞争对手的价格水平；与竞争对手的顾客（有时候，竞争对手的供应商或顾客也是自己公司的供应商或顾客）交谈，以获取情报；收买竞争对手以前的管理人员，不过须注意，不能犯侵犯商业秘密罪。

比尔·盖茨就是在网上看到谷歌的招聘广告后，意识到对方此后可能会与微软在操作系统软件的开发方面展开竞争，并给员工发邮件对此保持警惕。后来谷歌确实发力于开发手机操作系统。微软对谷歌的阻击策略不够有效，阻击力度也不够，尽管微软后来也开发了手机操作系统，但其市场份额与影响力均不及谷歌，因为谷歌已形成规模效应和产品生态效应。

在收集竞争对手的情报工作中，商业秘密不一定是重中之重的关注对象。竞争对手的定价策略、品牌策略、广告策略、销售策略反而应该是主要关注对象，而这些往往能通过合法、公开的渠道获得。许多企业甚至主动向消费者和其他受众公开自己的部分战略规划，以使自己在大众心目中更被期待，更有确定性。

6. 外包调研工作

企业的市场营销调研预算一般是销售额的 1%～2%，其中很大一部分被用于购买专业调研公司的服务。事实和数据印证了前文的一个观点，即需要考虑购买专业调研报告——它们更专业，信息更全面，信息量更大，甚至能提供特殊信息。定制式调研公司可接受客户的委托，设计调研方案，实施特定的调研项目。

 案例 3-6

一种调研方法——"消费者窗口"

印度斯坦利华公司（下文简称斯坦利华）设计了一种新的调研方法——"消费者窗口"，使用它，斯坦利华的客户公司可与其消费者直接联系。客户公司的经理们可登录"消费者窗口"所在网站，请求与全国任何类型的消费者联系；斯坦利华的调研部门处理这些请求，并安排客户公司的经理与消费者在网上见面。每天，客户公司大约有9名经理与分布在大约20个地区的5个消费者群体联系。这种调研方法有助于帮助客户公司找到特定问题的原因和解决方案。虽然客户公司需要向斯坦利华支付服务费，但是客户公司得以以较少的精力和成本更方便地接触（潜在）消费者——与完全由客户公司自己处理这些业务相比。

印度的服务外包业务全球闻名，其规模大、服务水平高，包括咨询、调研业务，信息技术业务，日常办公事务处理业务——撰写报告、根据客户的思路和要求拟订规划或实施方案，等等，受西方发达国家的企业喜爱，也是我国外包服务公司的学习对象。

案例 3-7

印度服务外包公司的"一键式"服务

印度的服务外包公司甚至能为西方国家的大公司提供"一键式"服务，即单击其网站中的"服务按钮"后获得的一揽子服务。前提是西方国家的公司与印度服务外包公司建立联盟，确定商业信息不会泄露等事项。西方国家的公司单击"服务按钮"，建立业务联系，提交任务描述，印度的服务外包公司提出报价。达成交易后，印度的服务外包公司开始做文书等工作。这使得西方国家的高管们可聚焦于创新、战略工作，不必做价值较小的文案等工作，有效发挥自身（即职业经理人）的价值。而印度的服务外包公司可以快速完成文案及把创新思路转换成具体方案等工作，他们在这方面的效率高于西方国家公司的。

印度被称为世界的办公室，而中国被称为世界工厂。相对而言，这是印度的严重不足，他们的制造业未能获得很好的发展，因而比较优势出现在服务领域，包括信息技术领域。然而其信息技术服务和医疗咨询服务主要为发达国家和中等发达国家提供，其制造业崛起仍有较大困难。

最后，讲一个调研小故事——两名伙计的市场营销调研工作。

伙计甲与乙在差不多的时间受雇于一家店铺，乙很快获得掌柜的青睐，加了工钱，甲尽管也勤勤恳恳，却似乎被掌柜忽视了。甲忍不住找掌柜询问，他是怎样看待自己的，掌柜觉得这是一个教育甲的好机会（掌柜其实可以更早地指点、帮助甲，或者说主动、积极地点拨他，而不是任其自行发展）。

于是，在安慰了甲几句后，掌柜说："你马上到集市上看看今天有什么卖的。"甲很快从集市跑回来了，说："只有一个种地的在卖洋山芋。"掌柜问："有多少袋？"甲又跑了趟集市，回来说："10 袋。"掌柜问："价钱多少？"甲只好再跑一趟，回来时气喘吁吁。掌柜说："你坐我这里歇一会儿吧。"随即把乙叫来，说："你马上到集市上看看今天有什么卖的。"

乙过了一会儿回来了，回禀掌柜："只有一个种地的在卖洋山芋，有 10 袋，价钱适中，货色也很好。这个种地的说，一会儿还有番茄卖，我问了价钱，还算公道，咱们可能需要。我带回来几个洋山芋和番茄给您过目，把那个种地的也带来了，他正在门口等您吩咐呢。"掌柜看了一眼满脸羞愧的甲，说："请他进来。"

3.2　调研类型与调研步骤

1. 4 种基本调研类型

（1）探索性调研：探索性调研是企业在对市场情况不清楚或者不知从何处着手调研时采用的方法。这种调研的主要目的是发现问题和提出问题，以便确定调研重点。探索性调研也包括一些试验，例如，麦当劳在进入中国前，提前4年在我国东北地区和北京郊区试种马铃薯。

（2）描述性调研：描述性调研是如实反映和具体回答已经确定的问题，例如回答"用户买什么、何时买、如何买"等问题。描述性调研只是针对问题，现象的原因还须通过因果性调研进一步研究。

（3）预测性调研：预测性调研是在取得过去和现在的各种市场情报的基础上，使用科学的方法和手段，经过分析研究，估计未来一定时期内市场对某种产品的需求量及其变化趋势的调查。

（4）因果性调研：因果性调研是对市场上出现的各种现象之间或问题之间的因果关系调研，目的是找出现象或问题的原因和结果，即专门调查"为什么"的问题。

2. 7个调研步骤

（1）确定调研主题。例如，如果调研的目的是了解产品销售量下降的原因，经过初步分析，发现可能是产品质量有问题，就可以把产品质量调研确定为调研主题。

（2）拟订调研计划。主要步骤包括：明确调研目的；确定对哪些单位或个人调研；选择调研方法；明确调研日期和进度；编制经费预算。把上述内容以"调研项目建议书"形式报主管领导，获批准后才可进行调研。

（3）培训调研人员。调研人员如果不了解调研目的，不理解调研内容，就无法解答调研对象的疑问，还可能误导调研对象，从而得到错误的调研数据。

（4）开展调研。

（5）整理数据，分析数据，提出结论（可能需要提交调研报告）。

（6）应用调研结果。

（7）评估调研工作。

3.3　10种市场营销调研方法

（1）一对一面谈。

一对一面谈适用于重点、典型调研对象。对不愿接受访谈（包括电话访谈）的调研对象，适宜的调研方法是邮寄问卷。

（2）一对多集体面谈。

一对多集体面谈可以进行一次面谈，也可以进行多次面谈。在面谈中可以互相启发，获得的信息比较真实、全面。

（3）到顾客购买现场和产品使用现场观察、询问。

产品经理常常需要去顾客购买现场和产品使用现场调研，甚至需要到野外等艰苦的工作环境实地调研；也可借助技术方法进行现场调研，包括自动采集重要数据等；还可以作为"神秘购物者"调研，即调查人员或管理者假扮成顾客调研，这也是一种有效的现场调研方法。总之，营销需要走出去看世界，观察事物。

案例 3-8

Prada 的纽约旗舰店

Prada 的纽约旗舰店里，每件衣服上都有射频识别（Radio Frequency Identification，RFID）码，每当消费者拿起衣服进试衣间时，这件衣服就会被系统自动识别。消费者试穿衣服时，这些数据会被传至 Prada 总部，包括：哪件衣服在哪个城市、哪个旗舰店，什么时间被拿进试衣间，在试衣间停留多长时间，等等。这些数据都被存储起来以供分析。如果有一款衣服的销量很低，营销人员传统的对策是放弃；但如果数据显示，这款衣服进试衣间的次数挺多，那就说明它可能只是存在一些问题，或许改进一下就能增加销量。

资料来源：https://www.xueshu.com/bzcz/2014Z1/4288451.html[2024-04-09].

一个类似的例子是百丽时尚集团在其鞋类产品中嵌入射频识别芯片，可记录被试穿频次、时长等数据。他们发现有一款鞋的试穿频次列首位，但购买率只有 3%。调研后发现是鞋带过长的原因。据此调整产品后购买率达 20%。

（4）通过调查具有代表性的用户或地区，了解市场的大体趋势。

使用类似的思想，可测试欲推出产品或服务的营销效果，获得有用反馈，例如在某个用户群或者某个销售渠道测试。此方法可能导致以偏概全的错误。与本方法相关、相近的方法是实验方法，实验方法也是收集第一手资料的方法，试销就是一种实验方法。

习题 3-2　多项选择题 ▶ 收集第一手资料的方法有（　　　　）。[①]
A 询问法　　　　B 交流法　　　　C 观察法
D 实验方法　　　E 报刊摘录法

（5）会议调研。
（6）统计调查。
统计调查须有正确的逻辑和设计，否则调查结果可能会误导经营与营销。

案例 3-9

可口可乐公司错误的统计调查

20 世纪 80 年代，百事公司成功地对可口可乐公司进行了口感挑战，并在超市销售份额方面稍微领先。为了应对百事公司的挑战，可口可乐公司决定实施大规模统计调查——耗时两年多、耗费 400 万美元，以确定新配方。但是可口可乐公司从一开始就被百事公司（或许是无意中）牵着鼻子走了，把关注点放在了口味上，统计调查也集中于口味测试，涉及 13 个城市，调研了约 19 万名消费者，耗资 400 万美元。统计调查结果是消费者对新、老口味可口可乐的选择比是 61∶39。

可口可乐公司忽略了改变口味后，消费者的其他诸多感受会受到巨大冲击——对可口可乐的历史、原来的包装、产品形象与文化内涵的留恋。对大多数消费者而言，可口

---

① 习题 3-2，选 ACD。交流法更多地指研究者或调查者相互提供资料，这属于二手资料。

可乐的象征意义比它的口味更重要。例如，尽管英国的一家公司宣称拿到了可口可乐公司的秘密配方，生产出与可口可乐一样口味的可乐（经专业人士鉴定），但其产品市场竞争力与可口可乐相比可谓微乎其微，一个主要原因就是其产品文化内涵不足。

这么多年来，两家可乐公司竞争的主要焦点其实就是消费者喝可乐时的感觉（可口可乐强调传统、正宗，百事可乐强调新潮前卫、年轻和活力）。尽管可口可乐公司的统计调查很认真，投入也很大，却是无效的甚至错误的调研，根据这样的统计调查结果采取的市场营销策略（推出新配方、新口味的可口可乐）自然是失败的。

这就难怪可口可乐公司在放弃原始配方后遭到消费者铺天盖地的抗议，"损了夫人又折兵"，最后不得不把经营重心重新放到旧产品上。①

可口可乐公司的教训还有一个启示，大规模统计调查的结果也不一定与真实市场吻合。

人口统计特征也不总是研发、营销可靠的依据。例如，英国（不是幅员辽阔的大国）的两个人的教会背景相同，年龄相同，都有两次婚姻，都有孩子，收入都很高，但他们的生活方式、消费习惯可能相差很大。

（7）抽样调查。

在公共场合拦截调查时，可使用礼貌问句开门见山直接询问，以引起被调查者的兴趣。如果先询问"可不可以耽搁您一点时间"或者询问"可不可以请您回答几个问题"，被拒绝是较大概率事件。

（8）互联网调查。

例如，利用百度的大数据商业决策工具百度司南，分析检索行为、浏览行为、地域分布等。利用百度指数研究关键词搜索趋势、观察网民需求变化、监测媒体舆情趋势、定位数字消费者特征，以及从行业角度分析市场特点。

百度指数还可以比较关键词的检索数据——用逗号分隔关键词，可得到不同的数据曲线；可以检索同义或近义关键词的累加数据——用加号连接关键词，例如"百度＋百度搜索＋Baidu"（实际检索时不必输入引号）；可以组合上述两种检索方式，例如检索"计算机＋电脑，互联网＋网络"；可以像普通的百度检索（其主页中的）那样，加上一些限定词（例如地区、时间），用空格隔开，例如检索"股票　北京最近30天"；可以按地域比较检索某个关键词，单击"按地域"并添加地域，可查看、比较不同地域的数据曲线。

搜狗搜索引擎和360搜索引擎的趋势统计数据，淘宝提供的购物平台指数，以及京东的趋势指数也值得研究。

使用新浪微博数据中心，可挖掘微博内容，分析舆情，识别话题，分析用户偏好，等等。

还可以使用腾讯大数据，例如使用微信公众平台后台数据和统计功能，检索"昨日关键指标"，检索某个时间段的阅读人数，等等。②在微信界面顶端的搜索框输入"微信指数"即可进入搜索页面，也可直接输入"××微信指数"查询趋势。

以上是使用第三方平台提供的数据进行调查，也可使用"问卷星"等应用自行调研、

---

① 王莉、苏盟、林建主编《国际市场营销》，清华大学出版社，2016，第95-96页。
② 戴鑫编著《新媒体营销：网络营销新视角》，机械工业出版社，2017，第83页。

收集数据。需要注意的是，被调查者通过网络填写问卷时，由于参与感不强，更容易出现信息偏差。

 案例 3-10

出版公司的互联网调查

澳大利亚某出版公司计划向亚洲推出一部畅销书，但不确定用哪种语言、在哪个国家出版。他们后来决定在一家知名网站做市场调研。他们把此书的精彩章节和片段翻译成亚洲人使用的多种语言，放到该网站中。一段时间后，该公司发现简体中文和韩文版本的翻译内容获得了最多的访问量。他们根据网络阅读留言中的电子邮箱地址，进一步与读者沟通，请读者提意见。在这些基础上，该公司在中国和韩国推出了该书的译本，并获得了可观的收益。①

上述方法不一定总可借鉴，例如用于宣传的网站对大多数亚洲人而言都是熟知的吗？如果不是，那么调查结果就不具有普遍性。

互联网调查可以分析、挖掘大数据以及把传统的问卷调研搬到互联网上——社交媒体为市场调研提供了很好的载体，其互动性也使网友更愿意参与，使调研者可直接接触潜在顾客（除了不能面对面），更容易获得他们的真实想法，效果甚至好于电话调研等传统调研方法。

电话调研、面对面调研都会占用调研对象的大块时间，所以难以实现；一对一的交谈压力也使这些传统方法难以使用或效果不好。社交媒体克服了这些缺点，可利用碎片化时间、随时随地可调研的特点同时方便了调研者和调研对象；群讨论、论坛讨论还能激发自我表达欲望，使人们相互启发，使沟通、思考更深入、更全面，获得良好的调研效果。

（9）向专家咨询。

 案例 3-11

在茶叶产区开咖啡店

某国际咖啡连锁公司的总裁在中国南方的一个风景区旅游时，发现那里风景宜人，游人如织，还出产好茶叶，茶馆也很多。他觉得这里有商机，何况该公司已在中国许多城市开设了咖啡店，都获得了成功。于是，他投资几百万元，在这里开设了一家时尚高档的咖啡店，但几个月下来，生意清淡。该总裁向当地的旅游专家咨询缘由。专家是这样分析的：当地居民不容易接受外国饮品；外地游客一般也不会在咖啡店消磨时间，而且大多喜欢品尝当地的茶；当地又不像大城市有很多公司，到咖啡店洽谈业务的需求也不大。

这位总裁如果早一点向当地的旅游专家咨询或充分调研市场需求，就不至于错误投资了。

---

①　张岩松、徐文飞主编《市场营销：理论·案例·实训》，清华大学出版社，2017，第 105 页。

（10）文献研究。

例如，一些报刊会提供市场数据和报表，政府部门、银行、行业协会等也会在其网站里提供一些市场数据。

虽说市场营销调研有许多方法和技巧可参考、使用，但有时候可能更重要的是要全身心投入进去开展细致的工作，用的是"笨"办法，下的是苦功夫。对人性颇有研究的商界传奇人物史玉柱可算得上营销天才，但他在市场营销调研方面也肯下苦功夫。他在开发《征途》游戏的过程中花了4000多小时与约2000位玩家聊天，为的是了解他们，把握他们的情绪。这种调研可算是一个浩大的工程，耗时400多天，但40多岁的史玉柱坚持下来了。小米开发手机和MIUI时也用了这样的"笨"办法，花了很大力气，认真倾听发烧友、"米粉"们的意见。

市场营销调研不是一锤子买卖，应把它贯穿于市场营销工作乃至企业经营（及其他类型组织运营）的全过程，它应该是一个动态过程，尤其不能在产品上市后就把市场营销调研抛之脑后。

3.4 市场营销调研并非总是有效的

 案例 3-12

关于微波炉与电磁炉销售的市场营销调研

20世纪80年代，上海的一家工厂计划生产、销售微波炉与电磁炉。为了调查市场需求，他们先在展销会试销从别的公司买来的50台产品，三天就销售一空。考虑到观展顾客缺乏代表性，他们又在南京路试销买来的100台产品，结果半天就销售一空。该工厂还是不放心，又派人走访了近万户居民，发现80%的居民有购买需求。再加上通过市场分析得出的令人振奋的数据和结论，该工厂终于放心引进生产线，实施生产计划。可是到他们的第二条生产线投产时，其产品已经滞销。该厂厂长亲自回访此前调研过的居民时发现，他们不购买的原因多种多样，尽管当初他们大多说会购买。

此案例中的市场营销调研工作还是比较细致的，调研方法与过程也没有明显的错误，但实际销售结果仍出人意料，与此前的调研结论并不一致。可见，市场营销调研并非总是有效的。该工厂的生产计划或投资计划也稍显激进，"第二条生产线投产"即可说明此点。

上述调研方法和过程虽无明显失误，但还是有小错误的。例如，该工厂没有确认受访者的购买力——产品上市后，他们手头有无购买资金。有的老年受访者实际上并无购买微波炉的闲钱，他们指望届时儿女给他们买微波炉的钱，然而这个指望并不一定能实现。再如，调研者未曾深入核实该产品上市时，受访者是否还将像被询问时那样有购买需求。走访时有的区域未通煤气，那里的受访者自然有购买需求，然而，当地政府或居民单位已有接通该区域煤气的规划，等电磁炉产品上市时，那些区域也通煤气了，大部分购买需求自然也就消失了。也就是说，调研者可能未曾深入询问受访者为什么想购买，然后根据购买需求的缘由，进一步调研该区域未来可能发生的变化，即了解该区域市场（需求）的变化趋势。

 案例 3-13

不当市场营销调研的恶果

20 世纪末，一项调查显示，60% 以上的受访者认为不能接受凉茶或冰茶，中国人忌喝隔夜茶，更别说冰茶。北华饮业又另外进行了一次口味测试，测试结果也显示冰茶不受欢迎。于是新产品开发构想在调研中被否定了。可是不久之后，旭日升冰茶却在国内旺销。

北华饮业因不当的市场调研与一个明星产品擦肩而过。此前的调研出了什么问题？负责调研的总监回忆如下。口味测试在冬天举行，受访者从寒冷的室外来到现场，没等取暖就开始测试。寒冷的状态、匆忙的进程都影响了受访者的味觉反应——对温和浓烈的口味表现出更多的认同，而对清凉淡爽的冰茶更加排斥。

这也算是市场营销调研中的一个低级错误。案例 3-14 是另一个不严谨的市场营销调研案例。

 案例 3-14

误导或暗示是市场营销调研中的错误行为

一家企业的市场研究部门在市场营销调研过程中有误导或暗示行为，例如调研者佩戴有企业标识的领带，把本企业的名字放在候选项中的第一位。这些细节让受访者知道调研主办方是谁，进而影响他们选择的客观性。这导致两组调研结果差异很大。市场营销调研是指导企业经营的大事，如此马虎，极有可能导致企业产生重大损失。结果，该市场研究部门被撤销，20 多人全部被裁员。

资料来源：https://finance.sina.com.cn/review/observe/20050325/11581460928.shtml [2024-02-01].

调研者必须不带偏见，注意不能在言行方面有意或无意地引导受访者的回答，应该让受访者自由地回答和探索各种问题，也应注意不要使访谈问题切换太快。另外，调研者应努力与受访者打成一片，例如，如果受访者基本上都穿便装，调研者穿的却是正装的话，那么双方就不容易形成默契，有可能的话，调研者应换成便装。

失败的市场营销调研对市场营销人员和企业经营者的影响，如同错误的天气预报给渔民带来的灾难。不过，无论以前的损失多么惨重，在每次出海前，大多数渔民还是会听天气预报。

习题 3-3　计算题 ▶ 洗衣粉销量预测 ①

某公司试制了一种新型洗衣粉，他们选择了一个较典型的地区试销这种新产品。试销结果表明：这个地区中有 40% 的家庭试用过这种洗衣粉，其中有 30% 的用户会重复购买。一般家庭每年平均消费 2 千克洗衣粉，若把上述试销结果应用到 500 万家庭的地区，请预测下一年度该地区的销售量。

习题 3-4　单项选择题 ▶ 在其他条件相同时，下列哪种抽样方法的抽样误差较小，样本代表性较好？（　　　）②

　A 纯随机抽样　　　　B 机械抽样　　　　C 类型抽样　　　　D 整群抽样

3.5　设计调研问卷的 11 个注意事项

第一，调研问卷的开头应该有问候语和关于调研目的的说明。

第二，应反复检查，避免错字，调研者如果自己的态度都不认真，怎能指望受访者认真配合；尽量不用术语，因为受访者往往非业内人士；避免用俚语和行话；避免使用命令式语言，提问方式须令人感到亲切；避免使用一般、经常、偶尔、普遍、目前、很多、很少、最近、差不多等界定不明确的词。例如，"您最近经常去超市购物吗？"这个问题获得的答案往往是不准确的，因为它自身包含的"最近""经常"两个词就不明确，不同的受访者对其有不同的判断标准。

第三，不要提让受访者感到不好回答或不愿回答的问题，例如涉及个人私生活、收入、单位机密、宗教信仰或政治信仰 / 倾向的问题。提这样的问题，可能导致受访者提供虚假信息或不回答，甚至拒绝回答整份调研问卷。如果确实需要提这些问题，可把它们放在调研问卷的最后，以使受访者在出现防范心理或中断回答前，已回答了其他问题。

 案例 3-15

美国大选中的民意调查

2016 年美国大选中，美国一些主流媒体的几次民意调查都显示，摇摆州的大部分民众支持希拉里，但在正式投票时，摇摆州纷纷倒戈，把选票投给特朗普。这是因为接受调查时，受访者担心表示支持特朗普，会被身边的人冷漠对待。

---

①　习题 3-3，500×40%×30%×2=120（万千克）。分析：把会重复购买的用户大致理解成下一年度的忠诚用户；计算下一年度的销售量时不必考虑试用购买量。

②　习题 3-4，选 C。类型抽样指从一个可以分成不同子总体的总体中，按规定的比例从不同子总体中随机抽取个体的方法。类型抽样是一种较好的概率抽样方法，在调查中经常被使用。这种方法的优点是，样本的代表性比较好，抽样误差比较小；缺点是抽样手续比简单随机抽样繁杂些。机械抽样也称等距抽样，整群抽样也称聚类抽样。

一个类似的例子是英国"脱欧"前的民意调查。这些民意调查显示，希望留在欧盟的英国人比希望脱离欧盟的英国人多一些。于是，面对国内包括保守党内的"脱欧""留欧"纷争，时任首相卡梅伦想豪赌一把，用全民公投裁决这个问题。当然，他希望"留欧"，并且是看到那些民意调查结果才采用全民公投的。结果却是"脱欧"派赢了。据说是英国年轻人大意了，他们大多希望留在欧盟，但不少人未参与公投。这一例子很有代表性地说明了民意调查不一定可靠。

第四，使提问项目尽可能少一些，不要让问卷看上去很长，否则会引起受访者的畏难和抵触情绪。问题太多或涉及其他不相关的问题会对受访者造成干扰。

第五，不要使用过长的问句或者把几个问题放在一个提问项目里。应使提问项目也具有结构化特征，让受访者容易理解。

第六，使调研问卷中的问题尽可能具体，避免提受访者需要推断或猜测才能回答的问题；文字须简练，通俗易懂。

第七，避免使用否定疑问句、反义疑问句或带有倾向性和诱导性的问句。

"您是否不赞成打折促销？""您不赞成打折促销，是吗？"这类否定疑问句或反义疑问句都有点弯弯绕，会影响受访者的思路，而且还有暗示、引导的副作用，应避免采用这类问句。正确的问句应该是："您是否赞成打折促销？"

"很多人都喜欢看金庸的武侠小说，您也喜欢看吗？"这样的问句带有倾向性和诱导性，暗示了回答者应从众，也应避免在调研问卷里出现这类问题。

第八，把容易回答、有趣的问题放在问卷的前部，把核心问题放在中间，把需要思考的问题放在后面，例如有关意见、看法方面的问题，以及开放性问题。需要注意的是，在口头调研或面对面访谈时，一开始宜先问开放式问题，以便营造和谐、友好的谈话氛围。问题的编排应有逻辑性。

第九，不仅要从调研者的角度思考、设计调研问卷，也要从受访者的角度思考、设计调研问卷。调研问卷的设计要方便受访者回答，要适应大多数受访者的思路，否则会使他们迷惑和误解，引起他们的反感。

第十，如果准备用结构方程模型等处理调研数据，须根据采用的模型确定需要调查哪些变量的值；此后将大量的调查值输入模型，方能计算出变量间的关系，或拟合出经验模型。

第十一，调研问卷中的问题类型有是非题、选择题、比较题和开放式问答题。通过比较题，可以了解一些事物或产品在受访者心目中的地位，在调查用户购买心理、产品竞争力等项目时常采用这类问题。比较题的类型有两项比较和多项比较，多项比较题不可太复杂，否则会增加答题难度。比较题的例子如下所示。

> 为选购皮鞋要考虑的以下 4 种因素排序，把最不重要的排为 1，最重要的排为 4。
> 考虑因素：皮质、款式、价格、耐穿程度。

数据处理的一项重要工作是剔除错误的调研资料，以免导致错误的分析结果。统计调研所得资料或数据的工作包括：进行描述性统计，例如计算最大值、平均数等；使用数学模型进行拟合/回归计算等。

调研报告的构成内容包括：调研的目的和范围；调研方法；调研结果；建议；必要的附件。

在线资源为营销人员提供了消费者行为的丰富数据。通过商业智能（包括数据挖掘）可以更好地利用数据获得客户洞察力，进而获得竞争优势。

3.6 预测市场需求

（1）如果能够获得的信息不全面，则适合用集中意见方法预测市场需求，把市场、销售、计划部门的人员集中起来，让他们交换意见，共同讨论市场变化趋势。这一方法的优点包括：避免因个人经验而产生偏差；在市场的各种因素变动剧烈时，能考虑到各种因素的作用；面对面讨论的方法使讨论者能相互启发、相互补充。

案例 3-16

日本和德国的汽车公司对国际汽车市场的科学预测

20 世纪 60 年代，第三世界国家的石油生产被工业发达国家控制，国际油价低。但日本、德国汽车公司的经营者看到了产油国与发达国家跨国公司之间的矛盾，预见到发达国家油耗的增加以及石油价格的上涨（注：石油价格从 1970 年的每桶 2.23 美元上涨到 1982 年的每桶 34 美元）。因此他们判断，必须改产油耗少的小型车，以适应未来能源短缺的情况。他们还预测到，小型车才能适应越发拥挤的马路和停车场。总体来说，豪华车、大型车并不适合这样的购买需求，小型车将更受青睐。

（2）市场景气、产品畅销时，人们基于过于乐观的市场需求预测，容易盲目冒进，市场形势不好时则容易过于保守。例如，2004—2007 年国内工程机械行业的形势一片大好，2008 年上半年的情况也是如此。因此，有的工程机械企业采取了大踏步发展的战略，加大投资，买地新建厂房，大量招聘。但 2008 年下半年就发生了国际金融危机，导致产品销量急转直下，大量投资陷入无法产生效益的困境。然而，国际金融危机中，有的房地产企业又过于保守，一点也不敢新增土地储备。

万达集团董事长王健林说："企业在好的时候须有坏的打算，坏的时候须有好的安排。"案例 3-17 介绍了万达集团正确的策略。

案例 3-17

万达集团逆势进取

2008 年下半年，万达集团判断出国际金融危机最严峻的时期不会持续很久，判断出中国经济发展的整体趋势不会逆转，城镇化建设和房地产业的发展不会停步，因而敢于新增土地储备，低价购进。万达集团在 2008 年第四季度（国际金融危机显著影响中国的起始阶段）以及 2009 年年初，都采取了逆势进取的发展策略，反周期"抄地"。到 2009 年年中，别的房地产企业醒悟过来想买地时，地价已大涨。万达集团在国际金融危机期间的策略不仅大大节省了成本，而且购得了很好的地段，还与地方政府加深了友谊。

前述情况可用春秋末期越国谋士计然的"旱则资舟，水则资车""论其有余不足，则知贵贱""贵上极则反贱，贱下极则反贵""贵出如粪土，贱取如珠玉"（货物很贵、股价很高时要舍得卖出，不要贪得无厌、捂盘不出，股价一跌，后悔也来不及了；反之，要舍得花钱买进，有时称抄底）等论述概括，见《史记·货殖列传》。从宏观角度看，我国正是用逆周期策略，例如开展大规模基建、投资于防护林建设、投资于生态环境保护、投资于新农村建设，较顺利地度过了几次国际金融／经济危机，保护了国家已有的建设成果。在需要发挥政策的巨大作用时，在需要逆周期操作时，切不可僵化地遵循所谓的市场规律。特殊时期当用特殊策略，这是我国经济运行的宝贵经验。

（3）在环境平稳、市场平稳时期，可以基于历史数据，使用时间序列法，把一组数据用直线或曲线拟合出来，即让一条直线或曲线尽量穿越这组数据点（为二维坐标点，横轴为时间轴，纵轴为销量或销售额等我们关心的某个变量的坐标轴），根据该直线或曲线的延伸趋势，预测我们关心的某个变量的变化。此方法也叫散点法。较好的穿越效果是，画出的直线或曲线，使这组数据点尽量分布在该线条的附近。此方法适用于中短期预测。

习题 3-5　计算题 ▶ 某电视机公司 2020 年第一季度至 2021 年第一季度的实际销售量与预测销售量如表 3-1 所示，试用指数平滑法（α=0.15）预测 2021 年第二季度的销售量，须写明计算过程，对计算结果取正整数。①

表 3-1　实际销售量与预测销售量　　　　　　　　　　　　　　（单位：台）

时间	实际销售量	预测销售量
2020 年第一季度	12520	12668
2020 年第二季度	12983	12646
2020 年第三季度	13125	
2020 年第四季度	13084	
2021 年第一季度	12991	

社会学家对未来社会发展的预测也可被借鉴用于分析消费的变化趋势，例如人口变化趋势、生活模式变化、家庭模式变化、社会心理变化。

---

①　习题 3-5 计算过程：

2020 年第三季度的预测销售量 =0.15 × 12983+0.85 × 12646≈12697（台），也可舍小数，取12696 台；

2020 年第四季度的预测销售量 =0.15 × 13125+0.85 × 12696≈12760（台），如果上面取 12697 台，则此处的值为 12761 台，下面的计算以 12761 台为准；

2021 年第一季度的电视机预测销售量 =0.15 × 13084+0.85 × 12761≈12809（台）；

2021 年第二季度的电视机预测销售量 =0.15 × 12991+0.85 × 12809≈12836（台）。

第4章

目标市场营销

学习目标

- 掌握7种细分消费品市场的方法；
- 基于目标市场，理解企业或品牌的市场定位。

不懂得采用目标市场营销也就是细分市场方法，就容易一窝蜂跟进，企业如此，地方政府也是如此。这样容易导致大量重复投资和建设，导致浪费资源与恶性竞争，产品差异小，广告战、价格战在所难免，消费者的深层次需求却得不到满足。

企业必须重视细分市场。细分市场、选择目标市场、市场定位的关系是：先细分市场，然后才能选择目标市场；选择好目标市场后方能市场定位。未找准目标市场，将导致市场定位偏差。在细分市场经营好，则有可能把自身打造成隐形冠军。

4.1 细分市场

细分市场基于了解市场。要细分市场，则需要调查分析不同的消费者在需求、地理位置、消费习惯和行为等方面的差别，然后把上述情况基本相同的消费者分别归类，从而将市场分成若干子市场。细分市场实际上是一种概念、一种认识——市场营销研究者、实践者的认识。这就好像人类用时间这个概念或维度去理解事物的运动一样，时间维度不一定真实存在，细分市场也不是清楚无误地待在那里。这说明了细分市场的主观性，但细分市场确实也有客观基础，就是同一产品的消费需求的多样性（需求偏好）。

细分市场结果也不一定都是正确、有效的，有时是细分者的失误、考虑不周导致，有时就是客观情况导致——细分者并无明显失误，但在分出的细分市场里，尽管各（潜在）消费者的若干特征都大致相同，购买欲望和行为却明显不同。例如，两个人都是男性、离婚，有两个孩子在身边，收入接近，宗教信仰相同，但消费观念或消费习惯的差异却很大。这种差异可能是他们的主观因素导致的，例如性格，也可能是客观因素导致的，例如教育背景、家庭背景，这些客观因素导致了这两个人有不同的主观因素，例如不同的性格、思想和思维模式，这些都会反映到消费观念或消费习惯上。也可能是客观因素直接导致不同的消费观念或消费习惯，例如住房情况差异很大（营销人员在调查、预测和营销时可能忽略了这一重要属性，所以认为两位消费者可能会有相同或相似的消费观念或消费习惯）直接导致不同的消费观念或消费习惯。

习题 4-1 单项选择题 ▶ 与细分市场对应的是无差异营销。采用无差异营销战略的最大优点是（　　　）。①

A 市场占有率高　　B 成本经济性强
C 市场适应性强　　D 需求满足程度高

在不同的细分市场之间，需求差别比较明显；而在每一个细分市场内部，需求差别比较细微。在国际营销领域应用细分市场方法，则划分得到的每一个细分市场内部的营销环境都相近。市场机会是已出现于市场但尚未被满足的需求，这种需求往往是潜在的，不易被发现。运用市场细分理论较容易发现这类需求。

_____

① 习题 4-1，选 B。分析：采用无差异营销战略生产的产品一般是大路货，可能有不少相似的竞争者，所以其市场占有率不一定高。

习题 4-2　多项选择题 ▶ 企业寻找、发现市场机会的方法有（　　　）。①
A 收集市场信息　　　　B 分析产品 – 市场发展矩阵
C 进行市场细分　　　　D 扩大现有市场
E 设计市场营销组合

企业通过细分市场，可以更有效地利用自身的营销资源，尤其小企业在聚焦一两个细分市场后，能更有效地参与竞争。使用细分市场战略的缺点是，可能增加生产成本和营销成本，但如果细分得当，更贴合顾客的需要，也可能大大提高经营效率。

习题 4-3　判断改错题 ▶ 细分市场对于发展空间不大的成熟行业和不愿或不能转向新市场的企业来说，意义尤其重大。（　　　）②

细分市场应该能使企业回答谁是购买者、购买什么、在哪里购买、为什么购买、怎样购买等问题。不要忽视这些问题，并且要回答所有这些问题。不少企业在进行经营规划时并不能回答这些问题，或者说就没有想到要回答这些问题。如何选择目标市场？又如何进行自身的市场定位，进而制订营销策略？不回答好这些问题，可能会给企业带来厄运，甚至导致企业破产。

习题 4-4　多项选择题 ▶ 细分市场的必要条件包括（　　　）。③
A 可衡量性　　　　B 可模仿性
C 可进入性　　　　D 有发展的潜力
E 可盈利性

习题 4-5　单项选择题 ▶ 不属于有效细分市场的原则是（　　　）。④
A 可衡量性　　　　B 可区分性　　　　C 复杂性　　　　D 经济性

4.1.1　7 种细分消费品市场的方法

（1）把消费品市场分为不同的地理区域（地区）。各地区的消费者由于受自然气候、文化传统、经济发展水平等因素影响，形成了不同的消费习惯和偏好，并有不同的需求特点。

（2）按年龄、性别、收入、职业、文化程度、宗教信仰、民族、国籍、社会阶层等人口统计变量，划分不同的消费者。这就是不少市场调研者收集这些信息的原因。

例如，女性消费者易受打折、情绪、广告等影响而进行非必要的感性消费。又如，在越发达的地区，女性受教育程度越高，自主意识越强，她们越可能支配其家庭的消费。而青少年通常是新产品和新服务的尝新者，成长期的他们，喜欢高脂肪、高蛋白、

---

①　习题 4-2，选 ABC。分析：E 项是应对现有或未来市场的方法。

②　习题 4-3，√。

③　习题 4-4，选 ACDE。可衡量性指一些经营指标的可衡量性。可模仿性不是细分市场的必要条件，而且可模仿性对欲进入该细分市场的企业可能是不利的，因为未来容易被别的企业模仿。

④　习题 4-5，选 C。经济性可以指细分市场的代价经济，或者说细分市场的过程经济，也可以理解成习题 4-4 中的可盈利性。

高热量的食品（例如站在学校餐厅的售餐窗口旁边观察就能发现此点），而这些食品却常常是老年人避之不及的。结婚前夕的青年，其消费支出往往远远超过其他时期的，可能也超过其他群体的。

（3）按消费者购买和使用产品的时机细分市场。例如，在某个节日销售相关产品和服务；在新学期开始前促销文具。

（4）按使用情况细分，可把消费者分成从未使用过、曾经用过（指当前不使用的消费者，也是潜在消费者）、准备使用、初次使用、经常使用五种类型，即五个细分市场。通常大企业对"曾经用过"的消费者感兴趣，而一些小企业则只能以"经常使用"的消费者为服务对象。大企业已经拥有某些客户群（子市场），希望开拓新市场，所以对潜在消费者感兴趣。小企业的资金、人力、广告、渠道等资源有限，它们在开发不成熟的子市场时（可能还需要开发新产品以适应潜在消费者的需求特点）有些力不从心，而在成熟的子市场中花费的营销成本比较少，容易见效，因此一些小企业以（成熟市场中的）"经常使用"的消费者为主要的服务对象。对使用情况不同的消费者，企业在广告宣传和推销方式方面都应采取不同的策略。

（5）按使用率细分，可先把某个群体分成使用者和非使用者，再把使用者分成少量使用者和大量使用者。

例如，有这样一个调查结果：总体居民中有 68% 的居民不是啤酒饮用者；32% 的居民是啤酒饮用者，其中大量饮用者和少量饮用者各占一半。占总体居民 16%（32%÷2）的大量饮用者的消费量占总销量的 88%，少量饮用者的消费量占 12%。又通过调查得知，啤酒的大量饮用者多属体力劳动者，年龄大多为 25～50 岁；而少量饮用者年龄多在 25 岁以下和 50 岁以上。这种细分将有助于企业采取相应的营销策略。米勒公司即根据与上述类似的调查结果，对海雷夫啤酒的目标市场重新定位，改变价高质优的精品啤酒形象，将其目标市场由原先的妇女及高收入者转向真正爱喝啤酒的中低收入者。

购买和使用产品的时机、产品的使用情况和使用率因素属于消费者行为变量。许多营销人员认为消费者行为变量是细分市场的最佳角度。

习题 4-6　判断改错题 ▶ 对化妆品市场按消费者年龄进行市场细分，这是一种按行为细分的方法。（　　　）①

（6）按消费者对品牌的忠诚度（黏性）细分，可分为以下几种消费者。

① 专一的忠诚消费者——始终购买同一品牌。

② 动摇的忠诚消费者——同时喜欢两种或两种以上的品牌，例如交替购买品牌 A 和品牌 B。

③ 转移的忠诚消费者——经常改变品牌偏好，不固定忠于某一品牌，例如在一段时间里忠于品牌 A，在另外一段时间里忠于其他品牌。

④ 犹豫不定的消费者——从来不忠于任何品牌，可能追求减价品牌，也可能追求多样化。

分析专一的忠诚消费者，可以知道目标市场消费者的情况；分析动摇的忠诚消费

---

① 习题 4-6，×。这是按人口统计变量细分。

者，可以发现主要竞争者，以便采取应对营销策略；研究转移的忠诚消费者，可以了解营销工作中的不足，进而改进之，例如不少软件在被用户卸载时，都会弹出卸载原因调查窗口，就是为了分析营销工作中存在的不足。

（7）按消费者的态度细分消费品市场。

消费者对消费品的态度可以被分成五种：热爱、肯定、冷淡、拒绝和敌意。营销人员应当有自己的重点工作对象，小企业更应如此，因为它们的资源有限。对抱有拒绝和敌意态度的消费者，营销人员一般不必浪费时间、精力和资源去改变他们的态度，而对冷淡者应设法争取。

消费者的忠诚度和态度属于消费者心理变量。

习题 4-7　多项选择题 ▶ 按购买行为细分的消费品市场要考虑消费者的（　　　）等因素。[1]

A 生活方式　　　　　　B 对商品的忠诚度
C 购买动机　　　　　　D 待购阶段
E 购买数量

习题 4-8　多项选择题 ▶ 细分消费者市场的指标有（　　　）。[2]

A 地理区域　　　　　　B 人口统计变量
C 消费者心理变量　　　D 消费者行为变量
E 产品用途

4.1.2　组织用品市场及其与个人消费品市场的比较

细分工业用品（生产用品或生产资料）市场时也可使用用于消费品市场的一些细分变量，但不同的是，心理变量对工业用品销售的影响小一些，因为工业用品多是专业人士购买、集体采购。人口统计变量也不适合用于工业用品市场细分。

需要说明的是，消费品可分为个人消费品、企业消费品（不同于工业用品，例如食物、制服、文具、文娱体育用品甚至药品、医疗器械）、行政事业单位消费品、其他社会组织消费品。

企业用品（包括工业用品和企业消费品）销售一般需要投入更多人员推销方面的资源，需要从销售人员、服务人员、技术人员和公司高管等多个角度、多个层面开展人员推销，进行立体式营销，以有效应对目标企业中的企业用品使用者、采购影响者、决策者、批准者、购买者、把关者等众多采购参与者。而投入的广告资源相对可以少一些，因为目标企业对欲购商品往往有自己的判断。

另外说明一下，由于组织的内涵比企业的内涵更宽广，所以组织用品的内涵也比企业用品的更宽广。

阿里巴巴前首席运营官关明生说："面向商家的广告是没有用的，投放再多也不如

---

① 习题 4-7，选 DE。购买行为包含于消费者行为，如待购阶段与购买时机相关。
② 习题 4-8，选 ABCD。产品用途不是细分指标。

有执行力的线下队伍好用；对消费者呢，阿里巴巴的经验是，线上广告的性价比远远高于线下的。"确实，面向组织的广告远少于面向个人消费者的广告。

个人消费品销售的情况则常常与上述情况相反，参见表 4-1，不过两者对公共关系和营业推广的需求常常是一致的。

表 4-1　组织用品市场与个人消费品市场的比较

比较项目	组织用品市场	个人消费品市场
客户关系	着力更多	着力较少
客户的数量和规模	数量较少，规模大	数量较多
采购过程	复杂，时间长（甚至需要几年），涉及更多参与者	参与者较少，决策常基于消费者的个性和心理
供应链	一般直接从供应商到企业或其他机构	更复杂，常常经过较长渠道
商品需求	源自消费者需求，随消费者需求变化而变化，价格弹性低（常常是刚性需求），但有时又锱铢必较——为了降低成本	受环境和营销因素影响，一般价格弹性高

习题 4-9　判断改错题 ▶ 企业购买者追求的利益是细分工业产品市场最常用的标准。（　　）①

在拥有大数据和数据挖掘技术的基础上，还可以用聚类分析等方法辅助细分市场的工作。另外还需注意，细分的结果可能有一定的重叠（例如两个细分顾客群体的年龄有部分重叠），这基本上不影响细分效果和营销效果，但统计销售数据时须注意消除重叠部分的顾客，避免重复统计。

4.1.3　细分市场的 3 个例子

1. 政府市场

案例 4-1

美亚电力公司选择的细分市场

当多数投资者将其投资集中于我国快速发展的城市时，美亚电力公司却选择投资于我国不发达的西部地区，其好处是竞争较少。通过响应中国政府西部大开发的号召，它赢得了更好的政治声誉，在西部地区拥有更强的议价权。

---

① 习题 4-9，×。最常用的标准有：企业购买者所在行业特点、企业购买者的最终用户（类型）、企业购买者的经营规模。

政府采购政策一般强调价格，商品特征也是被政府采购者详细规定了的。但在本国供应商与外国供应商间选择时，情况可能相反。例如，美国国防部和财政部常常采购价格比外国供应商的报价高50%的国产货。赢得政府合同不仅能为企业带来大量利润，还会带来溢出效应，因为一些企业客户可能会参照政府的做法也采购该企业的产品。一些政府在采购中会偏向本土企业，因此与有影响力的本土企业联合，可能是外来企业渗入政府市场的一种有效办法。

2. 老年市场

老年市场是一个越来越重要的市场。1999年，我国进入人口老龄化社会，我国人口正以前所未有的速度老龄化。2017年年底，我国60岁及以上人口占总人口的17.3%；2019年年底，65岁及以上人口约1.76亿人，占总人口的12.6%，并以每年3%的速度递增。国家统计局发布的数据显示，2023年年底60岁及以上人口29697万人，占全国人口的21.1%，65岁及以上人口21676万人，占全国人口的15.4%。预计到2030年我国老年人口将超过欧洲人口。2015年，日本60岁以上的老龄人口占比超过30%，2022年，日本65岁以上的老龄人口占比为29%；欧美主要国家的老龄人口占比超过20%。

与他们的父辈不同，我国现在的老年人整体上已脱离低收入状态，拥有强大的购买力，拥有身份意识，渴望享用自己的财富。他们对老年产品与服务的多种需求构成了一个十分庞大、丰富多彩的市场，其中庞大的养老市场更值得有关企业重视，包括居家养老服务和产品，例如智能机器人。

老年人购物时有求实、求廉的特点。他们一般要求商品朴实大方、经济实用、质量可靠、使用便利（老年人手机的使用界面就具有该特点）、易学易用、安全舒适、有益健康。他们对商品在花色款式方面的挑剔程度弱于年轻人的。他们通常不赶时髦，对许多商品，往往在其市场生命周期的中后期才开始使用。

追逐年轻化是老年人的普遍心态，这也是营销人员需要重视的。如果企业强调某产品或服务是专为老年人准备的，可能不少老年消费者会敬而远之，因为他们不想让别人认为他们是老年人，内心也不愿承认自己是老年人。参见4.2.2小节后的根据消费者的年龄（细分市场中的目标市场）对产品定位的论述。美国亨氏公司发现许多老年人购买婴儿食品，因为它们量小易嚼。亨氏公司认为这是老年人群体的需求，于是为佩戴假牙的老年人推出老年食品。结果销售惨淡，因为老年人不愿承认自己老了，哪怕对方是素不相识的超市收银员，心理方面也不接受为自己定制的特殊食品。他们宁愿购买婴儿食品，假装是为（外）孙子、（外）孙女购买的。

相对于其前辈，老年人群体的文化水平越来越高，也越来越熟悉互联网应用，因此老年人群体将成为电子商务的重要服务对象，这也是由他们的行动不便决定的。尽管不少老年人在到社区小店购物时可以与店主或其他顾客聊天，但如果行动不便，他们只能更多地依靠网上购物。随着时间的推移，电子商务的老年顾客将会成为一个越来越大的群体。在英国，86岁以上的人中有36%的人表示，他们的大部分购物是在网上进行的。①

---

① 康斯坦特·伯克豪特：《新零售战略：提升顾客体验的营销之道》，邱皓译，人民邮电出版社，2020，第74页。

3. "小镇青年"市场

人们通常把三线及以下城市称为下沉市场，把生活在三线及以下城市的年轻人称为"小镇青年"。以前下沉市场的小镇青年消费水平不高、地域范围广而分散、服务成本更高，因而不受多数企业和电商平台（厂商）的重视。现在小镇青年的消费观和购买力正吸引着越来越多的厂商，20～30 岁的小镇青年成为许多厂商眼里的香饽饽。

小镇青年的支出占个人收入的比重超过 80%。之所以其购买力如此强劲，是因为相比一、二线城市的同龄人，小镇青年有更稳定的工作，已婚比例高，购房压力小，人数更多，有时间、敢花钱，有更大的消费提升空间、更强的消费意愿。他们正成为我国消费市场的主流。[①] 我们也可以把这个市场看成长尾市场，并且是一个非常有潜力和活力的长尾市场，也是一个迅速成长的市场。这个市场在许多特性方面正向一、二线市场靠拢。因此服务他们的平均成本会逐渐降低，这将进一步吸引众多厂商进入此市场。

在有的情况中，"细分市场是可以被创造的"是一个误区。

汽车市场已被各种车型"挤"得密不透风，于是有企业另辟蹊径，创造出一个细分市场，从而"寻找蓝海"。此思路是正确的，但实践起来往往没有需求支撑。例如，华普汽车公司推出一款号称"中国第一款女性车"的"海炫"汽车，从概念上看，这个细分市场足够大，但女性消费者的需求其实和男性消费者的一样复杂，华普汽车公司（已更名为吉利华普汽车公司）企图以一款"海炫"满足所有女性消费者的需求，其销售情况不佳也就是必然的了。这个例子再次说明，细分市场只是一种概念（本节开头即论述过此点）或认识，细分市场与选择目标市场的过程也许都可以进行，但能不能产生营销效果仍需实践检验。

一些企业（如手机、汽车企业）为其产品开发出过多的型号、款式，这其实也是在细分市场，为不同类型的消费者提供不同的产品。不过产品种类过多会使各型号、款式定位不清，消费者选择困难。型号、款式种类简而精常常更有效。参见 2.1 节中第四种竞争后面几段的论述。另外，对许多产品而言，没有一定的销量基础，细分市场是没有意义的，即细分市场必须有一定的规模。上述案例中，汽车制造是一种规模化产业，只有达到一定的产量，制造成本才能被有效降低。成功创造市场或发现市场的一个案例是在 1991 年，均瑶集团前董事长王均瑶在从长沙乘汽车回温州的颠簸的漫漫路途中，萌生了承包飞机航线的想法——相当于现在的团购，当时在长沙的温州人有一万人之多，他的商业计划成功了。吉祥航空公司即均瑶集团旗下公司。

4.2　选择目标市场与市场定位

细分市场、选择目标市场与市场定位合起来被称为 STP（Segmentating，Targeting，Positioning）战略，是企业营销战略的核心。

---

① 张晋光、黄国辉主编《市场营销》，机械工业出版社，2005，第 24 页。

4.2.1 选择目标市场

选择目标市场就是基于市场需求和市场竞争情况，选择能发挥本企业优势的目标市场，这一工作可基于细分市场的结果进行。企业应该把优势集中到目标市场，实行专业化生产和销售，力求在一个或几个子市场占有较大份额。在若干细分市场中，选择的目标市场不能正处于饱和或即将饱和的状态，否则就没有多少潜力可挖。目标市场对企业应具有可行性，例如，企业在该目标市场开展业务具有比较优势，在该目标市场具有较高的潜在回报。可以使用迈克尔·波特的五力模型作为分析、选择工具。

2008 年，长城汽车的年销量不到 13 万辆，在我国汽车自主品牌里排名倒数第二。某咨询公司为长城汽车进行竞争分析：虽然长城汽车的皮卡在我国经济型皮卡市场处于领先地位，但经济型皮卡细分市场容量小，增长缓慢，无法支撑长城汽车的发展；轿车细分市场竞争激烈，长城汽车没有占据先发优势，难以撼动领先者的地位；运动型多功能汽车（Sport Utility Vehicle，SUV）细分市场的竞争者少，这一类车也越来越受消费者青睐。最后长城汽车决定聚焦于 SUV 细分市场，并且获得成功。

传音公司则选择了一个超大的细分市场——非洲市场。传音公司总部在深圳，但其国内知名度不大，很多人也不知道它的创始人是竺兆江，这是因为传音公司避开了竞争激烈的国内市场，在过去十多年里深挖全球手机第二大市场——非洲市场。2018 年，传音公司出货量大约是 1.3 亿部，IDC 统计数据显示，传音公司在全球手机企业中排名第四，其功能机全球排名第一，其非洲市场份额排名第一。2018 年、2019 年传音公司荣登或荣获脸书、毕马威、推特的品牌排行榜或品牌奖。目前传音公司的销售网络已覆盖70 多个国家或地区。[1] IDC 统计数据显示，2021 年传音公司全球手机出货量为 1.97 亿台，全球排名第三，在非洲市场多年位居榜首。

传音公司的经营策略也是"农村包围城市"。非洲存在政治局势和外汇风险问题，经济落后，手机技术要求或者说技术标准太低，利润率太低，国际知名手机企业不愿进入，然而这恰恰成为传音公司创业的空白之地和理想之地。而当时中国的技术和资源输入非洲，恰好符合非洲市场的要求，传音公司因而能推出最适合非洲市场的产品。竺兆江看准了非洲这个超大的细分市场，成就了传音公司的传奇。

习题 4-10　多项选择题 ▶ 细分市场对企业营销具有以下哪些帮助？（　　　）[2]
A 有利于发现市场机会或营销机会　　　B 有利于掌握目标市场的特点
C 有利于制定市场营销组合策略　　　　D 有利于提高企业的竞争能力
E 有利于节省成本

①　张晋光、黄国辉主编《市场营销》（第 4 版），机械工业出版社，2021，第 24 页。
②　习题 4-10，选 ABCD。A：聚焦后更容易发现市场潜在机会。B：聚焦后有利于掌握目标市场的特点。C：有利于为某一个或几个确定的目标市场制定策略。D：针对目标市场，企业能集中优势，集中发力。E：须为目标市场（客户）增加投入以吸引之，吸引客户购买，有时需为几个目标市场增加投入，以便在其中有效经营。所以不是有利于节省成本，反而很可能是增加成本。

习题 4-11 判断改错题 ▶ 细分市场就是企业的目标市场。( )①

4.2.2 对企业或品牌进行市场定位

选定（若干）目标市场后即可进行市场定位。市场定位就是设计产品或服务，使其在目标顾客的心目中占有独特的、有价值的位置（参见 6.1 节），合理的市场定位有利于帮助企业树立品牌形象。实际上，应该把定义里的"设计产品或服务"拓展理解为包括设定价格、选择分销渠道、设计营销过程等营销组合的各方面，它们都会影响产品或服务在顾客心目中的地位。相对于 6.1 节"对产品进行市场定位"，这里的市场定位偏向于对企业的整体市场定位或者说对品牌的整体市场定位。

市场定位的经济学原理是：通过产品或服务差异化，削弱需求弹性，形成一个较小的"垄断"市场，从而不同的企业可定位于不同的目标市场进行非价格竞争（差异化营销）。诞生于 2008 年的唯品会的市场定位是特卖网站，它开创了"名牌折扣 + 限时抢购 + 正品保障"的电商模式，营销很成功；2011 年前后小米公司的市场定位是低价智能手机，营销也很成功。

习题 4-12 多项选择题 ▶ 可以通过以下哪些方式实现差异化？( )②
A 产品差异化　　　　B 渠道差异化　　　　C 服务差异化
D 人员差异化　　　　E 形象差异化

习题 4-13 单项选择题 ▶ 对于服装生产企业而言，( )策略是相对不适宜的。③
A 无差异性市场营销　　　　B 产品多样化营销
C 集中性市场营销　　　　　D 差异性市场营销

 案例 4-2

美发沙龙 Drybar 创始人发现"单吹发"细分市场及其市场定位

2010 年，美发师阿利·韦布在洛杉矶富人区布伦特伍德开设了第一家 Drybar 门店。开业前她采用电子邮件营销，告诉女性顾客，这里有一家专门吹头发的门店，看不到满地落发，也闻不到染发剂气味。很快，Drybar 收到 1000 多位顾客的预订，她们愿意尝试这种服务。

韦布实际上发现（创造）了一个细分市场，其他人没有想到可以单独把吹头发做成一项专门的生意。韦布认为，对女性而言，剪发并非高频消费，也许两三个月才剪一次，染发、烫发的间隔时间更久，而吹发却是高频消费。她说，奶奶那代人每周去一次

---

① 习题 4-11，×。市场经过细分之后，被企业选中的细分市场才是企业的目标市场。分析：企业往往不能同时服务好各细分市场，所以要量力而行，选择一个合适的细分市场。

② 习题 4-12，选 ABCDE。人员差异化包括不同素质和能力的服务人员等。

③ 习题 4-13，选 A。只能说无差异性市场营销是相对不适宜的，有时服装生产企业也可采用，参见案例 4-5。集中性市场营销指企业选择一个或若干细分市场，并对之密集营销，这种方式特别适合企业资源有限的情况，这是服装生产企业可以采用的策略。

图4-1 "蜂窝头"

理发店，多半是为了吹一个"蜂窝头"（图4-1）。出门吃饭、逛街购物、参加社交活动，女士们都需要通过吹发打造完美形象。果然，Drybar门店开业后，每天都会涌入上百名顾客。半年后，韦布又在加利福尼亚州连续开设了三家门店。一开始，Drybar的一位投资人以为，布伦特伍德的女士们只是因为太闲、太有钱、太在意自己的外表，才青睐Drybar，谁知道新开设的三家门店的生意同样火爆。

Drybar门店的服务价格并不便宜，吹一次发要花35～50美元，与全套洗剪吹的价格相仿。为了让顾客心甘情愿地掏钱，韦布在Drybar门店做足了体验感和场景感。韦布把Drybar门店定位成"吧"（休闲场所）而非美发店。一位顾客这样描述Drybar："我们在吹头过程中获得了放松和宠爱。"

Drybar门店另一个别出心裁的地方是把所有的镜子装在座椅后面，也就是说，在吹发和造型过程中顾客看不到自己的形象，她们只需看电视或杂志，等待发型师完成服务。20分钟后，发型师把座椅转向顾客身后的镜子，请她们欣赏新吹的发型。顾客可能会说："太棒了！今晚的舞会一定很美妙。"顾客们看上去精神焕发，对新吹的发型也很满意。这一安排源于韦布对女性心理的研究和洞察。她发现，大多数女性在接受吹发服务时并不喜欢对着镜子审视自己，因为此时头发又湿又乱，没有女神的感觉。因此，可以等顾客的头发被吹干、定型后，发型师再把座椅向后旋转面向镜子，让顾客们迎接"尖叫时刻"。

Drybar凭借第一个进入"单吹发"细分市场的优势和讨人喜欢的消费体验，很快就迎来了快速发展。由于不提供剪发和染发服务，它可以保持较低的运营成本，平均净利润率超过15%，比普通美发店的高10%。它还提供O2O服务，顾客预约后就可以在家里坐等发型师上门服务。

资料来源：https://baijiahao.baidu.com/s?id=1609468136600300913&wfr=spider&for=pc[2024-06-18].（内容有修改）

 案例4-3

宝洁的润妍品牌市场定位失败的背后

润妍的目标消费者是潮流引导者，其行为特点是改变与创新。随着染发事业的发展，颜色在不断变换，在各种颜色中，黑色也许是最守旧的一种。宝洁把润妍的目标市场定位为潮流引导者，并仅提供黑发的价值，也许是最大的败笔。中国女性喜欢黑头发，但这已是中国女性具有的特质，因此不会有多少人因为这个原因而尝试购买润妍；即使买了，也会因为效果不明显而放弃。

还有一个类似的例子，美泰玩具公司曾为中国小女孩们设计黑头发的芭比娃娃，然而中国小女孩们更喜欢金发芭比娃娃。这里的一个关键点是产品有没有为消费者带来价值。打一个比方，一个漂亮的女孩子，从小就听惯了别人夸她漂亮，已经对此有些麻木了。你作为她的新朋友，如果还是夸她漂亮，即使你的夸奖是由衷的，也许她也并不怎么感谢你，因为你的夸奖没有给她带来新价值。而如果你夸她有气质，夸她善良、体贴，她可能就会感谢你的赏识。

由于宝洁公司不重视客户调研，在一段时间里，其超过80%的产品投放市场后遭遇失败。雷富礼上任后的战略重头戏之一是一项名为"客户是老板"的调研计划，该计划强调客户的重要性。[①]

当今还有一个普遍的产品定位问题——明示产品是中老年人使用的产品。2022 年10 月，作者还听到中央广播电台新闻频道里"老年鞋、老年鞋"的广告叫卖声。不论中外，尤其在当今社会，很多人都不愿承认自己老了，也不希望因自己的言行使别人（包括身边的亲友）觉得自己老了。所以老年人很可能不愿购买和使用标有老年特征的产品，中年人很可能抵制其广告或包装标有 40 岁以上字样的产品，很多二十几岁的年轻人甚至觉得 25 岁以上就意味着"老"了，连一些十几岁的小孩子也希望自己的年龄比同伴的小——与以前的小孩子在这方面的心理正好相反。因此，把产品定位于 30 岁甚至 25 岁以上的消费者，都会引起很多消费者内心的抵制。针对这样的普遍心理，以年龄作为细分标准，以及根据年龄对产品定位时，应当特别谨慎，尽量模糊处理。

 案例 4-4

麦当劳和肯德基的市场定位差异

1987 年、1990 年，肯德基和麦当劳相继进入中国内地市场，两者在营销方法、市场定位方面各有特点。麦当劳一般开在繁华的商业区；肯德基的选址似乎更灵活多样，商业区和非商业区都有所涉及。肯德基的氛围优雅、温馨；麦当劳的店内环境则展示了奔放、热烈的个性，音乐欢快。麦当劳知道小孩儿的钱最好赚，所以一进入中国市场便瞄准了儿童市场；而肯德基似乎更倾向于成人市场。后来，麦当劳的儿童路线走得比较艰难，于是在 2003 年 9 月，它在全球 120 个国家同时召开发布会，宣布要改变品牌的宣传口号，由"更多欢笑"改成"我就喜欢"，走青年路线。

习题 4-14 案例分析题 ▶ 美国天美时钟表公司（下文简称天美时）以前是一个不起眼的公司。当时，著名的钟表公司几乎都是以生产名贵手表为目标，而且主要通过大百货商店、珠宝商店推销。天美时研究发现，购买者可分为三类：23%的消费者希望能以尽量低的价格购买手表；46%的消费者希望能以较高的价格购买计时准确、更耐用或式样好的手表；31%的消费者想购买名贵的手表，主要用作礼物。天美时根据前两类消费者的需要生产"天美时"牌物美价廉的手表，一年内保修，而且利用新的销售渠道，广泛通过超级市场、廉价商店等各种类型的商店大力推销，很快提高了市场占有率，成为世界上最大的钟表公司之一。

问题：（1）有效细分市场的要求是什么？天美时的这种细分是否有效？

---

① 托马斯·巴塔、帕特里克·巴韦斯：《深度营销》，美同译，北京联合出版公司,2019，第183-184 页。

（2）天美时的营销组合策略是如何体现的？它为何制定上述营销策略？①

市场定位固然重要，但也需避免定位过度。当消费者对企业、产品或品牌的理解过于狭隘时，企业、产品或品牌的市场定位就过度了。例如，戴尔作为计算机品牌的形象太深入人心（标签化），以致该品牌向其他产品线扩展时遇到障碍。这个问题与多元化战略选择有关，选择单一战略的企业容易碰到此问题。这一问题对那些做大做强后欲拓展业务的企业，或者欲摆脱所在行业限制与困境的企业而言，是需要费心思解决的。有的企业从悄悄地、低调地改名开始，去掉企业原名中的某个关键词，例如"通信""计算机"（2007 年，苹果计算机公司推出 iPhone 时就是这么做的），以淡化原来的业务定位和形象定位，在消费者不知不觉中进军新领域，继而以成功的经营被消费者认可，树立企业新形象或更全面的形象。

本章论述了细分市场、选择目标市场与市场定位，不过也有企业不遵循这样的经营思路，而是反其道而行之，面向整个市场开展营销，如案例 4-5 所述。

 案例 4-5

优衣库的经营方法

与传统服装企业不同，优衣库（日本迅销集团的品牌或业务经营单元）未采用细分市场、选择目标市场与市场定位的做法，而是着力于开发所有年龄段和男女都能穿的基本款式。优衣库的存货单位（Stock Keeping Unit，SKU，也称仓库进出计量单位，可以是件、盒、托盘等，这里的意思是品种）常年保持在 1000 款左右，而我国本土休闲服饰企业的则基本上保持在 2000～5000 款。

优衣库不是简单地停留在基本款式上，而是深度开发每一款式。一款单品往往被圆领、V 形领、男女老少款全款覆盖，颜色也多种多样。即使消费者选择基本款式，"撞衫"的可能性也比较小。优衣库抛弃了服装行业把重点放在款式和设计方面的做法，转而研发面料，提高品质，所以它的产品销路很好。从乔布斯和雷军的着装偏好也可以看出，优衣库的市场营销策略即使在富豪阶层也是可行的。

优衣库按周监测销售数量，实时监控每个门店、每款、每色、每个尺码的销售数据，及时分析销售数据，调整营销方案，规划产量。这些措施也确保了其产品的畅销。优衣库在后台分析购买者、单次消费金额、消费频率等数据，并利用这些数据精准指导实体店选址。②

---

① 习题 4-14，答：（1）有效细分市场的要求是可衡量性（有明显特征）、可到达性（要根据企业的实力量力而行）、有适当盈利、有发展潜力。实践证明，天美时的细分是有效的，它准确地把市场分为三类，又对产品进行了合理的定位，突出低价位的市场定位，从而奠定了成功的基石。

（2）天美时在其他钟表公司聚焦于名贵手表时，有效细分市场，把前两类消费者作为目标市场，也就是专注于低价位市场，进而制定有针对性的营销组合策略，开发营销渠道，从而获得成功。在市场竞争日益激烈之际，通过市场细分，企业可以找到尚未被满足的市场需要，从而找到有利的营销机会，因此天美时制定上述营销策略。

② 崔丹：《优衣库：颠覆库存》，《宁波经济（财经视点）》2014 年第 3 期。

第 5 章

市场竞争策略

学习目标

- 掌握市场领先者的市场竞争策略；
- 掌握非市场领先者的市场竞争策略。

在企业战略中，市场竞争策略（战略）属于职能层战略，与营销战略有一定重叠。

5.1　标杆超越策略

实施标杆超越策略的企业的目标是模仿其他企业最好的做法并改进之。虽然标杆超越起源于学习竞争者的产品和服务，但实施这一策略时，视野可扩展至业务全过程、员工技能培训过程、组织绩效提升过程和全部的价值提供过程。有些企业在本行业中寻找最佳实践者，而另一些企业则在全球寻找最佳实践者——不一定是同行。

想深入进行标杆学习而后超越，同行企业不会提供这样的便利，非同行企业则有可能。施乐公司是标杆学习的先驱，它的竞争基准专家参观里昂比恩公司——它的仓库工人的整理速度比施乐公司的快 3 倍，由于两者不是竞争对手，里昂比恩公司愿意介绍经验。施乐公司还向美国捷运航空公司和康明斯公司学习。还有，通用电气也学习了宝洁比自己做得好的方面。如果供应商或客户企业在经营的某些方面是专家，则可以请求向他们学习，一般而言，对方会同意。作者以前就职的某德资建筑工程机械公司就派员到德国的林德叉车公司参观、学习，后者是前者的供应商，并且两家企业的高管也有一定的友谊。

但非同行企业可能也不会无偿提供便利，这时就要采取双赢的合作方法。例如，德国铁路公司与汉莎航空公司谈判，希望后者传授低故障率控制经验。达成协议后，前者就能深入了解后者的内部管理流程。[①]

确定最佳实践者的方法有：向客户、供应商和分销商咨询，请他们对有关企业排序；与咨询公司联系。

需要注意，学习"最佳实践经验"不应照葫芦画瓢，应异曲同工。各企业的具体情况不一样，有些甚至不在同一行业，照搬照抄容易失误。实施标杆超越策略也不应求助于工业间谍，这是违法行为。

5.2　市场领先者与非市场领先者可采取的市场竞争策略

由于市场竞争策略涉及企业战略层面的思考（营销是整个企业的事），所以在分析具体的市场竞争策略前，可用企业层战略分析工具——产品－市场分析矩阵分析可供选择的市场竞争思路，见图 5-1。其他分析工具还有 SWOT 分析矩阵、PEST 分析框架及第 6～9 章论述的 4Ps 理论等。

---

① 　赵振勇：《创新与管理 4.0：德国企业经营及实体经济成功之路》，人民邮电出版社，2019，第 127 页。

	当前产品	新产品
当前市场	市场渗透战略 （可用于稳定的市场、撤退/收缩战略）	产品开发战略
新市场	市场开发战略	经营业务纵向一体化战略 经营业务多元化战略——相关多元化 经营业务多元化战略——不相关多元化

图 5-1 产品-市场分析矩阵

习题 5-1 单项选择题 ▶ 某化妆品公司决定对在当前市场上销售的润肤霜升级换代，这种战略是（ ）。[①]

A 市场渗透 B 产品开发 C 市场开发 D 多元化

集中型发展战略指集中企业的资源，以快于过去的速度增加某种产品的销售额或市场占有率。集中型发展战略是企业在原有业务范围内，充分利用产品和市场的潜力，求得成长的战略，包括市场渗透、市场开发和产品开发战略，见图 5-1。集中型发展战略又被称为加强型战略，因为它要求企业提高努力的程度，以提高其在现有业务方面的竞争地位。集中型发展战略常常适合规模比较小、资源比较少的企业。

与集中型发展战略对应的是图 5-1 中右下角区域包含的经营业务纵向一体化、经营业务多元化等战略。在分析市场竞争策略前，前文简略介绍了企业层战略，可为研究和实践市场竞争策略提供思路。

 案例 5-1

星巴克以多种战略实现增长

在咖啡店里直接为消费者提供精选咖啡，这是星巴克的市场渗透战略——针对原有市场，实现更多销售，赢得更多消费者。该战略帮助星巴克在西雅图获得了忠诚的顾客。

星巴克在其增长的第二阶段采用了市场开发战略：它把在西雅图创造奇迹的成功模式首先搬到美国西北太平洋沿岸的其他城市，随后推广至整个北美洲，最后推广至全球。

在全球数以千计的城市站稳脚跟后，星巴克又采用产品开发战略努力增加现有消费者的购买数量。

再后来，星巴克通过星冰乐瓶装饮料、星巴克牌冰激凌以及并购茶类零售商泰舒茶，进入食品杂货店领域，实现多元化经营。

---

① 习题 5-1，选 B。

5.2.1 市场领先者可采取的市场竞争策略

（1）一个有战略眼光的市场领先者从不满足于现状，而是会一直努力在构思新产品、降低成本、服务消费者、分销效益等方面成为本行业的领先者。

苹果、华为、海尔是这方面的典范。反面案例则是 21 世纪初的诺基亚，诺基亚作为当时全球手机市场的龙头企业却不能引领未来发展方向，没有被同行业的摩托罗拉、三星、西门子打败，却被跨界的苹果（计算机公司）、谷歌（互联网公司）打败，而且在对手已推出新产品后，诺基亚在向制造智能手机转型时仍犹豫、迟缓。案例 5-2 是一个更早的市场领先者的成功案例。

 案例 5-2

李维斯公司的不断进取

1853 年成立的李维斯公司后来被称为"牛仔裤行业的先行者"，生意兴隆，供不应求。但创始人李维知道，在弱肉强食的竞争中，优胜劣汰是永远不变的规律。李维斯公司从未停止改进产品，即使现有产品供不应求，也一以贯之。（评：与李维斯公司形成对比的是亨利·福特面对内部管理者更新产品的提醒，仍旧坚持"不管顾客想要什么颜色的汽车，我们只有黑色的汽车"的经营思想，以及柯达公司在向数码产品转型过程中的犹豫不决、反应迟缓。等待他们的则是长期的落伍与破产。）

李维下矿区，观察、体验矿工的工作。为了让矿工免受蚊虫叮咬，他把帆布短裤改成长裤；为了使裤袋牢固耐用，他把缝线方式改成用金属钉牢方式……这些改进深受矿工欢迎。李维斯公司也因此长盛不衰。

资料来源：王鸿，1997.美国人经商智慧 [M].西安：世界图书出版西安公司．

 案例 5-3

市场领先者应持续创新业务

某山区的乡民们采石后一般会把石头砸成石子卖给建材商，有一位年轻乡民却把整块的石头卖给园林建筑公司，因为他发现这些石头很有观赏性。三年后，他成为村里第一个盖瓦房的人。

后来，山区管理部门禁止采石破坏环境，乡民们就种鸭梨，生意很好，这位年轻乡民先种鸭梨，后改种柳树，因为买梨的顾客需要大量的柳条筐。五年后他成为村里第一个在县城买房的人。

后来，一条铁路通过他们的村子，山区更开放了，乡民们又集资创办果品厂，而这位年轻乡民在自家地里砌起一面大大的砖墙。再后来，墙上出现了可口可乐的大幅广告。年轻乡民又开了一家西服店，街对面也开了一家。他店里的一套西服标 800 元时，对面店里同样的西服标 750 元；他标 750 元时，对面标 700 元。一个月下来，他仅卖出 8 套，对面的店却批发出 800 套。这次他怎么不行了呢？别着急，答案是：对面的店也是他悄悄开的。

这位年轻人不断创新自己的业务，别人想跟风都来不及。信息时代，这一刻什么概念流行起来，下一刻就有人跟风甚至超越。美国企业常常碰到这种情况，营销学家科特勒说，一个企业如果五年内在经营方式方面一成不变，它就终将被市场淘汰。

（2）市场领先者应区分"好"和"坏"的竞争对手。

一个行业中有"好"和"坏"的竞争对手，市场领先者应支持前者而遏制后者。"好"的竞争对手能增加市场总需求、分担市场开发成本等。

特斯拉公司允许小竞争对手使用自己的技术即是一例，它希望与竞争对手一起把市场做大，使电动汽车行业尽早出现规模效应，降低行业成本，从而与传统汽车更有效地竞争。杜邦公司向市场投放新产品并保持独占地位到收回原始投资后就着手出售专利权，有意识地培养一批竞争对手。这些竞争对手为这一新产品开发新市场和新用途，创造了更大的市场需求。

一个反面案例是，20 世纪 80 年代，苹果公司没有及时把产能不足的问题用授权生产的方式解决，结果使 IBM 继续拉大它们之间的差距。在这之前，IBM 个人计算机的销售量就远大于苹果公司的，而苹果公司仍想维持其在其新款计算机生产方面的垄断权。另一个反面案例是索尼的故步自封。索尼不愿分享产品平台，以封闭的心态从事本身高度开放的电子信息业务，把自身的标准作为压制竞争对手的技术护城河。这造成索尼的产品兼容性差，曲高和寡、形单影只，使索尼逐渐丢掉了大量市场。2007 年，苹果公司开发出 iPhone 后，又犯了它在 20 世纪 80 年代的类似错误，或者说索尼的类似错误，不过它后来认识到此点，外界也时常批评它的这一点，于是它改正了自己的封闭做法，开放了自己的移动操作系统的应用软件开发平台。

市场领先者在授予经营特许权时，须防止授予"坏"的竞争对手而使整个行业受损。

（3）市场领先者应尽量避免"摧毁"实力相近的竞争对手，否则会迫使其与其他企业联合或者把自己的业务卖给其他非市场领先者，形成更强大的竞争联盟，成为更难对付的竞争对手。

IBM 在受到惠普、戴尔等企业（它们在个人计算机领域更强一些）的竞争威胁后，就把自己经营不善的个人计算机业务整体卖给联想公司，给自己的竞争对手培养一个更强大的竞争对手。

（4）市场领先者的竞争策略应以防御为重点，或者强调自身的创新、发展与改革。

非市场领先者应了解市场领先者的敏感点，避免与其产生不必要的正面竞争。

案例 5-4

市场领先者美国百得公司反击日本牧田公司

百得公司（Black & Decker）是美国一家生产机械工具的公司，它是全球机械和电力工具行业中著名的公司。日本的牧田公司（Makita）以专业电力工具市场为突破口，以优异的质量和低廉的价格获得了该市场的主导权。

百得公司很快就展开了反击，它先是采用了侧翼出击和防御战略，没有直接打价格战。百得公司进行了大量的市场调查和行销研究，仔细分析顾客需求，通过改良产品弥补了所有可能的弱点。

接着，百得公司又转而采取正面攻击策略。百得公司的研究人员把牧田公司的产品一件件拆开来仔细研究，以找到牧田公司在成本和质量上获得优势的原因，并加以复制。同时，百得公司还调整自己的产品价格以抵消牧田公司的价格优势；它还在生产线上引进机器人以提高生产效率。在几年的时间里，百得公司投入超过 2.5 亿美元，开展针对牧田公司的竞争活动。

这些努力使牧田公司产品的市场没有再扩大，保住了百得公司在该市场中的地位。

简析：在商业竞争中须了解竞争对手产品的优势，找出自身的不足，迎头赶上。

5.2.2 非市场领先者可采取的市场竞争策略

非市场领先者包括市场追随者、市场补缺者、市场细分者和市场挑战者，各种非市场领先者均有其对应的市场竞争策略。

1. 市场追随者的市场竞争策略

（1）不少企业偏好选择追随而非挑战市场领先者。

市场追随者占有的市场份额比市场领先者的低，但仍可盈利，甚至可获得更多收益——并不一定是市场领先者获得最多收益。这是因为市场追随者跟在市场领先者后面，利用市场领先者开拓的市场，可以省却或节约开拓市场的费用；模仿市场领先者的技术、产品和服务，可以省却或节约研发投入。市场追随者从成本效益的角度考虑，愿意固守市场追随者的角色，获得实实在在的收益，而不愿做出头鸟——因为扮演市场领先者的角色需要付出非常大的代价，案例 5-5 就说明了这一情况。

 案例 5-5

市场领先者万燕公司开创 VCD 市场的巨大代价

万燕公司生产的第一批 VCD（1000 台）几乎都被国内外各家电公司买去作为解剖对象。由于前期投入太多，产品成本较高，再加上广告费，万燕公司基本上无利可赚。另外，万燕公司在生产 VCD 的同时还要继续开发，又是一笔巨大开支。（评：一家企业的资源有限，在产品成长期，万燕公司却需要开发几乎整个价值链，这是难以完成的任务。）万燕公司开创了一个市场，并形成了一套成型技术。但就在其不断发展的同时，万燕公司的财源却已枯竭。它眼睁睁看着自己打下的天下被别人一块块瓜分，不仅无力回击，而且连自身也难保。之后万燕公司因资金链断裂，被美菱集团重组。

如果万燕公司缓一缓往前冲的步伐，让竞争对手们也一起承担开发市场的成本，那么它就能在后续发展中保持现金流。另外，万燕公司的失败还源于没有保护好专利。案例 5-6 中的摩拜科技等市场领先者的情况也与万燕公司类似，"烧钱"抢占新市场的份额不见得是好策略。

案例 5-6

共享单车大战中，市场追随者享受好处

近几年的共享单车大战中，国内曾经的两个头部企业，摩拜科技与 ofo（品牌名，即小黄车）等企业也尝到了类似万燕公司的苦果。这些企业经历了一轮接一轮融资，但扩张太快，投资太大，加上管理不善，最终导致运维资金不足。自 2018 年上半年开始，这些较早冲进共享单车行业的企业开始收缩战线，甚至遭遇"退押金风波"等困境，2018 年 5 月摩拜科技也被美团收购。

（评：很多企业都想在规模方面战胜竞争对手，有时候企业的关键风险不是因为太慢，而是太快。跑得太快，埋下的隐患也比较多，且不易发现问题，或者发现了也顾不上解决。问题长期积累得不到解决，终致大错。）

而市场追随者哈啰单车却占尽后发优势，又有阿里巴巴的支撑，以至于 2019 年以来有雄霸江湖的气势。企业发展是一场长跑，"剩者为王"。

有时候，非市场领先者与市场领先者可能会选择"自觉共处"。自觉共处模式在资本密集型、产品较同质的行业很常见，如钢铁、化工行业。产品真正同质的行业例子不是大米等行业（许多书刊都举此例），而是电力行业。在这些行业中，产品差异化和形象差异化的机会均较少、服务质量基本相当、价格敏感程度高。短期的市场份额抢夺策略在这些行业中不被看好，因为这通常只能引发报复竞争。在这些行业中，多数企业不是抢夺别人的客户，而是复制市场领先者的模式，为自己的客户提供相似的产品——否则可能会失去自己的客户，电信市场是一个典型例子。市场追随者必须知道如何保持现有客户和赢得新客户。这些行业的市场份额划分一般比较稳定。

案例 5-7

啤酒行业的细分市场策略

以前啤酒经营者认为啤酒是较同质的产品，企业往往只推出一种产品和一种包装。从事烟草业务的菲利普莫里斯国际集团公司收购米勒啤酒公司后，把细分市场策略带到啤酒行业，例如推出小瓶装啤酒、低热量啤酒和高档啤酒，获得巨大成功。起初嘲笑米勒啤酒公司这一经营行为的竞争者后来纷纷效仿。

市场追随者不想挑战市场领先者的另一个原因是，前者担心在混乱的市场竞争中失去更多（例如，20 世纪 70 年代，百事可乐向可口可乐发起过激竞争后就遭遇重大损失），它们的主要目标是盈利而非扩大市场份额或提高市场地位。一些市场营销专家认为：各企业当前更需要竞优、竞质，而非仍是竞量、竞价。

日本丰田公司曾在过度追求市场份额与压低成本的过程中，懈怠于质量控制（质量是他们一直引以为豪的），导致大范围的质量问题（发生于 2010 年）。一味追求市场份额还可能导致其他问题，包括利润率降低，长期战略目标的实现受挫，等等。

方太集团曾经的市场竞争策略是甘当老二、不争第一，不过这几年它的发展势头良好，已位列行业第一。总结方太集团的策略就是，不刻意争做第一。蒙牛在前期发展过程中也一直宣称要做老二甚至老三，并对伊利等竞争对手表示足够的尊重，以免被伊利过于打压。

（2）市场追随者可以采用的市场追随方式。

第一，紧追不舍，模仿市场领先者。1997年经济寒冬之际，在NEC、爱立信、西门子等企业退出俄罗斯市场后，华为仍坚守四年，终于成功打入此市场。就在华为以为能吃独食时，中兴通讯也来分享华为打下的江山，大举开展营销活动并有斩获。在其他一些国际市场，中兴通讯也是一路黏紧华为展开近身战。市场追随者往往以市场挑战者的面目出现，但只要他们并不显著地妨碍市场领先者，直接冲突便不会发生。

第二，有选择地追随：根据自身情况，在有些方面紧跟市场领先者，以便获得明显的好处——在市场领先者开辟的市场中坐享好处；在其他方面走自己的路。例如，S&S公司每年都会订购一辆新款哈雷戴维森摩托车，拆开引擎研究能否改进之，从而能为那些希望得到像哈雷戴维森摩托车或比哈雷戴维森摩托车更先进的引擎的客户提供产品。S&S公司的客户是那些每年仿造几千辆哈雷戴维森式样摩托车的公司。采用市场追随策略，尤其在技术方面追随竞争对手时，须注意防止被对方起诉侵权。案例5-8中的模仿策略就是一种市场追随策略，华为采用它时就遭到起诉。

 案例 5-8

模仿策略的风险

2003年，华为就在美国遭到思科的侵权起诉。虽然华为几代路由器的核心源代码都与思科的截然不同，但其路由器在产品外观设计、用户界面、命令接口等方面与思科的类似，这不能不归咎于技术模仿策略（也是兼容策略，方便竞争对手的用户适应华为产品）。华为认识到，企业逐步做大后，再继续采用模仿策略会严重阻碍自身的发展。但事无巨细都自己做，必然导致较低的研发效率，而合作研发是缩小与国际领先技术水平之间差距的捷径之一。还有一条捷径是并购相关企业。以前华为就有这方面的体会："眼看我们离竞争对手的差距越来越小，本以为可以喘口气了，但竞争对手的并购行动使我们与他们的差距又一下子拉大了。"[1]

如果市场领先者或其他竞争对手降低价格，非市场领先者也一定要降低价格吗？不一定，方太集团提供了这方面的实践参考，见案例5-9。

 案例 5-9

方太集团不随波逐流降价

在许多竞争对手降价以图增加销量，方太集团的销售人员也希望降价的压力下，方太集团的经营管理者们沉得住气，不愿因降价而使产品定位下降。他们还认识到：价格战必然导致行业亏损，企业长期亏损将失去支撑优质服务的能力，失去支撑高品质产品

---

① 魏江、邬爱其等编著《战略管理》，机械工业出版社，2018，第102页。

的能力，失去开发新产品的能力，甚至会偷工减料。因此从长远考虑，方太集团不参与价格战，冷静处理价格与销量的关系，熬过了一次又一次的价格风波。随着消费者的消费心理日益成熟，方太集团的中高档定位已被消费者广泛接受。①

2. 市场补缺者的竞争策略：市场补缺策略

市场补缺者的竞争策略是市场补缺策略，即选择不大可能引起大企业注意的市场的某一部分（小细分市场）进行专业化经营。

市场补缺者在经营方面的特点包括：按客户需要，专业化生产某种有特色的产品，或提供专门化的服务；通常提供高质量、低价格的产品或服务；在产品研发、广告、促销和人员开支方面花费较少；这些企业为避免和大企业竞争，通常寻找一个或多个安全且有利可图的市场补缺点，占据着市场的小角落。

 案例 5-10

AFG 工业公司的拾遗补缺式的营销

AFG 工业公司是美国一家生产玻璃的企业，其资金、资源和生产能力在同行业中均位居中下游。一开始，它试图向建筑企业推销房屋门窗、普通平板玻璃，但由于实力不足，该企业很难与其他实力雄厚的大玻璃工业公司抗衡。后来 AFG 工业公司经营者改变了他们的销售方向，把产品集中供应给那些要用硬化彩色玻璃生产自己的产品的企业，制订了针对那些不被大企业重视的小市场的营销方案。该企业采用了市场补缺策略，并与客户建立了密切关系，它销售给微波炉行业用于安装炉门的玻璃占该市场 70%的份额，销售给其他部门或居民用于淋浴围隔或桌面垫板的玻璃占该市场 75% 的份额。这就是行业隐形冠军。

 案例 5-11

江小白填补年轻消费者的白酒市场空缺

江小白的创始人陶石泉认为：白酒企业习惯追求"高大上"（例如"御酒""特供"之类与帝王沾边的），追求喜庆，标榜历史的厚重感（换一种说法就是老气横秋的宣传），而缺乏年轻时尚的元素，这是导致前卫的年轻人不喜欢白酒的重要原因。江小白为此创造了"江小白语录"，把这些广告语贴在酒瓶上，吸引了年轻人的眼球，获得了他们的青睐。例如，"容颜易老，青春会跑，一瓶江小白就倒，还叹红颜知己太少"，以及"每个吃货都有一个勤奋的胃和一张劳模的嘴"。

"江小白语录"可以让年轻人顺势表白、吐露心声，体现当代年轻人的酒文化。该企业也因此收到消费者创作的大量内容。被选中创作语句的消费者都成了江小白的代言人，该企业会以酒相赠。该企业还推出私人订制产品。针对年轻人的喜好，该企业花3000 万元打造动画片《我是江小白》，第一季播放量已超一亿。考虑到消费者对江小白

---

① 曹裕编著《企业战略管理》，清华大学出版社，2015，第 146 页。

产品的主动需求和喜好没有那么强，该企业着力加强地推，在全国铺设了约200万个零售网点，覆盖60%的城市。

江小白的产品更适合年轻人的口味。江小白实际上是一家集高粱育种、生态农业种植、技术研发、酿造蒸馏、分装生产、现代物流和电子商务等为一体的、拥有完整产业链布局的综合性酒业公司。

 案例 5-12

日本小松公司找到补缺市场

日本小松公司起初在行业中名不见经传，与位居行业第一的丰田公司有很大的差距。不过小松公司发现丰田公司忽视了小型机种和蓄电池叉车市场，于是小松公司就着力于开发这方面的产品，避免攻坚战和丰田公司的反击。后来小松公司在日本叉车行业排名第二位。

3. 市场细分者的市场竞争策略：市场细分策略

研究发现，规模较小的市场的平均投资回报率是27%，而规模较大的市场只有11%。因为规模较小市场（细分市场）的市场领先者对目标顾客非常了解，能更好地满足顾客需求。对实力弱小的企业而言，采用市场细分策略，开展针对性很强的特色经营往往是一个较好的选择。企业不一定局限于现有的细分市场，多细分市场策略可能比单一细分市场策略更可取。

 案例 5-13

日本和德国汽车公司的市场细分策略

20世纪60、70年代，日本和德国的汽车公司发现美国同行们还未重视节油、小型轿车的市场需求，于是他们在这个细分市场挑战美国的汽车公司，并在20世纪70年代的全球石油危机发生后，在欧美市场大获成功，市场占有率不断提高，改变了国际汽车制造和销售的竞争格局。

 案例 5-14

华为的"农村包围城市"策略

华为采用"农村包围城市"策略，先在一些不发达国家实施国际化经营战略，避开强大竞争对手的锋芒，在它们不重视的市场获得市场地位和竞争优势（侧翼进攻）；羽翼丰满后，再进入发达国家的市场，与那些竞争对手展开针锋相对的"阵地战"。

相对于市场补缺策略，华为的策略着重于在面上与强大竞争对手过招，而市场补缺策略着重于点上。在华为之前，还有其他"前辈"也使用了此策略，例如沃尔玛，见案例5-15。

案例 5-15

沃尔玛的"农村包围城市"策略

20 世纪 60 年代，相对于沃尔玛，西尔斯、凯马特都是前辈，也是强大的竞争对手，所以沃尔玛不在城市与它们直接竞争，而是在小城镇开店。西尔斯等大企业对这些小城镇是不感兴趣的。沃尔玛把这些小城镇作为主要目标市场，把它们逐个填满，再向相邻地区渗透，而且还不断推出新服务方式和服务项目。①

案例 5-16

德克士的"农村包围城市"策略

德克士在与麦当劳、肯德基正面对抗失败后，也采取了"农村包围城市"策略，向我国二、三线城市（麦当劳和肯德基无暇顾及的城市）进军，主攻西北市场。德克士在西式快餐几乎空白的市场获得快速发展，在这些城市，德克士成为西式快餐第一品牌。即使麦当劳和肯德基后来也进入了这些市场，但不论在品牌影响力还是单店营业额方面，德克士都依然处于领先地位。②

在有的竞争情景中，市场补缺策略和市场细分策略的内涵是一致的、可互换的。

案例 5-17

哈啰单车的逆袭

哈啰单车进入共享单车市场时，一线城市的共享单车品牌多达 25 个，市场基本被瓜分完毕，没有资金优势的哈啰公司只能以"农村包围城市"的策略深耕二、三、四线城市市场。哈啰公司与宁波、杭州、福州、厦门等近 70 个城市签订了独家引进协议。等到在一线城市的激烈厮杀中消耗了太多资源的 ofo 和摩拜科技回过神来，已很难实施市场下沉策略，这给了哈啰单车生存的机会和反超的可能。接下来，通过免押金策略抢占市场，哈啰单车逐步逆袭，成功跻身一线城市共享单车品牌的第一梯队。作为后入局者，哈啰单车还避免了其他品牌共享单车的一些缺陷。③

健特药业推出脑白金时也先在县级市市场试点，再向邻近地级市和省会城市、其他省渗透，直至进入一线城市。

还有一种避免与市场领先者正面竞争的方法是在产品类型方面细分市场。例如，20 世纪 60、70 年代，日本企业打入欧美市场的汽车、摩托车、家用电器等产品，大多是小型车、小家用电器，它们是欧美大企业不屑一顾的。然而日本的若干企业却以此为基础，站稳了脚跟并获得发展。

① 赵轶主编《新编市场营销》，机械工业出版社，2017，第 76-77 页。
② 张岩松、徐文飞主编《市场营销：理论·案例·实训》，清华大学出版社，2017，第 137 页。
③ 尚路、高蕊：《哈啰的逆袭之旅》，《企业管理》2019 年第 9 期。

4. 市场挑战者的市场竞争策略

非市场领先者也可能采用进攻式防御或动态防御策略。进攻式防御是一种积极的防御措施，先向竞争对手发动进攻，使竞争对手处于防守地位，而自己则从被动的状态进入主动的状态，就像诸葛亮六出祁山那样。还有一些非市场领先者并非为了防御，而是直接实施挑战策略，争夺市场领先者地位。

非市场领先者应该知道，市场领先者对挑战者一般不会置之不理。不过也有反面案例，20 世纪末，国内火腿肠市场的领先者春都（当时是国内行业第一品牌）集团对非市场领先者双汇（第二品牌）集团发起的价格战置之不理，这成为春都集团败落的起因。实际上，如果挑战者（非市场领先者）的策略是增加产量、降低价格、改进服务或增加产品特性等，市场领先者一般总能找到对策，瓦解挑战者的攻击，见案例 5-18。

 案例 5-18

雅马哈的不当挑战

1981—1983 年，日本摩托车行业排名第二的雅马哈在挑战排名第一的本田时，就遭遇了不利局面。起初，雅马哈不但步步紧逼，还公开挑战本田。即使从人性的角度看，雅马哈也犯了大忌，对手企业的经营者岂能咽下这口气？尤其像本田这样一个称雄世界摩托车市场几十年、实力雄厚的大企业。虽然本田当时把许多精力和资源投向汽车行业，但这不是雅马哈挑战获胜的充分条件，因为本田反击时大打价格战，其汽车业务收入（当时已占本田总收入的 2/3）恰好能提供有力支撑。而当本田推出 81 种摩托车新车型时，雅马哈却把大部分资金用于兴建年产 100 万辆摩托车的新厂，反击能力薄弱，只推出 34 种新车型。最终，雅马哈的产品大量积压，债台高筑，输得很惨。

提高产量并不一定能给对手致命一击。雅马哈还犯了以产品为中心的错误，产量增加不能保证销量也增加。市场变化很快，旧车型容易被消费者抛弃，所以企业应关注新产品研发。一般来讲，市场领先者占有较大的市场份额，形成了规模经济，有成本优势，一般的企业很难通过价格手段挑战它。一场恶战有时还会导致两败俱伤（例如百事可乐挑战可口可乐时遭遇的竞争窘境），挑战市场领先者的风险较大，挑战者须三思而行。

然而市场领先者常常又是易受攻击的。非市场领先者可以通过产品和工艺创新、渠道创新（例如电商拓宽了渠道）、盈利模式创新（例如 360 杀毒软件的免费模式超越金山杀毒软件的收费模式）、商业模式创新挑战市场领先者，参见后文中的案例。这些挑战策略适用于市场领先者提供的产品或服务不完善的情况。挑战者应通过这些挑战策略削弱市场领先者的竞争优势，并尽量通过侧面攻击避免遭受大规模报复。下文主要介绍产品和工艺创新、盈利模式创新和商业模式创新。

（1）产品和工艺创新。

苹果就是通过产品和工艺创新（包括多点触摸屏等功能），开创、引领智能手机潮流，挑战并超越诺基亚和三星的，这是非市场领先者发动的一场致命攻击。

20 世纪 80 年代，丹麦诺和公司（现合并重组为诺和诺德公司）创新胰岛素注射技术，即注射笔技术，使传统的 1～2 分钟的注射过程缩短为不到 10 秒，不但打破了全球领先企业礼来的垄断，增加了其全球市场份额，还能维持 30% 的溢价。礼来投入近 10 亿美元，但走的是原有创新道路，通过合成把胰岛素中的杂质从百万分之十降到零，同时提价 25%。然而市场对此反应温和。诺和公司的创新不走寻常路，虽然技术比较简单，但却是一种突破性创新，因而获得重大成功。①

在互联网社区和社交领域，陌陌也以产品创新突破在位企业的垄断。当世纪佳缘、百合网等在位企业还在固守几乎一成不变的旧经营模式，用系统随机发消息的方式吸引用户时，陌陌已经开启了基于实时地理位置匹配的新玩法。陌生人社交、直播间（包括带货）、语音或视频群聊室、KTV 房甚至开店卖货等有趣又强大的功能尽在陌陌平台上呈现，并且绝大部分应用都是免费的，陌陌自有其直播、广告和会员制收入。这一大波创新玩法有很多是对现成技术的应用，只是陌陌的经营者比竞争对手更懂得吸纳、应用它们。陌陌的成功有这样几个关键点：创新、互联网思维、采用新技术。

（2）盈利模式创新。

案例 5-19

360 公司的盈利模式创新

360 公司（其拳头产品是 360 杀毒软件）2008 年通过让用户永久免费使用 360 杀毒软件杀入国内寡头垄断的杀毒行业，进而向用户推荐 360 浏览器等增值产品。通过 360 浏览器中的网站导航，360 公司可赚取搜索广告费和导航链接的网站支付的网络访问流量费；通过 360 浏览器还可赚取嵌入广告费、弹出广告费。360 杀毒软件附带的软件管理器方便用户下载、安装或卸载软件，因而，360 公司可向需要推广服务的软件商收费，以及凭借游戏、互联网增值业务盈利。360 公司不仅在盈利模式方面创新，其 360 杀毒软件的性能指标在国内也首屈一指，达到国际先进水平，360 公司因而成为杀毒软件领域的强者（可以说打败了诺顿、金山和瑞星）以及财务绩效良好的公司。

（3）商业模式创新。

大连万达集团通过"订单地产""城市综合体"等商业模式创新，超越万科集团，成为国内商业地产的领军企业。陕鼓集团原来是一家三线风机制造企业，通过"全方位动力设备系统问题的解决方案提供商和服务商"的商业模式创新，突破低端风机制造的局限，超越沈鼓集团，成为国内风机制造行业的新领军者。和君咨询通过"咨询、资本、商学"一体两翼的商业模式创新，从一个濒临破产倒闭的咨询公司成为中国本土成长较快的咨询公司之一。由上述三个例子可见，商业模式创新不仅对新兴产业中的企业很重要，对传统产业中的成熟企业而言同样意义非凡。这三个例子在第 6 章还会提到。

拼多多以低价拼团模式作为占领市场的主要切入点也是一种商业模式创新，互联网社交拼团购买模式可以向卖方压价，这一创新帮助拼多多在竞争初期杀开了一条血路。现在它的用户规模已经非常大了，所以消费者在它的平台上购物时并不一定需要拼团这一额外的操作，系统会自动帮消费者与其他消费者拼团，消费者下订单后只需静候送货

---

① 黄群慧等：《世界一流企业管理：理论与实践》，经济管理出版社，2019，第 467 页。

通知。拼多多现在已跻身我国前三大电商。

百事公司向可口可乐公司发起的挑战综合体现了非市场领先者向市场领先者挑战的方式，这一挑战总体而言是成功的，案例 5-20 是关于它们之间竞争历史的一个长案例。

 案例 5-20

可口可乐眼睁睁看着百事崛起

百事（百事指百事公司，百事可乐指产品）在第二次世界大战以前发展一直没有起色，曾两度处于破产边缘。

百事可乐的一代

第二次世界大战后，美国诞生了一大批婴儿，他们没有经历过战争，逐步成为美国的主要消费力量，这为百事针对新一代的营销活动提供了基础。当时，可口可乐与百事可乐这两个产品的市场份额之比为 5∶1。百事聘用 BBDO 公司分析了消费者构成和消费心理的变化，把进攻火力对准了可口可乐的传统形象，通过种种努力，把百事可乐描绘成年轻人的饮料。经过 4 年的酝酿，"百事可乐新一代"的口号正式面市，并沿用了 20 多年。

10 年后，当可口可乐试图对百事的进攻做出反应时，可口可乐与百事可乐这两个产品市场份额之比已降至 2∶1 了。而此时，BBDO 公司又协助百事制定了进一步的发展战略，向可口可乐发起全面进攻。其中两仗打得十分漂亮。

第一场漂亮仗是百事发起的品尝实验和其后的宣传活动。1975 年，百事在达拉斯进行了品尝实验，将百事可乐和可口可乐都去掉商标，分别以字母 M 和 Q 做上暗记，结果表明百事可乐比可口可乐更受欢迎。随后 BBDO 公司对此大肆宣扬，使得百事可乐的销量猛增，百事可乐与可口可乐这两个产品的市场份额之比改善为 2∶3。

第二场漂亮仗是在 1983 年年底，BBDO 公司以 500 万美元的代价，聘请迈克尔·杰克逊拍摄了两部广告片。这位红极一时的歌星为百事可乐赢得了年轻一代的心，广告播出一个月后，百事可乐的销量就直线上升。据百事统计，在广告播出的一年里，大约97% 的美国人收看过该广告。

几乎与此同时，百事利用可口可乐和包装商们的利益纷争，以及联邦贸易委员会对饮料行业特许包装体制的反对，争取到数家包装商，让可口可乐遭受了一次非常明显的挫折。1984 年，汉堡王因不满可口可乐转向其竞争对手麦当劳，于是与百事签订一纸合同，让百事为全美 2300 家汉堡王快餐店提供饮料，这一合同每年为百事可乐增加了3000 万美元的收入。

从"真空地带"着手

百事不仅在美国市场向可口可乐发起有力挑战，还在国际市场向其发起挑战。与美国市场一样，百事在国际市场上因可口可乐的先发优势已没有太多选择，百事的战略就是进入可口可乐尚未进入或进入失败的"真空地带"。当时百事的首席执行官肯德尔经过深入考察调研，发现在苏联及亚洲、非洲等地区可以有所作为。

肯德尔的至交尼克松帮了大忙。1959 年，美国在莫斯科举办国家展览会，肯德尔利用他与尼克松之间的特殊关系，请求尼克松想办法让苏联领导人喝一杯百事可乐。尼克松显然同赫鲁晓夫通过气，于是在各国记者的镜头前，赫鲁晓夫手举百事可乐，露出一脸心满意足的表情。百事从此在苏联站稳了脚跟。

多元化经营策略

鉴于饮料行业的激烈竞争，为规避风险，可口可乐和百事不约而同地选择了多元化经营策略。

20 世纪 70 年代开始，可口可乐大举进军与饮料无关的其他行业，在水净化、葡萄酒酿造、养虾、水果食品生产、影视等行业大量投资，但是这些投资的资本收益率仅为1%。直到 20 世纪 80 年代中期，可口可乐才集中精力在主营业务上，利润才直线上升。

百事从 20 世纪 60 年代起就试图打破单一的业务种类，使其成为多元化企业，并于 1965 年从百事可乐公司正式更名为百事公司。1977 年，百事进军快餐业，它先后把肯德基、必胜客和塔可钟收至麾下。肯德基、必胜客和塔可钟在被百事兼并前都只是经营状况时好时坏的快餐品牌，仅在狭小的市场内略有优势。百事兼并它们之后，立即提出：对手"不应再是城里另一家炸鸡店、馅饼店，而应该是伟大的麦当劳"！它又在快餐业向市场领先者发起挑战。

当时正是美国通货膨胀不断高涨的年代，麦当劳的食品价格也随着物价不断上涨，百事看准时机，以此为突破口，开始了它的进攻。百事不断设法降低成本，制定了"简化、简化、再简化"的原则。这一原则不是简化食品制作方法和降低食品质量，而是尽量减少非食品支出。例如，预先做好部分食品，在店外烧烤牛肉，尽量减少厨房用地；降低人工成本；修改菜单，把制作快的菜放在菜单前面，以加快用餐速度；等等。最终，快餐店的销售额很快达到以前的两倍，而员工只有以前的一半。

由于收入迅速增加，成本大大降低，利润猛增，百事已能与麦当劳抗衡，并带动了百事可乐饮料销售。百事还推出快餐业送货上门的新型营销方式。百事质优价廉的食品、高效多样的服务赢得了消费者的青睐，销售额年年创纪录，许多老牌快餐公司在百事咄咄逼人的攻势下败下阵来，甚至麦当劳也受到巨大威胁。

尾声

百事终于在它诞生 92 周年的时候赶上了竞争对手。1990 年，两种可乐平分市场，在零售方面，百事可乐甚至超过可口可乐 1 亿多美元。2022 年财富 500 强排名中，百事位列第 143 位，可口可乐位列第 359 位。百事和可口可乐之间的双雄战中，前者令人称道的是勇于向强手挑战的精神和有效的市场竞争手段。

小公司也可以以小博大挑战大公司甚至市场领先者，见案例 5-21。

案例 5-21

以重点进攻作为挑战市场领先者的手段

立邦是家庭装饰涂料第一品牌，印度的一家涂料生产企业却想挑战立邦。这家企业的策略颇有可圈可点之处。他们先走访立邦公司的经销商和顾客，询问其对立邦漆的不满意之处，以及询问从涂料商店走出来拎着别的涂料的顾客不买立邦漆的原因。调研后他们发现了立邦漆的一个致命弱点：由于立邦漆品种齐全（本来是优点），经销商没有足够的存储空间和资金用于储存和购买那么多种类的立邦产品，而且立邦只有几种漆卖得好，能赚钱，其他品种反而让经销商亏本。

于是印度的这家企业专门生产立邦最畅销的五种漆的同款产品，价格便宜1/3。宣传时，他们说：如果你想买这五种漆，没有理由买立邦的（我们的更好）；如果你想买其他品种，请继续买立邦漆。他们的产品质量与立邦的处于同一水平，价格却便宜1/3，自然有竞争力。便宜的原因除了国家间的比较优势，还有这家印度企业的产品品种较少，规模效应更明显，生产设备利用率高。发起进攻后，这家企业的销量很快上升到印度的前三名，以小博大挑战成功。

5.3　市场竞争的其他方面

为巩固市场占有率，企业需采取一些策略：发现产品的新用途或改变营销方式以开发新市场；保持老顾客对本品牌的忠诚；努力改进产品的质量、性能、品种、款式以适应消费者的不同需求；改进市场营销组合，积极开展促销活动，采取价格竞争手段；对产品更新换代。

5.3.1　产品生命周期的不同阶段及其营销策略

企业应准确判断其产品所处的生命周期，在产品生命周期的不同阶段采取不同的营销策略，产品生命周期如图5-2所示（6.6节将对该内容进行更加详细的阐述）。

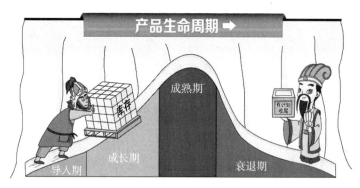

图5-2　产品生命周期

（1）导入期的营销策略：通过调研确定产品的优劣势，通过广告建立产品知名度，寻找合适的销售渠道。

（2）成长期的营销策略：应把营销目标从建立产品知名度转为树立产品形象。

（3）成熟期的营销策略：营销重点是延长产品的生命周期。

（4）衰退期的营销策略：在衰退期，由于有些竞争者退出市场，市场留下一些空缺，这时留在市场的企业仍有盈利机会。在衰退期，可大幅削减营销费用；为产品寻找新目标市场或新用途；细分市场以求有效经营与盈利；采取收割或榨取策略；采取剥离策略。在衰退行业，企业也可力争领导地位，采取市场领导者策略，见案例 5-22。

 案例 5-22

衰退的真空管制造业成为理查森公司的赚钱"阵地"

20 世纪 50 年代，真空管制造业是一个大型行业。后来，半导体时代开始了，真空管制造业开始衰微，大型企业一家接一家退出该行业。然而有一家企业不仅留在该行业，还证明了在衰退行业也可获得高额回报。

理查森公司最初主要从事真空管分销业务，它买下十几家退出该行业的美国和欧洲企业的剩余资产。当时理查森公司的仓库里储存了 10000 多种不同规格的真空管，其中许多产品，全球只有它能提供，因此其销售毛利率达 35%～40%。理查森公司生存和发展的奥秘在于真空管是有些老式电子设备中的关键部件，对于这些老式电子设备来说，用半导体替换这些真空管的代价太高。此外，在某些特定的应用中，真空管的性能仍优于半导体的，例如在雷达和焊机中。美国政府和通用汽车公司都是理查森公司的大客户。

理查森公司的业务建立在快速响应客户的优质服务之上。理查森公司设于伊利诺伊州的仓库为大约 40000 个客户提供隔夜送达服务，每天处理约 650 张订单，订单平均价格 550 美元。像通用汽车公司这样的客户并不在意真空管的价格是 250 美元还是 350 美元，他们关心的是，焊接设备如果停工，就可能造成 40000～50000 美元的经济损失。通过对这样的客户快速响应以及身为许多真空管品种的唯一供货商，理查森公司占据了令许多成长行业中的企业美慕的垄断地位。没有不挣钱的行业，只有不挣钱的企业。

理查森公司实现上述市场领导者策略的手段有：通过获取退出该行业的企业的市场份额，在衰退行业获得发展；通过积极的营销和定价获得市场份额；兼并竞争对手进行产业合并，增加其他竞争对手的风险。还有类似的例子——2000 年上工股份有限公司收购飞人协昌缝纫机厂的蝴蝶和飞人两个商标，跳出国内的衰退期（那时很少有家庭购买缝纫机了），重点经营出口至非洲和亚洲的部分地区，2000—2008 年，蝴蝶缝纫机每年的国外销量是 44 万～60 万台。

5.3.2　战略联盟（竞合）策略

如果采用战略联盟策略，企业间的竞争将由对抗性的竞争向合作竞争发展。战略联盟不仅表现在相关业务间的纵向联合，还表现在相同业务间的横向联合，即为了在更大（地理）范围内竞争，并且为了使自身在这种竞争中更具竞争力，与原来的竞争对手联合，例如产业集群内的横向联合。德国的许多企业，即使有激烈的竞争关系，也常常采用战略联盟策略。

企业想以更少的精力和成本更频繁地接触更多潜在客户，就需要寻找能帮忙的合作伙伴。好的合作伙伴应具备下列某些特点：为相同的客户群服务，但不存在竞争；本企业员工在合作伙伴企业有相识的经理，有利于共事；双方的商业淡旺季互补；双方有可互相捆绑销售的产品或服务；兼容的价值观念。例如，京东与腾讯的联盟——共享海量客户；苹果与 Meta 的联盟——共享创新。临近的商厦与酒店也可建立战略联盟，开展联合营销。例如，在某酒店住宿、用餐的顾客可在某商厦享受优惠购物的待遇，而在该商厦购物满一定金额的顾客可在该酒店打折消费。

 案例 5-23

众安保险

众安保险是我国首个完全通过网络渠道交易和理赔的保险公司，除把总部设在上海，不在全国设分支机构。该公司主攻责任险和保证险，蚂蚁科技集团持股 10.37%，是最大单一股东，其他大股东还有中国平安保险、加德信和腾讯等。

阿里巴巴、中国平安保险和腾讯在众安保险的网络直销价值链上发挥了各自的优势，实现了跨界合作的战略联盟（蚂蚁科技集团与其他两家公司进行战略联盟时，是阿里巴巴旗下公司，具体工作由蚂蚁科技集团开展）。中国平安保险处于该价值链的上游，为众安保险提供保险产品开发、金融服务和理赔服务，也是众安保险的核心环节。阿里巴巴提供了强大的销售渠道和技术支持。腾讯的优势是拥有庞大的网络用户资源。

互联网保险是保险行业的发展趋势。此战略联盟基本上不需要基础设施建设，为众安保险节约了大量成本。这三家企业是在合作基础上的竞争与博弈。例如阿里巴巴与腾讯在电商和第三方支付平台方面就存在竞争，[1] 竞争激烈时会相互封锁对方的访问入口，不过双方目前已逐渐实现和解并开放访问入口。

实施战略联盟策略可采取的其他做法有：一起接受媒体采访；鼓励员工宣传合作伙伴的产品能如何与自己的产品并用，要求合作伙伴采取同样的做法，例如苏泊尔与益海嘉里以"好锅好油，健康美食"为主题，以统一的视觉形象与消费者沟通。这些做法也不是没有不足，例如不能突出各自的特点，两家企业共同开展营销活动容易混淆（潜在）客户的认知，使（潜在）客户感到迷惑。

 案例 5-24

哈根达斯的低成本创意：用别人的渠道，构建自己的渠道

哈根达斯把冰激凌卖到售楼处，用房地产企业的渠道吸引自己的顾客。房地产企业则可借助哈根达斯的品牌营造氛围，在举办开盘活动时让（潜在）顾客免费享用冰激凌。两家企业实现双赢。[2]

---

① 谭博、杨文婷：《"三马同槽"：开创企业战略联盟合作新模式》，《商场现代化》2013 年第 30 期。
② 孟韬编著《市场营销策划》（第四版），东北财经大学出版社，2018，第 34-35 页。

第6章

产品策略

学习目标

- 理解产品市场定位的两个层次；
- 了解新产品构思与设计开发；
- 理解产品包装的效用；
- 掌握产品分析方法；
- 了解产品生命周期的阶段特点及相应的营销策略；
- 学会规划产品策略。

产品整体概念包括三个层次。

第一，核心产品，它能为客户提供产品的基本效用或利益。

第二，形式产品或基础产品，形式产品或基础产品是实现核心产品效用的形式或满足目标市场某一需求的特定形式。形式产品即品质、式样、特征、商标及包装等。

第三，附加产品，包括保证、送货、安装、维修、技术培训等。有时形式产品和附加产品相互融合，不易区分。

 案例 6-1

图 6-1 "无所不洗"的洗衣机

"无所不洗"的洗衣机

海尔集团在接到用户需求后，仅用了 24 小时就在其洗衣机已有的模块技术基础上，创新地推出了一款可洗荞麦皮枕头的洗衣机，成为继海尔洗地瓜机、打酥油机、洗龙虾机之后，在满足市场个性化需求方面的又一经典之作（"无所不洗"的洗衣机见图 6-1）。海尔集团还可为消费者定制圆形洗衣机、梯形冰箱、无噪声空调……

 案例 6-2

东芝公司的产品策略

随着日本女性越来越多地开始就业，她们不得不在晚上或早上用洗衣机，噪声就成了问题。东芝公司（已被美的集团收购）因而设计出低噪声洗衣机。因为人们比以前更频繁地洗衣服，有时候没有机会晾干衣服，所以东芝公司又开始生产烘干机。东芝公司还发现大多数消费者的生活空间有限，于是开始生产洗衣烘干一体机。

习题 6-1　多项选择题 ▶ 关于形式产品，以下表述正确的是（　　　）。①

A 是产品实体的具体外观

B 是核心产品的表现形式

C 是消费者购买产品时能得到的附加服务和附加利益

D 是产品的使用价值

E 包括包装、式样、品质、商标等内容

 营销小诗

不要给我东西

不要给我衣服，我要的是迷人的外表。

———————————

① 习题 6-1，选 ABE。产品的使用价值是核心产品。

不要给我鞋子，我要的是两脚舒服，走路轻松。

不要给我房子，我要的是安全、温暖、干净和快乐。

不要给我书籍，我要的是阅读的愉悦和知识的益处。（例如 Kindle）

不要给我磁带，我要的是美妙动听的乐曲。（例如网上音乐、iPod、手机音乐）

不要给我工具，我要的是制造美好物品的快乐。

不要给我家具，我要的是舒适、美观和方便。

不要给我东西，我要的是想法、情绪、气氛、感觉和收益。

请，不要给我东西。

这首诗描绘了核心产品的效用，也启发人们，可以通过创新以丰富多彩的形式实现核心产品的效用。具体案例参见案例 3-4。

相关的例子还有以下三个比较典型。

陕鼓集团发现客户不仅需要鼓风机，还需要安装、维护等配套服务，于是在国内风机行业开创了集动力设备系统的设计、选型、制造、安装、调试、外围施工、设备运营、维修、保养等项目的全方位服务模式。

与竞争对手主要关注房产属性不同，大连万达集团经营者认识到娱乐、购物等客户的重要性，为城市居民提供"一站式城市生活配套服务"，为各种商业企业（也是万达集团的合作伙伴）提供地区商业平台，例如万达广场这样的城市综合体。

和君咨询除了咨询业务，还为中小企业提供资本、人才培训等服务，助力中小企业成长。

据说"现代管理学之父"德鲁克去一家玻璃瓶制造企业提供咨询服务时，首先问对方的业务（职责）是什么。对方还以为德鲁克来他们企业前未认真了解他们的情况，就说，他们是制造玻璃瓶的。德鲁克却说，我不能认同你们的这一说法，你们其实是为客户生产容器的。而容器有多种形式：玻璃瓶、纸箱、铝箱……德鲁克正是在启发这家企业，客户的真正需求是什么（不一定限于玻璃瓶），怎样更好地满足客户需求。

上述理念也能解释微软公司近些年的变革。微软公司认识到，对很多用户而言，尤其是个人用户、小机构用户，Windows 操作系统并非他们真正需要的（只是载体和软件运行环境 / 平台），Office 等应用软件才是。所以微软公司不再强推销售 Windows 操作系统，不再绑定它和应用软件，不再封闭自身的软件生态，而是采取非常开放的心态。2018 年上半年微软公司宣布，Windows 操作系统将成为公司的普通一分子，不再是焦点。而且 Windows 10 是免费下载安装的（早在 2015 年推出时就如此），似乎又回到 20 世纪 80、90 年代，微软公司当时也用免费策略推广 Windows 操作系统，我国用户也是受益者。不过微软当时主要为此后销售 Windows 操作系统铺路，现在则是为其应用软件铺路。

微软公司采用（几近）免费策略，推出网页版 Office、安卓版移动 Office 和苹果版移动 Office，还为苹果操作系统开发许多应用，甚至接纳当时的竞争者 Linux（开源操作系统）。这些免费策略和经营行为虽然损害了微软公司的短期利益，却沉重打击了苹果和谷歌这两个对手，逼迫它们放弃挑战，为微软公司的应用软件和其他业务赢得了更有利的竞争态势。

我国金山公司最初免费推出 WPS 时采用的盈利模式是向第三方广告商收费，但过多的广告损害了用户的体验。后来金山公司采用"免费 + 增值服务"盈利模式获得了较好的经营效果。WPS 个人版的所有基础功能（核心产品）永久免费，但只有付费会员方能使用更多的特色功能（附加产品），例如图片转文字、更大的云空间、付费模板、云字体、专属皮肤。

产品可分为耐用品和非耐用品。对耐用品而言，企业一般需要提供分期付款、送货、维修等更多服务。企业由于投资较多（例如上述事项导致的）也应获得相应补偿，例如收费的售后服务。对非耐用品，企业须广设零售网点，拓展销售渠道，应采取薄利多销的策略，并大力做广告。

习题 6-2　多项选择题 ▶ 根据消费者消费心理和习惯划分，产品可分为以下几类（　　）。①

A 耐用品　　　　B 便利品　　　　C 选购品　　　　D 特殊品　　　　E 非渴求品

6.1　对产品进行市场定位

产品的市场定位不清晰、不准确是其不成功的重要原因之一（还有广告、促销、分销渠道等方面的原因），必须重视这一问题。

2002 年以前王老吉凉茶的市场定位并不清晰，在两广区域市场经营状况良好，但如果走向全国市场就会遭遇诸多困境。两广区域之外的消费者并没有关于凉茶概念的认知，甚至以为凉茶就是凉开水。产品如果没有清晰的市场定位及相关宣传，消费者就没有动力购买。

如果向全国市场传播凉茶概念，难度会很大，费用也很高。2003 年，成美公司经研究，为加多宝公司把王老吉凉茶定位成"预防上火的饮料"。这有助于王老吉凉茶走向全国，因为预防上火的概念在两广之外也很普及，这一功能又使 3.5 元的价格获得支撑，还有利于与广药集团当时经营的王老吉凉茶（作为药饮）区分开。向时尚饮料转型后，2003 年红罐王老吉凉茶开始大获成功，成为 21 世纪初中国市场非常成功的品牌之一。

6.1.1　关于产品市场定位的理论分析（两个层次）

产品市场定位可以根据经营状况和需要从若干角度进行，例如根据产品带给用户的利益定位，根据使用者定位，根据用途定位，与竞争者对抗定位，避强定位，等等。市场定位不同，竞争策略和竞争态势也不同。

阿里尔·杰克逊提供了产品市场定位的陈述格式：

为了［（客户描述）目标客户］，［本产品名称］是一种［产品类别］，具有［陈述主要优点］。［本产品名称］不像［竞争产品］，［陈述主要区别］。

---

①　习题 6-2，选 BCDE。因为它们都是可买可不买的，更多地反映了消费者的消费心理和习惯，而耐用品是商品自身的属性，不是由消费心理和习惯决定的。

价格、分销渠道、营销过程等都会影响产品在顾客心目中的地位。一般而言，应该更关注产品市场定位，而不是企业市场定位，产品形象和市场地位是企业市场定位的基础和载体，企业因其产品而荣而衰。如果不把主要精力放在产品方面，反而过多关注企业市场定位，就是舍本逐末。

有些人把宣传词（品牌口号，Tagline）和产品市场定位陈述混淆起来。相对于产品市场定位陈述而言，宣传词有不同的目的，它们是面向外部受众的，但表述的意思与产品市场定位陈述可能是一致的。产品市场定位陈述首先是面向企业内部人员，用于统一生产经营思想，然后才是面向外部受众，用于宣传、营销。宣传词可能更简洁精炼。

有的宣传词有些含糊，例如"不是所有的牛奶都叫特仑苏"这句宣传词。特仑苏在蒙语中是金牌牛奶之意，但一般消费者并不知道。蒙牛乳业把特仑苏作为自己的品牌，又用上述宣传词，不少人觉得不妥——这是你取的品牌名，别的企业不用此名，当然可以说"不是所有的牛奶都叫特仑苏"。

（1）产品市场定位的第一个层次是响应客户需求。

 案例 6-3

大疆的创新性产品市场定位

无人机技术起源于国外，在我国大疆无人机出现之前，3DR、Parrot 的产品已较成熟。但这两家企业过于追求引领技术，没有充分响应市场需求，价格居高不下。其他有关企业也定位于可以 DIY（自己动手组装）的用户。大疆创新性地把产品市场定位于普通航模爱好者（普通用户），由主攻直升机飞行控制系统技术（大疆 2010 年前已是全球为数很少的几家同类企业中的佼佼者，这是一个极小众的市场）转为主攻消费级无人机。大疆用一体机成品代替组装机（因为资深航模爱好者的定制需求和组装能力无法拓展到普通航模爱好者群体中），大大拓宽了用户范围，实际上就是创造了市场。

大疆还降低成本和价格，同时推出消费者感兴趣的功能，例如把拍照作为无人机的重要功能，从而抢占市场。2013 年 1 月大疆发布第一款消费级无人机"精灵 Phantom"，以 679 美元的价格迅速抢占大量市场份额。而在此之前，即使是自己动手组装，只要希望质量达到一定水准，投入一般都会超过 1000 美元。[①]

华为和西方国家先发企业的竞争过程类似上述情况，在国际市场技术泡沫破裂后，华为贯彻"领先半步"策略，不唯技术论，而是关注客户的现实需求，确保技术能转化为客户的商业价值。如果中国企业这样的产品市场定位策略和竞争策略反映到价格竞争环节，中国产品的价格就比国际市场曾经的垄断企业的低很多。

从另一个角度看，应该从国际比较中找到产品未来的发展方向。20 世纪 90 年代，国内电视机企业还在集中争夺 21 英寸彩色电视机市场份额，TCL 公司发现西方发达国家的同行已发力于 28、29 英寸的高清晰电视机。于是 TCL 定位于制造 28、29 英寸的彩色电视机，后来就有了其王牌彩电的优势地位。尽管当今国内许多企业已跻身于国际

---

① 王海忠主编《高级品牌管理》（第二版），清华大学出版社，2021，第 61 页。

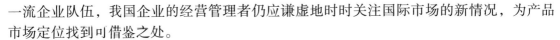

一流企业队伍，我国企业的经营管理者仍应谦虚地时时关注国际市场的新情况，为产品市场定位找到可借鉴之处。

（2）产品市场定位的第二个层次是洞察客户的（真正／未来）需求。

需要说明的是，这两个层次并没有优劣之分，经营者应依据具体情况恰当采用相应的产品市场定位思路和方法。

2001 年，苹果公司经营者意识到，未来的信息技术产业将不是以技术先进与否为最重要的评判标准，而是以能否改进用户体验为最重要的评判标准。乔布斯让工程师捕捉这一潮流，仅用了 9 个月，iPod 就问世了。苹果公司从用户体验的角度出发，定义未来的产品，因而又有了 iPhone 的面世。乔布斯一直坚持的理念是：客户需求不是简单地用问卷就能调查出来的（因为对潜在需求，即使是自己的潜在需求，客户也无法清晰、准确地描述，因此调研者得到的往往是显性需求），而是基于对行业和产品的认知和洞察获得的；应洞察客户的深层次和真正的需求。一家注重发明创新的企业常常不容易做市场调研，或者市场调研的结果不够有效，此时对行业趋势的判断决定了产品设计和开发。

在乔布斯之前，索尼创始人盛田昭夫也持相似的理念，而非只投消费者所好，所以才有随身听等创新产品的问世。

在我们的生活中，新功能、新款式的商品层出不穷，这些商品既源于消费者的需求，又高于消费者的需求——可能暂时用不着它们，但它们最终将改变人们的生活方式。营销者要善于发现新市场中的商机——创造需求。

在传真机、摄像机、个人数码产品等面世前，有多少人会想到自己有这方面的需求呢？

因此，企业不能盲目跟随市场、随大流、欠缺适度的超前意识，否则难以获得商业成功。一个具有革命性的新概念常常得不到大多数潜在顾客的正面反馈，新概念越具革命性，正面反馈往往越少。然而长期看来，具有革命性的新概念可能才是更成功的，甚至是颠覆性的成功。当这种新概念转化成优秀产品后，之前的负面反馈自然就销声匿迹了，该产品将开始热销，就如苹果公司的产品那样。这种情况在当今开放、创新的时代比过去更常见（在消费水平不高的时代，如果产品过于超前或过于昂贵，市场就可能很小，例如多家知名跨国公司参股的铱星系统就因此破产——市场越小，单位成本越高。而在消费水平较高的当今，上述负面影响弱一些）。设计最重要的是灵感，灵感引领着时代，而技术自然而然就会跟上来。

联想集团对产品市场定位是这样看的：与企业和政府客户做生意，产品设计与生产必须顺应客户的需求，客户需要怎样的产品，供应商就生产怎样的产品，参见 4.1.2 小节；而生产、经营消费类产品，企业必须洞察市场需求，先生产出来，再推动消费。联想集团也强调洞察市场需求，与苹果公司不谋而合。不要把以苹果公司为代表的一类企业的经营理念简单地等同于 1.4 节中的"执着于产品观念"。

对苹果公司与其顾客之间的互动可以这样描绘：即使顾客无法清晰描述自己的需求，但当他们看到苹果公司开发出来的产品时，他们知道这就是为他们设计的。这一商业成功来源于苹果公司对顾客需求的洞察。可用《红楼梦》里的一个情节描述企业与顾客的这种交互：贾宝玉第一次看到林黛玉就说"这个妹妹我曾见过的"，不只是因为神话背景，贾宝玉说见过林黛玉，也因为这样的妹妹、这样的形象就住在贾宝玉的心里。他过去默默地想过很多遍，希望有这样一个妹妹，希望能认识、亲近这样一位妹妹。

与之类似，消费者心里也有很多"林妹妹"，却又说不清她们具体长什么样，就看企业对消费者了解多少，能不能把这些"林妹妹"描摹出来、创造出来。如果有一天，企业让消费者看到"天上掉下个林妹妹"，企业就成功了。这样的例子有不少。

从苹果公司的两个开创性产品——iMac 和 iPhone 可以看出，苹果公司的产品创新成功之处有两个关键点：酷炫的外观设计与便利的用户使用界面。iMac 的透明水滴设计，诱人的水果色，以及使用鼠标的、给用户带来极大方便的图形操作界面；iPhone 有着艺术品般的精致外观设计，还具备多点触控屏幕功能——不但使用方便，而且为大屏提供了足够的发展空间。这两个关键点对用户而言是非常重要的，对其他绝大多数产品而言也是如此。

在汽车大批量生产之前，乘马车或坐火车就能满足人们的交通需求，亨利·福特说："如果只看消费者的需求，我制造出来的可能只是更好的马车而已。"不过有时候人们会忘记初心，忘记自己的原则。例如，亨利·福特尽管说过"经营者必须提前了解人们的需求，而不是坐等需求显示出来后再去满足它"，他秉持这样的理念领导福特汽车公司为美国的广大普通民众乃至国际消费者制造适应当时社会需求的汽车，但后来却固守旧观念、旧设计，对儿子的设计革新也暴跳如雷，导致福特汽车公司持续走下坡路。

20 世纪 40 年代后期，IBM 针对自动机械产品和电子产品哪个更有市场进行了一次大调查，结论是：自动机械产品永远不会被电子产品代替，因为人们看不见电子，这让人们太不放心了。所以对消费者需求的管理，应从满足需求阶段适时升华到创造需求阶段，满足和引导消费者需求都应成为市场营销活动的出发点和归宿。

前述这些企业追求的都是产品领先地位。创新力源自从不同角度考虑产品和消费者，销售梦想而不仅是产品。消费者可能不知道自己（将来）想要什么商品，但他们知道如何选择，有智慧的经营者必须提前为消费者选择产品开发方向，这样才能更好地满足消费者。①

习题 6-3　多项选择题 ▶ 良好的市场定位要求企业的产品(　　　)。②
A 符合消费者需要　　　　B 有明确的形象
C 价格低廉　　　　　　　D 质量优异
E 有别于竞争者的产品

6.1.2　规划产品的市场定位与营销：以艺术作品为例

承接 6.1.1 小节的论述，请读者思考一种比较特殊的产品——艺术作品的市场定位与营销。

1999 年，油画艺术家刘令华崭露头角。上海宽视网络电视有限公司（下文简称上海

---

① 黄炜：《产品市场定位的两个层次》，《中国眼镜科技杂志》2022 年第 8 期。
② 习题 6-3，选 ABE。

宽视）的经营者认为，他粗犷的画风中有某种追求，表达了一定的内涵，因而决定与刘令华签约。上海宽视希望刘令华能以油画表现中国义化的某种内容。最后，上海宽视把创作主题定为京剧，并确定了"国粹十八图"这一创作构思。刘令华不负众望，其创作的《贵妃醉酒》等京剧油画引起轰动。

刘令华的京剧油画在题材方面实现了创新，使观众感受到不同的艺术体验，拓展了他们的思维、感受和想象力。这些作品不是在以客户为主的营销思维指导下产生的，艺术机构（上海宽视）和艺术家（刘令华）不是使用消费者已接受的题材和创作手法，生产"对已有作品加以修饰的变相复制品"，而是积极为消费者创造新的艺术体验。这样的市场定位方法最终换来了市场的高度认可。

应当认可艺术家对其作品的权威和自治，这是为了实现艺术价值。只敢创作有把握的、流行的艺术作品，就难以达到像刘令华作品一样的效果。加拿大的太阳马戏团追求的也是一种突破，他们把马戏与戏剧、歌剧结合起来（见图6-2），给观众全新的感受。一些观众不禁感叹：人居然可以做出这样奇特的动作。太阳马戏团美妙绝伦的表演不仅带给观众艺术享受，也带给他们启发，让他们可以把这种创新思想融入自身的思维、工作与生活中。

图6-2　太阳马戏团把马戏与戏剧、歌剧结合起来

对艺术作品进行营销应在保持艺术创作的核心部分能独立运行的前提下，通过艺术组织的有效运作，积极对艺术作品进行市场定位和包装，并提供适应消费者需求的服务。苹果公司把其产品也视作艺术作品，如果其他公司也把其产品视为艺术作品的话，自然可借鉴这些产品的市场定位思想与营销思想。

只有创作者保持创作艺术的自觉性和独立性，消费者的艺术体验才能变得不同。相反，以消费者为主的营销思维是在仔细研究了消费者的观念、态度及喜好等因素后，再基于这些情况创作艺术作品，容易削弱消费者初次接触这些艺术作品时（美好、惊艳、震撼）的体验，不能拓展消费者的思维、感受和想象。此时，艺术家们创作出来的只是"变相复制品"。

艺术创作的高境界是突破旧的审美语言，建立具有新鲜隐喻的审美语言，改变消费者的传统认知，使其感受到不同的艺术体验，获得享受和乐趣。

6.2　新产品的产品构思与设计开发

新产品的设计开发起源于产品构思。新产品的产品构思与设计开发过程包括：产生新产品创意（设想或创意的过程）；筛选创意；发展和测试新产品概念（具体化新产品构思）；制订营销战略计划（包括描述预期的长期销售量）；商业分析（财务方面的分析）；开发产品实体（设计、试制新产品实体）；试销新产品（在小范围目标市场测试）；商品化（推出新产品）。

优秀的产品设计理念可以成为营销的亮点与热点。除军用品外，在美国成功的新产品中，60%～80% 的新产品在产品构思时听取了来自消费者的建议。美国有家规模较大的玩具公司听取了 14 岁的、爱对新玩具提出意见的玛丽的建议。玛丽根据自己和伙伴的感受提出了许多好的产品构思，使这家公司的玩具更讨小孩子的欢心。20 世纪末，海尔集团就提出"您来设计，我来实现"的口号，消费者可提出个性化需求——性能、款式、色彩、大小等。小米公司把互联网思维引入产品的设计开发，与海尔集团的做法如出一辙。让网民参与新产品的设计开发、提意见，产品上市后他们会更有购买热情。

下面是苹果公司的一个反面案例。

iPad 的屏幕尺寸较大，显得机身沉重，携带不便，很多消费者希望苹果公司推出一个较小尺寸的，但乔布斯对消费者的抱怨不以为然。很快，三星推出了尺寸更小的 Galaxy Tab，质量只有 iPad 的一半，一周内销量高达 60 万台。

6.2.1　产品设计方法

1. 产品属性一览表法

产品属性一览表法是指把某一产品的主要属性列成一览表，再分析研究每一属性，提出改进意见，从而在原有产品基础上设计新产品。

习题 6–4　多项选择题 ▶ 在新产品设计开发初期，可能的构思来源有（　　　）。[①]
A 企业内部的技术人员和业务人员
B 顾客
C 竞争对手
D 分销商和供应商
E 报纸杂志、高校和科研机构

---

① 习题 6-4，选 ABCDE。C 项表示学习竞争对手或从竞争对手那里得到启发。

2. 奥斯本的 6M 创新法则

6M 指 6 个以 "May" 开头的问句，例如，May we change…? May we add…? 具体包括以下 6 个方面。

（1）改变：改变功能、形状、颜色、气味等。

（2）增加：增加尺寸、强度、新特征等。

（3）减少：减轻、变薄、变短，以及减去过多功能——至少是一时用不上的功能。

（4）替代：用其他材料、零部件、能源、色彩等替代。

（5）颠倒：对现有设计进行上下、左右、正反、里外、前后的颠倒，甚至是目标和手段的颠倒。

（6）重组：重新组合零部件、材料、方案、财务等，包括叠加、复合、化合、混合、综合等。

 案例 6-4

产品设计案例四则

第一则：地毯中的"指南针"

一位比利时商人把一种特殊的"指南针"嵌入用于祈祷的地毯中，见图 6-3。穆斯林无论走到哪里，只要将这种地毯铺在地上，"指南针"就能准确显示圣城麦加的方向。这种地毯在市场上刚被推出，就引起穆斯林抢购。

第二则：穆斯林手表

日本精工株式会社推出一种穆斯林手表，该款手表设计新颖、构思巧妙，最打动穆斯林的是，它能把世界上 114 个城市的时间转换成圣城麦加的时间，并且每天定时鸣响五次，提醒穆斯林祈祷。因此该款手表非常受穆斯林欢迎。

第三则：共享单车

共享单车（图 6-4）是一种互联网短途出行解决方案，采用无桩借、还车模式（有桩的好处是管理规范）。人们通过智能手机就能快速租用和归还一辆共享单车。

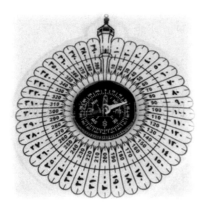

图 6-3 嵌有特殊的"指南针"的地毯

图 6-4 共享单车

第四则：日清杯面

日本日清食品集团想把其方便面产品打入美国市场，但美国食品行业的权威市场调查机构的调查、评估结论表明，美国人没有吃热汤面的习惯。日清食品集团经营者不死心，他们发现美国人的这种饮食习惯也在悄悄变化，只要在口味和营养方面投其所好，还是可能打入美国市场的。

根据调查，日清食品集团对其方便面产品采取了4个策略。第一，将产品定位为减肥食品，而且是廉价方便食品。第二，把适合筷子夹食的长面条改成短面条，以适应美国人用叉的习惯；改进汤料，力调众口，适应美国人的重口味；把适合东方人口味的柔软特性改成稍硬又筋道的美式方便面特性，更有嚼头。第三，针对美国人爱用杯不爱用碗的特点，别出心裁地把自己的方便面命名为杯面。第四，针对许多美国人吃方便面时把汤喝光而剩下面条的情况，制作汤多面少的美式方便面，广告语则是"远胜于汤"，从而使其杯面成为许多美国人喜爱的快餐汤。

一些小设计创意如图6-5所示。

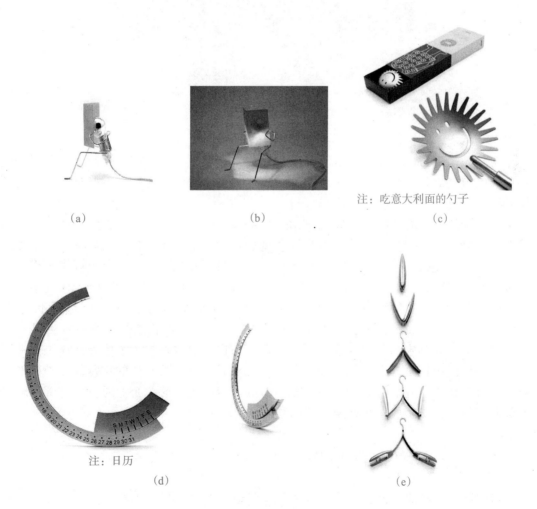

注：吃意大利面的勺子

（a）　　　　　　（b）　　　　　　（c）

注：日历

（d）　　　　　　　　　　（e）

图6-5 小设计创意

6.2.2　产品开发中的（外部）创意生成

在产品开发中，应分析消费者的问题以开发能更好地解决消费者问题的新产品，可以邀请消费者在新产品和服务的创意方面分享、讨论和投票。小米社区、海尔的"10+N"开放式创新生态体系都是这方面的典范。为借助消费者开发新产品，3M 公司开放了创新中心（见图 6-6），基于由消费者主导的新产品创意开发新产品，并使自身与消费者建立长期关系。宝洁公司创建了一个网站，供外部开发者提出新想法，5 年内50% 的产品提案都来自外部开发者。

图 6-6　创新中心

众包（Crowdsourcing）就是邀请社会大众（消费者、研究人员等）参加新产品开发。众包的思想基础是，虽然（大）企业有众多的精英，但他们的智慧不能与全球的智慧相提并论，并且众包往往能降低成本。

众包能产生大量创意，例如，海尔的"10+N"开放式创新生态体系就有这样的功效，消费者的创意对海尔是免费的，因为这些创意是为满足消费者自己的需求，只是由海尔实现。小米、美的、苏宁等企业都拥有自己的互联网众包平台。把众包规模做得更大的应该是苹果和谷歌，全球无数软件开发人员为它们的移动平台开发各种各样的小程序。

企业除了创建和管理自己的众包平台，还可以使用第三方众包平台，例如InnoCentive、Topcoder、Hypios 和 jovoto。在 InnoCentive 平台上发布技术难题，悬赏解决方案的可能是宝洁、杜邦这样的大企业。来自行业内外的竞争压力使这些企业不得不寻求更广阔的视野，有可能这些企业的顶尖科研人员解决不了的难题却被外部的业余科研人员解决了。我们国家也有另一套类似的众包体系，就是企业通过教育部或科学技术部向高校、科研院所发布课题研究邀约。

6.2.3　开发新产品的机构

目前国内外企业开发新产品的机构主要包括以下 5 种职位或部门。

（1）产品经理——专门负责某一类产品或某种产品的计划、生产、销售等一系列工作的经理人员（在有些企业里，他们没有这么大的职权，而只是市场经理、技术总监、销售总监等高级管理人员的协助人员）。需要说明的是，这里的"产品经理"是业内习惯称谓，因此作者不赋予其另外一种称谓以便在涵盖关系方面区分其与后面讲的"新产品经理"，读者可理解为"传统产品经理"。

（2）新产品经理，专门负责新产品开发。

（3）新产品开发委员会。

（4）新产品部。

（5）新产品开发小组——由各业务部门的专业人员临时组成，新产品开发成功，成为企业的常规产品后，该小组就可解散，或者重组成一个新的新产品开发小组。

不少企业把组织新产品开发的工作交给产品经理，但产品经理常常忙于管理现有的产品线，因而只会像对待产品线扩展一样对待新产品开发。他们往往还缺乏开发和评价新产品必备的专业技能和知识。大企业通常会设立新产品部，该部门的主要职责包括产生和筛选新产品创意，与研发部门一起开展工作，实施试销新产品和商品化。企业也可采用契约式新产品开发方法，即聘请独立的研发人员或新产品开发机构为本企业开发新产品。

习题 6-5　判断改错题 ▶ 新产品开发失败的原因在于技术。（　　　）[①]

6.3　充分发挥产品包装的效用

产品包装有"沉默推销员"的美称，是消费者看到商品的第一印象。企业应开发有特色的产品包装或采用类似包装策略，使消费者容易识别（传递信息的功能）。

类似包装策略能节省包装设计成本；一系列格调统一的包装也可以使消费者受到反复的视觉冲击而产生深刻印象。同时，企业可以为特色包装申请外观设计专利，产品包装也是有价值的资产，需要专利保护。

例如，上海冠生园非常重视保护大白兔奶糖的包装设计，用主包装与若干周边包装的外观设计专利对其进行有效保护。

再如，红罐包装曾是加多宝公司和广药集团争夺的焦点，对两家企业而言，红罐品牌视觉识别体系都是重要资产。

案例 6-5

加多宝公司与广药集团的红罐包装之争

2012 年 7 月加多宝起诉广药集团新发布的红罐王老吉外观设计侵犯了它的权利。广药集团也起诉加多宝公司的红罐凉茶外观设计侵权。

中华人民共和国最高人民法院终审判决是：广药集团与加多宝公司对涉案"红罐王

---

① 习题 6-5，×。也可能是误判市场需求、调研失误、创新管理水平低下、资金不足等原因。

老吉凉茶"包装装潢权益的形成均作出了重要贡献，双方可在不损害他人合法利益的前提下共同享有"红罐王老吉凉茶"包装装潢的权益。

产品往往要靠经销商卖出去，所以产品包装应能满足经销商（例如超市）的要求。经销商通过比较不同商品的包装，研究消费者的购买特点，对包装设计往往有较全面和直观的认识。

如果产品与同类竞争产品的内在质量近似，而销路不畅，就有可能是产品包装不受欢迎（当然也有可能是广告效果不好、品牌声誉不高等原因）。此时应注意变换产品包装，推出有新意的包装。

四川商人一开始用大坛子、大篓子把榨菜卖到上海；上海商人把榨菜分装到小坛子里出口日本；在日本销路不畅，日本商人把进口的榨菜原封不动地卖到中国香港；香港商人以块、片、丝的形式把榨菜分装成小袋再度返销日本（保护卫生、健康方面的功能）。用本章开头的产品整体概念分析此例可见，榨菜的核心产品是相同的，不同之处体现在形式产品和附加产品两个方面，而这些不同之处在此例中是由于不同的包装形成的。用大坛子、大篓子、小坛子、小袋包装，以及切块、切片、切丝等都代表了不同的产品形式。小袋包装，例如铝箔包装，可保质保鲜、卫生、消费者携带便利，这些是附加产品。

产品包装的根本作用是保护产品，但是在现代社会，产品包装的营销功能日益重要。产品包装是消费者对产品的视觉体验依据，是产品个性的重要传递载体，是企业形象定位的直接表现。好的产品包装设计是企业创造利润的重要手段之一。市场定位准确、符合消费者心理的产品包装能帮助产品在众多竞争者中脱颖而出。包装设计具有建立品牌认知的行销作用，也就是利用包装设计呈现品牌信息，形成品牌特点，使消费者知道商品的品牌名称、品牌属性，进而建立品牌形象。因此，好的产品包装设计有为企业与产品推广品牌形象、促进销售等作用。

企业对同一产品可采用不同的产品包装以适应市场需求。例如，对饮料即可采用此策略。可将饮料的瓶装容量分 250mL、300mL、500mL 等包装，满足消费者不同的饮用需求。另外，可针对不同类型的消费者采用不同的饮料瓶包装纸图案设计版本。一些特殊的产品包装也能引起许多消费者的特别关注，例如，饮料瓶上可以印科普类知识。盒马鲜生则通过包装设计，使消费者由关注价格转移到关注食品新鲜度和品质。盒马鲜生的蔬菜都是 350～400g 的小包装，可保持新鲜，又可提升毛利。

 案例 6-6

产品包装的美化功能

20 世纪 80 年代，营销专家为宾夕法尼亚州的罗林洛克啤酒设计了一种绿色长颈瓶，并漆上显眼的艺术装饰，使该啤酒瓶在众多的啤酒瓶中非常引人注目。这个啤酒瓶独特而有趣，许多消费者喜欢把它放在桌上，甚至觉得装在这个啤酒瓶里的啤酒更好喝。该公司也重新设计了其啤酒的包装箱，箱子上印有放在山泉里的这些酒瓶的照片，色彩鲜艳，图像清晰。消费者很容易从远处认出罗林洛克啤酒[①]。

---

① 赵轶主编《新编市场营销》，机械工业出版社，2017，第 148 页。

 **案例 6-7**

基于消费者爱国心理的产品包装营销技巧

罗马尼亚的一个巧克力品牌日渐老化，导致销量下降。与此同时，年轻人对国家不满，希望去其他国家发展，例如去美国。于是该品牌所属企业把巧克力包装换成印了美国国旗的，结果招来国民一片骂声，群众还游行示威。不过该企业似乎知道会被骂，待骂声一片时，他们又换回原包装。结果销量大幅提高，品牌声誉反而更高了。这就是剑走偏锋，故意引起争议、引发话题，从而成功改变了销售颓势。

6.4 设计产品包装的原则

设计产品包装的原则主要有以下几个。

（1）产品包装应能保护产品，这是产品包装的基本功能。

（2）便于使用，使消费者容易打开包装。产品包装设计时应使此原则与保护产品的原则平衡。例如，设计饮料瓶盖子时就需要兼顾两者，饮料瓶的盖子很难打开将不利于产品销售。市面上有一些非常常见的、使用不便的包装例子。例如，在文件袋、信封封盖上敷设自粘胶，放文件时易被粘住，所以应该把自粘胶敷设在封口处。

（3）便于运输、储存和陈列。

（4）美观大方，这体现了产品包装的营销功能。产品包装的颜色应能引起消费者的情感共鸣，选择产品包装的颜色搭配时可参考表 6-1（有些地区对不同的颜色有不同的理解），另参见 2.2.3 小节。

表 6-1 产品包装设计用色参考

颜色	可能的含义或象征
红色	活力、激情、危险（可用作超市生肉专柜的照明色彩）
橙色	健康、富足、幸福、友谊、乐趣，结合了红色的活力和黄色的温暖（家得宝和百安居以橙色为主要装修色彩，凸显幸福感）
黄色	温暖、明亮（可用作超市面包专柜的照明色彩）、欢乐、成就感、幸福（《幸福的黄手帕》）、财富、权力（在欧洲，黄色常常与死神联系在一起）
绿色	大自然的颜色、健康、成长、清新，能缓解紧张和眼睛疲劳（对有些地区意味着疾病和死亡）
蓝色	可靠、沉稳、理智、安详、信任、能力、正直、永恒、内省、洁净、忧郁，最冷的色彩，冷色调抑制食欲，使人镇静（可用于卫生类场合和夏日消费品）
紫色	高贵、美丽、神秘、财富、智慧，结合了蓝色的沉稳和红色的活力；游离在冷暖色调之间，使人食欲减退（在许多拉美国家，人们不喜欢紫色，因为它与死亡关联）
粉色	柔软、平静、舒适
棕色	大地之色，诚信、可靠

续表

颜色	可能的含义或象征
黑色	经典、强有力、威严、高贵、稳重、平衡、不吉利，使人的内脏器官活动减弱（避免用于健康产品、饮料、食品）
白色	单纯、纯洁、洁净（医院、厨房的传统色）、哀愁、死亡
灰色	亚洲人（如日本人）把灰色与廉价联系起来，美国人却视其为昂贵、高品质、值得信赖

资料来源：科特勒，凯勒，2016.营销管理：第 15 版 [M].何佳讯，于洪彦，牛永革，等译，上海：格致出版社.
陈立平，2007.卖场拼色相 [J].销售与市场 下旬刊，2007（1）：74.

特殊的产品包装设计能引起消费者的情感共鸣（传递信息功能），例如可口可乐的昵称瓶和城市瓶，图 6-7 为可口可乐为日本城市设计的京都瓶。

（5）避免过度包装。《限制商品过度包装要求　食品和化妆品》（GB 23350—2021）国家标准于 2023 年 9 月 1 日起实施，对限制食品和化妆品过度包装提出明确要求。

国内外网购业与快递业的发展，导致了更多的包装材料消耗（图 6-8），因此相关管理部门、企业乃至消费者都须关注和采用环境友好型与节约型包装（策略），例如采用易降解、可复用的材料，这也是绿色营销的内容。不过也需认识到，网购与快递虽然增加了对包装材料的消耗，但也使人们大大降低了出行购物的频率，从这个角度看，又大大节省了能源消耗，缓解了交通压力，减少了不必要的、附加的消费，更重要的是节省了消费者的时间和成本。

图 6-7　可口可乐的京都瓶

图 6-8　包装材料消耗

6.5　产品分析方法——波士顿矩阵分析法

图 6-9 为波士顿矩阵分析法的示意图。根据波士顿矩阵，企业的产品可分为 4 类，如图 6-9 所示。

其中，相对竞争地位指标可用企业的某一产品的销售额等指标值与主要竞争对手的相应指标值的比率表示；增长率指市场增长率。

图 6-9 波士顿矩阵分析法——4 类产品

市场增长率 =（当年市场需求 – 上年市场需求）÷ 上年市场需求

波士顿矩阵中的 4 类产品的特点如下所示。

（1）明星类产品的市场增长率和相对竞争地位都很高，具有一定的竞争优势。但是市场增长率高，一般会吸引来很多竞争者。企业为保持明星类产品的优势地位，需投入很多资金，因而明星类产品并不一定能为企业带来丰厚利润。然而当市场增长率放慢后，明星类产品就转变为金牛类产品，可为企业创造大量利润。

（2）问题类产品具有较高的市场增长率和较低的相对竞争地位。企业需要投入大量资金以提高其相对竞争地位。该类产品的风险较大，企业须慎重决策。

（3）金牛类产品是由成长期转为成熟期的产品。市场增长率降低，因此新竞争者的加入态势趋缓，市场处于平衡状态（各企业的市场份额变动不大）；与成长期产品相比，该类产品不再需要企业投入大量资金（例如广告投入）用于竞争；企业的投资势头放缓，因为投资的边际利润降低了。总之，金牛类产品的投入减少了，相对而言，利润可能增加。金牛类产品具有较低的市场增长率和较高的相对竞争地位，其利润多，是企业利润的源泉。企业经常要用金牛类产品的收入支付账款和支持明星类、问题类、瘦狗类产品。

（4）瘦狗类产品的市场增长率和相对竞争地位都很低，它们在竞争中处于劣势，是没有发展前途的，应被逐步淘汰。注意案例 5-22 中的真空管产品并非瘦狗类产品。

习题 6-6　多项选择题 ▶ 金牛类产品的特点包括（　　　　）。[①]

A 市场增长率高　　　　B 市场占有率高

C 现金收入多　　　　　D 产品有稳定的市场

E 相对竞争地位低

———————

① 习题 6-6，选 BCD。

6.6 产品生命周期的阶段特点及相应的营销策略

产品生命周期的阶段特点及相应的营销策略总结见表 6-2。

表 6-2 产品生命周期的阶段特点及相应的营销策略总结

指标	阶段			
	导入期	成长期	成熟期	衰退期
销售量	低	快速增长	高	下降
销售增长率	缓慢增长	快速增长	减慢增长速度	负增长
成本	高	一般	低	回升（产量降低）
价格	高（撇脂）	回落	稳定	回升/回落
利润	少	提升	最多	减少
消费者	尝鲜者	早期使用者	中间多数消费者	落伍者
竞争者	少	增多	稳中有降	减少
营销目标	建立知名度，鼓励试用	最大限度地占有市场	保护市场份额，争取最大利润	压缩开支，榨取最后价值
营销策略	加强销售，吸引试用	提高市场占有率，形成品牌偏好	贯彻"改"的策略以保持市场占有率，实现利润最大化	贯彻"转"的策略以妥善处理超龄产品，实现产品更新

导入期的前期投入很多，产品有可能未达到规模化生产，所以导入期常常出现亏损。成长期的投入往往仍然很多。

成熟期指产品已被市场广泛接受，产品需求趋于饱和。这一阶段的特点主要有：购买者一般较多；产品普及并日趋标准化；销售数量相对稳定；产品成本低，产量大；生产同类产品的企业在产品质量、花色、品种、规格、包装、成本和服务等方面的竞争加剧；利润增长率持平或开始下降。在成熟期，企业不应满足于保持既得利益和地位，而要积极进取，争取稳定市场份额，延长产品市场寿命，主要策略有：完善产品，完善营销，完善服务，开拓新市场。

在衰退期，企业应转变产品或服务，转移到新的市场或行业。

第 6.5 节和第 6.6 节的内容既有联系又有区别，有重叠或一致的内容，但又从不同角度分析了产品的情况。第 6.5 节从产品分类角度分析，第 6.6 节从（同一）产品生命周期的不同阶段的角度分析。

理解和恰当运用产品生命周期理论，也可像第 6.5 节那样对企业的产品分类——不过那里按市场增长率和相对竞争地位分类，而这里按产品生命周期阶段分类，把企业的各种产品分别归入导入期、成长期等类别。基于此种分类，对企业的各种产品采取正确的经营策略（正确判断产品生命周期阶段是基础，然而在实践中判断正确并非一件易事），优化组合各产品的营销，可实现利润最大化，此经营思想与第 6.5 节的思想是一致的。

判断某产品处于哪个生命周期阶段可用以下方法。

第一种方法是结合定量、定性分析的经验判断方法。例如新产品开始被消费者接受，销售量迅速增加，则可判断为处于成长期；产品大量投产、大量销售，相对稳定，可判断为处于成熟期；产品不能适应市场需要，销售量明显下降，可判断为处于衰退期。

第二种方法是类比法。

第三种方法是根据产品的社会普及程度判断。

第四种方法是根据销售增长率判断，例如成长期的销售增长率可能在 10% 以上，成熟期的销售增长率可能在 0.1%～10%。

习题 6-7 单项选择题 ▶ 国内家电生产企业的主要产品已进入产品生命周期的成熟期，它们选择的目标市场涵盖策略应当是（ ）。[1]

A 大量市场营销策略　　　　B 差异市场营销策略
C 集中市场营销策略　　　　D 无差异市场营销策略

6.7　产品线扩展策略

6.7.1　向上扩展产品线策略与向下扩展产品线策略

企业起初进入高档产品市场是为了树立优质形象，当然，更重要的目的还是满足市场需求。

达到目标后，企业再向下扩展产品线，增加中低档产品，可扩大产品的市场范围，填补市场空缺，以防竞争者乘虚而入。企业新增的低档产品品种很可能损害企业的优质形象，销量虽会增加，但长期而言，利润与品牌价值可能会降低。因此企业最好对新增低档产品使用新品牌以保护原有品牌形象。

由低档产品向中高档产品扩展时也可以使用新品牌，以免中高档产品仍被消费者认为是低档产品。例如，有了失败的教训后，日本丰田汽车公司再次进入美国高档车市场时使用了新品牌雷克萨斯。

由中低档产品向中高档产品扩展也有不小的风险。例如，雪佛兰（属低档产品）的经营者向中高档车市场进军；再如别克（属中档车品牌）的经营者向豪华车市场进军，他们向上扩展产品线的效果都不好。不是说中低档产品生产企业就不能向中高档产品市场进军，只是说这一策略有很大风险，定位不清可能会使企业失去原有市场份额，更不用说增加利润了。一定想跻身中高档产品市场的企业，从长远看，也许不得不舍弃低档产品。

---

[1] 习题 6-7，选 B。集中市场营销策略适用于成长期。

案例 6-8

向下扩展产品线

美国通用电气公司医疗系统部是医用 CT 扫描仪的市场领导者。他们了解到有一家日本企业正计划进攻其市场，便欲开发与日本企业相似的产品以阻挡其进攻。但通用电气公司内部有人反对此应对方案，认为它会损害医用 CT 扫描仪的销量和利润。最后，一位经理的这样一个反问打消了质疑者的疑虑："究竟是由我们自己损害好呢，还是由日本人损害好呢？"

资料来源：杨剑英，张亮明，2018. 市场营销学 [M]. 4 版. 南京：南京大学出版社.

案例 6-8 中的医用 CT 扫描仪非消费类产品，对于此类高档产品来说，生产企业采用向下扩展产品线策略面临损害其原有高档产品形象与利润的风险相对较小。变革可能是自己打败自己，但遭遇重大失败后仍不肯变革就是等别人来消灭自己。

面对一些即时聊天软件的冲击，中国移动通信集团于 2007 年开发出飞信。尽管飞信大大影响了中国移动的短消息业务并使其短消息收益明显减少，但与其让其他即时聊天软件侵吞收益，不如让自家的软件侵吞，这一策略是正确的。可惜的是，飞信长期裹足不前，停留在已有的发短消息的功能上，没有进一步往软件生态化方向发展，并没有创新，没有持续丰富玩法。2011 年微信问世后，使用飞信的人越来越少。

6.7.2 扩展新产品策略

苹果公司推出 iPod 后又推出具有包含其功能的 iPhone，导致前者退出市场。但这又有什么关系呢？因为 iPhone 成了手机行业的霸主。很多消费者需要随身音乐播放器和手机时就会想到 iPhone，这对苹果公司而言不是利好吗？与案例 6-8 中通用电气公司医疗系统部和苹果公司的做法形成对比的是 20 世纪末柯达公司的做法（参见案例 1-6）。柯达公司当时已察觉胶卷业务逐步萎缩，而早在 1975 年他们的实验室就研发出全球第一台数码相机，但他们由于担心胶卷业务受影响，仍坚守胶卷业务，而未大力发展数码业务。企业想要在市场上占主导地位，既要努力做到第一个开发出新产品，又要在一段时间后及时淘汰老产品——如果做不到第一个淘汰老产品的话，不能抢占先机怎能保持主导地位？

案例 6-9 是一个反面案例。

案例 6-9

诺基亚的衰落

诺基亚曾经的辉煌包括：业务覆盖 130 个国家，年销售额 805 亿美元，占有 38% 的全球市场份额。它为什么会没落？虽然它也十分关注创新，但在把握市场需求方面做得不够好，较偏重于传统机型、传统功能、质量、坚固性（例如炫耀自己的产品从高高的位置摔到地上后毫发无损）等方面而非智能手机的各种新应用，在手机的平台化（可搭载其他应用的平台）发展方面也不足。

诺基亚未对消费者的需求转变做出有效响应，与消费者脱节，例如坚持使用原来的塞班操作系统而非安卓系统，这也导致其手机平台化欠缺。诺基亚也未对 iPhone 的成功做出有力回应，在与对手的竞争中渐渐处于下风。（参见案例 1-8）

6.7.3 产品组合图

在实践中，可以用产品组合图分析企业的产品线状况，如图 6-10 所示。

产品线	产品项目
产品线 A	A1 A2 A3 A4
产品线 B	B1 B2 B3 B4 B5 B6 B7 B8 B9 B10
产品线 C	C1 C2 C3 C4 C5 C6 C7
产品线 D	D1 D2 D3
产品线 E	E1 E2 E3 E4 E5 E6
产品线 F	F1 F2 F3

图 6-10　某公司的产品组合图

以图 6-10 说明产品组合图的相关概念：产品线一栏的产品线数就是产品组合的广度，图 6-10 中产品组合的广度是 6；产品项目一栏中的总项目数就是产品组合的总长度，图 6-10 中产品组合的总长度是 33；图 6-10 中产品线的平均长度为 5.5（33÷6=5.5）。

6.8　从市场营销角度规划产品策略

本节从市场营销角度规划产品策略，先详述小米公司的产品/商品布局，再概述其他企业的产品/商品布局实践。

6.8.1　小米公司的产品/商品布局

小米公司为什么在"小米之家"卖牙刷？这是小米公司在通过新的产品布局创造高频消费场景，建立持续交易的基础。小米公司总结为：离人近的打败离人远的，高频次的打败低频次的。该策略的本质是使企业成为客户亲密型公司。

小米公司的做法就是重构顾客和企业的关系，使顾客从低频消费转为高频消费，从购买单品类产品到购买多品类产品。小米公司甚至向顾客销售拉杆箱、被子、枕头等外围商品，还为顾客提供他们从未听说的独特新品。所以顾客经常会去"小米之家"，看看那里又有了什么好东西——如此，小米公司便提高了顾客的购买频率或接触小米公司的频率，进而培养顾客到访小米复购的习惯，也就是提高顾客忠诚度。

"小米之家"的各种生态链产品可以吸引消费者的目光，实现小米手机与生态链产品互相引流的目标。从相反的角度看，小米公司大量销售其他生态链产品也能为它这样一个起家于互联网的企业广开实体店分摊成本——拓展线下经营是竞争的需要也是大环境使然。

从技术角度看小米公司的营销行为，又可以看到另外一番景象——小米公司的智能家居生态链布局。小米公司投资于290多家生态链企业，实现了由产品型企业向生态型企业的转变。其实仍可以说小米公司是从市场营销角度考虑问题和进行产品布局，将技术角度和市场营销综合起来就是小米的生态型转型战略。基于米家应用接入智能家居产品，手机、音箱等智能硬件成为家庭物联网的入口，而小米公司已成为智能家居的重要引领者。

上述策略可用一个名称描述：提供整体解决方案。

6.8.2　其他企业的产品 / 商品布局实践

互联网、物联网带来的连接革命将导致企业跨界越来越普遍，有为企业将更多从自身能力和业务生态角度思考企业战略而不再限于行业界限。如果每个顾客从一家企业只购买一次产品，那么这家企业是很难生存的——销售不足，发展新顾客难度大、成本高；有了复购，消费者与企业的联系就从交易型变成了关系型。

同样的道理，7-11便利店为什么要卖咖啡？自营咖啡毛利率高肯定是一个原因，更重要的是卖咖啡可以丰富商品结构。有了咖啡，人们就又多了一个理由走进7-11，这可以拉动消费者对其他商品的消费，培养消费者的习惯。

有一些社区超市还推出了送货上门、皮鞋养护、小时工清扫、介绍保姆服务，甚至还有"小管家"服务——特别适合高档住宅区。这些服务虽然增加了经营难度，但是能增加与消费者接触的机会，使经营内容从商品拓展到服务，增加了销售机会，提高了消费者的忠诚度。一些便利店增加代收发快递服务也是为了提高附加值和增加客流量。在当今竞争激烈的商业环境中，尤其在面对电子商务的强大攻势时，（传统）便利店采取这些应对措施是必要的。

这些企业扩大产品 / 商品布局范围还有一个简单逻辑依据，即充分利用客流、充分挖掘消费者的价值贡献。虽然增加的商品相对于其主干产品或商品是边缘的，但却能像农村土灶当中的瓦罐那样充分利用灶膛中火的余热。余热不被利用就发散到空气里了，不利用消费者其他方面的购买价值，他们就会跑到别的商家那里购物了。所以要把本企业产生的正外部性内化，肥水不流外人田。如果长尾效应明显的话，那么这部分的价值贡献不可小觑。

企业应设计合理的产品 / 商品组合，为消费者提供便利，让他们离不开本企业。

增加客户接触本公司的频次不仅可以通过产品 / 商品布局实现，也可以通过增值活动实现。例如某母婴商品公司的200多家门店每天下午定时播放音乐，员工带着孩子们跳舞；还举办育儿讲座；为孩子们组织各种免费的兴趣班。一天少则两三场，多则四五场，每个门店每年平均举办1000场活动。这家零售母婴商品的公司在几年里就汇聚了2000万个以上的会员。①②

① 宋星：《数据赋能：数字化营销与运营新实战》，电子工业出版社，2021，第438-439页。
② 黄炜：《运用产品策略打造高频消费场景》，《中国眼镜科技杂志》2023年第4期。

再如，对食品采用保鲜小包装也能增加顾客到店购买频率。

最后再谈一谈产品和商品的使用场合，因为有许多人不清楚它们的内涵和区别，因而常常将它们混淆并用错。简单而言，生产企业把自身生产或制造的产品叫"产品"，经销商和顾客则应称其为"商品"。

在本章"产品策略"和后一章的"产品定价策略与技巧"那一部分，当然应尽量说"产品"，在其他语境就要考虑清楚到底用哪个称谓。另外建议营销人员和市场营销研究者多从客户的视角看，在客户眼里当然是商品而非产品，即使生产企业常常也可顺着客户的视角讲"商品"而非"产品"。

第 7 章

价格策略

学习目标

- 了解定价目标；
- 理解定价方法；
- 掌握定价策略与技巧。

价格是营销组合中唯一能产生收入的要素，其他要素均产生成本。价格也许是营销计划中最容易被调节的要素，产品特征、渠道甚至促销计划的调整都需要较长时间。企业通过定价向市场传播其产品和品牌的价值定位。例如，哈根达斯在国外只是一个中档品牌，之所以在我国成了高档品牌，是因为他们奉行了高价策略。另外，设计优良且营销卓越的产品可获得溢价和高额利润。企业通过价格策略可更有效地发挥主观能动性。

 案例 7-1

高价策略的条件

森元二郎开的咖啡店，一杯咖啡卖 5000 日元。价格如此昂贵，老板却赚不到钱，因为这杯咖啡的成本也很高。咖啡杯是法国生产的，价值 4000 日元，且顾客喝完咖啡后咖啡杯就送给顾客了。同时，咖啡也是名师调制，用料独特，这些成本也很高。但奢华如宫殿般的环境让顾客愿意再次光临。其实 5000 日元的咖啡只是幌子，店里还有许多普通价格的咖啡和饮料，它们才是利润来源。

习题 7-1　单项选择题 ▶ 企业对产品定价的最终目的是（　　　）。①
A 获得最大利润　　　　　B 使顾客满意
C 使价格具有竞争力　　　D 符合政策要求

然而多数企业的定价能力不高。"如果我们是付钱的顾客，我们会细细掂量，货比三家，做足功课。但是当我们是定价的商家时，我们却草率至极！"通用电气的前首席执行官伊梅尔特曾经这样抱怨。有一项研究显示，65% 的企业都不能为其产品或服务设定与其价值相符的价格。这些企业不可避免地要为其低下的定价能力付出巨大代价，25% 的利润会因此流失。

一般而言，制药企业的定价能力较高。早在研发阶段，制药企业就开始为其新产品思考定价事项与市场进入策略。专利保护也使制药企业更容易避开价格战，把利润最大化而非增加市场份额作为目标（迈克尔·波特提倡的）。还有，掌握核心技术和高端技术也能有效避开价格战。

汽车行业的定价能力普遍较弱，保时捷公司却能获得 20% 的利润率，与不到 10% 的行业平均利润率相比十分突出。秘诀是什么呢？保时捷公司在创新、设计阶段就开始思考价值与价格的问题。而早些年，甚至当今还有汽车制造企业在这么做——工程师先设计、制造汽车，再由市场部门定价。结果是，新车往往一开始会被设计得功能繁多、配置复杂、造价高昂，但消费者并不愿意为其中的某些部件买单。

 案例 7-2

先定价后设计与制造

20 世纪 60 年代，美国的年轻人很喜欢跑车，但是当时的跑车价格却让很多人望而

---

① 习题 7-1，选 A。

却步。如果跑车价格在 2500 美元以下，就会有很多年轻人购买。福特汽车公司的时任总经理李·艾柯卡发现了这一商机，决心开发一款跑车。他给研发人员下达了成本不超过 2000 美元的设计任务，为了达到成本目标，他还决定利用福特汽车公司现有的一款经济型轿车的主体结构作为跑车"野马"的主体结构。福特汽车公司的很多工程师认为这些措施将导致"野马"的性能比竞争对手的差，一定会失败。然而"野马"跑车上市后一炮打响，成为美国年轻人喜爱的车型。"野马"跑车成功的关键不仅在于定价符合目标消费者的预期，还在于艾柯卡抓住了年轻消费者的心理，他们并不在乎跑车里是不是装了功率巨大的发动机，也并不特别介意是不是有加长的车身，他们主要想要的就是跑车的样子。

7.1　定价目标及其应用

企业主要有以下几种定价目标。

7.1.1　面向目标利润的定价目标

将目标利润作为定价目标的企业应具备较强的竞争力。这种定价目标多被用于新产品或独家产品，在某些情况下应用这种定价目标等同于应用撇脂定价策略①（7.3.1 小节将阐述撇脂定价策略）。麦肯锡公司的一个研究结论是，价格每提高 1% 就会多创造 11.1% 的利润。沃顿研究数据中心的一项数据与上述数据接近，该数据显示：不改变其他因素，对一家企业来说，固定成本削减 1%，其预期盈利能力将会提升 2.45%；销量提升 1%，其预期盈利能力将会提升 3.28%②；降低 1% 的变动成本，其预期盈利能力将会提升 6.25%③；价格提高 1%，其预期盈利能力将会提升 10.29%。

习题 7-2　计算题 ▶ 某纺织服装企业每年经营的固定成本为 240000 元，年生产能力为 10000 件，本年预计可生产和销售 6000 件，单位变动成本为 360 元。问：

（1）该企业服装的保本销售价格是多少？

（2）若该企业服装的销售价格为 600 元 / 件，则本年的销售毛利是多少？

---

① 在国际市场中，中国企业常常是国际大牌企业的价格"杀手"，由于中国企业的生产效率高，成本低，报价往往是国际竞争对手的一半，甚至低更多。那些西方发达国家的企业不得不大幅降价，放弃撇脂定价策略。

② 这主要是因为规模效应。这是很多企业想要提高销量的原因，参考 7.1.2 小节内容。

③ 变动成本一般大于固定成本，另外，单位固定成本往往比单位变动成本小得多，所以有这样明显的效果。这就是很多企业要优化产品设计、优化生产流程和工艺的原因——能降低变动成本，例如，节省材料，减少能源消耗，等等。

（3）若另有一批订单，报价为 380 元 / 件，订单量是 3000 件，本年是否可以接受该批订单？①

7.1.2　面向销量的定价目标

许多资金雄厚的大企业喜欢以低价渗透的方式获得较高的市场占有率。一些中小企业为了在某一细分市场获得一定优势，也会采用面向销量的定价目标。一般来讲，只有当企业处于以下一种或几种情况时，才适合采用这种定价目标。

（1）产品的需求价格弹性②较大，低价会促进市场份额的扩大。

（2）产品成本随销量增加呈下降趋势，因而利润有逐渐上升的可能。

（3）低价能阻止可能出现的竞争者——市场中的售价较低，潜在竞争者可能会觉得没有把握与在位企业开展价格竞争，也不能确定进入该市场后能否盈利，所以会知难而退。

（4）企业有雄厚的实力承受低价竞争的后果（例如案例 5-18 所述的情况）。

（5）企业采用进攻型经营策略。

上述前三点也是企业采用面向销量的定价目标的好处。

网上的信息是公开和易于搜索、比较的，因此低价策略在网络营销中比在传统营销中更常见。而且在网络营销中，很多企业选择直销或者直接从生产企业拿货的方式，省去了中间商环节，更有采取低价策略的空间——尤其相对传统门店而言。

摩拜科技曾经承认：摩拜单车 0.5 小时 1 元的定价是基于用户需求而非成本，如果定价能达到 0.5 小时 2 元或者 0.5 小时 3 元，企业能活得更好，但产品就不会讨人喜欢。许多企业，包括过去的许多互联网企业，为了打开市场，为了抢在竞争对手前面迅速做大，不得不像摩拜科技这样"烧钱"经营，甚至先免费推广，例如有一段时间打车软件运营商的低价竞争行为。这种低价竞争的结果对企业是不利的。

习题 7-3　单项选择题 ▶ 假定某品牌微波炉单价由 800 元降至 600 元，销量由 1 万台增至 1.5 万台，则该产品的需求价格弹性为（　　　）。③

　　A 无弹性　　　　B 缺乏弹性　　　　C 富有弹性　　　　D 单元弹性

"把桌子砍掉一个小角再卖"是实现差别定价的一种技巧，指把一张桌子砍掉一个

---

① 习题7-2，解：（1）保本销售价格＝单位固定成本＋单位变动成本＝240000÷6000+360=400（元/件）。（注：按边际成本定价法定价，则销售价格将不低于 360 元 / 件）。

（2）销售毛利＝销量 ×（销售价格 – 保本销售价格）=6000 ×（600-400）=1200000（元）。

（3）可以接受，因为企业年生产能力为 10000 件，本年预计生产 6000 件，加上该批订单 3000 件，共 9000 件，没有超过年生产能力。虽然 380 元 / 件的报价低于根据接受新订单的假设计算出的新保本销售价格 386.67 元 / 件，但由于计划生产和销售已满足保本要求，且新订单的销售价格超过单位变动成本，生产新订单仍可盈利。简单地讲，一般而言，只要销售价格大于单位变动成本，接受订单并生产销售对企业就是有利的，起码能补偿固定成本的损耗。

② 需求价格弹性即需求量对价格的弹性，指某一产品价格变动时，该产品需求量相应变动的灵敏度，用需求量变化的百分比除以价格变化的百分比表示，均取绝对值。需求价格弹性较大指其值大于 1。

③ 习题7-3，选 C。需求价格弹性为 2。

小角，再便宜卖。其实这个比喻讲的是企业解决定价时面对的两难问题的方法。这个两难问题是：定高价，利润空间大，但可能只有对价格不敏感的消费者会买，销量会下降；定低价，销量会增加，可是在对价格不敏感的消费者身上又未赚足钱（本来可以向他们卖得更贵一点的），并且低价会导致品牌价值下降，富裕的消费者可能对产品失去兴趣，企业失去了一部分富裕的消费者。

为了解决这个两难问题，或者说为了同时满足上述两个定价目标，企业就得要一点小计谋。完好的桌子卖高价，富裕的消费者、急需或认可此桌子的消费者，很可能愿意买。同样品种和品质的桌子，砍掉一个很小的角后，价格不敏感型消费者一般不会买，但将此种桌子显著降价后，一大批价格敏感型消费者很可能愿意买。于是销量增加了，利润也增加了，价格不敏感型消费者也没有意见。这种局面对买卖各方而言是两全其美。

如果不砍掉这个"小角"，卖方就不能获得上述两全其美的结果。凡客诚品和李宁就是因为没有先砍掉这个"小角"或者说制造这个小瑕疵或障碍，而直接降价、去库存，导致了品牌价值下跌。

7.1.3 面向竞争的定价目标

企业可以把自身产品的质量、特点和成本与竞争产品的比较，再制定本企业的产品价格。在小菜场、集贸市场，卖方最需要采用面向竞争的定价目标，你的白菜比人家的贵一点点，那些天天买菜的阿姨心里透亮，如果你没有其他附加值（例如服务态度特别好、跟顾客特别熟、有其他额外服务），那么你的白菜肯定难以销售。

 案例 7-3

老干妈抢占定价有利"地形"

老干妈把单个产品的价格锁定在较低水平，就像卫星抢占最佳轨道（就如 SpaceX 公司的"星链"项目正在做的）、电台抢先申请最佳频道、企业抢先注册互联网域名一样，对竞争对手有挤出效果。由于老干妈是强势品牌，竞争对手一般只能选择价格避让策略，否则，在同一价格区间很难有活路。但定价过高会影响销售，定价过低则利润微薄，因此竞争对手左右为难。老干妈坚守此低价格区间，涨幅微乎其微，不给竞争对手可乘之机。[①]

7.1.4 面向产品质量的定价目标

优质优价，一分价钱一分货，这是一般的供求准则。研发和生产优质产品往往需要付出更多成本，所以企业也希望获得更多回报。这种定价是企业为树立质量形象和品牌形象而在价格方面采取的行动。

---

① 冯蛟、张淑萍、王仲梅编著《市场营销理论与实务》，清华大学出版社，2017，第68页。

 **案例 7-4**

增强定力，避免打价格战

上海机械国际贸易有限公司在把车用电镀装饰产品打入美国市场时，遭遇我国其他地区企业发动的价格战。该公司并未以牙还牙，而是制定了以质取胜、以稳取胜，使其从低价竞争的漩涡中脱身而出的竞争战略。后来，该公司的产品质量大幅提升，成为美国市场的主要供货者，其他竞争者也因质量和价格问题逐渐退出美国市场。①

7.1.5 面向生存的定价目标

为了维持经营和减少存货，企业有时会制定较低的价格。对于这类企业而言，只要销售收入能弥补变动成本（例如原材料费、水电费），也就是单位售价大于单位变动成本，它们就能维持经营。生存比利润更重要，处于危机中的企业常常大幅降低产品价格，为的是保持企业的生命力。有时候，企业在亏损（例如销售收入不能弥补变动成本）时也要继续开工或经营，为的也是保持企业的生命力。因为银行等金融机构如果看到企业都停产、停运了，就不敢贷款给该企业；其他生意伙伴此时也不敢与之合作。

7.2 定价方法

定价方法取决于企业的经营情况、市场环境等，企业的经营情况、市场环境等即定价基础。定价方法也取决于定价目标。

7.2.1 面向成本的定价方法

面向成本的定价方法指以成本为中心，按卖方意图定价。这一定价方法有一些一厢情愿。经营管理人员、市场营销主管需要考虑：市场是否需要本企业的产品，是否接受这一价格？与竞争对手的相比，本企业产品价格的竞争力、吸引力是不是较弱？

习题 7-4 单项选择题 ▶ 按照单位成本加上一定百分比的加成制定价格的方法被称为（   ）定价法。②

A 诊断   B 目标   C 认知价值   D 成本加成

习题 7-5 计算题 ▶ 国内一企业预计在海外某市场销售 10 万件服装，生产这批服装的总固定成本是 100 万美元，该服装的单位变动成本是 8 美元。问：

---

① 王莉、苏盟、林建主编《国际市场营销》，清华大学出版社，2016，第 193 页。
② 习题 7-4，选 D。

（1）根据边际成本定价法，该服装的价格是多少？

（2）按照保本定价法，该服装的价格又是多少？

（3）如果成本利润率必须达到 20%，那么该服装的最低售价是多少？

（4）如果收入利润率是 20%，那么该服装的价格是多少？

（5）如果 2025 年该企业在海外某市场以 35 美元 / 件的价格销售该服装，那么企业获得的毛利是多少？ ①

7.2.2　面向需求的定价方法

面向需求的定价方法指以市场需求为中心，以消费者需要商品的强烈程度和对商品价值的认知为依据定价，其关键是找到比较准确的认知价值。商品价值不仅通过效用、功能、质量和分销渠道（昂贵奢侈的分销渠道包括繁华街区的黄金地段、知名零售商等）体现，也是消费者对品牌内涵的感知体现——所以可以根据消费者感知和心理定价。

案例 7-5

阿玛尼 T 恤衫面向需求的定价方法

阿玛尼、Gap 和 H&M 的黑色女式 T 恤衫看上去都相当普通，但阿玛尼 T 恤衫标价 275 美元，Gap 标价 14.9 美元，而 H&M 仅标价 7.9 美元。阿玛尼作为一个奢侈品企业，主要以销售价格几千美元的套装、手提包和晚礼服知名，因此它很难将其 T 恤衫价格定为 5 美元甚至 100 美元。由于没有多少消费者能接受价格 275 美元的 T 恤衫，阿玛尼也未大量生产，于是这更增强了它对那些注重身份的消费者的吸引力，他们非常渴望拥有一件限量版阿玛尼 T 恤衫。

面向需求的定价方法告诉我们，不要从道德角度谴责某些企业定高价，例如星巴克的遭遇。企业可以按自己的经营理念定价，按他们认为的供需关系和市场状况定高价，这无可厚非。消费者若嫌贵，完全可以不去消费。

苹果公司不得不在中国降价，作者认为，苹果公司并非因为道义方面的原因而降价，他们可能根本不认为自己定高于欧美市场的价格有道德问题（苹果公司在印度的定价曾比中国的还高，因为印度自身的手机产业没有中国的强），而是受制于中国市场的愤怒情绪，怕得罪广大（潜在）客户。说到底，这还是基于供需关系进行的调整。专业人士、媒体、大众（包括消费者）谴责奢侈品企业的大众化道路就更没有道理了，那是

---

① 习题 7-5，解：（1）按照边际成本定价法，该服装的价格等于单位变动成本，为 8 美元 / 件。

（2）按照保本定价法，该服装的价格等于单位产品的总成本，为 8+（100÷10）=18 美元 / 件。

（3）如果成本利润率是 20%，那么该服装的价格是 18×（1+20%）=21.6 美元 / 件。

（4）如果收入利润率是 20%，那么该服装的价格是 18÷（1-20%）=22.5 美元 / 件。（单位产品的利润占单位产品收入的 20%，则单位产品的总成本占单位产品收入的 80%。）

（5）企业获得的毛利是（35-18）×10=170 万美元。

商业行为，是经营者追求最大利润的行为，也是商业自由，旁人有什么理由和资格谴责这种行为呢？

星巴克在欧美市场是高端品牌。即使哈根达斯、优衣库、无印良品等品牌在母国只是中低端品牌，其经营者在中国把它们包装成中高端品牌也无可厚非，这是他们的自由。许多高端品牌都是由中低端品牌成长起来的，天生就是高端品牌的只是少数。而这种包装、广告等是需要花费巨资的，因此他们定高价也是情理之中的事。总之，价格是由供需关系决定的，消费者如果觉得这些品牌定价太高，完全可以不去消费。

7.2.3　差别定价法

差别定价法是指根据客户不同的需求强度、不同的购买力，不同的购买地区和不同的购买时间等因素，制定不同的价格。有时候差别定价法与面向需求的定价方法会重叠，对定价方法定性或归类时归入这两类都可以。

（1）基于客户的需求强度、购买力的差别定价。例如，对老客户和新客户制定不同价格，给予老客户一定的优惠；把同一产品以不同的价格卖给批发商、零售商和个人消费者。IBM 曾以低价向教育机构提供计算机，从而鼓励学生使用 IBM 计算机，学生毕业后也更可能继续使用 IBM 计算机。同时，这也能增加 IBM 计算机软件人才的供给。

（2）基于购买地区的差别定价。例如，对不同地区制定不同的价格；对同一地区的影剧院、运动场或游乐场等，地点或地段不同，定价也不同（说这是面向需求的定价方法也可以）。过去，微软坚持对中国市场也定高价，导致中国消费者的购买欲望大大降低；过去，俄罗斯坚持对中国设定与西欧同样的油气价格，导致中国迟迟不愿与之签署长期供需合同。后来，微软针对亚洲国家采用反映一个国家生活成本的定价策略，即考虑亚洲消费者（包括组织客户）的收入水平和购买能力，改善了销售情况；俄罗斯也不再坚持对标西欧价格，促成了中俄长期供需合同的签署。

（3）基于购买时间的差别定价。对不同季节、不同日期，甚至不同时段或时点的商品或劳务可以制定不同的价格。例如，宾馆、饭店在旅游旺季和淡季的收费标准不同；出租车在不同时段的收费标准不同；机票价格的浮动；阶梯电价。

阶梯电价和阶梯水价的目的不同。实施阶梯电价的目的是鼓励错峰用电，熨平波峰、波谷，减少和削弱对电网的冲击和损害，是基于产品销售时间的差别定价。实施阶梯水价的目的则是提倡节约用水，是基于产品销量的差别定价——低于某个用量，须支付的单价低；高于某个用量，须对高出部分支付较高的单价。

7.2.4　面向竞争的定价方法

随行就市定价法是常见的面向竞争的定价方法，一般是在产品的成本测算比较困难、顾客的认知价值不确定，以及企业希望得到公平的收益且不愿打乱市场现有秩序等情况中采用的定价方法——既可以追随市场领先者定价，也可以依据市场的一般价格标准定价。

相对而言，此定价方法比较简单方便。例如，市内公共汽车的票价往往是相同的，不论乘客乘坐站数多少；同一款衣裤或鞋袜的售价往往也是相同的，不会因尺码、颜色不同而不同。这不仅方便了企业的销售及其管理工作，也方便了消费者，减少了他们的选择难度。

采用面向竞争的定价方法时，应想好如何应对老干妈这种市场领先者强势定价造成的困境，参见案例 7–3。

7.3 产品定价策略与技巧

本节所述的产品定价策略与技巧基于前两节所述内容，是前述思路的具体化。

7.3.1 新产品定价策略

1. 撇脂定价策略

撇脂定价策略是一种高价策略，是指在新产品上市初期，利用消费者的求新心理，把价格定得很高，开拓早期市场，以便在较短时间获得较多利润。因为初期定价较高，所以在大量竞争者进入市场时，便于主动降价。第一款 iPod 的零售价高达 399 美元，但很多"苹果迷"既有钱，又愿意花钱，还是纷纷购买。

撇脂定价策略的缺点包括：新产品上市初期，尚缺乏声誉，高价不利于开拓市场，有时甚至会导致产品无人问津；如果以高价将产品投放市场后销路好，很容易引来竞争者，加速本行业竞争的白热化，导致价格下跌、本企业经营时间不长就要转产的局面。因此，采用撇脂定价策略时要注意适用条件。

撇脂定价策略一般适用于以下几种情况。

（1）研制某种新产品的难度较大，而本企业拥有专利或技术诀窍，因而定高价也不担心竞争者将可能迅速进入本市场。

（2）产品高价时仍有较大需求。例如初上市的苹果手机、特斯拉轿车等产品，消费者对待这类产品的方式是一次购买、使用多年，因而高价也能被市场接受。再如，天士力在海外市场采取撇脂定价策略，为它的中医药产品树立高端形象。药品的核心竞争力在于疗效和安全，有时候，患者对价格不太敏感。

（3）企业生产能力有限或无意扩大产量。尽管低产量会造成高成本，高成本会造成高价格，高价格又会减少一些需求，但在企业生产能力有限或无意扩大产量时，定高价仍然比定低价有更多收益。但是企业也要吸取苹果公司早期的教训——因为未及时吸纳合作者扩大产能，造成畅销的苹果计算机未能有力地夺取 IBM 的个人计算机市场份额。

（4）企业对新产品的成本或未来的需求无法估计，定价低风险大，因此先以高价投石问路。企业定低价后想再提高价格会很难，因为市场难以接受。如果新产品的成本高于企业所估计的，并且未来的需求很大，则定低价就吃亏了，企业会白白失去较高利润。但也别忘了前文提到的高价风险。

（5）企业想通过定高价在新产品初上市时就为之树立高级、优质的产品形象。

案例 7-6

英特尔的撇脂定价策略

英特尔曾推出一款新的计算机芯片，在其刚上市时将其定为每片 1000 美元。这个高价被某些细分市场看作质价相符、物有所值的。不少消费者都迫不及待地等着购买（这些消费者的价格意识较弱，就如 iPhone 的销售情况）。但是当这些价格意识不强、追求高品质消费的消费者大多已购买装配此芯片的计算机，此芯片的销量开始下降，以及竞争者也将推出类似芯片的威胁出现时，英特尔便降低价格，以吸引下一个具有较强价格意识的消费者层级，最后把价格降到每片 200 美元的最低价。这一定价方法使这款芯片成为各个层次的计算机市场的最畅销的芯片，英特尔也从各个细分市场撇取了最大可能的收入。

苹果也采用了类似英特尔的定价方法。iPod 是开创性产品，iPhone 是智能手机领域的先驱产品，可以说是苹果开拓了相关市场。当这些市场日益增大时，苹果把撇脂定价策略改成渗透定价策略，依然能在更大消费者规模的基础上获得更多利润。换言之，企业不能固守撇脂定价策略。

配合撇脂定价策略，企业如果同时加大促销投入，就是快速撇脂策略，这是企业在面临潜在竞争对手，希望快速占领市场、获得回报时采取的策略；如果促销投入较少，则是慢速撇脂策略，这是企业在潜在竞争对手出现的可能性较小的情况下采取的策略。

习题 7-6　案例分析题 ▶20 世纪 80 年代和 90 年代初，罐头在中国市场上有很大的销量。汕头有一罐头厂以生产橘子罐头出名，但是一直没有很好的方法处理剩下的橘子皮，他们只好把橘子皮以九分钱一斤的价格卖给药品收购站。他们思考，难道橘子皮只能入中药做成陈皮才有用？经过一段时间的研究，他们开发出"珍珠陈皮"，也就是将橘子皮做成小食品，这种小食品具有养颜、保持身材苗条等功能。

接下来的问题是以何种价格销售这一产品？经市场调查发现，妇女和儿童尤其喜欢吃零食，且在此方面不吝花钱，但担心吃零食会导致肥胖，而"珍珠陈皮"正好解其后顾之忧，且市场上尚无同类产品。于是，他们决定每 15 克袋装售价 1 元，投放市场后，该产品销售火爆。

问：（1）该企业采取了何种定价策略？

（2）为什么要采用这种策略？

（3）低价销售是否能获得与高价销售同样多甚至更多的利润？ ①

---

① 习题 7-6，答：（1）该企业采用了新产品定价策略中的撇脂定价策略，撇脂定价策略指在产品生命周期的最初阶段，把价格定得很高以获取最大利润的策略。

（2）采取撇脂定价策略是因为"珍珠陈皮"这种小食品生命周期短，生产技术比较简单，易被模仿，即使是专利产品，也容易被竞争者略加改进而成为新产品，故应在该产品生命周期的初期，趁竞争者尚未进入市场时获取高额利润，尽快弥补研制费用并收回投资。总结来说，企业之所以采取撇脂定价策略是因为：产品是新产品；市场需求较大；产品质量较高，配料和包装均较考究；产品迎合了消费者追求健美的心理，既能防止肥胖，又可养颜。

（3）在此案例中，企业不能制定低价，否则将导致利润大量流失。因为若实行低价，一方面，产品无法与其他廉价小食品区分开来，需求量不一定比高价时大，另一方面，该产品的生产工艺并不复杂，很快就会有竞争者进入市场，制定低价无法收回投资和获取较多利润。

2. 渗透定价策略

渗透定价策略是一种低价策略，是指在将新产品投入市场时，把价格定得较低，使消费者容易接受，企业能很快开拓和占领市场。

渗透定价策略的缺点包括：投资的回收期较长，风险大；一旦渗透失利，有很大可能收不回研发成本和开发市场的成本，企业的损失很大。而如果定高价，企业也许能赚回一部分投入。

渗透定价策略的适用条件如下。

① 制造新产品的技术已被公开，或者新产品易于仿制，竞争者容易进入该市场。本企业意图利用低价排斥竞争者，占领市场。

② 在市场中已有同类产品或替代产品，但本企业拥有较强的生产能力，并且该产品的规模效益显著。低价能促进大量销售，大量销售能促进大量生产，大量生产会降低成本，成本降低则利润空间增大，利润有上升趋势。

③ 供求相对平衡，市场需求对价格比较敏感。低价可吸引较多消费者，扩大市场份额。

当然，也可以把不同的营销投入策略与渗透定价策略结合起来，形成快速渗透策略与慢速渗透策略，这也是针对不同的市场情况而采取的不同策略。

3. 满意定价策略

满意定价策略是介于撇脂定价策略和渗透定价策略之间的定价策略。

习题 7-7　判断改错题 ▶ 当企业推出的新产品鲜为人知，生产成本下降空间较大，且市场容量较大时，可采取快速撇脂策略。（　　　）①

7.3.2　价格修订策略

价格修订策略是指企业为了竞争和实现经营战略，对价格规定一个浮动范围，根据销售时间、销售对象和销售地点等因素的不同，灵活修订价格，使价格与市场营销组合中的其他因素更好地配合，促进销售。价格修订策略可针对新产品也可针对老产品。

1. 折扣策略

（1）现金折扣。

企业为了加速资金周转（提高资金利用效率）、增加流动资金、减少坏账损失（例如收到空头支票和无法兑付的汇票②）或收账费用，往往会给用现金付款（尤其一次性现金

---

① 习题 7-7，×。应采取快速渗透策略。

新产品鲜为人知的状况导致高价（实施撇脂定价策略的结果）产品无人问津。而由于市场容量较大，定低价能促使大量销售与大量生产，产生规模效应；再加上该产品有生产成本下降空间较大的特性，如果使生产成本有效下降，企业定低价仍有利可图，还可以获得较大的市场份额。

② 支票仅作支付用，银行须见票即付，支票有现金支票和转账支票两种。出票人须先在自己在付款银行的账户中存有不低于票面金额的存款，否则就出现空头支票的情况。

汇票是由出票人签发的，委托付款人（例如美国的某银行）在见票时或者在指定日期，无条件支付确定的金额（因为出票人已通过中国的某银行把相应的钱款转给美国的这家银行了，并且支付了手续费）给收款人或者持票人的票据。汇票包括银行汇票和商业汇票，对收票人而言，后者的风险大一些。

付款，现在当然包括电子支付）或提前付款（例如会员卡中的预付金）的顾客价格方面的优惠，例如会员价。但在大量预付资金进账后，企业应加强资金管理，制订合理、有效的使用计划；不能浪费资金、寅吃卯粮，最后导致流动资金"断流"。一些发放会员预付卡的企业，例如美发店、健身会所、足浴店，出现老板卷款逃跑的现象，可能就有这方面的原因。

（2）数量折扣。

累计数量折扣方法鼓励顾客经常购买本企业的产品，稳定顾客，与顾客建立长期关系。美国航空早在 1981 年提出的"飞行累计点数计划"就属于此类。非累计数量折扣方法鼓励顾客大量购买，可减少交易次数和时间，从而节省人力、物力。

新加坡的"半价中心"百货商店的做法与数量折扣异曲同工。该商店对每次消费额超过 100 新加坡元的顾客实行半价优惠，以鼓励顾客一次性大量购买，商店生意兴隆。该商店想方设法降低进价——售价不一定低，否则半价优惠后，商店可能就亏本了；出售的商品几乎都是日用品，市场大且不易过时，即使服装也主要是 T 恤衫、牛仔裤和衬衫等，而不是时装。这些经营策略也是实施半价策略的基础。

（3）季节折扣。

季节折扣指生产季节性产品或经营季节性业务（例如航空、旅游业务）的企业为鼓励中间商、零售商或顾客尽早购买，以及为推销过时、滞销（例如中秋节后的月饼）或易腐烂、易坏商品，而给予的价格优惠。季节折扣的目的是去库存，减少企业的仓储费用，加速资金周转。

（4）自动降价。

虽然一些时装店也打折，但是顾客往往不知道这些时装店何时打折，所以打折促销的效果不是很好。而总部设在纽约的一家服装零售商创新性地使用自动降价机制克服了上述不足。该服装零售商售卖的女性服装都有三个价格：全国统一售价、一般售价和折扣售价——后一个售价都比前一个低。

例如，一件衣服的全国统一售价是 249 美元，10 天后就自动降为一般售价 209 美元，并且再过 10 天又将打折。追求时尚和与众不同的消费者可能会以前两个价格购买"尝鲜"，价格敏感型消费者则可能会等待折扣售价。这种透明的自动降价机制能更有效地维持顾客群，增加销量（援引百度文库相关资料）。这种自动降价机制也包含了心理定价技巧，参见 7.3.3 小节的"心理（根据顾客的心理）定价技巧"，尤其第（3）项。我们使用这一打折策略时可根据顾客的消费心理与商品的情况调整降价的时间跨度，例如长于 10 天，这样做的话，尝鲜者可获得更强的满足感，企业也可获得更多利润。

（5）推广折扣。

推广折扣指生产企业为鼓励和报答中间商在广告宣传、展销等推广方面做的努力，在价格方面给予其一定比例的优惠，以补偿中间商支付的广告费。

2. 市场竞争中的价格调整

在市场竞争中，企业调低价格的主要原因有：第一，竞争压力大；第二，企业的生产能力过剩，需要增加销量、降低库存，又不能通过改进产品或加强销售等措施来实现目的；第三，价格弹性大，调低价格能明显促进销售；第四，经济紧缩，货币流通量收紧，币值上升，价格总水平下降，产品价格也应降低。

在市场竞争中，企业调高价格的可能性比较小，因为容易招致消费者广泛的抵触。企业可采取隐性涨价策略。例如，航空公司收取行李费和预订更改费、取消费，不致让消费者过于反感，又能为航空公司带来巨大收入。

不过也有直接调高价格的成功案例。例如，椰岛鹿龟酒刚刚面世时价格较低，常常被超市当作低档酒放在货架的下端，其销路不太好。后来，此酒的生产企业直接大幅提价，并大做广告，一下子把此酒塑造成高档补酒，销路反而大大改善。

有一家珠宝店进了一批珠宝，销路一直不好，试了很多促销方法也无济于事。该店经理十分失望，在外出采购商品前做了一个重大决定——给副经理留了一张字条："调整一下那些珠宝的价格，所有都乘1/2。"但副经理却阴差阳错地把这批珠宝全部提价一倍，奇迹出现了：这批滞销商品的销售情况很好。原因应该是：顾客看到这么贵的珠宝，觉得应该是货真价实的，值得购买。

另外，像宝洁这样的大企业，品牌号召力强，产品在消费者心目中的价值大，所以它们在需要时可以直接提价。尽管消费者也会抗议，甚至会在论坛中号召共同抵制，但这些大企业只要辅以适当的公关行动，例如说明提价的充分理由，消费者的共同抵制行动就很可能迅速瓦解。不过市场影响力小的品牌经营者往往没有这样直接提价的勇气和底气，但跟在市场领先者后面提价也是可行的。小幅提价也能避免被消费者集体抨击。

五粮液也通过提价提升品牌形象。1993年前后，为了保持销量，诸多名酒企业不愿贸然提价，酒价一般徘徊在10元到20多元的区间内，而五粮液已悄然涨到100多元。一般而言，企业在提价前应当尽早发布通告，以便消费者在涨价前大量购买，减少提价对消费者的冲击，同时也促进了销售。金融投资家乔治·索罗斯认为："在金融市场，价格不仅是供需关系的被动反映，还在塑造偏好和机遇方面起积极作用。"

除了直接调低价格，为避免价格战，企业间接调低价格的方法有：①提供额外的服务和附加产品，例如送货上门，或免费安装、调试、维修以及为顾客提供保险等；②提高折扣比例；③馈赠礼品；④改进产品性能，提高产品质量，增加产品功能。

对于竞争对手调低价格的情况，企业可采取的措施有：①置之不理，这是在竞争对手的降价幅度较小时可采用的方法；②不调整价格，运用非价格手段出击；③跟着降价，这是在竞争对手的降价幅度较大时采用的方法。

 案例 7-7

休布雷公司的价格调整策略

休布雷公司生产的史密诺夫伏特加酒在美国有较高的市场份额。后来，另一家企业推出一种叫沃夫斯密特的伏特加酒，并宣称该酒与史密诺夫伏特加酒的质量相仿，却便宜一美元。面对竞争对手的行动，休布雷公司可以采取前述三种应对措施。例如选择第二种措施时，可增加广告、促销措施。不过无论选择其中的哪种措施，利润都可能会降低。然而，一个奇特的主意在休布雷公司营销者的头脑中产生了——把史密诺夫伏特加酒的价格提高一美元！同时推出"新产品"莱斯卡酒，与竞争者的沃夫斯密特伏特加酒的价格相同；另外还推出一种叫波波夫的酒，以低于沃夫斯密特伏特加酒的价格销售。

如此，竞争对手的酒受到休布雷公司三种酒的上中下夹击，在竞争中落败。

对休布雷公司而言，虽然史密诺夫伏特加酒的利润比以前下降了，但其三种酒的总利润却高于史密诺夫伏特加酒以前的利润。而实际上，这三种酒的酿造工艺类似，酿造成本也接近。所以说休布雷公司基于消费者的不同需求层次和消费心理，成功地运用了产品与价格夹击战术。

资料来源：赵西萍，2011. 旅游市场营销学 [M]. 2 版. 北京：高等教育出版社.

案例 7-8

美国西南航空公司这样应对竞争对手的降价挑战

美国西南航空公司的竞争对手把一条航线的机票从 46 美元降到 23 美元，西南航空公司认识到，如果自己也将机票价格降到 23 美元，就难以获得盈利了。西南航空公司做了一个市场调研，发现该航线乘客有 80% 是公务人员，他们的机票是组织购买。于是西南航空公司决定不降价，而是馈赠每位乘客一瓶免费的威士忌酒。通过此方法，西南航空公司不仅留住了自己的乘客，还把竞争对手的一部分乘客也吸引过来了。

有时候，价格调整策略也可以成为企业竞争、博弈的有力武器，见案例 7-9。

案例 7-9

将价格作为博弈的武器

在奥迪 A6L 车型上市前的两三个月，奥迪为了清库存，把老车型的价格降到 30 万元以内。同时这一举动也是"诱敌深入"，跟宝马打价格战，引诱宝马也降价，打乱其阵脚。宝马及其经销商确实也稍微乱了一下阵脚，但奥迪的深意宝马经营者还是知道的。2005 年 7 月，宝马以其人之道还治其人之身，以新款马上就要上市为由（不能随便降价，否则会引起消费者的不满，也会损害品牌形象）宣布对现有部分产品实行九折优惠，大量库存被销售一空。

肯德基在美国和中国都曾因购物券打折促销甚至免费赠送引发不小的危机。类似事件提醒营销人员，折扣低至一定程度（更别说免费赠送），很可能引发消费者狂热的购买，尤其对像肯德基这样有高知名度的企业而言。而这将导致促销企业供给不足甚至出现混乱，也可能导致促销企业巨额亏本。若对打折促销活动筹划欠缺、准备不足，可能会在导致企业经营混乱的同时也损害企业形象，像肯德基当时那样采取断然停止促销活动、停止按促销承诺供应商品的措施，就又进一步损害了企业的形象。

促销活动，尤其打折促销，是需要慎重、周全策划的，企业要考虑各种困难和意料不到的麻烦，切不可为了回击竞争对手的促销活动而匆匆开始自己的促销活动，这样最容易犯错。竞争对手举办的促销活动可能已经过多方、长期、谨慎的策划，企业仓促举办回击性促销活动是比较危险的。

7.3.3　其他定价策略与技巧

1. 心理（根据顾客的心理）定价技巧

（1）整数定价策略，指把商品的价格定成整数（向上取整），不带尾数，让顾客觉得贵的商品质量也好。

一个相关的定价方法是精确定价，如果卖一套房子，定价217万可能比定价200万更好卖——"精确"的价格使顾客觉得比较便宜。

（2）尾数定价策略，指不取整数的定价策略，使顾客在购买时产生便宜的感觉，知道商家没有向上取整。例如，小米11的定价是3999元起，给顾客以低价暗示。

在电子商务场景中，此策略往往对商家更有利，因为消费者搜索商品时可能使用价格条件。多数消费者希望商品价廉物美，所以可能会设定价格不超过某金额的搜索条件。例如，价格为599元的羽绒服可能比价格为601元、609元的羽绒服获得多得多的销售机会，因为有不少消费者设定搜索的价格上限是600元。

一个相关的定价方法是，把价格定为89元可能比定为85元卖得更好，因为顾客可能认为前者是折扣价——从90元或更高价格打折形成的。

（3）可预期打折策略。优衣库产品从上架到下架，价格一直呈下降趋势，这一策略可以吸引顾客一直关注优衣库产品价格和库存的变化情况，形成品牌黏性。参见7.3.2小节"折扣策略"部分第（4）项。

案例 7-10

西服店的可预期打折策略

日本东京银座商业区有一家西服店，他们推出了这样的打折销售广告：先指定打折销售日期，第一天打9折，第二天打8折，第三天、第四天打7折（注意：从7折开始就是连续两天了，以延长较高价位的销售时间，或者说延长顾客思考并决定购买的时间，西服店可获得更大利润），第五天、第六天打6折，第七天、第八天打5折，第九天、第十天打4折，第十一天、十二天打3折，第十三天、十四天打2折，最后两天打1折。

西服店的预测是：抱着猎奇的心理，顾客将蜂拥而至；如果顾客希望以最便宜的价格购买，那么他们只要等到最后两天来购买就可以了，但是他们想买的衣服不一定会留到最后两天。

实际情况是：第一天来的顾客并不多，来的顾客也只是看看就走了；从第三天开始，顾客就一群一群地光临；第五天打6折时，顾客就像洪水般涌来开始抢购；以后顾客就连日爆满；当然，等不到打1折，商品就被全部卖完了。顾客急于买到中意又优惠的商品，就会引起抢购的连锁反应（包含顾客与西服店的博弈、顾客之间的动态博弈），该西服店常常在打6折、5折时就把商品全部销售出去了。

资料来源：修菊华，理阳阳，2017.市场营销理论与实务[M].北京：清华大学出版社.

（4）日本式报价策略。

日本式报价策略指企业报最低价以求压制竞争对手、引起买方的兴趣。这种价格一般以对卖方最有利的结算条件为前提，如果买方要求改变有关交易条件，卖方就会相应提高价格。因此最后成交的价格往往高于价格表上的价格。

但企业不可把这种策略用于欺骗买方。例如清朝末年盛宣怀负责建造卢汉铁路（建成后改称京汉铁路）时，选了利率最低的比利时作为合作伙伴。没想到比利时与俄、法串通，在合同签字前提出种种额外利益要求并提高利率，使盛宣怀骑虎难下，最后只好接受其部分额外要求。

买方须谨慎对待报价最低的卖方，防止卖方不守信誉，要仔细研究合同，防止受骗上当。例如，有些低价或免费旅游团实际上不怎么去景点，而是强迫跟团游客在指定商店购物。

还有一种心理定价方法是利用价格写法，例如标价 80 美元 / 千克的茶叶与标价 8 美元 /100 克的茶叶，后者更可能被多数消费者接受。80 美元对一般消费者而言是一笔不少的钱，另外，又有多少人一下子要买一千克茶叶呢？特别是自己消费的话。后一种写法就让消费者在心理上避开了这两个问题。

2. 分级定价策略

分级定价策略指把本企业的同类商品分成几个等级，不同等级商品的价格不同，使消费者产生货真价实、按质论价的感觉。对组织用品可使用分级定价策略。

3. 声望定价策略

声望定价策略指把在消费者中有声望的商店、有声望的企业的商品价格定得比一般商品的高。

4. 招徕定价策略

招徕定价策略指经营多品种商品的企业、商店（尤其商店）对某些商品定很低的价格以吸引顾客，招徕顾客在购买低价商品时也购买其他商品。

 案例 7-11

招徕定价策略

北京有家商场，每逢节假日都要举办 1 元拍卖活动。所有拍卖商品均以 1 元起价，每次报价增加 5 元，直至最后定夺。由于起价定得低，最后的成交价就比市场价低得多。该商场用的就是招徕定价策略，以低廉的拍卖价活跃商场气氛、增加客流量，带动整个商场的销售。

案例 7-12

家乐福的招徕定价策略

在家乐福新店开业之际，其商品价格普遍比市场价格低 10%～20%，以打开市场。之后，家乐福再悄悄提高价格，由于开业阶段的促销已经在顾客心中形成低价的第一印象，一些顾客便养成了去家乐福消费的习惯。

家乐福每周三都会派出大量员工到两个主要竞争对手处搜集价格信息，周四晚上（以促进周五及双休日的销售）调整商品价格——比竞争对手的稍低，既保持价格优势，又不致收入受损较多，也不会导致竞争对手与自己激烈对抗。家乐福始终有 10% 左右的低价商品，其价格比正常价格低 10%～20%。这些低价商品以低利润、高购买频率、大购买量的日化用品和食品、饮料为主——实现薄利多销。利小量大利不小，利大量小利不大。而且这大约 10% 的低价商品带动了 90% 的正常价格商品的销售。[①]

5. 产品组合定价策略

产品组合定价策略与招徕定价策略有异曲同工之妙。与产品组合定价策略相关的概念是交叉补贴，即组合产品间的补贴。产品组合定价策略也使顾客不便对照其他卖方的价格比价。

（1）可选品定价策略。

可选品指那些与主要产品密切关联的、可选择的产品。企业为可选品定价时有两种策略：定高价，靠它们盈利；定低价，招徕顾客。《经济学人》期刊的可选品定价策略是另一种思路：其电子版单价是 59 美元；纸质版单价是 125 美元；电子版＋纸质版的组合定价仍是 125 美元。这种定价做法看上去有点奇怪，其实有其合理性和效用。纸质版单价不是多余的，因为一旦删掉它，许多消费者都将改为购买电子版；只有当纸质版单价存在时，许多消费者才会选择购买组合产品。纸质版单价是一种心理暗示，促使消费者购买组合产品并觉得物有所值。

（2）连带产品（补充产品）定价策略。

连带产品指（必须）与主要产品一起使用的产品。大多数企业采用这种定价策略时会对主要产品定低价，以刺激购买；对连带产品定高价，以连带产品获取高利润，补偿主要产品的损失。使用这种定价策略的前提是用户必须买该企业的连带产品，没有其他选择（例如某种打印机或复印机的专用硒鼓是连带产品，传统照相机的胶卷就谈不上专用，而是通用的），或者企业用合同制约用户必须购买该企业的连带产品，见案例 7-13。尽管如此，为连带产品或补充产品定太高的价格也会给仿制者带来机会，导致原企业的销售受损。

案例 7-13

利乐枕设备投资新方案

瑞典的利乐公司是供应用于奶制品、果汁、饮料等的包装系统的全球最大的企业之

---

① 张岩松、徐文飞主编《市场营销：理论·案例·实训》，清华大学出版社，2017，第228-229页。

一，在中国液态奶常温无菌纸包装市场，利乐的市场份额达到 90% 以上。利乐公司的设备都是成套销售的，而且很贵。例如，若购买一套利乐枕液态奶包装线，一次性投资要几百万元人民币。这种情况导致利乐在先期发展较慢。利乐公司通过调查发现，业内很多企业对自己的设备及产品包装相当感兴趣，只是觉得一次性投资太大，资金方面有困难。于是利乐公司提出利乐枕设备投资新方案：客户只需支付 20% 的设备款就可获得成套设备；在以后四年中，客户只要每年向利乐公司订购一定量的包装材料就可免付其余 80% 的设备款。此方案一出，很多企业就迫不及待地与利乐公司签订合同。①

对于昂贵的设备，企业的其他解决方案还有分期付款及租赁销售等，这些都能促进昂贵设备销售。租赁销售指承租方在租赁到期时或支付一定金额的租金（加留购价）后，可获得租赁物的产权。承租方为此租赁物支出的金额接近售价。

案例 7-14

IBM 的连带产品定价策略

IBM 曾经的连带产品定价策略正好与上述连带产品定价策略相反，不过 IBM 的做法有其现实原因。当时主机市场进入壁垒高，IBM 只有两家竞争对手；外围设备市场进入壁垒低，竞争对手众多。因此 IBM 通过提高主机价格、降低外围设备价格以适应竞争环境。这样定价，客户购买 IBM 计算机系统的总成本没有增加。

IBM 品牌影响力大，提高主机价格不会过度影响其销售，降低外围设备价格却能促进客户购买 IBM 的外围设备——相对于其他类似 IBM 这样的成套设备供应商（竞争对手）而言，IBM 的竞争力增强了。IBM 最好使这些外围设备与 IBM 竞争对手的主机不兼容，否则可能使 IBM 的连带产品定价策略不能达到预期目标——虽然兼容能增加 IBM 外围设备的销售，但也会导致（潜在）客户选购竞争对手的主机。

案例 7-15

吉列的连带产品定价策略

20 世纪初，推销员金·吉列一年里只卖出 51 个刀架和 168 枚刀片——这是他新设计的可更换刀片的剃须刀。为摆脱销售困境，他以极低的价格把数百万个刀架卖给美国陆军；还把刀架免费送给银行，作为银行送给新开户客户的礼物。仅过了一年，他就卖出了 1240 万枚刀片。

（3）捆绑定价策略。

捆绑定价策略指企业规定消费者单独购买某商品或服务时，价格较高；同时购买两个及以上的商品或服务时，则总价低于各部分价格之和，以促进销售。这一定价策略的典型应用是月票、年票。

---

① 苏立国：《利乐：为客户创利，与客户同乐》，《企业改革与管理》2008 年第 7 期。

6. 习惯定价策略

有些商品的价格在顾客心目中已形成了一个习惯价格，这些商品的价格稍有变动就会引起顾客不满。提价时顾客容易产生抵触心理，降价时会被认为降低了质量。例如，便宜的常用药就有这种情况。因此对这类商品，企业宁可调整商品的包装、容量等方面，也不要调整价格。

习题7-8　判断改错题 ▶ 企业只要降低商品价格就一定会引发购买量的增加。（　　）①

7. 幸运定价策略

有一家餐厅随机选出一些顾客，在他们结账时告诉他们这顿饭免费。具体的操作可以是在前台设置一个电子设备，设定其选择幸运顾客的概率是3.3%，让顾客在结账前按下按钮，是否能成为幸运顾客完全靠他们的运气，公平合理、童叟无欺。虽然这一促销措施平均会使营业额减少3.3%，但考虑到别的餐厅也会使用打折促销策略，假如折扣也是3.3%的话（其实一般而言，折扣都远远更大），那么3.3%的免单促销效果比3.3%的打折效果要好很多，因为免单促销利用了峰终定律中的"终"体验。它给幸运顾客留下了难忘的体验，也可能会激励没有获得免单机会的顾客下次再来，争取获得免单机会，也成为幸运顾客。（餐厅可以用电子屏实时显示当天和前一天获得免单机会的幸运顾客的姓氏和性别，像光荣榜一样，以期营造热烈的促销氛围。）

8. 黏性定价策略

西班牙巴塞罗那的一家戏院 Teatreneu 推出了一种富有创意的收费方法：观众可免费进场，但看戏过程中每笑一次收费0.3欧元。每个座位背面安装了笑容识别收费系统。收费设上限，不超过24欧元。这一设定很重要，避免观众因笑得多而支付太高的价格，这可能会吓得他们以后不再光顾。几个月下来，该戏院的观众增加了35%，并且与过去相比，观众平均多支付6欧元，戏院的收入节节上升。该戏院的笑容识别收费系统还能有效观察和记录观众对戏剧的反应，对戏剧，尤其喜剧创作者提高戏剧质量大有裨益。该戏院还鼓励观众看戏后在社交媒体分享他们的缴费"成果"，这也成为很好的宣传方法。

黏性定价策略还可以这样实施——井格火锅店开展"38元畅饮节"活动，消费者只要花38元就可获得300瓶啤酒加100瓶酸梅汁，条件是堂吃，也就是不能带走。400瓶饮品价值2000元左右，但顾客一次用餐不可能喝完，于是他们下次外出用餐时可能还是会去井格火锅店，那里有许多免费啤酒和酸梅汁等着他们呢，而且还是专属于他们的私有财产。

国内许多经营者常常喜欢用高性价比吸引顾客，国外许多经营者则往往喜欢用其他多种手段增强顾客黏性，这值得借鉴。

---

① 习题7-8，×。降价也可能引发顾客的怀疑和观望，继而停止购买，另外，如果商品的需求价格弹性低，降价也不会导致购买量大增。

9. 基于结果的定价策略

此定价策略与黏性定价策略接近。例如，按广告效果收费，效果欠佳就打折；先消费，后付费，拼多多也提供这样的服务；按案件审理结果向律师付费；大学生毕业后长期失业（指刚刚毕业时长期找不到工作或失业），可获得学校按比例返还的学费；等等。基于结果的定价策略能降低消费者的风险，对消费者具有吸引力。当高质量的产品或服务难以降价时，企业可考虑采用此定价策略以吸引顾客，前提是对自身的产品或服务的效果有把握。

10. "随您打赏" 定价策略

2007 年，英国另类摇滚乐队 Radiohead 决定：他们对最新推出的专辑将不再使用传统的定价和分销模式，而是将其大胆地放在乐队主页上，由粉丝们以任意价格购买、下载。结果，在竞争激烈且受盗版和互联网应用严重冲击的音乐行业，这项 "随您打赏" 的定价和销售实验大获成功。从当年 10 月 9 日实验开始到 10 月 29 日（约 3 周的排行榜排名时间）实验结束，180 多万人下载了该专辑，虽然 60% 的下载者没有付钱，但另外 40% 的下载者（可能 Radiohead 的粉丝居多）都自愿支付了一定金额。该乐队表示："通过这张专辑赚的钱比我们以往的所有专辑的总和还要多。"这种销售方式还节省了大额的分销费用。

采取这样的定价策略需要企业了解自己的客户群。如果整体而言客户群不够公正，则 "随您打赏" 的定价策略就难以奏效。国内一些网站还有微信公众号也有 "随您打赏" 的销售设置，访问者可免费使用这些网络资源，也可按自己的心愿 "打赏" 资源提供者。

采用类似策略的还有伦敦的 Just Around the Corner 餐厅，在那里，顾客自行估计餐费并付款。该餐厅自 1986 年开始就使用此定价策略，效果很好，盈利颇丰。当然，有时候这种策略也会令顾客尴尬，有 "应该支付多少" 这样的疑惑。

本章前述内容尤其本节内容表明，企业制定价格策略时应尽量以顾客为导向。即使风格强硬的苹果公司，其首席执行官库克也于 2019 年 1 月底表示，部分地区的定价过高，将考虑下调中国等海外市场的价格。

企业应采取灵活的定价策略，除了前文论述过的那些策略，灵活的定价策略还包括：一些药品企业推出基于疗效的收费方式；出版社考虑在互联网上按章节销售，按阅读时间收费，或者采取包月收费模式；等等。制定价格的策略既是科学也是艺术，过去不可行的定价策略在新时代、新环境里也可能焕发出生命力。本章内容也较好地印证了科特勒的那句话：经济学是市场营销学的父亲，行为学（注：也涉及心理学）是其母亲。

7.4　价格策略的其他方面

7.4.1　企业定价方面的问题

企业定价方面的问题包括：未能经常调整价格，从市场变化中获利；在定价时未充分考虑营销组合中的其他因素并有效利用它们；未把价格视为市场定位的内在要素。

价格手段仍然是企业在市场竞争中的重要手段，但使用此手段时尽量不要让"杀敌一千，自伤八百"的局面出现。格兰仕公司虽然被外界称作"价格屠夫"，但它并非像一个莽汉那样玩命打价格战，而是基于自己的规模优势和成本优势打一场包围战，打一场歼灭战——这意味着双方力量悬殊（参见 7.1.2 小节内容）。

7.4.2　企业定价方面的压力

团购迫使供应商给予更多折扣，小企业借助团购平台可享受接近大企业的优惠采购价——这将成为削弱大企业竞争力的一个重要因素（例如这是肯德基、必胜客市场份额降低的一个原因）。智能采购代理商（例如竞价机器人）能帮助消费者从数以百计甚至数以千计的销售商处找到需要的商品、价格信息和评论。拼多多帮助若干消费者找到其乐于接受价格的商品。阿里巴巴也有类似网站，还有慢慢买网、造价 168 网等。此类中介相对于传统中介来说是新增的类型，与去中介化道路相逆。

还有一些手机应用软件能即时提供比价功能，例如国内的一淘火眼等，消费者启动这些软件，扫描条形码或二维码，就能获得商品在各大超市、商场、网上商城的价格信息。此功能对实体店的杀伤力很强，书店、超市、大卖场简直成了网上商城的免费体验店，为他人作嫁衣裳。

一般而言，产品的线上价格（显著）低于线下价格。这是因为电子商务市场进入壁垒低、价格透明，更接近完全竞争；电子商务经营的成本也较低，帮企业节省了经营场地租赁费、商品实物展示开销、高昂的卖场入场费，无纸化订单处理方式、互联网广告也降低了企业传统营销场景的成本，电子支付加速了资金周转从而降低了财务成本。[①]这些都为线上低价创造了条件。

7.4.3　博弈论与价格竞争

企业在价格竞争中分析调整价格对顾客和竞争对手的影响，以及后两者对此可能的反应，而事实上这些反应又被该企业预测到，最终结果是多（双）方博弈的结果。在价格决策中考虑各利益相关者的反应，以寻求最有利于自身利益的策略的思想，正是现代经济学的基本分析工具博弈论的精髓。因而，把企业间的价格竞争置于博弈论框架中分析，对指导企业的定价具有重要意义。

案例 7-16

可口可乐与百事可乐默契配合打折

可口可乐与百事可乐经常在超市或其他渠道打折，但它们往往避免在同一个时间段打折。这一周你打折，下一周我打折。如果都挤在同一周打折则会给予消费者过多的打折期望，促销活动过后再把价格调回去就会遭受冷遇。

---

① 王永贵编著《市场营销》（第 2 版），中国人民大学出版社，2022，第 372 页。

价格博弈不仅发生在竞争对手间，也发生在卖家和顾客间。本章论述的绝大部分内容是价格策略方面的内容，为了方便论述，有一定的静态性，重点关注企业如何定价。不过在销售过程中，须根据市场情况（包括顾客和竞争对手的情况）确定价格，并在需要时快速、动态调整价格（比 7.3.2 小节论述的更有及时性、更灵活），也可以说企业就是在与顾客博弈，不过最终目的是留住顾客、做成生意。

一个典型的场景是房产销售，一位顾客虽然认可房产本身但嫌单价太贵，离开座位走向大门，欲往别处看看。年轻的销售顾问连忙留住顾客，说自己的权力不够，搬出销售经理来洽谈。销售经理经过一番洽谈，同意降低一些单价，顾客仍不满意，离开售楼处准备上车。销售顾问追出来说顾客的运气很好，他们的销售总监恰好今天在这里开会，请顾客留步再与销售总监谈一谈。这就是商业谈判和价格调整的车轮大战。这样的场景也许是自然发生的，但作者更认为这是房产企业的销售方法、谈判套路，顾客越强势、成熟、老练，房产企业越需要提高谈判等级。这些做法和过程是给双方台阶下，最终目的是达成交易。

7.4.4　广义的价格

亚当·斯密说："任一物品的真实价格是拥有它经历的辛苦和麻烦。"顾客总成本除价格成本外，还包括顾客花费的时间、体力和精力，除了购买成本，还有未来的使用成本。例如，在卡特彼勒推土机和小松推土机之间，假如客户选择了小松推土机，原因可能是，采购人员奉采购经理之命购买价格较低的产品。此时卡特彼勒销售人员的工作就是让客户的采购经理认识到：单凭价格购买会降低长期利益，例如小松推土机的操作费用更高，更耗油，且所需维修更频繁——未来的使用成本更高。也就是须关注顾客的实际成本，9.7.1 小节中的 4Cs 营销组合理论也指出，须由关注 Price（价格）向关注 Cost（成本，Cost 是 4Cs 中的一项）转变。顾客成本策略强调：经营者须考虑顾客为满足需求而愿意支付多少。

一个以客户为中心的定价案例：通用汽车公司为了满足客户的需要，让客户先确定可接受的价格（营销思维前置的体现之一）；然后通用汽车公司根据价格限制，设计、生产最终产品，以达到客户认可的价格和性能。这与本章开头提到的汽车行业在定价方面通常的低效做法形成对比。

7.4.5　不合法的定价

不合法的定价包括定价勾结（联合利华和宝洁曾因此被欧盟委员会罚 4.56 亿美元）、掠夺性定价（倾销）等。有一些大企业被指控掠夺性定价，不过起诉者很难在法庭上胜诉。例如音乐零售商指控沃尔玛和百思买对紧凑型光盘（CD）进行掠夺性定价（低价促销 CD，或用 CD 的低价吸引顾客光顾超市购买其他商品），但音乐零售商难以证明这种亏本销售价格是掠夺性定价而不是普通的商品促销。

第 8 章

销售渠道策略

学习目标

- 理解分销与直销；
- 了解窜货及其治理；
- 了解生产企业与中间商的合作和竞争；
- 了解销售渠道管理及发展。

企业的生产经营活动必须依赖人力、物力、财力、管理、信息、时间、市场七大资源。其中，市场资源是企业最难拥有与控制的一种资源，分销渠道是市场的外围，甚至可以说是市场的组成部分。小天鹅股份有限公司在合资中把其分销渠道折价成 1.6 亿元入股，可见分销渠道也是一种无形资产。在加多宝与广药集团的争夺战中，尽管广药集团拿走了品牌，但加多宝还有分销渠道、资金和营销经验，尤其是庞大的分销网络和紧密的分销渠道关系（核心竞争力）帮助加多宝塑造了一个新品牌，并对广药集团王老吉的推广形成了有力抵抗。

格力电器能长期在国内空调行业保持领先者地位，总裁董明珠认为应归功于其二十多年来建立的分销网络。格力电器与分销商形成了风险共担、利益共享、销售服务等环节信息透明的经营关系，而非以价格谈判为中心的竞争挤压关系。双方的合作比较和谐、愉快。加多宝在与广药集团打官司输掉后，分销商仍愿紧跟着它，这说明加多宝也有良好的渠道合作关系，否则分销商就要一哄而散了，就没有加多宝后来的重塑辉煌。

有人也许认为，直销让企业最接近市场，但术业有专攻，企业的营销能力是有限的，有几家企业能像戴尔那样把直销做得如此成功呢？一般的企业难以拥有戴尔的诸多直销资源——高效的信息管理系统、高效的制造体系等。一般的中小企业更做不到充分接触可能的市场。它们通过直销方式接触到的所谓广泛的市场、全球市场，其实只是真实的可开拓市场的冰山一角。现在日益受重视的长尾效应，企业仅通过直销也难以利用之。

这样看来，直销不一定是企业（大范围）接近市场的最好办法，实际情况往往是，分销渠道越多，企业就更接近市场——分销渠道就像章鱼的八个触手一样，牢牢吸住多个市场或市场的多个部分；又像蜘蛛网一样，尽可能多地罩住在其能力范围内能经营、管控的市场。如果企业想要直接接触市场，获得快速、直接、真实的反馈，想更有力地控制市场，那么就应配合以直销方式。

20 世纪 60 年代前后，某些西方资本主义国家曾出现否定批发的"流通革命"，但时至今日，批发商仍然未被取代。对很多企业而言，正确的策略应该是结合分销与直销，并强调全渠道营销——挖掘更多的渠道形式与潜力，注重它们之间的无缝对接。谁拥有渠道，谁将拥有未来。而电子商务已经改变并将继续改变我们对渠道的理解。

8.1　分销渠道管理

通过由生产企业直接卖给消费者的方式，产品实现其价值转移经历的时间较长，生产企业往往不能得到足够的资金而难以维持正常生产。借助分销渠道，由中间商预付资金，可以使生产企业及时获得资金。分销渠道的销售路径如图 8-1 所示。

生产企业→中间商（代理商、批发商、零售商[①]等）→消费者

图 8-1　分销渠道的销售路径

---

① 批发商乃至生产企业有时候也会参与零售业务。

分销渠道是由参与商品所有权转移（从生产企业转移到消费者）或商品交易活动的中间商组成的统一体。它也是生产企业与各类中间商之间的贸易关系、成本分摊与利益分配关系的综合体。

中间商指在生产企业与消费者之间组织或参与商品交易、促使买卖行为发生、具有法人资格的经济组织或个人。

中间商中的代理商不拥有商品所有权，按生产企业或商品提供者（如进口商、出口商）规定的销售价格、价格调节幅度、销售区域及其他销售条件，为生产企业或商品提供者代理销售，获得销售佣金。没有销售人员的小生产企业和新企业往往使用代理商。

而批发商、零售商对其经营的商品拥有所有权——不同于代理商。

批发商指大批量购进并批量售出，在购销过程中获取批发利润的组织或个人，其购进对象通常是生产企业或其他批发商，售出对象多数是零售商。

零售商处于商品流通的最后阶段，即直接向最终消费者销售商品（并提供服务）的中间商，分为有店铺和无店铺零售商。

分销商指贸易中获得商品所有权的中间商，他们通过购买取得商品所有权并转售出去，所以要承担更多风险。分销商拥有价格决定权。常见的分销方式有经销、批发和零售，分销商的内涵比批发商和零售商的大，但小于中间商的内涵。

像"生产企业批发商→零售商→消费者"这样的渠道称为二阶渠道。

作者认为，经销商只是业内的一种习惯称谓。实际上批发商、零售商及内涵更大的分销商已经形成一个体系，再加上代理商，组成中间商。所以即使没有经销商这个称谓，前面的分类也是自洽的。如果按业内习惯讲经销商，可以将之近似理解为分销商。

习题 8-1　判断改错题 ▶ 中间商中的代理商在从事批发业务时，对其经营的商品没有所有权，面临的风险比较大。（　　　）①

从社会整体的角度看，生产企业把流动资金不足的风险分摊至它的各个中间商，在风险控制方面是有积极意义的。由生产企业和中间商共同承担风险，避免单个企业因承担太多风险而容易倒闭——这种情况会导致社会整体利益降低。同样，从社会整体利益的角度看，生产企业亦不能把太多的经营风险转嫁给中间商。

与分销渠道接近的一个概念是营销渠道，营销渠道的营销路径如图 8-2 所示。

供应商（供应原材料、人力资源、资金等）→ 生产企业 → 中间商 → 消费者

服务商（提供调研、广告、咨询、会计、法律、投资等服务）

图 8-2　营销渠道的营销路径

该渠道底部的服务商不是渠道的一个环节，而是嵌入渠道各环节，为各环节提供服务的若干企业。

---

① 习题8-1，×。代理商面临的风险比较小。代理商虽然有库存管理开销，但没有库存资金积压。

生产企业选择分销渠道的基本策略有以下几种。

（1）铺开销售，对分销商不做选择，希望分销渠道越多越好，力求使产品广泛接触消费者，方便消费者购买。

（2）选择销售，在特定的市场选择几家分销商销售。

（3）独家销售，在特定的市场仅选择一家分销商或代理商销售。香奈儿坚信独家销售是保证消费者不断回头购买的最佳方式，并且避免进入充斥着折扣店的市场。

维持一支销售团队的开销不菲，企业的一种选择是放弃组建自己的销售团队，而使用独立的代理商。有些大生产企业在有大量潜在购买者、业务较多的地区，组建自己的销售团队；在潜在购买者不多、业务不多的地区委托代理商推销。有些生产企业先使用代理商在某一地区开辟新市场，由代理商投入市场开发费用；等到销路被打开、销量大增后，再组建自己的销售团队。但这样做会使企业失去声誉，注重社会效益的企业家不会这么做。

案例 8-1

史玉柱低成本巧建分销网络

1991 年春天，史玉柱创办珠海巨人新技术公司。同年 10 月，营销奇才史玉柱决定以"客户只要订购 10 块巨人汉卡，公司就给予报销往返路费"的优惠，邀请全国 200 多个计算机中间商参加巨人汉卡的全国连锁销售会。该公司对销售会的总投入仅几十万元，却建立起一个全国分销网络。

海尔在其发展早期就自建销售管理体系（从省级的销售分公司到县级市的分支机构），渠道成本较高；百货店与零售店是其主要分销力量。格力电器在其发展早期使用经销商，渠道成本相对较低，后来则与经销商建立联盟。例如，格力电器参股建立区域合资销售公司——充当格力电器的区域子公司（对格力电器而言，有投资的杠杆效用，但管控力稍微弱一些），管理区域市场，由格力电器员工担任这些区域子公司的董事长，由经销商的人员担任总经理。随着海尔和格力电器的发展，其各自的市场份额迅速扩大，在销售增长过程中，海尔自建的销售管理体系的成本反而较低，而格力电器的相对较高。

8.1.1 选择分销渠道的影响因素

前文初步分析了生产企业选择分销渠道的思路，本小节从三个方面进一步论述一般企业选择分销渠道的影响因素。

1. 产品因素

对时尚程度较高的产品，即式样比较容易发生变化的产品，例如各种新奇的玩具、时装，企业应尽可能缩短分销渠道，以求速销。

对易腐产品，企业也应尽量缩短分销渠道。不易运输的大件产品适合缩短分销渠道。

对新产品，企业应当采用强有力的推销手段抢占市场。一些企业不惜为此投入大量资金，组成推销队伍，直接向消费者推销。

对导入期的产品，企业应考虑用短渠道销售，除了抢占市场和速销的目的，也是为了由生产企业在早期提供较好的服务。

对成熟期的产品，可用长渠道销售。

对技术性强、使用面窄的设备，企业宜采用短渠道，从而便于为客户提供服务，使用面窄的特点也使短渠道和提供服务的成本不致很高——因为不用分散地进行上述业务活动。

对单价高、体积大而笨重的产品，企业也可考虑短而窄的渠道，所谓窄就是不要铺开渠道。

习题 8-2　单项选择题 ▶ 对牙膏、牙刷、肥皂、洗衣粉等日用品，企业最适宜采用的分销渠道策略是（　　　　）。①

A 密集分销　　　　B 选择分销　　　　C 独家分销　　　　D 专营分销

欧莱雅中国公司为其不同产品选择不同的分销渠道。它对其高档化妆品部的兰蔻、碧欧泉、羽西等产品采取窄零售终端铺设策略，严格选择香水店、高档百货店、购物中心专柜、免税商店等渠道，终端少而精。对其大众化妆品部的产品采取宽零售终端铺设策略，通过百货公司、超市等大众消费渠道销售美宝莲、卡尼尔等产品。

2. 市场因素

实际上，前文已初步论述市场因素对企业选择分销渠道的影响，本部分将具体论述之。

从中、微观角度看，组织用品采购者比较集中（一次采购量大），拜访一个客户也许就能起到很好的营销效果；一般消费品购买者则相当分散，可以把营销工作交给各级中间商。

从宏观角度看，组织用品采购者又比较分散，也许在上海，也许在天津，也许在武汉，并且各地可能只有少数几个（潜在）客户，不太适合在当地设营销机构，组织用品营销人员需要往各地跑；而一般消费品的购买者却显得相对集中，各地都有大量且集中的消费者，企业可以在各地设立营销机构，以获得较好的营销效果。

在环境研究领域有点源与面源两个概念，为了帮助读者理解前两段的论述，作者把组织用品市场比喻成点源类事物——在中、微观层面比较集中，易于处理；在宏观层面比较分散，需要一处一处地解决。一般消费品市场则可以比喻成面源类事物——从中、微观角度看，比较分散，不易集中处理；从宏观角度看，又比较集中，可以为每一处的面源类事物采取集中措施，高效处理。

一般消费品市场也可被区分出交易密度较高的地区和一般地区。在交易密度较高的地区，企业可以把产品直接售予零售商；在一般地区，企业则可以采用传统的分销路径，即经分销商售予零售商。一般而言，采取与竞争品同样的分销路径，比较容易占领

---

① 习题 8-2，选 A。密集分销指采用多种渠道，密集地实现大量销售，以方便消费者购买。独家分销和专营分销常常被用于高价商品销售，此时企业不太在意消费者购买的便利性，尤其奢侈品企业更是如此，他们甚至可能选择独家销售以体现其产品的稀缺性。

市场；除非有绝对的把握，否则不宜另辟蹊径。①② 例如案例 4-3 中的润妍品牌市场定位失败，原因就在于此。

采用短渠道有利于企业及时了解市场的变化，掌控分销渠道；采用长渠道有利于企业铺开销路。

3. 企业本身的因素

生产企业如果对其产品大做广告或愿意负担广告费用，则中间商往往乐于代其销售，生产企业的渠道选择就多。中间商可以承担当地广告和促销的一些责任，例如联系广告商，支付广告费，等等。

对生产企业而言，经销商越大、越强越好吗？参见案例 8-2 的情况。

 案例 8-2

广州鹰金钱食品集团有限公司找的一家经销商

广州鹰金钱食品集团有限公司（下文简称"鹰金钱"）曾在南京找到一家当地渠道最多、实力最强的经销商独家经销自己的产品。该经销商已经代理了可口可乐、雀巢等国际、国内的知名品牌。鹰金钱对该经销商抱有很大期望，产品到位后还投入 80 万元的广告费。但一年下来，销售很不理想，仅销售 180 万元，其中还有 40 万元的应收账款。在此期间，该经销商也没有采取任何促销手段。一年多之后，该经销商未知会鹰金钱，就把接近过期的一火车皮商品退给鹰金钱，理由是"当地市场不接受这些产品"，给鹰金钱造成巨大经济损失。

资料来源：郑锐洪，王振馨，陈凯，2016. 营销渠道管理 [M]. 2 版. 北京：机械工业出版社.

找经销商不能盲目贪大，否则本企业的产品可能得不到经销商的重视。与案例 8-2 相反的一个例子是李宁公司选择物流公司的思考。李宁公司不选择最大的物流公司，因为他们认为，大物流公司往往有大客户，如果这些大客户的规模比李宁公司的大，那么该物流公司在服务方面可能优先考虑那些大客户。因此李宁公司选择了一些中等规模的物流公司作为合作伙伴，在这些公司，李宁公司的货物倍受重视，这些公司在为李宁公司服务时也尽心尽力。

 案例 8-3

三星的分销渠道管理

三星在调整中国分销渠道前，派员考察了中国的 100 多个城市，并历经两年的反复论证。当时跨国企业在中国往往采用总代理模式，在全国设立一两家总代理；或者采用

---

① 黄炜、解济峰：《工业品综合性网上商城规划》，《现代商业》2018 年第 5 期。
② 黄炜、解济峰：《工业品独立门店智慧化》，《企业管理》2018 年第 10 期。

城市代理模式，在一个城市设立一两家代理商。而三星设立的是九大区域总代理，介于两者之间。三星选择上述策略是基于这样一些考虑：如果设立一两家全国总代理，将来可能会受制于它们；如果设立城市代理，由于中国幅员辽阔，因此投入太大，并且可能导致渠道管理不力。实践证明三星的策略是有效的。九大区域总代理在数量方面就优于一两家总代理的情况；在三星的大部分总代理所在城市，竞争对手的代理都是二级代理，两者获得的支持力度是不一样的。① （关于三星以前的渠道策略，参见案例 3-5。）

8.1.2 控制渠道的方法

一般来说，当经销商不想与某一生产企业合作时，他多半还在销售其他产品，房租等固定费用还会发生，折旧还会发生。如果损失了某一方面的合作利润（与某一生产企业的合作利润），就降低了他的整体利润，而成本没有降低多少，也就是说他很可能亏本。经销商一般不愿意冒这样的风险，生产企业须把握经销商的这种心理。

经销商的品牌只能在渠道中起作用，对消费者的作用较小。生产企业如果在消费者层面建立了良好的品牌形象，就可以对渠道施加影响；通过品牌形象降低销售成本（例如经销商讨价还价的"资本"减少了），提高销售效率，从而控制销售渠道。生产企业可以考虑先开拓市场，再发展渠道。例如，生产企业可以直接和当地的零售商接触，通过对零售商直接促销，再配合以促销广告，以此开拓部分市场，使产品成为畅销产品。这样的话，生产企业就不用四处寻找经销商了，经销商在看得到的利益和前景的推动下，会主动找生产企业。生产企业掌握了主动权，就可以充分选择，让合适的经销商管理市场。这就是销售渠道的"逆向重构"。

不过这一策略不一定都有效。例如案例 3-5 中的三星在中国销售其激光打印机时曾使用这一策略，但效果较差，因为市场和渠道已被惠普、联想等企业垄断。

生产企业必须定期考评经销商的表现，依据的标准有：销售配额完成情况、平均库存水平、配送时间、损坏和丢失商品的处理情况、在促销和培训计划中的合作情况（例如经销商是否积极培训自己的营销人员）等。

习题 8-3　多项选择题 ▶ 市场营销中介包括(　　　　)。②
A 供应商　　　　B 批发商　　　　C 物流公司　　　　D 广告公司　　　　E 保险公司

 案例 8-4

绿源对经销商的管理

绿源的经销商都有一个与总部联网的信息系统，只要客户购买了绿源电动车，信息系统就比较完整地记录了该客户的信息，为企业售后服务和与客户的沟通架起了桥梁。

---

① 张岩松、徐文飞主编《市场营销：理论·案例·实训》，清华大学出版社，2017，第 249 页。
② 习题 8-3，选 ABCDE。简析：供应商（企业经营职能的需要；有的经销产品来自供应商）、物流公司（辅助中间商执行流通功能）都是市场营销中介。

集团客户服务部先后通过全国 481 个网点，向 200 多万个客户发布了介绍活动和征询意见的短信，并请客户评价各地经销商的服务。客户服务部又先后在四个阶段，从晚上七点到次日凌晨，以客户身份抽查各地经销商客服电话的服务情况。

为做到奖惩分明，绿源还制订了活动期间的奖惩措施：凡获得"满意"及以上考核评价的经销商，可以享受"赠送礼品、特价车、广告支持"等系列特惠；考核评价在"满意"以下的经销商，不仅不能享受活动期间的政策特惠，还要视评价成绩，扣减原有优惠。

 案例 8-5

格力电器的区域合资销售公司

20 世纪 90 年代，董明珠还是武汉地区经理的时候，格力电器在武汉有三家经销商，这三家经销商互相压价、窜货、争抢客户，武汉市场一片混乱，销量也上不去。董明珠想出了一个办法：由格力电器出面，在武汉成立一家区域合资销售公司，把三家经销商纳入作为股东，由格力电器参股，以便整合格力电器和经销商的力量，统一协调和管理市场。区域合资销售公司在成立后的几年里运作良好，格力电器整合了经销商，控制了渠道。

 案例 8-6

娃哈哈的渠道联销体模式

国内饮料大王娃哈哈在转型阶段，逐步摒弃了以各地国营糖酒公司为主体的经销商群体，转而发展个体经销批发客户（娃哈哈的客户）为地区经销商。并且娃哈哈凭借自己的品牌实力和具有竞争力的产品，向地区经销商收取保证金——不仅是促进经销商完成销售额的手段，也是 8.1.3 小节提到的治理窜货的重要手段。

每到年底，娃哈哈都会在杭州总部召开全国经销商大会①，经销商要交下一年的保证金，并且与娃哈哈签订下一年度的经销合同。签合同的条件是如数交纳保证金，保证金的金额是下一年度经销任务额的 15%～20%。经销商把保证金以预付款的形式交给娃哈哈，享有保证金额度内采购的最优惠价格和优先发货权（鼓励经销商多交保证金），娃哈哈按略高于银行同期存款利率水平的利率向经销商支付利息，总体而言是一种双赢。当然，预付款形式更有利于娃哈哈公司。首先，娃哈哈的现金流更充足；其次，减少了娃哈哈的融资压力，尤其贷款利息压力（因为娃哈哈向经销商支付利息的利率低于银行贷款利率），娃哈哈用分销渠道额外实现了部分融资；最后，经销商欠款的可能性被有效避免了。

当有经销商受不了娃哈哈的规定，或者因为羽翼丰满而不愿合作时，娃哈哈的对策也很简单，就是立即寻找、发展新的合作伙伴，从而确保推行其强硬策略。许多经销商清楚：虽然与娃哈哈合作，"钱累心也累"（指交保证金和严格的规定），但一年下来也能稳赚几十万元（注：对个体经销商而言已经是很好的业绩了）；做生意不可能轻轻松

---

① 这种大会一般应让经销商吃好、喝好、玩好，也算一种福利、一种凝聚力工程，大家聚在一起增进交流、增进了解、增进感情，织密公司的销售网，增强公司对经销商的影响力、领导力和控制力，使公司的销售网更强大有力，成为与对手竞争的核心竞争力。

松，都按照自己的心愿进行，毕竟比娃哈哈差得远的公司太多了。

资料来源：

郑锐洪，王振馨，陈凯，2016.营销渠道管理 [M]. 2 版 . 北京：机械工业出版社 .

王海忠，2021.高级品牌管理 [M].2 版 . 北京：清华大学出版社 .

娃哈哈的渠道联销体模式借助强大的分销网络和控制能力，7 天左右就可以把新产品覆盖全国市场。像饮料这样的低价快消品，便利的渠道是至关重要的取胜法宝。该模式后来成为哈佛大学商学院的"渠道创新"教学案例。

生产企业在分销渠道管理方面并不能一味地强势控制，更要注重合作、相互支持，注重和谐友好的关系。经销商表现好，生产企业也要努力保证不让其吃亏。产品涨价时，对经销商已开票的产品坚决不提价；产品降价时，对经销商尚未售出的产品适当补助。这样做可以给经销商吃一颗定心丸，让他们敢于在淡季充当"蓄水池"，提前购买和囤积，使生产企业的销售淡季不淡。

8.1.3　窜货及其治理

窜货俗称冲货，是销售网络中的经销商受短期利益驱使，违反销售协议，有意识地跨区域（低价）销售产品，并造成市场混乱和严重损害生产企业声誉及渠道关系的恶劣销售行为。窜货是一种容易被经营者忽视，但对品牌和企业经营杀伤力很强的营销病症，对有较高品牌声誉的企业来说尤其如此。窜货被称为"渠道的顽疾"，是一种非常严重的渠道冲突行为。

1. 窜货的原因

渠道发生窜货，有经销商方面的原因，也有生产企业方面的原因；有市场方面的客观原因，也有销售人员（作为经销商的代表）方面的主观原因。具体原因如下。

（1）差价诱惑。

（2）销售目标过高导致经销商在完不成指标时向周边地区"开闸放水"（冲销量），引起周边地区的经销商也砸价窜货。

（3）销量超额越多，年终奖励（或称返利）就越多——生产企业的激励力度过大，经销商因此不择手段向外"放水"。

（4）生产企业在划定各经销商的经销地区或渠道领域时模糊不清，导致各经销商抢地盘。

（5）生产企业违约，未兑现承诺，或者经销商之间有过节，导致窜货。

2. 窜货的危害

（1）跨地区低价窜货势必导致被窜地区的价格混乱，损害原有经销商的利益和销售信心。

（2）以低价为特征的窜货为销售假冒伪劣产品者提供了空间，影响消费者的消费信心。

（3）窜货会引起经销商互相报复，引发渠道冲突，殃及整个渠道关系，造成部分经销商退出该渠道体系，甚至造成该渠道体系崩溃。

对成熟产品、成熟市场而言，恶性窜货无异于慢性自杀，这是好卖的产品不挣钱，热销产品突然销声匿迹的原因之一。20 世纪末、21 世纪初中国茶饮料市场的龙头老大河北旭日集团主要就是因为渠道管理不力甚至管理混乱，导致窜货盛行，最终使渠道管理失控以及河北旭日集团的经营失控。

习题 8-4 单项选择题 ▶ 某产品的北京地区经销商发现该产品的东北地区经销商也在北京市场销售该产品，这种渠道冲突属于(　　　　)。①

A 供货渠道冲突　　　B 水平渠道冲突
C 垂直渠道冲突　　　D 售后渠道冲突

案例 8-7

娃哈哈控制窜货的几把"利剑"

第一，娃哈哈在与经销商签订的销售协议中加入"禁止跨区销售"条款，把年终给各级经销商的返利与他们是否窜货结合起来，使经销商不敢贸然窜货。一个成熟的经销商更希望获得长期稳定的合作同盟和收益来源，娃哈哈的各项优惠政策能不打折扣地到位，哪个经销商愿意窜货，破坏合作呢？

第二，娃哈哈设定了严格的全国统一批发价，货物有编码，产品包装有区域差别。

第三，娃哈哈制定了严格的奖罚制度，每年年底时，对没有遵守销售协议的经销商，娃哈哈将扣除他们的保证金，用以支付违约损失，对情节严重的甚至会取消经销资格。

第四，娃哈哈还专门成立了一个反窜货机构，巡回全国。

资料来源：

陈葆华，任广新，2016.现代实用市场营销 [M].北京：机械工业出版社.

王海忠，2021.高级品牌管理 [M].2 版.北京：清华大学出版社.

现在社会上流行去中间商的说法，经济学家托马斯·索维尔提醒我们应客观对待此说法。托马斯·索维尔在《诡辩与真相——经济学入门》中的观点是：长期以来，人们想去除中间人的愿望被经济事实打破了。任何人和机构的知识、专业技术都是有限的；在生产与销售链的诸多环节，仅有某些部分可以由同一批人有效管理和运营；超越某一界限后，就可能会由其他人以更低的成本更有效地完成。

8.2 直接销售

直接销售简称直销，又称直接分销、自产自销，是指由生产企业或服务企业与（潜在）顾客直接接触。传统意义的直销通常指无店铺直销，是单层次的销售。现代意义的直销包括无店铺直销和有店铺直销两种形式。具体的直销形式包括：直接邮寄营销、目

---

① 习题 8-4，选 B。售后渠道指售后零配件销售渠道。

录营销、电话营销、电视直销、网络营销、新数字技术直销（前六种也是直复营销）、人员营销、售货亭营销、工厂经营的零售店（以前称门市部）营销。

直销不但能降低企业的成本，增加企业的利润（空间），同时也能给顾客让利，其目的还有通过直接联系，及时获得反馈信息，直接传送企业的产品和服务，适应市场变化，并传播企业的文化和理念，与顾客建立长期关系，从而提高顾客忠诚度。

习题 8-5　单项选择题 ▶ 对非标准化产品或单位价值高的产品更适宜采用（　　）的方式。①

A 自动售货　　　B 广泛分配销售路线
C 密集分销　　　D 直销

案例 8-8

戴尔的直销模式

戴尔的直销模式是一个杰出的成功案例。戴尔平均四天更新一次库存，把最新的计算机组件与技术带给消费者，远快于那些运转缓慢、采取分销模式的企业。戴尔凭借直销模式获得了巨大成功，于 2001 年成为全球市场占有率最高的计算机制造企业。

也可以把戴尔的经营战略理解成先做强，后做大——不是试图在短期内使销量大增（这是分销的一个优势），而是建立自己的经营模式，形成自己的经营特点，从而牢牢抓住客户。一般而言，企业做强后自然能做大，因为有核心竞争力。从戴尔的成功经验可以看到，直销模式节省了大量开支；非直销模式的企业在培训和支持经销商方面都需要花费大量资金，例如给予经销商延迟付款的优惠。不过这只是戴尔的经验，别的企业不一定能同时做到低库存和及时供应，因为这要求极强的信息处理能力、灵活生产能力和物流配送能力，参见案例 8-17。

直销的主要优点是：缩短了产品的分配、流通时间，减少了中间环节，从而节省了费用②，使价格具有比较优势；服务更直接到位，加强了与客户的联系，信息反馈更准确、快捷。

例如，虽然很多服装公司在零售端都采用加盟模式，但是日本迅销集团（优衣库是其品牌）却采用直营店模式。虽然加盟模式可以为生产企业带来巨大的现金流和深入的渠道，但信息收集环节容易出现断层，企业无法像直营店模式那样掌控消费终端真实的数据，因而采用加盟模式的服装公司难以有效控制生产和营销，进而容易导致严重的库存问题。从长期角度看，直销是企业必须具备的能力。特斯拉也采用直销模式，没有经销商，交易是在线进行的，有的车型是按订单生产的，所以没有库存。由于特斯拉产品非常紧俏，他们还规定了有点苛刻的购买条件。

———————————

① 习题 8-5，选 D。对非标准化产品须提供特别的技术支持和服务，所以需要采用直销的方式。密集分销适用于日用品等产品。

② 反面案例（间接销售的情况）：曾经一瓶出厂价 400 多元的 53 度飞天茅台，几经倒手，终端价格达 1098 元。

而间接销售的主要优点是：有利于生产企业集中力量搞好生产；有利于生产企业更快地取得销售收入（从中间商那里取得），从而减少流动资金的占用量；生产企业能与经销商分摊经营风险。

案例 8-9

小肥羊国际化经营的启示

小肥羊在进入国际市场之初采取的是直销模式，之后很快改为加盟模式。（这在一定程度上是"放养"的管理方式，容易改变小肥羊原有的经营模式、经营理念和价值观，导致其核心竞争力的缺失。）后来，小肥羊被百胜集团收购。

小肥羊把一手好牌搞砸了。在国际化经营中，应注重"强"字当头、精耕细作，不能浮躁、急功近利、过于追求短期利益。

形成对比的是，海底捞开的店都是直营店，却经营得很好。其创始人张勇认为，品牌建设非常重要，仅仅拿钱拼门店数是在砸品牌。为了培养更多有海底捞思维的管理人员与员工，2010 年张勇创建了海底捞学习发展中心。

案例 8-10

格力电器全员开微店

2019 年，格力电器启动全员营销模式，包括董事长董明珠在内的 9 万名员工都开设了自己的微店。这些微店开在格力电器自建的电商平台"格力分销商城"上。据说董明珠的微店上线第一天的营收超过 102 亿元。董明珠在接受采访时讲，开微店的目的有：让更多消费者了解，格力电器除了空调还有更多产品；消费者可以通过微店把需求、建议直接反馈给格力电器；直接面向消费者可以使员工感受到自己的职责。她还表示，此项措施主要是为了激励员工，凝心聚力，培养员工的主人翁意识，卖少了不作为考核指标，卖多了有奖励。

过去，传销在我国造成了很恶劣的社会影响，因此是被禁止的，所以要分清直销与传销的区别。

（1）直销企业的销售代表是该企业的雇员，而传销企业的传销商是独立的经销商。

（2）直销又称"零层次"营销，是渠道长度最短的营销模式；传销是多层次营销，渠道长度往往是最长的。

（3）直销企业的业务管理模式是扁平式结构；而传销企业的业务管理模式则是金字塔式结构。

（4）直销企业一般采用底薪加佣金的薪酬制度；而传销企业采用纯粹提成的薪酬制度（因为销售人员太多了，所以他们采用"人海"战术），外加发展下线的奖励制度，上线可从下线的经营业绩中取得收益。

（5）在晋升导向方面，直销模式以业绩加服务为导向，突出生产企业提供的直接服务和对顾客个性化需求的满足。而传销往往是纯粹的业绩导向，不考虑综合考核，传销商达到了怎样的业绩水平，就享受相应级别的待遇。传销也是成功学导向，靠激发传销员发财暴富的冲动取胜，带有很强的诱导性质。

8.3　生产企业对待大型中间商的策略

8.3.1　生产企业与大型中间商的博弈

21 世纪初，中国连锁经营业态的兴起挑战了传统生产企业的领导地位（本来是价值链上的核心企业），使厂（生产企业）、商（中间商）之间的利益和地位冲突越发尖锐。因此，在中国营销渠道领域出现了生产企业自建渠道和中间商自有品牌（或称自营品牌，如麦德龙自有品牌、京东自营品牌）的现象，这是厂、商博弈的结果。

中间商自有品牌能带来更高的利润率，使中间商掌握渠道的更多权力，更有利于中间商与生产企业讨价还价，向生产企业施压，例如要求更多的报酬或利润空间。同时，中间商自有品牌也可能带来更高的顾客忠诚度，例如沃尔玛的情况。

但也要看到自有品牌带来的风险，例如也可能降低顾客忠诚度，因为顾客找不到知名生产企业的知名品牌商品（被自有品牌商品从货架上挤走了），他们就会去别的超市了。自有品牌可能在厨房纸巾、奶酪等商品的销售中占优势，但在除臭剂和剃须刀片等商品的销售中就不占优势。中间商自有品牌在不同类型的销售场所具有的优势或存在的劣势也不一样。[①] 据估计，目前中间商自有品牌在我国零售和批发市场占有的份额小于6%，而在欧美市场则达到 30%～40%。

中间商自有品牌的优势如下。

（1）价格优势，中间商自有品牌商品的价格通常比生产企业品牌的低。

（2）货架、柜台优势，中间商开发了自有的品牌，可以把自己的商品放在较优位置。

（3）把握市场需求优势，相对而言，中间商比生产企业更能准确把握消费者需求的变化。

（4）自主优势，中间商通过开发自有品牌，可以获得商业竞争（包括制定价格）的自主权，此优势是对中间商自身而言的。

（5）信誉优势。

近 20 年内，渠道权力正从生产企业向中间商转移，西方国家和我国的情况都是这样，西方国家更早出现此情况，新兴市场国家跟随其后。一些大型零售商如沃尔玛和综合家电连锁企业如苏宁，已成为营销渠道中的主角。凭借雄厚的资本和巨大的规模，这些综合家电连锁企业一次买断一定批量的产品，从而获得生产企业最大程度的让利，使

---

① 康斯坦特·伯克豪特：《新零售战略：提升顾客体验的营销之道》，邱皓译，人民邮电出版社，2020，第 150–151 页。

自身的零售价格具有明显优势。大型零售商越来越把自己看作消费者的采购代理，而非生产企业的销售代理。他们以低毛利、低价格的方式经营，与生产企业打交道时，讨价还价的力量越来越大。

案例 8-11

中国家电企业建专卖店，欲摆脱国美、苏宁的控制

2010 年，创维开始在广州试点电视专卖店。创维开专卖店，一方面是为了直接接触消费者，了解消费者的需求，建立消费者数据库；另一方面是为了渠道多元化，长远目标是不受控于国美、苏宁这种大型零售商。

大型零售商的优势是规模大、势力强、信息灵通。中国制造利益链中，产销利益长期倒挂，会压缩中国制造企业未来的发展空间。如何摆脱国美、苏宁等大型零售商的渠道霸权，成为中国家电企业需要长期思考的问题。彩电行业的一位业内人士透露，虽然国美和苏宁在年初都向彩电企业下了订单，但仅仅是意向订单。彩电企业只能先供货，3 个月后才结款（沃尔玛的结款期限是 29 天，凯马特的结账期限是 45 天）。甚至当消费者去国美、苏宁购买彩电时，国美、苏宁的仓库里根本没有彩电库存，需要将订单发给生产企业，由生产企业送货上门。

2010 年 7 月，福建省公布一组调研数据，2009 年厦华电子被全国连锁经销商收取的高额费用包括：进场费 400 万元，促销费 50 万元，广告费 250 万元，其他费用 50 万元，共计 750 万元。而该年度厦华电子被普通的超市卖场、区域连锁经销商等收取的高额费用还有 300 万元。正是由于类似原因，格力电器才会在前几年与国美闹翻（格力电器认为国美 2004 年的"空调大战"破坏了其长期稳定统一的价格体系，因而停止供货；国美则宣称格力电器违背其薄利多销的卖场原则，在其各卖场清理格力空调）；而在 2010 年 7 月，格力电器又与苏宁闹翻。格力电器当时在全国的专卖店有上万家，因而格力电器在苏宁和国美的销量减少并不会导致格力电器伤筋动骨。格力电器当时可能也是因为与国美和苏宁合作利益受损，所以主动与它们闹翻。而格力电器的做法及其经营方式也成为其他家电企业效仿的对象。（2014 年，格力与国美、苏宁重修于好，冰释前嫌是为了渠道多元化。）

美的一直鼓励下游经销商开美的专卖店。中国的市场是多元化市场，也需要多元化渠道。

家电企业与国美、苏宁一直在博弈，能力的强弱决定了话语权的大小。而美的的"空冰洗"产品相对强势——主要是因为白色家电是大连锁卖场最赚钱的产品系列之一，再加上美的的品牌效应，所以国美和苏宁都会先付款后提货，降低了美的的经营风险。而美的还拥有遍布全国的销售终端，对这种供应商，国美和苏宁也不敢得罪。某彩电企业的一位高管表示：尽管如此，除非电子商务普及，否则想完全摆脱国美和苏宁这种大连锁卖场是不可能的，因为国美和苏宁在全国的渠道布局已经很稳定，其他渠道模式在短期内还是非主流的。

案例 8-12

沃尔玛与宝洁走向合作

沃尔玛与宝洁也曾剑拔弩张，争斗了几十年，最终走向合作，获得双赢。他们共用电子数据交换系统，沃尔玛给予宝洁最好、最大的陈列空间，宝洁则给予沃尔玛最优惠的价格和促销支持，成为渠道冲突处理的典范。

资料来源：郑锐洪，王振馨，陈凯，2016.营销渠道管理 [M]. 2 版.北京：机械工业出版社.

习题 8-6 单项选择题 ▶ 家乐福增加供应商的进场费用，遭到供应商的联合抵制，这种情形属于（ ）。[1]

A 水平渠道竞争 　　　　 B 垂直渠道竞争
C 水平渠道冲突 　　　　 D 垂直渠道冲突

8.3.2 积极看待大型中间商的压价行为

也可以换一个角度看待大型中间商对生产企业的压价行为。日本京瓷公司刚刚起步时几乎没有任何知名度，却从松下集团的一家子公司获得订单，实在难能可贵。但是松下集团的条件非常苛刻（无论在交货期还是品质方面），还要求每年都必须降价。京瓷公司有人对此愤愤不平，抱怨松下集团欺负供应商。京瓷公司创始人稻盛和夫首先想到的却是，松下集团每年给他们订单，这些苛刻条件正好锻炼了他们。他告诫自己要感谢松下集团。后来京瓷公司打入美国市场，他们发现，与美国当地同行相比，他们的产品品质高得多，但是价格却低廉得多。稻盛和夫越发对松下集团充满感激之情。[2]

虽然松下集团的子公司不是大型中间商，但该案例给人的启发是，面对大型中间商的种种高要求，生产企业的经营者是不是也可以学学稻盛和夫呢？

8.3.3 类似的博弈：私域流量和公域流量的博弈

当下私域流量和公域流量的博弈与刚刚论述的博弈比较类似。不过先要说明的是，流量相当于（潜在）客户，与渠道不完全是一回事，对某产品感兴趣后还要找到相关销售渠道才能购买。企业建设私域流量也可以说是为了摆脱流量平台的控制。私域流量也让企业与（潜在）客户的交互更加直接，例如，喜茶有自己的小程序，可以使经营者与客户有更多的互动，互动内容更丰富（例如，如果顾客准备自取的话，小程序可以预估到店取茶的时间），进而大大提高流量质量，并可以省下付给美团和饿了么的佣金。

---

① 习题8-6，选D。零售商与供应商处于垂直关系中或者说垂直渠道中（渠道的内涵很广，包括供应商这个环节，在营销渠道的营销路径中甚至包括生产企业的供应商这个环节，参见图8-2），它们之间是利益冲突而非竞争。

② 稻盛和夫：《心：稻盛和夫的一生嘱托》，曹寓刚、曹岫云译，人民邮电出版社，2020，第14-15页。

但企业需要认识到，公域流量往往是私域流量的基础，私域流量是公域流量的过滤器、转化器、增值器。例如，博主借助新浪微博的互联网生态获取成千上万的粉丝后，这些粉丝就由公域流量变成博主的私域流量。博主在自己的博文里做广告不用付钱给新浪微博，他／她的粉丝以及"路过"的浏览者也会看到他／她的博文及其中的广告，这是私域流量的价值。但如果博主觉得自己的粉丝太少，浏览量不高，广告效果不好，希望自己的博文及其中的广告在微博系统中获得更多浏览，那么他／她就必须向新浪微博支付推广费，他／她的博文及其中的广告就会被更多的新浪微博浏览者浏览，这就是公域流量的价值。

大多数企业无法与公域流量脱钩，自建平台和交易系统、自建互联网商业生态往往更不现实，大多数企业需要关注的是如何提高利用公域流量的效率，使其物有所值。[1] 例如，刚刚提到的喜茶小程序虽然可以使喜茶在一定程度上减少对美团和饿了么的依赖，但是仍需借助微信互联网商业生态系统的力量，利用微信的公域流量和支付平台。

所以说，真正拥有大规模私域流量的企业并不多，只有那些互联网头部企业才会拥有，更不用说个人了。即使像特朗普这样有影响力的人，被推特（已更名为"X"）踢出系统后，他自建的网站能吸引的流量也不可与推特相比。刚刚说的这些大规模流量对像腾讯、京东、阿里巴巴、百度等这样的互联网头部企业而言是私域流量，对它们的用户、公众和其他企业而言就是公域流量。

8.4　销售渠道策略的其他方面

8.4.1　按先易后难原则建立渠道体系

在地理进攻策略中，挑战者可在对手表现不佳的区域发动攻势，销售渠道策略也是如此。例如，娃哈哈把市场重心放在国内欠发达市场，避免与可口可乐、百事可乐正面交锋。娃哈哈在二、三线市场和广大农村市场具有显著优势。华为实施国际营销战略时也采用了这一策略，先在发展中国家占领市场，而这些市场往往是国际竞争对手的薄弱环节。沃尔玛在发展初期走的也是相似的路线，先在小城镇快速发展连锁超市，很受消费者欢迎，而当时美国的超市巨头们在城市发展，并不会重视沃尔玛的发展，参见案例 5–15。

即使没有特定的竞争对手，也可以按先易后难原则建立渠道体系，见案例 8–13。

---

① 宋星：《数据赋能：数字化营销与运营新实战》，电子工业出版社，2021，第 426–427 页。

案例 8-13

史玉柱按先易后难原则建立渠道体系

史玉柱为脑白金选择江阴作为启动市场，用 3 年时间进入上海。江阴离上海和南京都很近，而在这里启动营销，广告成本不会超过 10 万元。1998 年 5 月，史玉柱把在江阴市场赚到的钱投入启动无锡市场。1999 年 1 月，脑白金在上海以外的月销售额达近千万元。1999 年 7 月，上海健特生物科技有限公司在上海徐汇区注册成立。①②

8.4.2 商品运输方式

图 8-3 管道运输

① 管道运输（图 8-3），例如运输天然气、石油。管道建设周期短，建设费用少，占地少；耗能低，运输成本较低；损耗小，安全可靠；几乎不受天气影响，连续性强。但常常需要与其他运输方式结合使用，方可送货到门。

② 水上运输（图 8-4）。例如，内河驳船适合运载笨重、不易变质的商品，费用较低，但航期较长。

③ 铁路运输（图 8-5）。对需要长途运输的大批量商品，为了降低运费，可以采用铁路运输。铁路运输比水上运输快捷。

图 8-4 水上运输

图 8-5 铁路运输

④ 公路运输。长距离的公路运输费用一般比铁路运输高，但是公路运输更灵活、迅速（300 千米以内，公路运输费用一般反而比铁路运输的低）。

⑤ 空运。高价商品，例如精密机床、汽车零件等，多采用空运；容易腐烂、变质的商品，例如鲜花、水果等，也多采用空运；Zara 的首席执行官说，时装库存就像食品库存，所以他们也采用空运，参见案例 2-3 与 9.6.5 小节第一段。中国服装业的平均

① 朱立编《市场营销经典案例》（第二版），高等教育出版社，2012，第 34 页。
② 健特是史玉柱为新公司取的名，直至此时，他仍然以策划总监的身份对外，直至成立上海巨人集团，才担任总裁职务。这样的低调策略是正确的，尽量避免他以往历史的负面影响，史玉柱只是没有坚持这样做下去，参见 11.2 节。

仓储周期是 6～9 个月，国际知名大牌的平均仓储周期一般是 3～4 个月，Zara 的则是 12～15 天（最快只要一周）。因此，Zara 的仓储成本大大降低，有效支持了其少量多款的营销策略。

8.4.3 销售渠道和价值网络

当今，许多企业尝试增加渠道数量或建立混合渠道，对大客户直接销售（这是生产资料生产企业的重要渠道类型），对较小的客户通过分销商销售，努力使这些渠道协同发挥作用，满足目标顾客偏好的交易方式。例如，允许顾客在线预订（便宜），然后在方便的零售商店取货（减少包装消耗）；允许顾客把在线订购的商品退回到附近的零售商店。

 案例 8-14

通过管理渠道，Coach 避免品牌形象被弱化

手提包生产企业 Coach 小心地管理渠道，设法把折扣店的消费者与那些高消费、带来高利润的消费者区分开（人为设置一些消费障碍）。Coach 在其 199 个门店保持全价销售（维持 Coach 的高端形象和利益），对较难卖出去的产品，Coach 也不降价，而是把它们送到离全价店至少 96 千米以外的折扣店。一般而言，96 千米是高速公路上 1 小时的车程，市区内 2 小时的车程。这一方法有利于保持高端消费者的价值获得感。

 案例 8-15

Zara 管理销售渠道的方法

在 Zara 专卖连锁店里，如果有产品超过两周未被销售出去，就会被送到其他连锁店，以保证专卖连锁店的存货较少，打折产品较少，产品更新速度较快。即使打折，折扣一般也控制在八五折内。

 案例 8-16

改进渠道三例

第一例：当苹果专卖店（当时具有超前意识的体验店）于 2001 年开业时，许多批评者质疑其前景。然而 5 年后，与蒂芙尼每平方米 28697 美元、百思买 10010 美元、赛可斯 3897 美元的年销售额相比，苹果凭借每平方米 43400 美元的年销售额，获得了巨大成功。这些专卖店是苹果因为对其他零售商较差的产品展示不满而设置的，还为懂技术的消费者提供了产品演示和研讨，消费者获得了额外的体验价值。

第二例：2006 年，戴尔赖以成功和发展壮大的直销模式忽然被业界和华尔街金融

界质疑，因为戴尔在 2006 年的整体业绩不佳，在该年第三季度，其全球市场占有率被惠普反超（戴尔于 2001 年获得全球计算机市场占有率第一）。其销售增长率落后于整体市场的平均水平，尤其在新兴市场。为了抓住中国市场的增长机会、加快在中国市场的布局，戴尔颠覆了其发展二十多年的单一直销模式，宣布进入零售渠道，与沃尔玛等全球连锁零售巨头合作。当戴尔进入零售渠道时，联想集团却宣布学习戴尔模式，尝试直销。

第三例：招商银行与咖啡店合作，把社区银行开进咖啡店，把金融服务和具体的商业形态结合起来。未来，银行的"零售化经营"将成为一种全新的尝试，它能提供便利和更多的服务，自然，这也是为了跟新兴的网上金融机构竞争。

 案例 8-17

哈雷戴维森维持与经销商的合作关系

哈雷戴维森每年销售价值超过 10 亿美元的摩托车配件，约占其年收入的四分之一，开展网上业务以拓展客户群是其下一步计划。不过哈雷戴维森必须谨慎行事，避免激怒经销商。哈雷戴维森的策略是鼓励客户选择一个哈雷戴维森经销商，当客户在网上下了订单后，订单将被传到选定的经销商处完成。这一策略使经销商可以放心地聚焦于客户服务。

资料来源：科特勒，凯勒，2016.营销管理：第 15 版 [M].何佳讯，于洪彦，牛永革，等译.上海：格致出版社.

8.5 销售渠道发展展望

没有一种销售渠道在一个产品的整个生命周期中始终有效。早期购买者也许愿意为能带来高附加值的渠道付费，而后期购买者则会转向低成本渠道。购买者更成熟了（包括使用产品方面），因而他们不需要额外的服务和便利，可以转向低成本渠道。

总体而言，渠道成本本身也会越来越低（这给客户和厂商都带来价值），因为客户不再需要早期销售时那么多售前和售中的咨询与服务了（该商品甚至可能已是普及型商品，只要有售后服务就可以了）。从宏观角度看，这也是科技和社会发展的结果，见本章倒数第二段的论述。例如，小型办公复印机最初由生产企业的直销队伍销售（为了推广和提供专业服务），后来通过办公设备零售商销售（他们也有专业服务），再后来通过超市销售（售前服务更少，讲解更少），而现在则可以由邮购公司和网络分销商销售。

 案例 8-18

红星美凯龙变渠道为平台

20 世纪 90 年代初，红星美凯龙成为江苏家居连锁店第一品牌，后又成为中国家居业第一品牌。但到了 1996 年，其 24 家连锁店中竟有 14 家出现了不同程度的亏损。红星美凯龙的总经理车建兴带着高管团队数次赴美考察各种商业业态，最终发现问题还是出在渠道模式方面。于是车建兴把红星美凯龙的定位从渠道向平台转移——砍掉大多数不盈利的连锁店，集中资金把剩下的家居城改扩建到每家 2 万平方米以上。有了场地规模的基础，他不再满足于直接经营家具，而是借鉴欧美大卖场的模式，搭建商场平台，引入工厂、地区经销商直销（或销售），向他们收租金和管理费。经营商品也扩展到家具、装饰、建材、家电等，成为家居必备物品的一站式采购综合大卖场。

红星美凯龙从产销者转变成营销管理者，为入驻的厂商提供统一的售后服务等，并收取服务费，提高了入驻厂商的经营效率，又提高了消费者的满意度，但入驻的厂商必须达到标准，质量和服务都要过硬。红星美凯龙还有很多概念创新，包括江南园林式环保商场、公园家居商场。[1]

科技水平提高（例如互联网应用功能增强，提高了交易效率）、（新兴）营销模式的发展（如减少了不必要的环节）、渠道辅助中介的发展（如物流行业的发展、其他服务商的效率提高）等都可能使渠道成本有降低的趋势。电子商务已较大地改变了销售渠道的一些概念。而渠道职能会被更高效的渠道模式、渠道载体更多地履行，低效者则渐落下风，其市场份额将缩小，甚至退出历史舞台。

最近几年出现的全渠道概念可被理解为更大范围、更多的分销或销售渠道的融合。还可以进一步拓展它的含义，也就是全渠道不仅包括商品所有权转移的众多渠道（交易渠道），还包括众多的支付渠道、众多的信息渠道、众多的生产渠道、众多的资金渠道、众多的物流渠道等。全渠道营销以消费者为中心，借助移动支付、物流信息、大数据等技术，在购买过程中的搜寻、比较、下单、体验和分享五个环节全程提供方便和优质的服务，为消费者提供整合线上、线下渠道的全方位服务，让消费者在购买过程中随时可体验不同渠道的优势，使每个渠道都成为消费者体验中心。例如，网易严选就是实践全渠道营销策略的典型。

---

[1] 舒辉主编《企业战略管理》（第 2 版），人民邮电出版社，2016，第 51–52 页。

第 9 章

销售策略

学习目标

- 掌握销售技巧;
- 以辩证态度认识广告;
- 了解广告活动和实施策略;
- 理解 4Cs 营销组合理论;
- 理解 4Ps 营销组合理论;
- 理解 4Rs 营销组合理论。

我们可以把销售策略看作营销体系中的重中之重。美国一个杰出的汽车推销员说："一旦你下决心真心为客户服务，你就会成为一个出色的推销员。"《大客户营销》的作者之一曹大嘴有一段亲身经历：他与客户公司的经理说好，相互帮忙介绍客户，他为对方介绍了一家需要装修的客户，可一个星期过去了，对方并未如约兑现承诺。曹先生并未斤斤计较，后来又帮对方介绍了第二位客户，他刚发送客户信息给对方，就收到对方的回复：已帮你找到一家需要培训服务的公司，并向他们大力推荐了你。曹先生的做法值得赞许。其实即使客户公司的经理一直不为曹先生介绍客户（尽管这样做，这位经理显得言而无信，因为他们约好相互帮忙推荐的），曹先生也不能说什么。都说"顾客是上帝"，尽管这句话过于极端，但在实践中，营销人员为客户提供优质服务是正常的，这是企业的使命。怎能因为客户没有投桃报李而计较、耍性子、闹脾气呢？要想成为卓越的营销人员就必须会做人，提高自己的思想境界，决不能做唯利是图的人。

9.1 销售推广及管理

销售推广是除人员推销、广告和公共关系（9.2 节将论述人员推销，9.6 节将论述广告，第 11 章将论述公共关系，即公关）之外的一种与客户沟通的方式，旨在激发客户的购买兴趣和提高经销商的效率。有不少教材用"营业推广"这个术语，但"营业"这个术语不适合本章节内容，本章节论述的显然是销售方面的情况，因此采用"销售推广"这个术语。

9.1.1 销售推广的目标与对应方法

（1）鼓励顾客试用新产品，可采用的方法有赠送样品、价格优惠、附赠等。

上述目标及其实现方法适用于同类（与本企业或竞争者的产品同类）产品中的新产品：市场上已有此类产品，新产品只是款式、型号、配方等新，并没有绝对的竞争优势和垄断性、稀缺性等特点。应注意，产品须标明"新品试用品"字样，避免与正式产品混淆、损害产品形象。

（2）鼓励顾客重复购买，可采用的方法有价格折扣、数量折扣、赠品等。

顾客可以凭积累到一定数量的奖券，换取相应的奖品，这就鼓励了顾客重复购买或一次性大量购买。例如，顾客在 COSTA 咖啡店点了一杯 36 元的拿铁咖啡，准备付款时，服务员可能会说："如果办理一张 88 元的打折卡，这杯咖啡就可免费，以后消费可享受 9 折优惠，且打折卡全国通用。"这可以鼓励顾客重复购买。

一些直播团队知道自身不是做一次性交易的，所以他们打造超高清直播间，尽可能把商品的本来面貌展现给顾客，不因为摄像设备、灯光等因素给顾客造成错误的观感和想象，降低顾客拿到商品后因实物与视频中的不一致而后悔的可能性。他们如此地尽心尽力，顾客今后复购的可能性自然就大。而有些网店故意把商品的照片拍得美美的，例如使手表看上去光彩夺目、做工精湛，使衣服看上去面料细腻、高档，但顾客拿到实物后一看完全不是那回事，颜色也不像图片中的那样令人满意。这些网店的经营者也许就像许多火车站附近的商店经营者那样，没有太在意复购这件事，而是希望尽可能地把顾客先多多地拉过来并促成他们消费。至于顾客会不会成为回头客，他们并不太在乎，反正网络流量这么大，就像火车站附近的人流量大一样，逮住一个是一个。不过，这样的经营者也不是不可能把生意做好，不同的经营策略和思维适合不同的企业，适合不同的情景。

（3）鼓励偶尔购买型顾客购买，可采用的方法有优惠券、折扣、赠品等。

（4）应对竞争，可采用的方法有参加展销会等。

（5）巩固与扩大市场份额，增强知名度，可采用的方法有举办活动等，例如大众娱乐活动、抽奖、销售竞赛。

 案例 9-1

比亚迪的营销推广

2023 年 8 月 9 日，比亚迪在深圳总部举行了第 500 万辆新能源车的下线仪式。与以往各家汽车品牌的发布会不同，比亚迪这次的发布会，在会场外设置了一个巨大的"在一起，才是中国汽车"的展区，展区内摆放了国内许多其他品牌的汽车。当天晚间，比亚迪官方微博也发布了一段名为"在一起，才是中国汽车"的视频。视频发出后快速出圈，全网播放量超 4100 万。一汽、东风、奇瑞等 20 多个中国品牌官微互动，李想、李斌、何小鹏、王兴等共同转发回应，形成了现象级传播。

资料来源：根据网络资料整理。

消费者对抽奖有偏好，见案例 9-2。

 案例 9-2

抽奖促销

美国亚利桑那州的一对从事移民签证咨询服务的律师夫妻，起先也和大型咨询机构一样，设定的收费标准是 2500 美元。为了招揽更多生意，他们决定以 1500 美元的价格提供服务，业务却没有明显变化。于是，他们决定用抽奖方式推广业务。他们把一封"绿卡抽奖"的电子邮件发到各个新闻组，承诺凡是参与抽奖并中奖的顾客可获得 1500 美元的咨询优惠价，结果赚了 10 万美元。顺便说一下，在欧美地区，电子邮件是重要的交流手段，也是重要的营销手段，在国际贸易中也是主要沟通方法。

资料来源：根据网络资料整理。

另外，抽奖还可以有效分隔客户，实现差异化定价。卖方想没来由地对不同客户设置不同的价格，以达到 7.1.2 小节倒数第二段提到的两全其美的效果。这是难以做到的，尤其在互联网营销时代。但是可以通过（互联网）抽奖的方式实现，假设商品的统一标价是 11000 元，如果甲抽到 1000 元抵用券，乙抽到 3000 元抵用券，那么甲就可以用 10000 元购买，而乙可以用 8000 元购买。

这个局面正是卖方想看到的，因为卖方的大数据分析系统判断：甲对该商品的价格不敏感，而乙敏感。卖方不敢明目张胆地差异化定价，但可以通过抽奖这个操作，把 1000 元抵用券通过计算机系统这个"公平的中间人"分配给甲，把 3000 元抵用券分配给乙。

销售竞赛是一种有效激励中间商的方法。生产企业设立奖金，奖励商品陈列最优秀的、销售额最高的或进货量增加最多的中间商。生产企业规定的销售竞赛目标对中间商而言，既要有一定的挑战性又要现实合理，这样才能吸引尽可能多的中间商参加。把每一参赛者实现的小幅度销售增长汇总起来将是相当可观的。相对而言，生产企业为销售竞赛支付的金钱可能是微不足道的。虽然这一销售推广方法难以有持续效果，但它对促进与改善生产企业与中间商的合作关系却有不容忽视的作用。销售竞赛既可以定期进行，也可以配合某一阶段的销售推广活动进行。

习题 9-1　单项选择题 ▶ 某服装企业聘请模特在购物中心进行时装表演，以此促进销售，这种营销策略是(　　)。①

A 广告　　　　B 人员推销　　　　C 公共关系　　　　D 销售推广

习题 9-2　单项选择题 ▶ 销售推广的目标通常是(　　)。②

A 了解市场，促进产品试销对路　　　　B 刺激消费者即兴购

C 降低成本，提高市场占有率　　　　D 帮助企业与各界公众建立良好关系

案例 9-3

碧波花园的低效营销

广州的碧波花园相对于郊区的其他别墅区，虽然有不少优势，但由于在销售初期许多设施尚未启用，加上广告投入少，成交情况一直不好。于是碧波花园开发商请广告公司制作了电视广告片，同时也采用报纸、电台、传单、海报等其他媒体宣传。该开发商随后举办的黄金周大型营销活动十分热闹，甚至还有抽奖和免费自助餐。前来看楼的人拖家带口，接待处人满为患。销售人员根本接待不过来，场面混乱，一些客户愤愤而去。

碧波花园的低效营销有以下几个需要引以为戒的地方。

首先，开发商由于对目标客户的信息掌握不足，因此用错了广告媒体，例如采用了电视、报纸、电台、传单、海报等方式，这些适合普通楼盘的、大规模撒网式的广告，未能把营销信息较精准地送达真正的潜在目标客户，反而导致大量纯粹来游玩的人占用了宝贵资源，把真正的潜在客户挤走了。

其次，在电视广告片中使用虚拟图片，而实际上别墅区内的园林、会所、酒店尚处建设和装修阶段，给参观者造成心理落差。

最后，从该别墅区的郊区位置和高昂房价看，买房者一般不是为了常住而是为了度假或投资，但该开发商的广告和现场解说尽管提到了该别墅区的其他优点，却未提及该别墅区的投资价值与该别墅区及周边地区的发展前景。

---

① 习题 9-1，选 D。人员推销指雇用若干销售人员开展推销工作。

② 习题 9-2，选 B。C 项是企业的整体目标，A 项是试销的目标。

如果营销人员只想着把商品尽快卖出去，却不清楚到底卖给谁、这些买家在哪里、他们有什么样的消费习惯、喜欢怎样的广告信息接收渠道等，即使投入巨额营销费用、花费很多精力，可能也是低效的。[①]

9.1.2 销售推广的时间安排

销售推广应该有一定的持续性，但要恰当。如果持续时间太短，一些消费者将由于无法及时在推广期内再次购买而失去享受优惠的机会，也会减少销售量。

此处拓展论述一下消费者对待优惠价格的心理。消费者如果知道别人享受到了优惠价格，而自己因某种原因未能享受，即使商品并不是很昂贵，他们也很可能选择不购买，因为他们不愿意接受不能享受优惠价格的心理落差，而不购买则能使他们的失落感减弱。而换一个场景，假如与上述场景中同样的商品没有优惠，价格也与上述场景中的相同，则上述那些选择不购买的消费者可能会购买，因为不存在心理落差。

企业在定价时也应注意这一心理现象，以尽可能减少一部分消费者的失落感。一个办法是使优惠价格与正常价格的差距不过大，另一个办法是对优惠价格保密，即尽可能不让享受不到优惠价格的消费者知道有优惠价格这件事。参见案例 8–15。

回到销售推广的时间安排这个话题。如果持续时间太长，则销售推广的号召力可能会降低，起不到刺激消费者马上购买的作用。赠品促销一般宜维持 8～12 周，优惠券促销宜维持 6～8 周，抽奖宜维持 2～4 个月。安排销售推广时间时，应选择一个理想的起始日，可考虑节日前几天或节日当天。

9.1.3 销售推广的预算管理

销售推广的预算可参照上期销售推广开支，此方法可在销售对象、手段都不变的情况中采用。但许多因素都在不断变化着，所以运用这种方法时需要考虑是否应调整一些开支构成和金额。

9.2 人员推销及管理

人员推销也是销售推广的方法之一，例如销售人员现场推销。价格昂贵、技术复杂的机器设备适合采用人员推销的方式。人员推销仍然是大多数企业必不可少的经营手段，但不可仅采用此手段。例如，许多金融理财机构的营销仍停留于此，在以客户为中心、满足客户需求、创造客户需求方面做得还不够，甚至有误导、欺骗客户的行为，格式合同中的霸王条款更是普遍现象。

---

① 林景新：《别让无效客户分流广告费》，《销售与市场》2004 年第 10 期。

9.2.1　销售团队的组织形式

销售团队的组织形式有以下两种。

1. 按地区组织销售团队

每位销售代表被指派负责一个地区，经销该企业的全部产品品种，其优点如下。

（1）销售人员的职责明确，必须对由于个人推销能力的差别带来的地区销售情况的差别负责。

（2）能促使销售人员加强与当地客户的联系，有助于增强推销效果。

（3）由于每位销售人员只在一个地区工作，差旅费较少。在全国范围行销的企业往往按地区组织销售团队。

这种组织形式一般适用于产品线比较集中（产品类似或品种较少）的企业；如果产品线比较分散，一位销售人员就需要掌握多种产品的技术知识和营销技巧，这会给销售人员带来较大困难。另外，在划分区域时应当给予销售人员大致均等的市场潜力和工作量，才能在今后考核他们的业绩时给他们公正的待遇。不能单纯以区域面积和人口数量为划分标准，还要考虑经济水平、消费偏好和习惯等因素的影响。

2. 按产品组织销售团队

如果产品技术复杂、种类多，产品间关联度小，则可以按产品组织销售团队。在企业经营与管理中也是如此，生产多种产品或有多个品牌的企业，往往按产品或品牌建立管理组织，即在一名总产品或品牌经理领导下，每类产品或品牌分设一名（品类）经理，再给每个产品或品牌分设一名（品种）经理。

确定销售人员的规模时可采用增量法，即先把一定数量的销售人员集中于企业的主要产品、主要市场，随着销售数量的增加或销售区域的扩大，逐步增加销售人员。

销售组织分析工作包括：分析销售部门的业务分工、责权利情况、管理方式等；分析销售组织结构的不足之处，研究改进措施；分析销售人员的年龄、工作时间、学历、业务能力及近年来的培训进修情况；分析销售活动计划、统计报表、用户档案、市场调查资料、规章制度等是否完善。上述分析工作有助于企业找到增强企业（营销）竞争力的措施。

招聘销售人员时固然要看其学历、经验、年龄、外貌等因素，但这些因素并非决定因素，它们往往只能帮助招聘者初步判断应聘者的基础条件，不能将它们作为筛选应聘者的"筛子"。招聘者应努力通过深度交流，请应聘者提供详实的书面材料，阐述他们的经验、思想等，用任务模拟等方法探究他们在智力、毅力、动力、口才、思维、价值观等方面的情况，这些才是决定他们能否胜任公司销售职位的关键因素。

9.2.2　销售人员的薪酬制度

马斯洛（提出需求层次论）认为，人的需求取决于他已经占有了什么和还没有占有什么。需求只有在尚未得到满足时才能影响行为，这一理论得到了多方面的验证。基于该理论，销售管理人员要注意了解销售人员现已得到满足的内容和程度，刺激点就在这内容以外、程度之上。

不少企业制定销售人员的薪酬制度时偏向企业利益最大化，然而事与愿违，如果销售人员的利益得不到保障，企业的利益也就不会得到保障。企业与销售人员是利益共同体，销售人员能赚到钱，企业才能赚到钱。制定销售人员的薪酬制度时，下述两种基本薪酬制度可供参考。

1. 纯薪金制

纯薪金制的优点是可以给予销售人员很强的安全感，使销售人员保持较高的士气；易于管理，简化了预计下一年度销售薪酬总额的工作。其缺点是缺少激励，可把纯薪金制与末位淘汰制结合使用，以弥补其缺陷。但末位淘汰制是一种让员工没有安全感的方法，抵消了纯薪金制的安全感。为减少员工的这种不安全感，可考虑对连续两年或三年都是末位的员工做出淘汰惩罚，同时辅以精神方面的奖惩措施。这样做比较公平合理，可以给员工更多改进机会，也更人性化，员工更能接受。

2. 纯佣金制

纯佣金制指按销售额的一定比例提成，将其作为销售人员的销售报酬。除此之外，销售人员没有任何其他（固定）工资，销售人员的收入是完全变动的。采用这种薪酬制度时，销售人员通常需要的各项业务开支已计入销售人员的薪酬中，开支完全由销售人员自己决定。

纯佣金制的优点是能鼓励销售人员尽最大的努力工作，使企业的销售开支与收益紧密相关。销售管理人员可根据不同产品、销售人员的不同工作设定不同的佣金提成比例，从而对销售人员的工作施加影响。

纯佣金制的缺点是，当销售管理人员安排销售人员做一些不能使他们立即获得收益的工作时，例如市场调研、撰写报告、提供服务等，往往会遭到他们拒绝。纯佣金制的巨大刺激也有可能使销售人员在销售时采取高压（对顾客、竞争对手、有关同事等对象施加高压）战术或不正当的回扣（给客户回扣）手段，从而毁坏企业的声誉。在电影《华尔街之狼》中，主人公常常用歇斯底里的煽动言辞鼓励其员工拼命向客户推销各种股票（高压销售），包括垃圾股，"要把股票塞满客户的嘴"，而其员工的佣金比例高达50%。这是遵守法纪和拥有道德良知的企业及其员工应避免的。

习题 9-3　多项选择题 ▶ 人员推销与非人员推销相比，其优点表现在（　　　）。①
A 信息传递的双向性　　　B 推销目的的双重性②
C 销售范围的广阔性　　　D 推销过程的灵活性
E 友谊、协作的长期性

---

① 习题9-3，选ABDE。非人员推销又称间接推销，指通过一定的媒体传递产品或服务的有关信息，以使客户购买的一系列推销活动，包括广告、公共关系等。它主要适用于客户数量众多、比较分散的情况。

② 包括建立友谊。

9.3　重要的销售手段——促销

促销与销售推广有许多重叠之处，不过销售推广的内涵更丰富一些，促销更多地强调短时间内的销售效果与业绩。促销应注意以下几点。

① 促销可能需要具有超前性，例如时间、体验方面的超前性，这种超前性是建立在营销人员对市场竞争分析、预测的基础上的。

② 企业应尽量为促销活动设置一个门槛，否则可能会使消费者有清仓处理的感觉。例如，在教师节前后设置"老师闭门专场"就是一个好的促销打折理由。

③ 企业还需要不断变换促销手段，使消费者获得多方面的刺激，从而使他们对本企业的产品产生依赖感。

④ 促销还应与创新结合。例如，淘宝借双十一"光棍节"的势，率先于 2009 年 11 月 11 日兴起大型网络打折促销活动——"双十一"购物节，效果很好，成为中国电子商务领域的年度盛事，甚至向全球蔓延。

⑤ 数量折扣的效果相对而言更具有持久性，可作为一种日常的促销手段。

具体来说，消费品市场的促销方法见表 9-1。

表 9-1　消费品市场的促销方法

促销方法	描述	评价
发产品小样	分发给消费者，可以在店里分发，也可以邮寄	导入、试用效果较好
优惠券	通过报纸等印刷媒体、网页打印或者在门店获取；①在售点使用，立刻降价	刺激消费者马上购买，但一般使用率较低
返利	一般需申请并等待处理，也可在售点兑现	经济刺激效果强
比赛与抽奖	比赛除了运气，还需要一些技巧；抽奖则纯粹靠运气	基于消费者追求娱乐和运气的特点吸引他们
发赠品	赠品可以是促销商品的互补品，也可以没有关联	有一定的刺激作用
多重购买优惠	例如买 2 送 1 等形式，有的商家做文字游戏，把"1"变成了其他小赠品，顾客获得的价值降低	刺激效果较强
售点广告材料	设置展示材料	辅助促销，提醒顾客购买
产品植入	使产品出现在电影、电视或印刷媒体中	产品必须与电影情节、节目、名人等的关联强
忠诚计划	例如累计积分，信用卡起辅助作用	可巩固长期顾客关系，减少顾客流失，在航空、酒店业特别流行

① 随着电子商务的普及，营销人员现在应更多地考虑使用网上优惠券，包括积点、积分等各种形式。例如星巴克与微信经营团队合作，消费者可以用微信给亲友、同事发"用星说"数字咖啡券，接收者可用于扫码消费，这是一种饱含心意、惊喜的促销形式。

电影《绿皮书》里的商品植入营销或者说场景营销比较出色。上流社会的钢琴家雇用的司机在高速公路的旅途中一直尝试说服钢琴家尝尝肯德基，钢琴家却自恃身份高贵，一直不肯吃。最后钢琴家还是被司机成功说服，放下矜持，也愉快地品尝起炸鸡，甚至也像司机那样把骨头朝车窗外的公路上扔。电影情节并没有说肯德基有多美味，但这样的情节、这样的场景已经起到了充分的营销效果。

习题 9–4　判断改错题 ▶ 企业在促销活动中，如果采取"推"的策略，则促销的重点对象为消费者。（　　　）①

习题 9–5　单项选择题 ▶ 在冬季，一些亚麻凉席生产企业开展打折促销活动，出现了淡季热销的局面，这是因为亚麻凉席的需求属于（　　　）。②

A 无需求　　　　B 下降需求　　　　C 不规则需求　　　　D 充分需求

9.4　市场营销管理与 11 个营销管理案例

9.4.1　市场营销管理

市场营销管理指计划、组织、协调和控制市场营销活动，包括年度营销计划管理、营销赢利管理、营销组织管理和营销战略管理等。其中，营销战略管理指审查企业的营销战略是否有效抓住了市场机会，以及是否能适应迅速变化的营销环境。

营销管理软件的常用功能包括聚类分析、市场定位分析、广告预算模型、竞争广告模型、价格决策、促销费用分析、销售拜访计划、销售资源分配、数据库联机分析处理等。营销工程软件和营销策划专业软件是辅助营销策划的软件。

对销售人员的管理包括以下几点。

（1）制订全年的客户访问计划，明确在各月份应该访问多少数量的现有客户和潜在客户，从而捕捉、挖掘、激发客户的购买需求，达到销售效果。

（2）创造一种重视销售工作并有利于销售人员发挥才干的组织氛围。这主要体现在公司高管对销售工作和销售人员的表现给予关心，充分考虑销售人员的意见；主动与销售人员沟通并保持联系，到现场访问或参加他们的销售会议；给表现突出的销售人员以肯定，给表现一般的销售人员以鞭策和指导。

（3）销售管理人员在与销售人员交流互动的过程中应采用合适的策略，要艺术性地处理问题。例如一个常见的情况是，销售人员希望降低自己（地区）的销售指标，理由可能有很多，市场潜力小是一个重要理由。对于这样的要求（尤其在公开场合提出的），

---

① 习题 9–4，答：×。
② 习题 9–5，选 C。

管理人员不应武断拒绝也不应满口答应。管理人员可以理性地表示愿意调研、评估销售条件，并预告性地提出一些解决方案，例如降低指标，但销售活动的预算乃至某些支持也会相应降低，或者提出可以调动销售人员到其他地区。经过类似这样的沟通，也许销售人员将不再抱怨，甚至会收回降低销售指标的要求。因为他们预感到，管理人员的解决方案可能反而会有损他们现有的利益，不如抛开不切实际的要求，克服自己的一些主观的看法，客观地看待销售环境，踏实地做好工作。

9.4.2 营销管理案例

案例 9-4、案例 9-5、案例 9-6、案例 9-7 是售中服务方面的案例，售中服务也属营销范畴。

案例 9-4

伊丽莎白医院加强对一线员工的支持与管理

新加坡伊丽莎白医院的管理者认为，医生的诊疗水平和员工的态度是影响患者对医院评价的关键因素。该医院的管理人员研究了该医院与患者的接触点后发现，往往是那些工资最低、教育水平也最低的员工与患者和探望者接触最多。于是该医院的管理人员更加重视这些岗位的招聘过程和培训。管理人员重新设计了一线员工的角色，现有的员工都被派去接受培训，以提升其技能水平。随着这些岗位技能要求的提高，该医院对其薪资标准也做了相应调整。

案例 9-5

一些医院的服务营销存在不足

作者的亲身经历也能佐证案例 9-4 中反映的医院的服务营销存在不足的情况。

例如，上海的一些医院开设了微信支付窗口，这本是一件好事。但有一次一位女士在贴有微信支付标识的挂号窗口前举着手机，该窗口里面的工作人员却仍然在电脑的支付方式中输入现金支付。那位女士不乐意了，但里面的工作人员还怪这位女士没有事先声明用微信支付。作者倒是觉得这位女士可以反问这位工作人员：既然是微信支付窗口，你为什么不问我是不是微信支付呢？何况她还举起手机。其实这位工作人员不应该怕麻烦。

作者有一次在医院想挂专家门诊号，工作人员给作者挂好号后作者觉得不对劲。再一细看，原来挂的只是普通门诊号。后来作者查询专家门诊时间表，才知道当天没有。令作者不悦的是，那位挂号窗口的工作人员居然懒得向作者说明一下。

这类工作人员（还包括护士、护工、药房工作人员等）代表着医院的服务形象，对患者的体验影响很大。而这些工作人员接受的工作规范培训可能也较少，需要对他们加强培训。

案例 9-6

麦当劳的"欢乐团队"

员工的素质和精神状态决定了他们与消费者沟通的成功程度。因此麦当劳像不怠慢消费者一样，也不怠慢员工。正是在这种理念的指导下，麦当劳打造了"欢乐团队"。

 案例 9-7

美国联合航空雇用当地员工

美国联合航空投入大量资金为其"友好的天空飞翔"营销目标进行广告宣传。但是许多亚洲乘客对美国联合航空的美国乘务员在亚洲航班的"友好"印象并不深刻。经过深思熟虑，美国联合航空决定雇用当地年轻的、更热情的员工，结果，其跨太平洋航线的顾客满意度迅速提高。

案例 9-8、案例 9-9 是营销推广方面的案例。

 案例 9-8

高岛屋百货店

在纽约，人们对高岛屋百货店宁静的氛围和服务好评如潮。与大多数百货公司混乱的陈列相比，高岛屋百货店内的陈列讲究、装饰精巧，其日本式服务礼仪、对消费者的高度尊重，均让高岛屋百货店成为纽约人寻找独特礼物的理想之地。

 案例 9-9

美国西南航空的营销推广

美国西南航空的广告集中于宣传其低价格、多班次飞行和准时抵达的优势，以及一流的安全纪录。广告充满着娱乐气息，例如，一个电视广告场景是：一小包花生米（便宜的食品）伴随着"这是我们的食物，看上去好像在西南航空的航班上……这看上去也像是我们的机票费用"的声音。西南航空用幽默的广告自嘲传递个性。

西南航空只配备波音 737 飞机，这可以节省时间和费用，因为对飞行员、乘务员和机械师的培训简化了，在换飞机、重新安排机组人员或更换机械技师时可以更迅速。另外，西南航空通常选择较小的机场，因为入场费用低、阻塞较少（包括航班阻塞、空域阻塞、机场附近地面交通阻塞等）。这也提高了机场运转的速度，西南航空的飞机从落地到起飞仅需 15～20 分钟的周转时间，是美国国内行业平均时间的一半。这给它带来了更高的资产利用效率——同一架飞机可以飞更多的架次，每天有更多的乘客。

西南航空通过进入一个个要价过高、服务水平低下的市场（竞争对手服务得不好的市场）而成长起来。该公司自信地认为，无论它进入哪一个新市场都可以把费用降低

1/3～1/2。尽管西南航空是一个追求低成本的航空公司，但是它仍然在"提供许多额外服务及项目"方面开了先河，例如老年折扣。西南航空采用低价和无不必要服务的策略赢得了顾客的心。它一直位于美国航空公司顾客服务排名的前列，从 1973 年到 2019 年一直保持盈利。

一些金融服务业巨头已经安装了专用软件，大客户打来的电话瞬间即可被分辨出来。该软件会将这个电话优先接入。

投诉常给企业带来宝贵信息，投诉的顾客很可能是对企业忠诚的顾客。企业一定要重视投诉，善待投诉的顾客。如果企业相关人员不认真倾听顾客投诉、不给顾客发泄的机会、不认同合理的投诉、不道歉、不给予补偿，顾客就会四处宣扬怨气。在网络社会，这对企业是很不利的，参见 11.3 节。投诉电话不一定要 24 小时接听（因为成本很高），也不一定要是免费电话；关键是要能有助于提高售后服务的质量，有效、及时地解决顾客的使用问题及其他问题。相关人员在与顾客沟通时要保持礼貌，服务态度要诚恳、热情。实实在在的服务内容比花哨的服务形式重要得多，顾客明白这个道理，也能看清企业是否真正为他们提供了优质的售后服务。接听投诉电话的员工应当是专职的或以此为主要工作的（他们也可以做其他工作，以提高效率），否则员工们互相扯皮，就不能为顾客提供优质（的售后）服务了。

市场营销存在于企业运营、价值链的任何一个环节，企业的每个部门都要有面向顾客的观念，都要有市场营销的思想。参见 1.5 节第一段的论述。

 案例 9-10

惠普高效回复邮件

惠普尽力在 1 小时内回复每封咨询的电子邮件，甚至通常在 10 分钟内回复。惠普每分钟都在监视电子邮件服务中心，以保证达到服务质量标准。电子邮件数量的增加提高了惠普的利润，因为惠普回复一封电子邮件的成本比回复一个电话的成本低 60%。

企业在处理电子邮件咨询时应当注意以下几点。

① 发送自动回复邮件，告诉客户，他 / 她什么时候能够得到答案（理想的时间是 24 小时内）。

② 确保邮件主题栏总是包括本企业的名称和邮件讨论的主题，便于客户识别、查找。

③ 确保在本企业回复的邮件中，相关或重要信息容易被客户找到，可以加粗某些内容的字体、加大字号、使用醒目的颜色、使用斜体、使用不同的字体等。

 案例 9-11

依斯曼化工公司的销售经验

当客户向依斯曼化工公司的销售人员反映产品使用的问题时，这位销售人员就会申请组织一个跨职能部门的小组解决这个问题。

客户调查提供了重要的反馈信息，这些反馈信息也成为销售部门强有力的销售工具。依斯曼化工公司的销售人员懂得，得到订单的最好方法就是和客户建立长期的合作关系。依斯曼化工公司正是因为致力于提高产品质量和与客户沟通，才使自己充满勃勃生机。

资料来源：科特勒，2003. 依斯曼的销售经验 [N]. 中国经营报，03-31.

管理 B2B 客户关系——垂直（供应链或价值链上的垂直方向）协作的例子如案例 9-12 和案例 9-13 所示。

 案例 9-12

安川公司和静水公司形成战略联盟

安川（Motoman）公司是工业机器人系统行业的领先供应商，静水（Still water）公司（现已合并为斯班 - 静水公司）是合同式加工和机械制造企业，也是安川公司的重要供应商，它们之间的联系非常紧密。它们不仅把办公室和厂房建在一起，还共用大厅、会议室和员工咖啡厅，其电话和计算机网络也是相互连接的。除了具有交货距离短的优势，两家公司的员工还可以随时交流，分享有关改进质量和降低成本的创意。如此密切的合作为它们带来了新机会。这种一体化经营使两家公司的实力比各自经营时强得多，这就是价值链或供应链协作的优势。

 案例 9-13

供应链管理者——冯氏集团

作为出口贸易企业，冯氏集团从区域性的采购代理商发展成为供应链管理者。冯氏集团为不同客户设计、制订产品组合和生产进度计划（这是客户要求冯氏集团这么做的，其中包含了充分的信任——共享机密的设计图和信任冯氏集团的计划能力，这是一种战略联盟关系），确定整体采购计划。也就是说冯氏集团仅仅把生产任务外包出去，它负责原料采购和验收、产品设计、工厂管理、质量控制等工作。

时尚服装零售商成功经营的秘诀是，仅在库存中保有时下流行服饰，从而实现销售最大化，并避免代价高昂的季末折扣。零售商都希望拥有完美的供应链，实现即时补仓。但小型服装零售商常常只能提供比较宽泛的订货描述，并且其供应商常常让他们等几个月才能拿到货，而冯氏集团在几天内就能提供一系列服装设计方案（基于对时尚和行业的准确把握），一旦确定方案，冯氏集团几周内就能把货交给小型服装零售商。其他企业很少有这样的速度与能力，因此小型服装零售商愿意为冯氏集团的服务支付一定的溢价。冯氏集团无需拥有自己的零售门店，它可以从其他零售商处分享到一定比例的利润。冯氏集团与所有的供应商签订协议，一起制订生产计划，监督生产，协调物流系统，以确保及时交货。

冯氏集团供应链的供应灵活性是中国制造业优势的一个缩影。当供应商对客户很重要，双方之间存在采购障碍（例如复杂的采购要求导致的障碍），且客户的备选供应商很少时，客户可能会和供应商形成紧密的关系。然而专用投资也可能给客户和供应商带来巨大风险，这些投资在一定程度上属于沉没成本①，会给那些为形成特定合作关系（例如案例 9–12 和案例 9–13 中的合作关系）而投资的企业带来束缚。例如，客户因采购转换（改买其他供应商的产品）成本高容易被供应商敲竹杠；供应商则因专用（专为特定客户提供的）资产、技术及知识更容易被客户敲竹杠。

一些易拉罐企业在大型啤酒企业或饮料企业附近建厂，为的是与后者做生意时可以降低运输费。但是工厂建成后，在它们的业务交往中，后者可以对前者施加很大的价格压力，大大压缩前者的利润空间。所以明智的易拉罐企业不会这样为工厂选址，而是选择在距离若干啤酒企业或若干饮料企业都比较近的地方建厂，这样就不容易遭受价格"霸凌"了。不过也有一些职业经理明知上述道理，仍错误选址，因为这样做也许能获得显著提升的短期业绩，从而给他们个人带来高额薪酬与奖励。至于未来的长期损失，他们就不管了。

案例 9–14

不利的垂直协作

台湾企业宏碁是作为其他电脑企业的合同制造企业②起步的。随着知识和经验的积累，宏碁开始生产和销售自有品牌的电脑产品。它的客户抱怨：宏碁的这种同时开展两种具有竞争关系的业务的行为，容易引起合作双方间的许多利益冲突。假设宏碁为 IBM 代为制造某种笔记本电脑，那么宏碁制造的这种 IBM 品牌的笔记本电脑将不得不与相似的却更便宜的宏碁产品争夺消费者的注意。宏碁的客户还担心：将业务交给宏碁将帮助宏碁发展其自有品牌产品，这些产品在未来可能会与自己的产品直接竞争；同时还存在自己的知识和技术被宏碁用于生产宏碁品牌产品的风险。

如果合作双方的经营领域都具有较高的进入壁垒，就可以阻止双方进入另一方的经营领域，这一条件可减少前述竞争情况的发生。因此，企业还是需要形成自身的核心竞争力。例如企业若可以进行专一化生产，能生产用于手机的各种型号或要求的屏幕，而其他企业，包括竞争者和合作伙伴，很难做到这一点，就形成了较高壁垒。但是一些行业或企业很难满足这一条件，一些大型跨国企业不得不在其他国家与代工工厂合作，以便提高生产效率、降低成本，而这将给这些代工工厂带来发展机会。

---

① 沉没成本指由于过去的决策已经发生了的，而不能由现在或将来的任何决策或措施改变的成本，即已经付出且不可收回的成本。

② 即贴牌生产企业，它们同意为合作企业在产品上贴合作企业的商标，并把这些产品提供给合作企业，由合作企业自行销售。对贴牌生产企业而言，这种合作有"为他人作嫁衣裳"的意味。

9.5　销售技巧、经验与感悟

9.5.1　销售技巧

1. 销售前的准备

为提高销售成功率，在销售前需要充分准备，例如充分了解宏观环境对（潜在）顾客产生的影响，为顾客分析社会趋势。销售人员要做到侃侃而谈，所以企业在招聘时应要求应聘的销售人员有比较广泛的兴趣、爱好和丰富的科学文化知识。销售人员须平时多积累，例如养成每天看新闻、听广播的习惯，积累有关信息和知识。销售人员应该尽可能多地了解（潜在）顾客的情况，首先应了解顾客的总体情况，包括经济状况、经营状况和信誉状况，以及其发展前景和潜力等；其次，了解（潜在）顾客的购买决策程序和采购人员的背景，了解顾客的购买特点和风格。

 案例 9-15

向布什总统推销砍刀

2005 年圣诞节前夜，哈佛校长向全校学生布置了一道题目：向布什总统推销一把过时的砍甘蔗用的刀，不能赠送，必须让布什付费购买。在美国，这种砍刀连许多普通家庭都用不着，推销难度确实很大。重赏之下必有勇夫，校长亮出校长奖学金——年奖金额为 42800 美元（差不多是美国的一位白领的年薪）！三天后一位学生收到布什汇来的 18 美元，这位学生也光荣地拿到了校长奖学金支票。应校长请求，这位学生说出了他推销成功的方法——他给布什写了封信，大致内容如下。

祝贺您连任总统！喜讯传来，我们家三代人奔走相告。作为总统，您是国家元首；作为自然人，您是一位杰出的农场主。您的农场能有今天，跟 200 年前您的祖先漂洋过海，来到北美大陆艰苦创业是分不开的。您要弘扬您祖先的创业精神吗？我家有一把祖传砍刀！它可以让您睹物思情，回忆起那个不该被遗忘的年代。我本来想把它送给您以祝贺您连任总统，但是我注意到美国国家公务员廉政公约规定，如果任何在职公务员收受价值 7 美元以上的礼物不上交则被视为受贿行为。而我家祖传的砍刀怎么会只值 7 美元呢？总统先生，如果您确实需要这把砍刀，也打算慷慨解囊的话，请您寄上 18 美元。[①]

2. 制定销售策略和计划

大到企业，小到个体经营户，都应制定销售策略和计划。日本的杰出企业家稻盛和

---

① 张岩松、徐文飞主编《市场营销：理论·案例·实训》，清华大学出版社，2017，第 6-7 页。

夫上高中时帮家里卖食品纸袋，最初他只是随意兜圈子，向街边的甜品店兜售，走到哪算哪儿。后来他开动脑筋，把家乡鹿儿岛分成七个区域，以一周为周期按顺序走动兜售。[①] 这样做使他的销售行为对消费者而言是可预期的，并且为消费者提供了一周的供给。

3. 选择洽谈方式和拜访时机

洽谈方式包括拜访、电话联系或信函等，而拜访时机可能对销售的成败有很大影响，因此必须选择恰当的拜访时机。例如，若拜访对象在一定的时间段内十分繁忙，就须避开这一时间段。有时甚至要细致调查，例如，如果发现拜访对象近期情绪不好，则近期最好不要前往拜访，否则可能碰一鼻子灰。

犹太人习惯把上班后的第一个小时定为"专用时间"，在这段时间里，他们要回复前一天下班到这一天上班之间收到的全部信函、传真和电子邮件。"现在是专用时间"，这句话的言外之意就是谢绝会客。销售人员必须弄清客户的类似"专用时间"的特定时间段，不要冒冒失失地打搅客户，失去可能获得成功的机会。

4. 对产品做示范时要突出重点

对产品做示范时不要太烦琐，也不要面面俱到，时间一长会使顾客厌倦。例如，房产销售人员如果接待顾客时不多了解其关注点，就会采用机枪扫射式的介绍方法，把各种好处都说一遍，有的顾客就会感到厌烦。如果了解顾客的关键需求，就能点射式介绍，先把最符合其要求的好处介绍一下，如果顾客有兴趣，再介绍其他方面。乔布斯在发布会中通常只花 10 分钟展示一个新产品或新功能，并且让展示乐趣丛生。

现在不少商家使用虚拟现实这一先进科技推销他们的产品。顾客的体验很重要，如果难以为顾客提供现场体验和真实体验，也要争取提供虚拟体验的方式。还有一些智慧门店使用大屏幕虚拟货架，展示无法陈列于门店的更多的商品，这也能带给顾客较好的体验——比传统的商品目录直观多了，信息也丰富多了。商家还可以考虑利用增强现实（Augmented Reality，AR）的展示方式来展示 AR 商品，让顾客与商品有更强的互动、更好的体验。宜家的 IKEA Place 是这种应用方面的佼佼者。

推销现场的氛围烘托很重要，一个极致的例子是直播带货的优秀主播，无论是语气还是动作，这些主播都会让消费者产生消费的欲望。

9.5.2　销售经验与感悟

本小节从贵在坚持；尽量不打扰顾客；保持积极的态度；保持真诚的态度，重视顾客的心理诉求；塑造产品的高价值几个方面论述了关于销售的一些经验和感悟，并用一些案例佐证。

1. 贵在坚持

通过实践发现，通过打电话能实现销售的概率是 0.01；在第一次（见面）接洽后能

---

① 稻盛和夫：《心：稻盛和夫的一生嘱托》，曹寓刚、曹岫云译，人民邮电出版社，2020，第 28 页。

实现销售的概率是 0.02；在第一次跟进后能实现销售的概率是 0.03；在第二次跟进后能实现销售的概率是 0.05；在第三次跟进后能实现销售的概率是 0.1；在第四次至第十一次跟进后能实现销售的概率是 0.8！跟进工作使你的客户记住你，一旦客户有需求（例如保险服务需求），他们首先会想到你。

《大客户营销》的作者之一曹大嘴说，他认识一位民企老总后，对方对他自荐提供企业培训这一提议既未答应也未拒绝，从此他一直用短信跟这位老总联系，只不过是单向联系，对方从不回复。当然，这种联系并无明显的打扰性质，只是节日祝愿、周末问候乃至天气变化的预报，这一坚持就是四年，用他的话说是"对着墙壁讲话"。结果是美好的，对方开始给他培训订单，并且因为认可他的培训连续给他六年的培训、顾问大订单，直至该公司上市。其实这位曹先生不只是这样跟踪这一位大客户，对筛选出的十几家大客户，他都是这样锲而不舍地跟踪的。

营销寓言

有一个人试图用锤子锤开一块巨石。他锤了十几下，巨石纹丝不动；又锤了几十下，巨石依然如故；他又连续锤了两百下，还是没有任何结果。周围的人暗暗嘲笑他脑子有毛病。可这个人毫不灰心，第二天接着锤呀锤……突然一锤砸下后，巨石一下子就裂开了！而且碎成许多大大小小的石块。

其实最后一锤砸下前，巨石已"身受内伤"，就差使它彻底瓦解的最后一锤了。客户的不了解、不理解、执拗、顽固或者不屑，也需要销售人员"一锤一锤"地"砸"，很多"锤"下去后，客户的拒绝心态很可能被消融、瓦解，只待最后"一锤"，从而发生质的变化。锲而不舍，金石可镂。精诚所至，金石为开。小青蛙跳出井口，鲤鱼跳过龙门，也是这样成功的，尽管成功前同伴都在嘲笑它们的徒劳。

很大一部分销售工作是为了建立信赖感，而不是为了成交。建立信赖感主要是使（潜在）客户对销售人员和企业建立信赖感，这也是必要的。信赖感能促成交易并减少交易障碍、降低交易成本。销售是"零存整取"的游戏，甚至潜在客户的拒绝也可能是成交的开始。笃信这条原则需要有顽强的毅力。IBM 公司的研究显示：对数以百万计的职员进行调查、测试及评估的结果表明，成功的销售人员的最重要的人格特质是勇气，或者说是在被拒绝后仍坚持不懈的精神。

不过不能教条、死板地遵循上述道理。例如，日本明治安田生命保险公司的原一平在三年零八个月的时间里 70 次拜访一位公司总经理，准备向其推销个人人寿保险，结果总是扑空，后来才知道对方故意要弄自己。这样的坚持值得吗？

美国一位优秀保险推销员研究他某一年的工作记录后惊讶地发现：已签合约中，70% 是其初次拜访时签订的，23% 是第二次拜访时签订的，而多次拜访最后签约的数量只占签约总数的 7%。再结合多次拜访后仍不能签约的痛苦现实，他改变了以往的销售策略，也就是把可能会被浪费掉的大量时间节约下来（可用于拜访其他潜在客户），签约前拜访同一位潜在客户的次数不超过两次。这一新策略带来了很高的工作效率，其销售收入也大增。

2. 尽量不打扰顾客

不少房产销售人员由于不恰当地遵循贵在坚持的原则，反复打搅连潜在顾客都谈不上的人，也确实成为社会弊病。这也跟他们每天须达到一定量的销售电话次数的考核有关。攻城为下，攻心为上，销售骚扰电话就是一种"攻城"、一种人海战术，也是在浪费社会资源，例如人力资源和资金，参见电影《华尔街之狼》中的交易大厅场景。

而链家等房产企业则摒弃了这种做法，销售人员只能通过企业的电脑系统拨打客户的电话，看不到客户的电话号码。客户一旦不需要中介服务，可以让链家删除或禁用自己的信息条目，以后就不会接到链家销售人员的电话了。链家还制定了严格的规定，销售人员如果私自记录客户的电话号码，并且在客户表示不需要中介服务后仍给其打电话，将受到严厉处罚甚至被解雇。

关于应对人员推销中的"垃圾电话"，美国在这方面的做法值得借鉴。2003 年，美国立法机构制订了谢绝来电计划，该计划禁止大部分的销售人员拨打已登记的电话号码，不过已登记电话号码的所有者仍可以接到来自非营利组织、政府团体及近期有业务往来的公司的电话。消费者要做的就是到指定网站或拨指定电话号码登记自己的电话号码（如果他们不想被垃圾电话骚扰的话）。销售人员如果违反该计划，将被罚款。美国的谢绝来电计划似乎不利于电话营销，但事实并不完全是这样。首先，电话营销仍然是非营利组织和政府团体主要的筹款工具。其次，许多企业不再拨打无数无用的电话，而是开发可选式呼叫系统，选择呼叫模式可以比以前的"侵入"模式给销售人员带来更高的效率。[1] 参见 15.8.2 小节。

3. 保持积极的态度

销售是信心的传递，情绪的转移——好的销售人员具有开朗的性格，可以把对其产品或服务的信心和良好情绪传递给（潜在）顾客；谈判是决心的较量；成交是意志力的体现。真诚大于技巧，用心大于用脑。

顾客是最好的老师、最好的专家，同行是榜样，市场是最好的学堂。顾客的抱怨是给企业的礼物。例如，四川农民消费者抱怨海尔洗衣机排水不畅，促使"大地瓜洗衣机"诞生。海尔集团把市场难题当作创新起点。销售人员应正确对待顾客的抱怨。取众人之长，才能长于众人。销售人员永远没有第二次机会在顾客心目中形成他们的第一印象。销售人员（第一次）见顾客时起码要守时，还要穿着得体、有礼貌、谈吐得体，表现出对业务很专业……

案例 9-16

小乔丹把一件旧衣服卖到 1200 美元

迈克尔·乔丹（美国篮球巨星）13 岁时，父亲递给他一件旧衣服，问他："这件衣服值多少钱？"

---

① 菲利普·科特勒，加里·阿姆斯特朗：《市场营销原理（第14版·全球版）》，郭国庆译，清华大学出版社，2013，第 524 页。

"大概 1 美元。"

"你能把它卖到 2 美元吗？"父亲用探寻的眼光看着他。

"傻子才会买！"

父亲的眼光透着渴求。"你为什么不试一试呢？家里的日子并不好过，如果你能做到，也算是帮了我和你的妈妈。"小乔丹这才点了点头。他仔细打理好这件衣服，到地铁站口叫卖了 6 小时，终于以 2 美元的价格卖出这件衣服。

过了十多天，父亲忽然又递给他一件旧衣服，问道："你想想看，怎样才能把这件衣服卖到 20 美元？"

"怎么可能？！它至多值 2 美元。"

"为什么不试一试呢？"父亲启发他，"好好想想，总会有办法的。"

乔丹终于想到了一个办法，他请学画画的表哥在衣服上画了一只可爱的唐老鸭和一只顽皮的米老鼠，然后跑到贵族子弟学校的门口叫卖。后来一位管家给他的小少爷买下了这件衣服，给了乔丹 25 美元。这相当于乔丹父亲一个月的工资。

后来父亲又问他："你能把一件旧衣服卖到 200 美元吗？"父亲的眼光含有深意。这次乔丹没有犹疑，沉静地接过旧衣服，开始了长久的思考。两个月后机会终于来了。他机智而又勇敢地争取到一个好时机，请当红电影《霹雳娇娃》的女主角在他的旧衣服上签名。随后他以 1200 美元的价格卖给了参与现场竞价的一位石油商人。其实乔丹的父亲并非在激励他怎样做生意，而是想让他明白：一件旧衣服都能不断"高贵"起来，更何况他自己呢？乔丹没有辜负父亲的厚望。[①]

4. 保持真诚的态度，重视顾客的心理诉求

"煮熟的鸭子"为什么会飞掉？可能是销售人员在细节方面出错了，让顾客不高兴了。对待老顾客要像对待新顾客一样热情，对待新顾客要像对待老顾客一样周到。销售人员永远要问自己三个问题：我为什么值得别人帮助？顾客为什么向我买单？顾客为什么要帮我推荐？从另一个角度思考就是，我应该做到什么？

对顾客以诚相待有时候可能会使销售人员失去一些利益和机会，但常常能赢得顾客长久的忠诚。例如，一位顾客选中了一"双"打折鞋，销售人员却坦诚地告诉她，这其实不是真正的一双鞋，而是由两双鞋中的一只组成的，所以尽管其他方面都能配对，但仔细比较还是能看出色差来。顾客思考后觉得没有关系，不但买了打折鞋，还另买了两双。此后她有机会就会去这家店买鞋。

案例 9-17

有效沟通的力量——聊一聊顾客感兴趣的事

克瑙夫是一位燃料供应商，他的公司附近有一家大型连锁店，他想把燃料推销给此店，可长期努力后都未成功。他对此很烦恼也很生气。克瑙夫后来参加了西方现代人际关系教育的奠基人戴尔·卡耐基的培训班，并把自己的这一烦恼告诉了卡耐基。卡耐基

---

① 张岩松、徐文飞主编《市场营销：理论·案例·实训》，清华大学出版社，2017，第278—279页。

专门为克瑙夫安排了一场辩论课，辩论的题目是"连锁店经营利大于弊"。克瑙夫对此非常积极，他一心想作为反方参加辩论，阐述连锁店经营的弊端和恶果。但卡耐基没有同意，他要求克瑙夫作为正方参加辩论。

克瑙夫不了解连锁店的相关情况，为收集材料，他再次前往其公司附近的那家大型连锁店。敲开店经理办公室的门后，经理以为他又来推销燃料。克瑙夫忙说明来意，并表示有信心作为辩论正方获得成功，所以来了解一些情况。这么一说，店经理同意和克瑙夫谈一谈，两人越谈越投机。通过这次谈话，克瑙夫大开眼界，店经理还给了他一些额外的资料。

谈话结束时，克瑙夫高兴地向店经理致谢并准备离开。经理忽然叫住他，说："我记得您是卖燃料的。"克瑙夫点头。经理微笑着说："我们的燃料供应合同明年春天到期，到时候你来找我，也许我们能签订新的供应合同。"克瑙夫心中一惊，他没想到这么难攻克的推销堡垒就这样被轻松地攻克了。克瑙夫对连锁店的关心也使店经理关心他的产品，这就是有效沟通的力量。

资料来源：

赵玉平，2017. 管理之道：中西方管理的理念与方法 [M]. 北京：中国工人出版社 .

卡耐基，2017. 人性的弱点 [M]. 吕平，译 . 北京：北京日报出版社 .

人们有自己的爱好，并且往往希望获得别人对其爱好的认同和赞赏。销售人员应努力发现客户的兴趣和爱好，并欣赏他们、迎合他们，投客户所好，尽量满足客户的爱好和愿望。这样客户就很可能把销售人员当作知音。双方的距离一下子近了很多，双方甚至可能会成为好朋友，接下来的销售工作就容易多了。销售人员应避免热衷于自我表达而不善于倾听，在其他领域也应如此。

有的聪明的资深销售人员拜访老客户时，甚至根本不谈销售的事，反而很关心客户最近的情况，尤其客户自豪的、开心的事，并愿意倾听客户的诉说。他们的交谈完全跟老朋友见面聊天一样，只是互诉别后之情而没有利益诉求。等客户谈兴渐淡之际，销售人员则适时准备告辞。你真心把客户当朋友对待，只要可能客户一般也会帮你的。客户知道你的身份是销售人员，只要他 / 她有需求，他 / 她会主动为你提供销售机会。好朋友不正是这样对待我们的吗？案例 9-18 是与案例 9-17 形成对比的案例。

案例 9-18

不能一心只想着销售

美国的一位著名的汽车推销员向一位顾客推销汽车，洽谈很愉快，顾客已跟着推销员去另一个办公室签单了。忽然顾客推说有急事匆匆离开，后来也没有回来签单。这位推销员思考了很久才明白是怎么回事。原来他觉得推销大功告成，得意之时只想着快点签单之事，没太注意去办公室签单的路上顾客跟他说了什么。顾客当时也是心情愉快，觉得选中了一款中意的汽车，开心之余就向推销员讲述儿子做医生的工作情况——自然是一些夸耀内容，也是朋友间的一种分享。可是他发现推销员根本没在听他说什么，只是敷衍地应和。顾客的心情一下子变坏了，心想：原来你刚刚那么热情地跟我聊天，让我感觉我和你好像已经成为好朋友，谈得非常投机，这些都是假象，只是为了哄我买你的车。于是他断然决定不买这里的车了，推销员给他的感觉很不好，他不再信任这位推销员。

当销售人员总是想着将产品卖出去时，他们的眼神是贪婪的、乞求的，行为是急躁的、短视的，而这些逃不过顾客的眼睛，自然难以得到顾客的信任。而案例9-19则是一个正面的案例。

 案例 9-19

美国汽车推销员乔·吉拉德的营销态度和方法

有一次一位中年妇女从对面的福特展销处走进吉拉德的雪佛兰展销处。她对吉拉德说，她想买一辆白色福特，但福特的推销员让她过一小时再去，所以先到吉拉德这儿瞧瞧。吉拉德微笑着说："夫人，欢迎您来看我的车！"这位妇女兴奋地告诉他："今天是我55岁生日，所以想买辆白色福特作为生日礼物。"吉拉德祝她生日快乐，并轻声嘱咐助手去买一束玫瑰。

他领着顾客一辆辆看车，并重点介绍一辆白色雪佛兰。此时助手回来了，把玫瑰交给吉拉德，吉拉德又把玫瑰送给顾客，再次祝她生日快乐。顾客感动得热泪盈眶，说："福特的推销员看到我开一辆旧车，一定以为我买不起新车，在我提出要看一看新车时，他推辞说要出去收一笔钱，我只好到您这儿等他。现在想想，我也不一定要买福特。"于是她就在吉拉德这儿买了一辆白色雪佛兰。

吉拉德有自己的体会和总结：卖汽车，人品重于商品，一个成功的汽车销售人员一定有一颗尊重普通人的爱心。注意，是尊重普通人而不是只尊重有钱有势的人。想成为一名好推销员，首先须学会做人，做一个好人。这就是中国的俗语：要做事，先做人。优秀的推销员与长相、年龄、性格（外向或内向）的关系并没有我们想象的那么密切。

吉拉德还善于借顾客之力寻找新顾客。成交后他总会把一叠名片和推广计划书交给顾客，顾客介绍的新顾客每次向吉拉德买一辆车，介绍人都会得到25美元的报酬。老顾客每年都会收到吉拉德的一封信提醒他们，他的承诺仍然有效。[1]吉拉德以15年内销售13000辆小汽车的惊人业绩，获"吉尼斯世界纪录"收录，并荣获"世界最伟大的推销员"称号。参见15.2.3小节的第（4）部分。

5. 塑造产品的高价值

买和不买不全是价格的问题，更可能是价值的问题。在地里挖到古物并出售之的农民和收藏家对该古物的价值判断是不一样的，甚至可能有天壤之别。要不断向顾客塑造产品的价值。施坦威钢琴的价格在4万到16.5万美元之间，最畅销的一款是7万多美元，但即使普通的业余音乐爱好者（90%以上的购买者）也觉得此价格只是拥有施坦威钢琴的价值的一小部分。钢琴家、富豪对此售价可能更不敏感。

---

① 冯蛟、张淑萍、王仲梅编著《市场营销理论与实务》，清华大学出版社，2017，第242页。

9.6 营销的重要手段——广告

企业广告可以分成品牌广告和流量广告。户外广告牌、公交广告、电台和电视台广告、报刊广告、电梯广告等是品牌广告。流量广告能与受众互动，能直接带来潜在客户流量，例如搜索引擎广告、社交媒体广告、网络视频广告。

在北上广深，饱和品牌广告的每月费用为 1200 万～2000 万元，对应的还需要花费每月 300 万～400 万元的流量广告费；其他大省会城市对应的数据是每月 500 万～1000 万元和 200 万～300 万元；较大的地级市对应的数据是每月 300 万～500 万元和 80 万～150 万元。可见企业的广告开支压力不小，绝大多数企业在一年里只会选择较少几个月做饱和品牌广告，在其他月份只做适当的品牌广告。上述数值主要由城市面积、人口规模和广告媒体行情等外部因素决定，而不是主要由需要做广告的企业的规模等自身因素决定。[①]

9.6.1 广告词撰写思路和方法

广告设计工作的范围很广，包括设计文案、图形、音频和视频。

文案也就是广告词，是首要因素。不过 9.6.3 小节提供了不同的结论（基于统计数据）：在平面媒体中图形更能引起受众注意，在多媒体中，音频和视频更重要。撰写广告词一定要仔细斟酌、集思广益，考虑其是否具有逻辑性，有没有违反常识，是否空泛无力，是否说出了产品或服务的关键优点，是否简洁易懂，是否有歧义，是否具有美感，等等。把逻辑性放在第一位，说明其重要性，广告词一定要经得起多角度推敲。

撰写广告词可以基于马斯洛的五个需要层次进行。例如，雀巢的"味道好极了"从消费者的生理需要层次激发购买；娃哈哈的"我的眼里只有你"、麦当劳的"I'm loving it"则从安全需要和社交需要层次激发购买；"奥迪，因你而尊贵"从尊重需要层次激发购买；耐克的"Just do it"从自我实现需要层次激发购买。

还要注意在广告词中巧妙使用动词，例如，"人头马一开，好事自然来"中的一个"开"字似乎在强烈地促使顾客购买人头马酒并享用之；"挖掘机技术哪家强，中国山东找蓝翔"中的一个"找"字，也在暗示客户赶紧联系蓝翔；"怕上火，喝加多宝"中的"怕"字既有友善提醒又有危言耸听的意味。

设计广告可以采用 F4（四个以 F 为首字母的单词）模式，这四个 F 代表着层层递进的价值。前两个 F 是营销基础，后两个 F 能创造溢价。

（1）Fact（事实）：在这一层次，可使用类似这样的广告词："我们提供……。"例如，我们提供高像素的相机，使顾客愿意购买。设计这一层次的广告词、广告形象等需要洞察行业。

---

① 胡超：《极简市场营销》，北京联合出版公司，2021，第 157–165 页。

（2）Function（功能、理性价值）：在这一层次，可使用类似这样的广告词——"能为您带来……。"例如，王老吉能降火，所以消费者愿意购买。在这一层次，需要洞察用户体验。

（3）Feeling（情感价值）：在这一层次，可使用类似这样的广告词——"能让您感觉……。"例如，一些广告宣称的情感价值——施特劳斯钢琴的尊贵，百事可乐的年轻，等等。为了表达情感价值，可把前面"Fact"部分提到的"高像素的相机"换成"能拍星星的相机"这样的表达。在这一层次，需要洞察人性。参见1.2节（尤其1.2.3小节），本小节第二段以及15.3节"概念创新"部分。洋河蓝色经典系列的广告语是：世界上最宽广的是海，比海更高远的是天空，比天空更博大的是男人的情怀。是不是很能引起情感共鸣？

广告词不仅可表达浪漫、喜悦的情感，也可表达悲伤或搞笑的情感。例如，南孚电池的广告词是：遥控器里的南孚还没换，我却换了3个陪我看电视的人；英雄联盟，从菜鸟练到大师，一节南孚的距离。还有丧茶的诸多负能量文案：一个人久了，煮个饺子看见两个粘在一起的也要给它分开；他们把我的自拍做成了表情包；相信自己，你是最胖的……这些文案能引起消费者共鸣，又不会激怒、伤害消费者。

（4）Faith（品牌信念）：基于此层次，可使用类似这样的广告词："我们（指企业）发自内心地相信……。"例如，海尔无氟冰箱问世后，海尔喊出"世界多一个海尔，地球多一份安全"的口号。也可以用消费者的口吻讲，例如，"汽水，我只喝可口可乐！""球鞋，我只穿Nike！"消费者便成了品牌代言人。在这一层次，需要洞察文化与社会。品牌信念除了对消费者有影响，也能激励企业员工，使他们产生荣誉感和使命感。

 案例 9-20

苹果广告的 F4 模式

Fact：我们提供设计出众、自成一派的麦金塔计算机。（苹果早些时候的广告内容。）

Function：能为你带来人性化的强劲创作体验。（许多设计人员、艺术家购买麦金塔计算机创作其作品。）

Feeling：让你感觉你是与众不同的创作者。

Faith：我们都发自内心地相信，创新可以改变世界。[1]

在现在和未来，企业还可以购买人工智能应用撰写个性化广告词，营销人员可以参与其中修订、完善，增强广告词的创新性。由于人工智能应用学习过大量广告词且有很好的创作机制，它撰写的个性化广告词已经非常出色，有时甚至会超过营销人员或其他专业人士写出来的。

---

① 林祖华主编《市场营销案例分析》（第三版），高等教育出版社，2018，第225-226页。

9.6.2 广告媒体及其应用和发展趋势

广告需要借助大众媒体和促销媒体。

大众媒体指报纸、电视、广播、杂志（上述媒体是传统媒体）、各种门户网站、社交网站等传播范围广的媒体。大众媒体大多与销售现场脱离，只能起间接促销作用。

促销媒体主要指招贴、邮件、展销等传播范围较小、较固定并且具有直接促销作用的媒体。然而，电商平台作为新兴促销媒体，它的传播范围却可以比肩大众媒体，而微信营销的传播范围又与传统促销媒体的类似，即传播范围相对较小。

在采用促销媒体的同时配合使用大众媒体，就能够点面结合。娃哈哈儿童营养液的广告媒体组合策略就为该企业和产品树立了良好形象。当今社会，订阅报纸和杂志的人群更多的是富裕人群、高知人群，因而报纸和杂志中的广告更有可能接触这些人群。

2017 年，阿迪达斯的首席执行官宣布，该公司将放弃使用电视广告，因为年轻人不怎么看电视了。不过电视在广告媒体中仍占有一席之地，仍然是播放广告的有效媒体——在国内外，虽然类似抖音视频广告这样的互联网广告成本（极）低，门槛也低（几乎人人都可成为广告人），因而能吸引许多企业的注意力和他们的广告投入，但互联网广告中的大多数毕竟不能像电视广告那样获得海量关注。大多数互联网广告仍是小众化的，而电视广告则是大众化的，人们看电视节目前后乃至收看期间都会习惯性地观看电视广告。而且电视广告的效果随受众年龄的增加（既指当前的年龄分布中年龄的增加，又指随着年轻人的年龄增加）而增加，这一点和互联网广告的情况正相反——16～24 岁的年轻人更可能通过互联网广告发现新品牌并受其影响。

同时，网络电视、智能电视进一步挽救了电视使用、电视广告的颓势。大屏、可安装使用程序（例如腾讯音乐）等特点使电视在一定程度上重回家庭娱乐中心位置。

现在很多企业注重互联网广告，但互联网广告也有不少问题待解决，例如大多数的互联网视频广告是无效的，与电视广告的境遇类似。很多人会忽略或关闭互联网广告，考虑使用或已经使用互联网广告拦截程序。

互联网广告包括新媒体广告、应用程序广告等。

新媒体的形式有微博、微信、QQ、抖音及其他音频和视频网站等。新媒体具有受众广、碎片化（很多人都用这些新媒体打发自己的碎片化时间，总体而言这是一件好事）、随机性和个性化特点。这些新媒体可能会向受众发一些不相干的信息（尤其是广告），这是它们的随机性。但是这些新媒体也会根据受众的网上浏览记录或基于其他信息，向受众发送比较相关的信息，这是它们满足受众个性化要求的体现。

16～24 岁的网民通过应用程序内的广告发现新品牌的人数比例是 55～64 岁的 3 倍。约 1/3 的网民对手机或计算机使用广告拦截程序，但是其中超过 40% 的网民会有选择地拦截广告，也就是说，他们仍能通过互联网广告发现品牌。

从全球来看，GWI 发布的 2017 年品牌发现报告显示，约半数网民每月都会在网上发布评论。老年消费者、女性消费者和高收入消费者更重视口头推荐。30% 的网民关注演员，约半数 16～24 岁的网民每月收看视频博客，因此意见领袖营销能给品牌创造机遇。明星和视频博主是人们发现品牌的有效媒介，尤其对年轻网民而言。社交媒体推荐也是人们发现新品牌的重要渠道，及时更新品牌的社交网页对提高品牌的知名度非常重要。16～34 岁的网民最容易受社交媒体中的品牌内容影响。

对广告公司而言，它们也可以从关注单一的销售广告业务转向利用网站或新媒体建立受众社区，进而发展其他业务，例如转型为电商企业销售实体产品和互联网内容产品，同时兼顾原来的广告业务。其他类型的组织同样应该重视利用网站或新媒体建立自己的受众社区，把社区成员变成铁杆粉丝或者说忠诚的消费者。参见 15.4 节。

9.6.3　广告活动及其实施策略

营销人员做广告常常有不同的营销重点，因而就有不同的实施策略，接下来举几例论述之。

 案例 9-21

"世界上最好的工作"

2009 年，澳大利亚昆士兰旅游局在互联网发布"世界上最好的工作"招聘广告，由于工作内容十分有趣，待遇极其优厚，被全球各大报纸、电视台、网站相继报道。200多个国家和地区的 3 万多人竞聘，招聘网站一度崩溃。其实这是昆士兰旅游局的营销活动，是为了重振大堡礁的旅游雄风（由于国际金融危机，这里门庭冷落，陷入经营困境）。后来该营销活动被英国路透社等知名媒体机构评为 2009 年经典网络营销案例。

还有一些类似的例子，例如，国内民营润滑油品牌龙蟠科技于 2014 年 1 月借助央视体育频道直播车手谢雨均在零下 41.2 摄氏度的气温下飞越黑龙江的报道，使自己的若干品牌在短期内获得各大门户网站和 QQ、微信等社交媒体的高度关注。

宝洁公司推出的飘柔、潘婷、海飞丝、沙宣虽均属洗发水，且其主要功能并无显著差异，但是其广告宣传的重点却各有差异、各具特色，旨在分别满足不同消费者的不同需求、增加销量，减少给竞争者留下的市场空间。

 案例 9-22

蒙牛逆势做广告

2003 年"非典"期间，一般的人认为正常的消费会受"非典"影响，此时广告投入成了烧钱行为，很多企业因此纷纷撤下正在播放的广告。蒙牛却反其道而行之，增加了广告播出面和密度。他们的思路是："非典"把人们堵在家里，电视成为联系人们和外界的主要窗口，正是传播品牌的好机会；别的企业撤下广告正好突出了蒙牛的宣传。结果也正如蒙牛预期的那样，蒙牛品牌在全国范围更加深入人心。

资料来源：郭占元，2017. 管理学理论与应用 [M]. 3 版. 北京：清华大学出版社.

案例 9-22 中，别的企业撤销广告也不一定是错误行动，要看他们的产品或服务的特点与情况，如果消费大受影响，例如旅游服务行业，企业自然应该撤销无效广告。

非黄金时间的广告效益

电视广告时段中的非黄金时间指晚上 6 点前及晚上 10 点后的时间，这些时间的广告费比黄金时间的低很多。但一位美国企业家却充分利用这些时间段的低价优势，将其产品广告由企业所在城市推广至美国许多大城市。在四年的推广过程中，企业的产品销量增加了 4 万倍，产品广告时间总量居然遥遥领先于此前多年居于广告大户榜首的可口可乐公司的。这也是一种长尾效应。

资料来源：谭慧，黄克琼，2010. 商用心理学大全集 [M]. 北京：中国华侨出版社.

中国市场的后来者伊莱克斯的广告

20 世纪 90 年代后期，海尔、容声、美菱、新飞四大冰箱品牌的市场占有率已高达 71.9%。在强大的对手面前，伊莱克斯精心设计了一个广告，以"静音冰箱"作为进入中国千家万户的切入点。伊莱克斯提出："对冰箱的噪声，你要忍受的时间不是一天、两天，而是十年、十五年……""好得让您一生都能相依相靠，静得让您日日夜夜觉察不到。"其品牌形象和产品形象随之得到认可，"静音"就是伊莱克斯产品的个性和风格。

习题 9-6　单项选择题 ▶ 在制定某种消费品的促销策略时，营销人员通常首先考虑的促销手段是（　　　）。①

　　A 人员推销　　　　B 广告　　　　C 营业推广　　　　D 公共关系

为了国际营销做广告时，须注意东道国的相关法规。例如，英国、奥地利、瑞士等国允许使用说服广告，法国、比利时、意大利、荷兰等国则禁止使用说服广告，虽然德国法律允许有条件的说服广告，但实际上在德国很少见到此类广告，并且德国禁止在广告中使用对比语句；西欧很多国家对烟草和酒精饮料的广告有严格限制；在沙特阿拉伯，广告里的妇女必须穿着得体，除脸和手掌外，其他部位都要遮住；意大利规定同一个电视商业广告每年的播出次数不得超过 10 次，每 2 次的间隔时间不得少于 10 天，而科威特规定每晚电视广告时间不能超过 32 分钟。

过于集中、频繁地播放广告属于高压式广告，会令消费者非常反感。曾经的或仍在继续的例子有 ×× 保险、××× 眼贴等广告。有这样一句广告词——"送老师、送亲友、送领导"，这是在鼓励年轻人和员工搞不正之风吗？这些喋喋不休的广告使人听觉疲劳、视觉疲劳，甚至有被这些广告逼疯的感觉，只好关收音机，或换台、换频道。在不经意听到收音机广告时，我们会发现它们的音量比正常节目的大不少，而且往往节奏特别快，很聒噪。

广告公司为何不能多制作一些优雅的广告呢？其实广告主知道自己的洗脑广告会令受众不堪其忧，但他们宁愿挨骂也要这样做广告，为的就是让大众记住自己的品牌。营

---

①　习题 9-6，选 B。

销也应该有风度，不能为了赚钱和抢占市场丢掉斯文。

可口可乐和百事可乐的广告几乎每天都活跃在电视荧屏上，但这两家企业经常变换广告形式，并且不是那种喋喋不休式的广告。日积月累，红色的可口可乐和蓝色的百事可乐在消费者心中留下了根深蒂固的印象。

以下是关于广告效果的一些数据。

① 85% 的广告没人看。（12.6 节讲的程序化广告是解决"不知道哪一半广告费被浪费了"问题的一个方法。）

② 看广告标题的人数是看广告正文人数的 5 倍——除非广告标题能帮助销售产品，否则就浪费了大部分的广告费。

③ 看广告图像的人数比看广告标题的多 20%。

④ 看报纸左边广告的人数比看右边的多 12%，看报纸上边广告的人数比看下边的多 60%。

⑤ 30% 的网民表示，他们通过互联网广告发现新的品牌。

⑥ 社交媒体的潜在广告效果减少了企业对传统广告媒体的使用。

这些数据表明：第一，标题和图像很重要，必须吸引人；第二，标题里的数字也很重要，因为能加强可信度和吸引力；第三，同一版面的位置也很重要，上部、左部比下部、右部更重要。（在未装订或左侧装订的演讲稿上，把页码写在上边容易看到，方便演讲者正确翻页，为演讲者准备讲稿的秘书须注意此点。）

做广告应实事求是，不能随心所欲，也不是按照《中华人民共和国广告法》规定的那样简单地不写"第一""最"就能了事的。

2018 年，瓜子二手车公司的广告语"创办一年，成交量就已遥遥领先"出现在各大媒体上，它没说"第一"和"最"，也没提跟谁比。不过同年 11 月，北京市工商行政管理局海淀分局就该广告词缺乏事实依据，与实际情况不符，违反了《中华人民共和国广告法》的相关规定，向该公司开出了 1250 万元的罚单。瓜子二手车公司冤不冤呢？其实并不冤。

但是，君乐宝乳业采用"销量遥遥领先"的广告词就没事，飞鹤奶粉也有"销量遥遥领先"的广告词，这些广告至今（作者行文至此的日期是 2022 年 12 月）仍在中央人民广播电台播放。因此，还是因为广告内容与实际情况不符，才导致瓜子二手车公司被罚，而不是仅仅因为"遥遥领先"这句广告词。

9.6.4　赞助营销——一种软性广告

赞助营销是企业的一种软性广告。企业通过资助公益性、慈善性、娱乐性的社会活动和文化活动，开展宣传，塑造企业形象和品牌形象，达到广告宣传的目的，从而促进产品销售。赞助营销融合了销售推广与公共关系两方面的特点。

赞助营销的类型包括体育赞助营销、娱乐赞助营销、教育赞助营销、社会公益福利赞助营销。2008 年，北京奥运会赞助商之一耐克，在刘翔赛后的 20 分钟内就发布了最新广告文案。2012 年，耐克又推出以"活出你的伟大"为主题的广告文案，耐克公关团队宣称，对这一次奥运会，他们的营销方案本来就是"活出你的伟大"，并不在乎刘翔的输赢。赞助营销效果的测定方法有：在赞助前后测定知名度或形象的变化程度；测量销售量、销售收入的变化。统计赞助营销过程中回收的优惠券的数量，可大致计算赞助营销直接引起的销售量变化，对其他销售推广等营销活动也可采用此法测定营销效果。

9.6.5　营销人员对待广告的另一种态度

也有企业不怎么做广告，例如 Zara 的广告成本仅占其销售额的 0.3% 以下，而行业平均水平是 3.5%。其实它的店铺的优越地理位置（占有黄金地段、与奢侈品为邻，尽管它本身是中档品牌）就有广告效果，再加上其有效的营销策略（款式多，翻新频率高，少量、限量——快时尚，平价）产生口碑效应，使其不太依赖广告，参见案例 2-3。除了款式没有 Zara 的多，翻新频率没有 Zara 的高，优衣库、无印良品的其他做法与 Zara 的做法接近。

加拿大的 lululemon 瑜伽服饰品牌的经营者几乎不打广告，也很少找明星代言，甚至不设市场部。业务起步阶段，他们与瑜伽教练合作，赞助社区瑜伽课，取得了很好的业绩。这种营销方式实际上很好地贴合了产品特点。

对共享单车这样的产品也不需要做较多收费广告，因为广泛铺设的产品本身就是广告。

餐饮行业做广告的强度也较小，一些坐商有这样的特点（尤其那些知名饭店）。例如，海底捞常常是社会大众及公司经营管理领域的学者、学生讨论的热点，自然就不太需要做广告。各地的知名饭店往往只在经营点做现场广告，例如在饭店大楼墙上设置醒目的店招、耀眼的霓虹灯，却很少在各种媒体中做广告。不过饭店在重大节日前往往会大做广告，例如大力推销年夜饭预订业务，知名度稍低一些的饭店对情人节等稍小一些的节日也会大做节日餐饮广告。尽管肯德基、麦当劳全球闻名，它们却有经年累月大做广告的传统。口碑宣传是老干妈辣酱的重要推广手段，其广告投入也很少。企业把品牌做大、做强后，常常可以省不少广告费。

百度和谷歌这样的企业与品牌更无需额外做广告，因为它们本身就是广告，与大众天天见。

除上述产品，或与上述产品类似的产品外，完全没有或极少有广告和宣传的产品，它们在消费者心目中的市场存在感往往会很低。一个人说他／她的企业从不做广告，这一般是值得怀疑的。广告的内涵和外延很大、很广，不只是在媒体中发布产品、服务信息。发布开业信息、让消费者知道在哪里获得你的产品和服务也是做广告，免费广告也是广告。

9.7　4Ps 营销组合理论的发展

前面的内容已涉及市场营销组合理论中的产品策略、价格策略、渠道策略、促销策略，这四种策略组成了 4Ps 营销组合理论（下文简称 4Ps 理论）。4Ps 理论在营销实践中得到了广泛应用，至今仍然是人们思考营销问题的基本模式，参见 1.3 节。随着关于这四种策略的营销手段在企业间被相互模仿，4Ps 理论在实际运用中很难再起到出奇制胜的作用。

9.7.1 4Cs 营销组合理论

美国市场营销学家劳特朋于 1990 年提出用 4Cs 营销组合理论（下文简称 4Cs 理论）取代以利润最大化为目的的 4Ps 理论。4Cs 理论以消费者需求为中心，消费者既是营销起点又是营销终点。

4Cs 理论提倡：根据消费者的需求和欲望生产产品或提供服务，关注重点由 Product（产品）向 Consumer（消费者）转变，以消费者为中心；从方便消费者购买及方便为消费者提供服务的角度设计分销渠道，关注重点由 Place（渠道）向 Convenience（便利）转变；企业通过与消费者交流情感和沟通思想，使消费者对本企业及产品、服务有更好的理解和更高的认同感，关注重点由 Promotion（促销）向 Communication（沟通）转变，这一点在互联网营销中体现得尤为突出，例如小米公司、海尔集团的实践；关注重点由 Price（价格）向 Cost（成本）转变。[①] 可以从两个角度认识成本，即企业的成本和消费者的成本。

1. 认识成本的角度：企业

企业的成本上限可以通过以下公式确定。

消费者可接受的价格 – 企业适当的利润 = 企业的成本上限

这就像通用汽车公司开发一款新车前那样做的——强调消费者可接受的价格。如果实际成本超出此成本上限，则企业的适当利润得不到保证，或者导致最终价格超出消费者可接受的价格水平。其他相关的数量关系如下，见图 9-1。

消费者剩余 = 消费者可察觉收益 – 价格

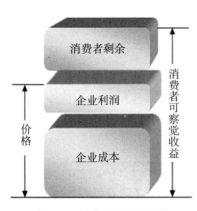

图 9-1 消费者剩余的计算

消费者剩余就是日常说的物超所值的部分，例如 9.5 节所说的施坦威钢琴价值的例子。

消费者剩余的概念是经济学家马歇尔于 20 世纪初提出的。

企业利润 = 企业销售额 – 企业成本

企业创造的价值 = 消费者剩余 + 企业利润

由上述公式可推断：企业可以通过提升消费者的功能利益和情感利益（增加消费者可察觉收益，进而增加消费者剩余），和（或）降低企业成本（进而增加企业利润），从而增加产品的价值（或企业创造的价值）。消费者可察觉收益的来源还包括企业的营销态度、服务质量、品牌等。

---

① 菲利普·科特勒提出：现在的市场营销是 CCDV，即创造、沟通与传递价值。

2. 认识成本的角度：消费者

7.4 节已提到，或者说亚当·斯密早就告诉我们，消费者为一件商品花费的成本并不限于商品价格，他们可能必须花费很多精力与金钱才能找到想要的商品，也可能在使用中必须花费额外的精力与成本，例如商品使用不便或存在质量问题。诸如此类的成本再加上价格，才是消费者为这件商品花费的真正成本，这一金额可能比价格高很多。一个相关的概念是消费者让渡价值。

$$消费者让渡价值 = 消费者总价值 - 消费者总成本$$

企业如果能尽量减少消费者的诸多麻烦和成本，就可以增加消费者剩余。虽然企业这样做会导致企业成本上升，但是由于存在规模效应，这些成本被分摊到每件产品上后并不高。如果让消费者独自承担这些事情，他们花费的成本会比较高，例如，消费者可能会因为缺乏相关经验或没有规模效应而导致较高的成本。

因此，企业应当宁可多花费这些成本，以便为消费者节省更多的成本，从而吸引消费者（因为为消费者创造了更大的价值），增强消费者对本企业的黏性。优质服务能为消费者增加价值，减少负担。例如，在传统营销模式之外采用网络营销模式，提供线上、线下融合的营销服务（智慧门店或新零售就是线上、线下融合的一种营销服务模式），就能减少消费者的成本。

企业为建立上述隐性价格优势花费的成本往往比为建立显性价格优势（例如降价）花费的成本低。一点不足是，消费者对隐性价格优势的感受有滞后性（在购买、使用过程中体现出来的优势），整体市场对隐性价格优势感受的滞后性更强，也就是说这一优势是后发优势。①

在 4Cs 理论的指导下，越来越多的企业更加关注市场和消费者，与消费者建立更加密切和动态的关系。北京第一机床厂甚至把分外的工作也纳入自身的服务范围，包括帮客户培训操作和维修人员，帮客户设计工艺流程、制定操作规程。这些工作连同北京第一机床厂的其他售前、售后服务大大提高了客户的使用效率，增强了使用效果，强化了与客户的关系。

消费者衡量商品价格的标准就是自己花多少钱（消费者成本）买这个商品才值。于是作为销售终端的苏宁电器（以它为代表的企业）专门研究消费者的购物成本，以此权衡自身的定价。这种按照消费者的成本观制定价格的做法就是对追求消费者满意的 4Cs 理论的实践。

习题 9-7　单项选择题 ▶ 零售企业应充分考虑消费者的需要和欲望，建立"以消费者为中心"的零售观念，将"以消费者为中心"作为一条红线，贯穿于市场营销活动的整个过程，这体现了 4Cs 理论的什么观念？（　　　）②

A 消费者　　　B 成本　　　　C 沟通　　　　D 便利

习题 9-8　论述题 ▶ 菲利普·科特勒曾说过："在有限的知识、一定的搜寻成本、

---

① 黄炜：《关于一般管理的一些新颖观点》，《发展》2020 年第 8 期。
② 习题 9-7，选 A。便利只是以消费者为中心的思想或者强调关注消费者的观念的一个方面。

灵活性和收入等因素的限定下，消费者是价值最大化的追求者。"试结合相关营销理论阐述你对这个观点的理解。①

3. 4Cs 理论不适用的情景与不足之处

关注"成本"和"便利"的原则并非放之四海而皆准的，例如，奢侈品营销就不必遵循 4Cs 理论。奢侈品企业往往既不过于关注生产过程中的成本因素（例如劳斯莱斯汽车公司的经营风格），也不过于关注消费者购买的便利性。因为奢侈品企业既不希望自己的产品售价偏低（就像案例 7-5 中的阿玛尼的定价方法那样，9.5.2 小节最后的施坦威钢琴公司的定价方法也是如此），也不希望自己的产品随处都能被买到，万宝龙（德国）、皮尔·卡丹（法国）、梦特娇（法国）等企业都有过这方面的教训。

被历峰集团收购后，万宝龙恢复了奢侈品、高端产品的传统经营路线，皮尔·卡丹和梦特娇则难以恢复到原来的品牌形象。奢侈品企业应加强全球分销控制，否则可能像皮尔·卡丹和梦特娇那样在众多终端卖场都能买到它们的产品，奢侈品的属性就被冲淡了，成为普通品牌。参见 8.1.1 小节"产品因素"部分。不过，基于目标市场选择以及市场定位的相关理论，在不影响品牌价值和不明显失去原来的目标消费者的前提下，可以适当大众化奢侈品，但需谨慎设计大众化策略的内容和确定大众化水平。

换言之，奢侈品企业希望自己的产品具有高贵性和稀缺性。这也是增强消费者满意度的一种做法，消费者希望奢侈品具有这两种属性。苹果公司搞饥饿营销也是基于上述思想。

另外，4Cs 理论忽视了企业间的竞争，忽视了竞争对手的营销策略。4Cs 理论注重消费者导向，着重寻找消费者的需求，满足消费者需求，而市场经济还存在竞争导向，企业不仅需要看到市场需求，还需要注意竞争对手。企业必须冷静分析自身在竞争中的优势和劣势并采取相应的有效对策，才能在激烈的市场竞争中立于不败之地。

4Cs 理论还可能忽视消费者需求的不合理性，从而容易使企业付出更大的成本，影响企业的生存和发展。在 4Cs 理论的引导下，企业可能失之于只会被动适应消费者的需求，忽视自身的长期目标，失去了自己的方向，参见 6.1.1 小节。从长远看，企业经营须遵循双赢原则。如何把消费者需求与企业长期获得利润结合起来是 4Cs 理论有待解决的问题。

另一种 4Cs 理论指与消费者共同创造产品（Co-creation），就像小米公司和海尔集

---

① 习题 9-8，答：消费者在购买商品时希望把消费者总成本，包括货币、时间、精神和体力等降到最低，同时又希望从中获得更多的利益，也就是使产品价值、服务价值、人员价值和形象价值等消费者总价值最大。后者与前者的差就是消费者让渡价值。为此，企业可从两方面完善经营：通过完善产品、服务、人员与形象，提高产品的总价值；通过降低生产与销售成本，减少消费者购买产品的时间、精神与体力的消耗，从而降低货币与非货币成本。

企业营销导向的最终目的是实现企业利益的最大化，但其区别于其他经营导向的本质特征是：营销强调通过满足消费者需求实现企业利益的最大化。而满足消费者需求的最佳办法是向消费者提供高消费者让渡价值。市场营销强调以消费者需求为中心展开整个企业的经营活动，使每一个因素都能成为消费者让渡价值增加的驱动因素。企业采用任何一个营销组合策略，包括产品策略、渠道策略、促销策略和价格策略等，如果不能起到直接或间接增加消费者让渡价值的作用则是不成功的。建立和强化消费者让渡价值优势是营销导向的本质要求。

团做的那样；浮动定价（Currency）；共同启动通路或渠道（Communal Activation）；对话（Conversation）。这一理论产生的背景是，消费者已经从被动接受者转变成拥有更多主动权的参与者。

9.7.2 4Rs 营销组合理论

美国学者舒尔茨提出了 4Rs 营销组合理论（下文简称 4Rs 理论）——Relevance（关联）、Reaction（响应）、Relation（关系）、Reward（回报）。它发展了 4Cs 理论，其核心是关系营销，以竞争为导向，弥补了 4Cs 理论的不足。竞争对手也想赢，所以自己一方的发展是由动态竞争的结果决定的。4Rs 理论还提倡主动创造需求，运用优化思想和系统思想整合营销，把企业与顾客联系在一起，形成竞争优势。

1. 关联策略

关联策略包括产品关联和用户关联（企业把它的产品与用户的需求关联）。

案例 9-25

产品关联（一对一营销或定制营销）

顾客可以向日本松下自行车制造公司提出一些特殊要求，例如把自己的名字喷涂在车身的指定部位。这些信息被电子数据交换系统传送到生产车间，两周内顾客便可骑上定制的独一无二的自行车。

案例 9-26

海尔集团电商平台实现用户关联

海尔集团通过电子商务搭建了一个供用户个性化控制的平台，冰箱购买者可以指定外观、色彩或内部设计：可以选择"金王子"款式的外观、"大王子"款式的容积、欧洲型的内置、美国型的线条。通过用户关联，海尔集团极大地满足了用户的个性化需求。

海尔集团也不会为满足单个顾客的特殊需求就启动设计、制造、销售等一系列业务的价值链的运转，必须是一群顾客或一个企业客户的需求，并且该需求能使海尔集团为满足它而启动的业务达到一定的规模效应。不管是洗地瓜机、打酥油机还是免清洗洗衣机，都是这样，参见第 6 章开头。也就是在个性中寻找共性，然后（标准化并）开发足够经济的解决方案。这样，顾客就能以平价购买定制商品。海尔集团的大规模定制平台"众创汇"可帮助创意发起顾客号召足够数量、有相同需求的买家。

尽管服装的价格一般比上述商品的低，但不少服装公司也为顾客提供独一无二的商品。

上述营销模式现在有一个新名字：C2M 模式，也就是用户直达生产企业。C2M 模式能有效节省库存，正如戴尔公司的直销那样。拼多多则是专注于 C2M 拼团购物模式的第三方社交电商平台。

而另一些企业又把这种定制业务称为众筹销售，例如，故宫推出的一些文创产品就在淘宝上众筹——"畅心睡眠系列"产品（睡衣）就在淘宝众筹销售，产品上线一个月，就有15700 多位认筹人，筹款金额达 878 万元。顾客付款后，生产企业开始根据订单量生产。虽然名称不同，但众筹销售其实和海尔集团的"众创汇"等定制业务的原理是相似的。

2. 响应

4Rs 理论强调以竞争为导向，4Rs 中的第二个 R（响应）不仅指响应顾客和市场的需求，也指及时应对竞争对手的行动、战略。现在很难找到没有竞争的市场，不重视研究竞争对手并做出有效应对，结果可能是很糟糕的。

 案例 9-27

帆船赛中盯着风还是对手？

在一次帆船赛中，美国队领先澳大利亚队 3 海里，离终点只有 5 海里。美国队胜券在握。此时风向转了，美国队判断为阵风，认为必须调帆。可是刚调整好帆，风就过去了，原来是旋风。美国队只好赶紧把帆调回到原来的状态。而澳大利亚队正确地判断了风的性质，没有调帆，一路猛进，超过了美国队，获得了胜利。

看上去似乎是命运戏弄了美国队，但实际上美国队如果正确运用博弈论方法，是不会失败的。因为美国队领先澳大利亚队很多，所以他们在风向转变时只需盯着澳大利亚队的对策，若后者调帆，自己也调，若后者不采取行动，自己也应保持现状。这样的话，基于原来明显的优势，美国队肯定能先到终点。

在市场竞争中，紧盯竞争对手也是非常重要的。如果只一味满足顾客的需求、紧盯（当前）市场（如同上例中的风向，另参见 6.1.1 小节），可能使企业的成本大大增加，这会削弱其整体竞争优势（4Cs 理论的不足就包括这种情况）。有时候，企业只要做得比竞争对手好就可以了，而不一定都必须学习苹果这一类企业，追求为顾客提供近乎完美的产品或服务。在实力还不是很强时，华为在创新方面曾长期采用"领先半步"策略，也是为了不要过于超越顾客的需求水平。不过现在华为在 5G 技术方面已经把竞争对手远远甩在后面，并且又适合顾客的需要。从另一个角度看，如果竞争对手有了新行动、新产品、新服务，自己也要迅速跟上并采用有效策略应对，不要像诺基亚那样完败于苹果。

不过企业也不要一味盯着竞争对手，就像在公路上与别的车较劲谁开得快时，若一味盯着后视镜，防止后车超过自己，那么自己的车就可能掉沟里或撞上前面的车。与竞争对手对标是持续的过程，也是阶段性过程，企业还是应该把更多的时间用在练好内功方面，做好自己的事，不要失去自我，不要丢失了既定的战略方向。

3. 关系

4Rs 理论不仅关注市场需求和顾客满意度，而且以促进顾客忠诚为最高目标。4Rs

理论的目标是为顾客提供一揽子解决方案，使顾客成为企业忠实的合作伙伴。在经营环境日益复杂、绝大多数市场的竞争非常激烈的状况中，任何实行差异化战略的企业都不可能为取得溢价而无限制地提高成本——企业承受不了，顾客也承受不了。相反，企业必须把为取得差异化形象而产生的费用增长维持在合理的范围之内，因为只有这样才能够既吸引顾客，又赢得高于平均水平的利润，15.6 节中的绿色营销也要解决这样的问题。

4. 回报

案例 9-1 提到的斯沃琪手表质量轻，能防水防震；有许多不同的表壳和表带，颜色都很鲜艳，适合运动场合。这种手表是作为时装表吸引活跃的年轻人的。斯沃琪的营销方式也有许多特色之处，例如，该公司不断推出新手表；所有的斯沃琪手表在被推出 5 个月后都会被停止生产（限量销售 / 饥饿营销）；佳士得拍卖行对以前的斯沃琪手表定期举行拍卖；等等。

然而，拥有这么出众的差异化形象，在斯沃琪的经营下，一只手表成本只有 5 美元，而其售价则从 40 美元到 100 美元不等，利润空间很大。上述战略也叫差异化兼顾低成本竞争战略，是企业战略中的一种。由上可见，斯沃琪的经营战略与苹果的既有相通之处，又有不同之处。

只一味盯着顾客和市场的需求，可能会令企业失去自我，失去正确的发展方向。苹果公司的经营思想、创新思想避免了这一点，参见 6.1 节。在"粉丝经济"环境里，企业一方面要适应，不断创新、迭代，生产消费者喜爱的产品；另一方面也不能忘记自己在市场中的合适定位。

营销不只是"两人世界"——顾客和企业自身，企业虽然可能已经努力了解顾客的需求，尽最大可能满足之，但顾客还有选择——其他供应商。只关注顾客，企业最终可能并不能实现销售，更不用说提高顾客忠诚度了。所以企业还应仔细研究竞争对手正往哪个方面努力，唯有持续超越对手，顾客才知道没有其他选择。不知己知彼，企业就可能失去已有的竞争优势，柯达、诺基亚已显示了这方面的教训。

4Ps 理论、4Cs 理论、4Rs 理论三者不是取代关系，而是完善、发展的关系。在一定时期内，4Ps 理论还是营销策略的基础框架，第 6 章至第 9 章正是按此框架展开的。

9.7.3　其他营销组合理论

其他营销组合理论有 6Ps 理论、7Ps 理论、10Ps 理论、11Ps 理论、4Vs 理论、4Ss 营销组合（营销组合电子化）理论、4Is 网络整合营销理论。

基于 4Ps 理论，增加政府权力（Power）和公共关系（Public Relations）后形成 6Ps 理论。

基于 4Ps 理论，增加员工（People）、有形展示（Physical Evidence）、服务过程（Service Procedure）后，形成 7Ps 理论。

基于 6Ps 理论，增加探查（Probe），即探索、市场调研；分割（Partition），即市场细分；优先（Priority），即选出目标市场；定位（Position），从而形成 10Ps 理论。

基于 10Ps 理论，增加员工（People），形成 11Ps 理论。只有发现需求，才能满足需

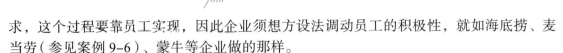

求，这个过程要靠员工实现，因此企业须想方设法调动员工的积极性，就如海底捞、麦当劳（参见案例9-6）、蒙牛等企业做的那样。

由吴金明教授提出的4Vs理论强调差异化（Variation）、功能化（Versatility）、附加价值（Value）、共鸣（Vibration），该理论以提高企业核心竞争力为目标。

首先，4Vs理论强调差异化营销，一方面使自己与竞争对手区别开来，树立独特形象，另一方面也使消费者相互区别，满足消费者个性化的需求。其次，4Vs理论要求产品或服务有更强的灵活性，能够针对消费者的具体需求组合，例如海尔集团的实践。最后，4Vs理论更加重视产品或服务中的无形要素，强调通过品牌、文化等满足消费者的情感需求，许多知名企业都在这样实践。

4Ss营销组合理论强调范围（Scope）、网站（Site）、协同（Synergism）、系统（System），于1996—1997年由康斯坦丁尼德斯博士提出。该理论被证明非常适合用来指导企业网站的建设，以及评估和改进已存在的网站。

4Is网络整合营销理论强调趣味原则（Interesting）、利益原则（Interests）、互动原则（Interaction）、个性原则（Individuality）。该理论由奥美提出。网络媒体时代，信息传播是"集市式"传播，信息朝多个方向、互动式流动；声音多元、嘈杂、互不相同。网络媒体带来了多种自媒体的爆炸性增长。借助这些自媒体，每个"草根"消费者都有了自己"嘴巴"和"耳朵"。企业通过个性化营销，让消费者产生"焦点关注"的满足感；投消费者所好，从而容易引发互动与购买行动。

4Is网络整合营销理论不仅适用于网络营销活动，对传统的营销活动也适用。策划营销活动时，要多问问自己：我们组织的这个活动，我自己想不想参加？我的亲友想不想参加？它有趣吗？对参加的人有利吗？

第 10 章

品牌策略

学习目标

- 理解品牌的概念与价值；
- 了解多品牌策略；
- 了解品牌经营的诸多方面。

品牌是一个名称、标记、设计，或这些元素的组合，用于识别一个供应商或一群供应商的商品与服务，区别于竞争对手的商品与服务（菲利普·科特勒的观点）；品牌也是消费者通过消费商品或服务满足其需求的心智现象。

商品是具体的；品牌是抽象的，是消费者对商品的感受的总和。品牌策略就是以一个清晰的价值主张，与消费者形成良好的心灵沟通。对现代企业而言，品牌是生存和成功要素中的重中之重，品牌也是公司战略的体现。甚至一个现代国家的综合实力也体现在它拥有多少国际大品牌。美国、德国、法国、日本等国家在这方面都值得我们学习，尽管有的数据显示我国现在已超越德国、法国、日本。

在国际市场上，"德国制造"也曾是模仿、质次、低端的代名词，甚至是被英国政府强迫在德国的出口产品上打上的标志。现在"德国制造"则成为高质量的代名词，当欧盟提出在成员国产品上打"欧盟制造"的标志时，德国坚决反对。有了这个国家品牌，德国各企业在国际竞争中甚至可以减弱市场营销力度，享受国家品牌的溢出效应。"日本制造"也有类似的经历。为加强品牌建设，2017年国务院把每年的5月10日定为"中国品牌日"。

知名品牌意味着地位和利润，然而品牌地位并不永恒，它会不断地受到挑战。另外，如果不维护好品牌，例如，未有计划地做广告，品牌效应也会随时间衰减。很多现代人已形成一个思维惯性：如果长久未在媒体中看到某品牌露面，就可能猜想，大概它已经过气了，甚至企业也倒闭了吧？

不维护品牌（如持续宣传推广、监管、打假）还可能使之成为一类产品的通称，品牌自身则退化了。例如，朗科的优盘品牌现在成为同行和消费者对计算机移动存储器的通称，主要原因是朗科未进行及时的品牌维护。杜邦的尼龙品牌也成为丝袜和一类化纤材料的通称。在这些情景中，竞争对手瓜分了品牌及其影响力，瓜分了市场份额，品牌拥有者最终失去了该品牌，因为这些品牌的独特性已完全丧失。[①]

在较大程度继承原有品牌形象的基础上，适时渐进更新品牌形象也能有效维护品牌，并保持品牌的朝气。持续创新对维持品牌活力和良好形象也极其重要，国际大品牌如通用汽车、可口可乐、耐克、奔驰的拥有者正是这样实践的。

中国古人就重视品牌。明朝嘉靖年间，京城某酱菜铺的老板请当朝内阁首辅严嵩为其品牌"六必居"题名，以防自家酱菜被他人假冒。"六必居"名扬天下，至今长盛不衰。上述行为显然有品牌保护意识和防伪意识。明清时期的商人对品牌已非常重视，视招牌和字号为传家之宝。他们对招牌的形式与制作都非常讲究，珍惜品牌信誉，重视品牌的延伸和发展，处理品牌危机也有丰富经验。

2008年冯小刚导演的贺岁电影《非诚勿扰》热映，2009年江苏卫视获得冯小刚剧组同意，使用"非诚勿扰"作为其栏目名称，该栏目于2010年开播。然而一家如此大的老牌、知名媒体机构却没想到注册该商标，以为冯小刚剧组同意就没问题了。2010年9月温州人金某某取得该注册商标专用权，在2013年把江苏卫视告上法庭。江苏卫视的《非诚勿扰》栏目虽然很有名，但该商标是未注册过的，被判定为侵权，江苏卫视

---

① 王海忠主编《高级品牌管理》（第二版），清华大学出版社，2021，第322页。

只好改用新名称。电视台尚且犯这样的低级错误，其他机构、个人更应谨慎，保护好自己辛辛苦苦创建的品牌。

10.1 品牌的概念与价值

品牌建设不仅与产品设计、生产、质量、营销、广告、服务、盈利状况有关，也与企业伦理建设、企业形象（包括员工形象、经营管理者形象，参见 11.2.2 小节倒数第二段）、企业社会责任感有关。可以说企业的一切都关乎品牌建设。不过，夸大广告对品牌建设的作用是错误的，若干央视标王的倒下就可以说明这一点。没有高质量支撑，即使舍得做天价广告也无济于事。

10.1.1 品牌概念与设计（命名与图标）

美国广告大师大卫·奥格威提出：品牌是一种错综复杂的象征，它是产品的属性、名称、包装、价格、历史、声誉、广告风格、销售方式的无形组合。菲利普·科特勒为品牌下的定义是：品牌就是一个名字、称谓、符号或设计，或是上述的总和，（企业创建品牌的）目的是使自己的产品有别于竞争者的。

1. 一些值得借鉴的例子

品牌名称贵在有个性，给消费者以鲜明生动的印象，易记、易传播。就像给孩子取名一样，不要用生僻字命名产品，否则会影响传播。为品牌命名的一些值得借鉴的例子如下。

香港品牌金利来原来的中文名是金狮，但金利来集团创始人曾宪梓博士（也是著名慈善家）的朋友们不喜欢这个中文名，因为在南方的许多地区，它与"尽输"的读音相近。曾宪梓后来想到"金利来"这个音译词，吉利而又洋气。

1993 年谭传华推出"三峡"牌木梳，市场反应平淡；于是改为"先生""小姐"牌，效果仍不好。市场调查结果显示，消费者只记住了黄杨木梳，没有记住品牌名。后来谭传华取了"谭木匠"这个品牌名，一炮打响。它之前的商标也很有特色，见图 10-1 左侧，尤其左上角"木""匠"两字的造型，象形、会意很到位。不过之前的这个商标复杂了一些（产品导入阶段用用还是可以的），现在简化为"谭木匠"三个艺术字了（见图 10-1 右侧）。

图 10-1 谭木匠的商标

有一个餐饮品牌取名"陶陶居"，让人容易想到"其乐陶陶"这个词。这个店名其实源自两位古人的姓：陶潜、陶侃。该企业还请人写了一副对联：陶潜善饮，易牙善烹，饮烹有度；陶侃惜分，夏禹惜寸，分寸无遗。以此宣传格调高雅。不过这个名字在民国初年就有茶楼使用。

百度的名字源自南宋诗人辛弃疾的词句："众里寻他千百度。蓦然回首，那人却在，灯火阑珊处。"这一名字既有韵味又清楚地表明了产品的功能。其商标则是熊掌，表达了猎人寻迹的意思。

苹果公司的名称很讨喜，苹果是大多数人爱吃的水果，听到这个名字，就想吃一口。以水果名作为电子产品的品牌名本身就出人意料，更何况它的商标还是一个被咬了一口的苹果，标识独特且易被记住。有人想仿冒此品牌也容易被识别。苹果的背后还有亚当、夏娃的圣经故事，还有金苹果的希腊神话故事，苹果还给牛顿带来巨大启迪——人们多希望在牛顿之前，有一个苹果先砸在自己头上，那么先发现万有引力定律的可能就是自己了……非常浪漫。苹果公司的一个产品——iPad 的拼写也是有讲究的，原来"P"也是小写，但小写的"p"会往下伸出"一条腿"，与其他四个字母放在一起就显得不协调，于是改成大写。

耐克商标中的一勾蕴含了动感、轻盈、速度和爆发力之意，用中国人的眼光看，还有毛笔书法的笔锋形象，很有力度。

1924 年老沃森把 C-T-R 公司更名为 IBM（国际商业机器）公司，新名称虽然大胆而狂妄，却使这家公司从此有了更远大的抱负和全球化志向。

帮宝适这个意译（英文品牌名为 Pampers，有宠爱的意思）、音译俱佳的名称能抓住中国消费者的心，而且广告词"宝宝舒服，妈妈更安心"也很棒。

Google 的名称源自近音近形单词 googol（10 的 100 次方），表示了谷歌强大的搜索功能和庞大的数据库，且英文名称字形特殊，容易引起人们注意。

星巴克的名称在美国文化里还有市场定位的含义，它是赫尔曼·梅尔维尔的小说《白鲸》里的大副的名字，这位大副酷爱咖啡。尽管作家及其小说在美国和世界文学史中都有很高的地位，但相应的读者却并不算多。因而用星巴克这个名字就暗含了其客户不是普通的大众，而是有一定社会地位、收入较高、有一定生活情调、对价格不敏感的群体。

当今，尤其在互联网世界里，人们不一定喜欢高大上的品牌名称或公司名称，小清新似乎更受欢迎。因此雷军他们当初为自己的新创公司和品牌取小米的名称，非常亲民。一个缺憾是外国人发小米的汉语读音很费劲。

江小白及娃哈哈的取名之道都符合上述规则。

品牌的溢价就是上述这些名称或标志的价值，当然，这些价值不是天上掉下来的，而是品牌拥有者经营出来的，是口碑塑造出来的。

2. 一些反面案例

李宁的英文名称现在为 Li-Ning，原来为 lining，lining 有衣服的衬里、箱子的衬布的意思。这成为其曾在国际市场难以打开局面的一个原因。另外，白象牌电池的英文译名也有"累赘物"之意，蓝天牌牙膏的英文译名 blue sky 还有"收不回来的债券"之意，紫罗兰品牌的英文译名也有"羞怯的人""无丈夫气的男子"之意。需要注意，cock 有性器官之意，即使用它组词，例如 Golden Cock（金鸡鞋油的英文品牌名）在英语国家也不受欢迎；芳芳牌口红出口到北美，其拼音 fang 作为英文单词有毒牙等不好的意思，因而影响销路。

这些可以称为低级错误，为何企业在取英文名、设计国际品牌时如此粗心大意和草率?

这么多相关的人员居然没有一个想到查一下英文词典这个小小的、只需要一两分钟甚至几秒钟时间的动作。不过草率的企业并非中国独有，欧美一些大牌企业也犯过类似错误。

未来有跨国经营计划的经营管理者为产品取名时不要用地名，例如"上海""青岛""中华"，因为多数国家的商标法规定地名不能作为商标。

品牌不仅跨国后会水土不服，在原产国跨地区也会有这种情况。例如天津的狗不理包子，广州人就难以接受这个名称。作者作为江南人（上海人）一开始听到狗不理这个名称也觉得怪怪的，难以接受，心想人吃的东西怎么能跟狗沾上边呢？不是在骂自己吗？或者从另一个角度说，如果我不买他们的包子，那么卖家就暗骂我是狗？"狗不理"嘛，谁不理他们的包子谁是狗。也是过了很久，作者才习惯了这个品牌名。

在正式使用品牌标志前一定要仔细梳理一下有无他人使用此设计，例如，可以到国家知识产权局查询商标注册情况。一旦发现国内外有人已经注册过很相似的品牌标志，应当果断撤销使用计划，重新设计（如果能低价向对方购买商标使用权，也可继续使用此设计）。这样虽然白费了设计费、消耗了很多精力（类似联想把它的国际商标 Legend 换成 Lenovo，松下把 National 换成 Panasonic 的过程），但总比糊里糊涂使用别人已在使用的品牌标志而被起诉好得多。一旦陷于此困境，不但之前的品牌建设付之东流，还要向起诉者赔偿巨额损失，并且会大大影响自身的正常经营和销售（见 10.5.1 小节中加多宝的尴尬境遇），损失是多重的、巨大的。

商标是品牌的标志或名称，品牌有更丰富的内涵。商标更偏向法律概念，品牌更偏向经济概念，它们都是无形资产，具有排他使用性。我国（还有日本、法国、德国等国家）对商标的法律保护原则是先注册者受保护，而美国（还有英国、加拿大、澳大利亚等国家）则是先使用者受保护。我国曾以"青岛啤酒"是驰名商标为由，要求美国主管部门撤销被抢注的该商标并获得支持。红蜻蜓商标的持有者也用类似的理由在香港保护了自己被抢注的商标。[①]

10.1.2　品牌价值

企业形成品牌资产后，就可以在此基础上通过转让、外包生产（例如耐克、苹果的做法）、特许经营和品牌延伸（例如可口可乐向雪碧、芬达的延伸）等方式，综合运营品牌资产。

上述策略属于轻资产经营策略，麦当劳和肯德基等企业就是凭借其强大的品牌资产并通过特许经营方式，快速渗透到世界各地的。品牌拥有者可以先开自己的直营店，起示范、带动作用，吸引投资者、加盟者，麦当劳和肯德基等企业就是这样做的。

品牌延伸应当适度。迪士尼曾过度扩大品牌特许经营，其商标和卡通形象在从糖果到手机的不同品类范围被过度使用，从而导致品牌认知模糊，过度曝光也使消费者出现审美疲劳。霸王洗发水在防脱发洗发水领域占有很大市场份额后，其生产企业推出了霸王可乐，这会给喝这种可乐的人带去什么品牌联想呢？因此这成为一个不成功的品牌延伸。

---

① 郝正腾编著《市场营销》，经济日报出版社，2019，第 370–373 页。

 **相关概念**

直营店是总部自己开的、直接管理的；连锁店、加盟店、专卖店是其他投资者向总部交了加盟费、保证金之类的，按照总部的经营要求经营的店，有的连锁店也是总部自身投资的；旗舰店一般是总部自身投资的。

"旗舰店"一词来源于欧美大城市的品牌中心店的名称，其实就是城市中心店或地区中心店，一般是商家在某地区的繁华地段开设的规模最大、同类产品最全、装修最豪华的商店，通常只经营一类比较成系列的产品或某一品牌的产品，也指连锁店的样板店。

企业追求的最终目的是利润最大化，而黄金地段、豪华装修必然带来居高不下的经营成本。为了实现利润最大化，企业要么采用高价扩大利润空间，要么薄利多销。但随着市场竞争的加剧和产品信息的透明化，高定价的销售策略往往行不通；而豪华的装修又容易使消费者对其定价产生过高估计，使薄利多销难以实现。于是有些旗舰店很难在利润与成本间找到平衡，这也使某些旗舰店基本上成为实物展示的宣传场所。

不过这一情况在电商时代不一定是坏事，因为电商经营者需要为消费者创造体验的机会和环境，正如当今很火的智慧门店，还有 15.2.1 小节里亚马逊实体书店起的作用，旗舰店也能起这样的作用。

对企业而言，品牌还具有以下几方面的作用：可以增加企业的无形资产；有助于企业细分市场，例如宝洁公司用它的诸多品牌细分市场，参见案例 10-2；可以起广告宣传的作用；把品牌中的重要部分注册成商标，使产品受到法律的保护和监督，也就是有双向作用。

 案例 10-1

茅台的品牌价值

当前，茅台仅凭单一品牌和单一市场跻身于市值千亿美元俱乐部，这一特质确实属于凤毛麟角。并且由于消费者的需求旺盛，茅台的盈利能力是这个俱乐部中的头牌。由于茅台品牌在中国家喻户晓，茅台只需用不到十分之一的收入开展市场营销；而路易威登却要用三分之一的收入做这些事。

资料来源：http://www.cankaoxiaoxi.com/finance/20180124/2253134.shtml[2024-04-24].

从消费者购买心理看，购买知名品牌商品对树立自己的形象有积极意义；从社交礼仪的角度看，不要轻易问别人穿戴、使用商品的品牌是什么，因为可能会使他人尴尬。组织的采购人员也更倾向于购买知名品牌商品——如果此商品出了问题，可以有效减轻自己的责任。反之，如果购买的是杂牌商品，不巧的是这些商品又出了问题，那么采购人员可能会需要承担责任。在美国有一种说法："购买 IBM 产品的雇员永远不会被解雇。"

习题 10-1　论述题 ▶ 可口可乐公司前总裁曾说："即使可口可乐公司在一夜之间

化为灰烬，凭着可口可乐的品牌，仍会在很短的时间内重建帝国。"结合品牌对现代企业的意义，阐述你对这句话的理解。①

但品牌的作用也并不总如刚刚讲的那样绝对有效。20 世纪 90 年代末到 21 世纪初，诺基亚的品牌是全球手机第一品牌，但 iPhone 一面世，诺基亚很快就节节败退。现在的苹果、华为和三星也不能保证自己的品牌不被某天突然崛起的品牌打得落花流水。

企业可采用的品牌策略将在 10.2 节、10.3 节、10.4 节具体论述。

10.2　多品牌策略

多品牌策略指对同一种产品使用两个以上的品牌。1999 年联合利华拥有约 1600 个品牌；雀巢拥有超过 2000 个品牌，覆盖 7 个产品大类，包括咖啡、宠物健康和预制菜等，可满足消费者在各个人生阶段的需求。

10.2.1　多品牌策略的优点

（1）生产企业更容易从经销商那里获得更多的货架面积（意味着更多的销售机会），从而使竞争对手产品的陈列空间相对减少，见案例 10-2。

 案例 10-2

宝洁的多品牌策略

宝洁是一个有近 190 年历史的公司，拥有 300 多个品牌，它的多品牌策略使其在若干行业拥有较高的市场占有率。宝洁善于差异化营销自己的多种品牌，这样每个品牌都有自己的发展空间。

拿洗发水品牌来说，飘柔强调的是使发质柔顺，海飞丝专注于去屑，潘婷突出的是对秀发的护理和滋养，沙宣走的是专业路线。洗衣粉也是如此，不同的品牌有不同的针对对象，满足不同的要求。宝洁的多品牌策略引导消费者不论从哪一角度出发，都会购买宝洁的产品。

---

① 习题 10-1，答：品牌对现代企业的意义如下。第一，品牌中的重要部分——注册商标代表产品的特色和质量特征，得到法律保护，可防止竞争者模仿、抄袭或假冒，保护企业的正当权益。第二，使用品牌能促进企业销售。好的品牌能吸引忠实的消费者，品牌忠诚可使生产企业在竞争中占优势，并在规划营销组合时有较强的控制力；使用品牌有助于生产企业细分市场，占领多个特定的细分市场；好的品牌还有利于同一品牌的产品系列的拓展。第三，良好的品牌有助于树立企业形象。品牌上印有企业名称能起到宣传企业的作用，当产品创名牌后，企业声誉就会大增。第四，品牌起着监督产品、保证其质量特征的作用，促使企业努力创名牌、保名牌；品牌也有利于市场管理。因此可口可乐前总裁可以说"凭着可口可乐的品牌，仍会在很短的时间内重建帝国"。固定资产、流动资产（包括产品）是有形的，品牌是无形的，品牌、商誉等无形资产常常能给企业带来无穷的价值。

多品牌策略不是聚焦战略，而是多方面覆盖战略。但宝洁使用此策略也遭遇过失败，例如不得不放弃花巨资研发的润妍、激爽（Zest）。

（2）企业可定位于不同的细分市场。例如，韩都衣舍的创始人赵迎光与韩国知名服装企业衣恋集团多次交流后，得出结论：服装企业要发展到较大规模并持续增长，多品牌策略是必经之路，毕竟一个品牌不可能吸引各种类别的消费者群体。多品牌策略还有一个明显的好处——可以用多个品牌区分自家多种产品的不同档次。例如，丰田进军美国高档轿车市场时塑造了一个新品牌——雷克萨斯，以帮助消费者正确认识它与丰田品牌（当时在美国消费者心目中丰田是廉价、省油的低档车）的区别，甚至在雷克萨斯车身上不印刷任何与丰田有关的标志和名称。

欧莱雅用多个品牌进行了从大众消费品（图10-2中的塔基包含的产品）到高端产品的纵向市场细分与横向（功能）市场细分。

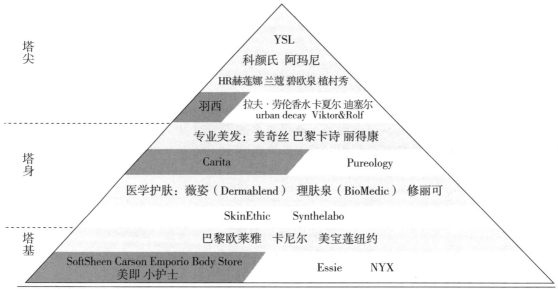

注明：白色背景色表示核心品牌；蓝色背景色表示为拓展市场的品牌并购；灰色背景色表示为功能补充的品牌并购，括号中文字表示被合并的品牌。

图10-2 欧莱雅旗下品牌金字塔图

资料来源：长江证券研究所。

 **案例10-3**

可口可乐的三线品牌族

可口可乐的品牌策略与宝洁的类似但又有所不同。除了可口可乐，其他三个主要国际品牌（雪碧、健怡可口可乐、芬达）和众多其他品牌的产品包装底部都注明"可口可乐公司荣誉出品"。可口可乐公司以可口可乐这一强势品牌为核心，将雪碧、健怡可口可乐、芬达作为第二线保护品牌，其他品牌作为第三线补充品牌，组建品牌家族。这种品牌结构的主要优势是三个层次的品牌保持合理的距离，使它们既可以相互支持和保护，又可以适当地规避品牌间的连带风险，不至于一损俱损。

可口可乐公司在全球的品牌（包括曾经开发过的本土化品牌）有很多。例如，在中国市场有"美汁源"和"酷儿"果汁饮料、"水森活"和"冰露"纯净饮用水。

案例 10-4 说明了企业未使用多品牌策略可能造成经营失误。

 **案例 10-4**

李宁公司的品牌转型失误

2010 年，出于转型考虑，李宁公司更换了公司标志并把宣传目标转向 90 后，宣传李宁品牌是 90 后品牌。然而其支持者一直大多是 70 后、80 后，年轻的 90 后当时更青睐洋品牌。李宁公司可能以为 70 后、80 后为追求年轻的状态，会接受其营销策略的改变。事实却是他们的忠诚度大大降低。这一失误使李宁公司付出了数亿元的代价。其实李宁公司可以采用多品牌策略，借原品牌的势打造一个针对 90 后的新品牌与洋品牌竞争。不过李宁公司最近几年的经营情况比较好，在国际市场也有一定知名度。

10.2.2　多品牌策略的缺点

采用多品牌策略时，一家企业对自己的各种产品使用不同的品牌，品牌过多会影响广告效果，易被遗忘。例如，消费者可能不知道海飞丝、潘婷、飘柔都是宝洁的产品，这些产品的号召力也因此被削弱。另外，过多的品牌会耗费大量资源。过多的品牌、规格、包装还会导致消费者选择困难，甚至导致消费者放弃宝洁的产品，转向宝洁的竞争对手的品牌清晰、定位清晰的产品。

谷歌成立母公司"字母表（Alphabet）"就是为了使谷歌的主产品搜索引擎及关联产品的品牌恢复清晰定位，把多年来收购或新开发的非关联产品安排给其他子公司经营，这些子公司与谷歌有效隔离并一起归属母公司。

 案例 10-5

宝洁过多的品牌成为累赘

这几年，宝洁也在大量剥离或退出盈利能力较弱的小品牌（例如年销售额在 1 亿美元以下的），集中力量发展核心品牌。然而急速"瘦身"减负也隐含其他危机，包括资产损失与放弃可能有潜力、有前景的更新换代产品等。这几年里宝洁没有孵化出强大的新兴品牌，仍旧依赖老品牌。互联网让更多的竞争对手能有效接触消费者，消费者有了更多选择，宝洁这个快消品领域昔日的王者很难再稳坐王位。

案例 10-6

通用汽车和福特被多品牌策略拖累

通用汽车、福特由于经营多个品牌的汽车，长期忙于理顺品牌合作、平台共享、技术开发费用分摊等事宜，导致管理烦琐，企业反应变慢，运行成本增加，精力分散（例如在多个细分市场研发），使他们没有足够的精力打造大力拉动销量的精品车或全球战略车型，逐渐失去竞争力。通用汽车的品牌过多，在鼎盛时拥有凯迪拉克、别克、雪佛兰、土星、庞蒂亚克、欧宝、萨博等品牌，品牌之间的界限模糊，给消费者带来选择困惑，多生孩子多打架，品牌间内耗多。福特也因经营问题（几乎要倒闭），出售沃尔沃、路虎、捷豹品牌。此时丰田、本田却迅速崛起。不过因祸得福，福特因此获得了度过2008 年国际金融危机的资金——不是福特比别的公司有先见之明，做到未雨绸缪。形成对比的是，2009 年通用汽车却被政府接管、重组。

<h1 align="center">10.3 统一品牌策略</h1>

统一品牌策略指企业对其所有产品使用一个统一的品牌。例如，英国维珍集团 400 多家企业的产品也都用维珍品牌，在英国的知名度很高。美国通用电气（GE）对从飞机引擎、广播设备、军事电子产品、机车、电机、工厂自动化设备到照明设备、家用设备以及财务服务等各个领域的产品及服务，都使用 GE 这个品牌。通用电气前首席营销官说："GE 品牌把各个事业部联系在一起，比各自为政要好得多。"

统一品牌策略也称品牌延伸策略。品牌延伸指企业利用其已经有知名度的品牌推出改进型产品或新产品，可能进入差异较大的产品领域。品牌延伸的优势包括有利于新产品市场的拓展，有利于企业创名牌，有利于企业规模化、多元化生产经营，实现规模经济效应和范围经济效应。一项对美国超市的快速流通商品的研究显示，在成功的品牌中，有三分之二的品牌存在品牌延伸情况。

我国的海尔、娃哈哈、步步高、红双喜等知名品牌借助品牌延伸策略迅猛发展，成为同业翘楚。步步高集团创始人段永平说："品牌的高知名度与威望可以使品牌有很强的扩张力。步步高从无绳电话与 VCD 延伸到语音复读机（这些产品都属于影音设备），没做一分钱广告，但仍供不应求。"

企业也要认识到品牌延伸策略可能带来的风险。

第一，企业可能会错误地评估自己的品牌实力，迷信已获得的品牌忠诚，对品牌竞争估计不足，因而达不到预想的品牌延伸效果。

第二，品牌延伸可能会损害已有的成功品牌，人们会觉得该企业不务正业（指经营与原业务不太相关的业务），原来的品牌会逐渐变得模糊和不可信。

第三，品牌延伸可能会连累新产品，而不是让新产品享有该品牌已有声誉——人们可能会认为该企业不是干这行的料，因为人们习惯于把该企业看作经营原业务的专业企业。不过也要认识到，消费者接受品牌延伸产品有一个过程，也许很长，但最终可能会接受。

起码原有的品牌会提醒消费者并且也会有一部分消费者认为：这家企业肯定会珍惜自己的优秀品牌，不会卖低质产品。例如，古驰公司卖香水，法拉利公司卖笔记本电脑。

第四，品牌延伸意味着多元化或推出更多的品种、款式，违背集中战略和专一战略，分散了企业有限的资源。

 案例 10-7

使用品牌延伸策略的失误

1993 年，为了摆脱经营困境，意大利奢侈品时装企业普拉达打破自己"最了解女人"的品牌诺言，涉足男性服装和鞋帽市场。这次冒险使它的品牌形象一落千丈，品牌不专一导致顾客远离该品牌。

服装生产企业皮尔·卡丹推出瓷砖产品时的情况也是这样。

2004 年前后，五粮液实施品牌延伸策略，茅台集团也不甘寂寞，将茅台品牌向中低端产品延伸，也有收购其他企业白酒品牌的行动，甚至生产啤酒与红酒。然而其平民化战略损害了其"国酒"形象，并且茅台集团没有有效整合产地资源，导致茅台镇群雄并起，弱化了它的产地资源优势。

万宝龙（Montblanc）向中低端产品线发展也以失败告终，又回归奢侈品牌定位。全球奢侈品企业中有 90% 以上由于经营困境和为了增加盈利等种种原因，进行了品牌延伸或品牌的产品线延伸，其中有 90% 失败了。

零售天才布拉沃却认为：如果保持延伸的品牌和产品前后的形象一致、联想一致，在购买者定位上彼此区隔，就不会出问题（海尔就是一个成功的例子）。另参见 9.7.1 小节"4Cs 理论不适用的情景与不足之处"部分。

另外，还需考虑同一品牌的新产品和老产品在一起是否让消费者觉得不舒服。例如，皮尔·卡丹的服装和瓷砖（该企业后来新增经营的产品）在其同一品牌下就让消费者，尤其服装消费者，觉得不舒服。金佰利公司生产的舒洁卫生纸本来是美国卫生纸市场的头号品牌，但是舒洁餐巾纸进入市场引起了消费者的心理冲突，因而它的市场头牌位置被宝洁的卫生纸品牌 Charmin 取代。10.1.2 小节提到的霸王洗发水和霸王可乐的情况也是如此。

而香奈儿的服装、香水在其奢侈品牌下相处融洽。万宝龙的钢笔、皮具、腕表、珠宝配饰、香水一起出现在消费者的脑海里也是比较和谐的。还有，消费者在不知不觉中接受了"海尔"从冰箱品牌到制冷品牌（包括空调），再到家电品牌（增加了洗衣机、小家电，甚至计算机产品）的延伸。

10.4 结合企业名称与个别品牌的策略

此策略指企业在各种产品的个别品牌名称之前冠以企业名称，既可以使产品享有企业已有声誉，又可使产品各具特色。例如"通用别克""通用凯迪拉克""通用雪佛兰"等。

有一家上市环保企业转型生产厨房电器，使用了新品牌，这本是好事，不过他们可能以为自己的公司名是金字招牌，于是在新品牌名前特地加上公司名。这样做反而不利于推广新产品、新品牌。

习题 10-2　多项选择题 ▶ "家族"品牌策略包括(　　　)。①

A 统一品牌策略　　　　B 销售者品牌策略

C 个别品牌策略　　　　D 分类品牌策略

E 企业名称加个别品牌的策略

习题 10-3　多项选择题 ▶ 为使品牌在营销活动中更好地发挥作用，需恰当地采用(　　　)。②

A 品牌化策略　　　　B 品牌归属策略

C 多品牌策略　　　　D 品牌延伸策略

E 品牌再定位策略

10.5　品牌经营及其他方面

一般而言，应该把企业作为品牌的核心。品牌的影响力来自企业良好的经营、优良的产品或服务质量和有效的品牌策略。企业若采用以产品为核心的品牌策略，必须为不同的产品经营品牌，这将导致更高的成本，企业往往必须承担更大的风险——产品过时了，其品牌价值也会大受牵连。把企业作为品牌核心的典型例子是 10.3 节中通用电气的策略。大小企业都需要实施品牌策略，很多企业也是靠品牌的力量逐渐壮大的。

案例 10-8

英特尔的品牌营销突破

在未建立自己的品牌前，英特尔的产品对消费者而言是隐藏的——深藏于计算机机箱中。上段说大小企业皆需实施品牌策略，英特尔这样一个大公司岂能不实施品牌策略？对一个隐藏的、没有商标的产品，英特尔很难说服消费者为其高性能支付更多费用。1991 年，英特尔选择奔腾作为商标名称，同时发动了一场"英特尔内置（Intel Inside）"的营销运动，建立品牌的知晓度，使它的名字出现在个人计算机的机箱上，进入消费者的视野。

英特尔帮助购买其处理器的计算机制造企业宣传它们的个人计算机，条件是这些企业在它们的广告中也显示英特尔的标识（这是企业战略联盟的一种做法）。英特尔在出

---

① 习题 10-2，选 ACDE。销售者品牌不是生产企业的品牌，例如经销商的贴牌做法，是指把供应商的产品贴上自己的品牌销售；个别品牌策略，例如宝洁的品牌策略。

② 习题 10-3，选 ABCDE。关于 B，广药集团与加多宝公司之间的诉讼就涉及品牌归属，品牌归属也可能是一家企业内部的事务，例如归属不同的子公司。

售处理器时给予计算机制造企业高达 5% 的折扣，条件是它们把写有"Intel Inside"的标签贴在其产品的表面和外包装上，并写进说明书和广告。18 个月后，商业用户对英特尔品牌的知晓度从 46% 提升到 80%。1992 年，英特尔的全球营业额增长了 63%。

实际上英特尔并没有在广告中说它的处理器比别的品牌的好，许多消费者甚至还不知道处理器是什么，但他们认为，这些知名计算机制造企业（IBM、康柏、戴尔等）如此特别地告诉他们采用了这一处理器，一定有其价值。于是更多的消费者选择购买有英特尔处理器的计算机。[①]这就是广告的效果。这一广告本身很简单，但它的规划设计很巧妙、有效，契合消费者心理，并且是大手笔。英特尔把它的这场整合营销推广运动一直延续到今天，这正是品牌策略的特点之一——长期性。

10.5.1　失去老品牌的加多宝重塑新品牌——兼论蒙牛借势塑造品牌

习题 10–1 表明了品牌对一家企业的重要性。然而加多宝却被广药集团收回了王老吉凉茶的品牌，面对这样的凄惨遭遇，加多宝是怎样扭转局面的呢（另参见第 8 章第一段的论述）？

简言之，分两步走。

第一步，"壮士换头"。启用加多宝这个新品牌，但做广告时，总是将之与原来那个家喻户晓的品牌关联（例如宣称"全国销量领先的红罐凉茶改名为加多宝"），不过不能提"王老吉"三个字，因为人家不允许。消费者通过加多宝广告的隐语大概也能猜到它就是原来的王老吉，不少消费者当时应该也感到费解，加多宝为何要这样做广告？上述隐晦的广告语也遭到广药集团反对，因为广药集团认为：这句话向市场暗示，王老吉改名为加多宝了，那么广药集团旗下广州王老吉大健康产业有限公司销售的王老吉岂不成了"李鬼"？广药集团因而起诉加多宝，2013 年广州中级人民法院裁定加多宝停止使用相同和类似宣传广告。概括起来就是，广药集团竭力试图在市场方面割断加多宝与王老吉的一切关联，垄断使用王老吉品牌及其外溢效用，而加多宝则竭力试图继承王老吉的市场影响力，享有它以前大力开展市场营销的成果，最起码在较长的一段时间内保持加多宝与王老吉的关联——包括品牌关联和红罐包装。

第二步，"壮士换身"。加多宝推出金色罐装凉茶，放弃红罐，实现差异化。如此这般，花费几十亿元的巨额资金后，加多宝在较短的时间里建立起真正属于自己的品牌，夺回市场销量第一的位置。这一成绩与其忠实的分销商、庞大的渠道网络也是分不开的。

不过上述策略也不能说完全是加多宝的首创，据说哈佛大学几位做案例研究的教授对加多宝的案例感到惊奇。其实不必惊奇，蒙牛就有异曲同工的做法——攀龙附凤。先提"向伊利学习"，给自己做广告时，顺便也给伊利免费做广告，其实不过是借势上位，把当时还"小小"的自己与"大腕"相提并论，沾沾别人的光。伊利竟也默许了，从蒙牛能公然长期做此类广告可以看出。当时禁止蒙牛这样做不免显得小家子气，没有带头大哥的气度，所以它不便阻止。

加多宝就没有这样的待遇，于是只好让消费者猜谜语。广药集团不但不给它沾光的

---

①　王海忠主编《高级品牌管理》（第二版），清华大学出版社，2021，第 10 页。

待遇，其至对猜谜语之类的广告，也要跟它打官司。倒不是说广药集团气量小，它们的情况与伊利和蒙牛的情况不一样，广药集团并非该市场中的"老大"，它与加多宝在当时的竞争强度也强于伊利和蒙牛之间的竞争强度，前一对"结梁子"的程度也更强——王老吉品牌的归属就是通过法律手段裁定的。

蒙牛借势上位成功后，就从自己的广告里把伊利永远地去掉了。蒙牛也不是这一策略的首创者，古今中外，已有其他企业家或商人，抑或是其他领域的人更早地使用过此攀附名牌、比拟名牌的策略。[①] 例如，20 世纪前半叶克莱斯勒（1925 年沃尔特·P. 克莱斯勒脱离通用汽车公司，创建克莱斯勒汽车公司）提出（美国或者说底特律）三大汽车公司的概念，把克莱斯勒和福特、通用汽车相提并论。

安飞士虽不是美国出租车市场的老二，但也自称老二（We are No.2，we try harder），不久还真的成了老二。

国内也有一些类似说法："塞外江南""宁城老窖，塞外茅台""苏州——东方威尼斯""中关村——中国的硅谷""创业者的黄埔军校"等。

还有一个相近的例子，百度通过强调、放大中文搜索业务竞争（在这一局部市场竞争中谷歌自然不是百度的对手）的战术，以及让谷歌在 2004 年以 2.6% 的小比例入股（显示连竞争对手都看好百度），借谷歌的势，使美国人与中国人都看好百度。2005 年8 月 5 日，百度股票在纳斯达克发行当日，股价增长约 350%，超过 120 美元，这一涨幅在纳斯达克上市公司中也属少见（没有涨停限制）。百度让谷歌入股也是缓兵之计，用以延迟谷歌大举进入中国市场的步伐。

10.5.2　其他借势塑造品牌的例子

德国的贝克啤酒进军美国市场时，它的生产企业巧借另一种已在美国市场很受欢迎的德国卢云堡啤酒的势，甚至可以说为这个竞争对手定位，从而为自身定位和推广。其广告词是这样的：你已尝试过了在美国最受欢迎的德国啤酒，那么现在来尝尝在德国最受欢迎的贝克啤酒吧。这句广告词写得很巧妙，甚至暗示了贝克啤酒超越了卢云堡啤酒。

就连刘兰芳说《岳飞传》时也采用了品牌借势的方法——在岳飞二十五六岁、名气还不够响时，刘兰芳常将岳飞与赵子龙相提并论，树立岳飞的"品牌"。等岳飞的战绩、品德、忠心闻名于海内时，便再也不用拿赵子龙帮助岳飞树立人设了，因为岳飞这个名字本身就是千古华夏的最大"品牌"之一。

有的企业从另一个角度使用上述借势宣传方法。例如，麦当劳在法国开了 1000 多家店，而汉堡王在法国只开了 20 多家店，两个企业的服务对消费者而言便利性相差很大。麦当劳在公路边做路牌广告时，居然也帮汉堡王一起做宣传。麦当劳的广告牌紧贴公路，内容很简洁，告诉消费者，麦当劳店还有 5 千米。它的广告牌矮矮的，内容清晰可见。而汉堡王

---

① 类似地，欧美文献动辄宣称某某理论、某某思想是西方某国的某位教授最早提出，自我贴金，我国很多研究者也跟着附和，为他们宣传，但他们这样说是不妥的。只能说他们比较早提出了此理论、思想，焉知是最早的？举一例，中国先秦思想家们的思想、著述包罗万象，近现代不少看上去比较新的思想在其中往往有对应的说法或影子。

的广告牌稍远离公路，非常高。相比之下，麦当劳的广告牌很矮，这是麦当劳这一广告行动的不足之处，显得自身的形象很矮小，而对手的形象很高大。[①] 后者高的原因是，麦当劳公司为汉堡王店写了详细的路程指引，一长串地点，广告牌的顶端画着汉堡王的图标，并写着"前方 258 千米"，见图 10-3。这不就是揶揄竞争对手吗？

图 10-3　麦当劳借势宣传

汉堡王是怎么反击的呢？竞争对手用幽默的方式揶揄自己，反击也得显得有绅士风度，况且麦当劳并未歪曲事实——汉堡王店就是那么远，路程指引也是正确的。汉堡王拍了一个视频：一对年轻男女去汉堡王消费，因路途遥远，所以他们先在麦当劳买了一大杯咖啡。揶揄之意跃然屏上：我们到了麦当劳店也不进去消费，只在汽车停靠购物窗口买一杯咖啡，然后赶到遥远的汉堡王店，坐在那里惬意地享受汉堡王的美味。

国内有一对"冤家"这样做广告：南极人的广告是"南极人不怕冷"，北极绒的广告则是"怕冷就穿北极绒"。

10.5.3　品牌价值排名数据

世界品牌实验室发布的 2020 年《中国 500 最具价值品牌》前 10 名见表 10-1。

表 10-1　2020 年《中国 500 最具价值品牌》前 10 名

排名	品牌名称	品牌拥有机构	品牌价值 / 亿元
1	国家电网	国家电网有限公司	5036.87
2	工商银行	中国工商银行股份有限公司	4505.82
3	海尔	海尔集团	4286.52
4	腾讯	腾讯控股有限公司	4215.49
5	中国人寿	中国人寿保险（集团）公司	4158.61
6	中国石油	中国石油天然气集团有限公司	3656.37
7	中化	中国中化集团有限公司	3568.39
8	华为	华为技术有限公司	3526.82
9	中国一汽	中国第一汽车集团有限公司	3385.56
10	阿里巴巴	阿里巴巴网络技术有限公司	3251.96

① 就像乔布斯有一次演讲，讲到新的合作者（也是以前的竞争对手、老冤家）比尔·盖茨时，其身后巨大的屏幕上显示盖茨的巨大肖像，立即把讲台上的乔布斯的气场盖了下去——在盖茨肖像前面，真人显得太小了。演讲高手乔布斯和他的团队事先都未预想到这一尴尬的对比与场景。

英国品牌评估机构 Brand Finance 在 2020 年达沃斯世界经济论坛中发布的《Brand Finance 2020 年全球品牌价值 500 强报告》显示，2010 年以来上榜的中国品牌价值总和跃升了约 1100%，增至 13340 亿美元，远远超出其他国家和地区的品牌价值增长总和。

2023 年，Brand Finance 发布 2022 年《中国 500 最具价值品牌》榜单，品牌总价值达到人民币 309728.07 亿元，前 10 名见表 10-2。

表 10-2　2022 年《中国 500 最具价值品牌》前 10 名

排名	品牌名称	品牌拥有机构	品牌价值 / 亿元
1	国家电网	国家电网有限公司	6015.16
2	中国工商银行	中国工商银行股份有限公司	5369.32
3	海尔	海尔集团公司	4739.65
4	腾讯	腾讯控股有限公司	4572.36
5	中国人寿	中国人寿保险（集团）公司	4525.39
6	中国石油	中国石油天然气集团有限公司	4516.81
7	中化	中国中化控股有限责任公司	4129.78
8	华润	华润（集团）有限公司	4086.29
9	中国一汽	中国第一汽车集团有限公司	4075.39
10	华为	华为技术有限公司	4055.17

Interbrand 发布的 2020 年全球最佳品牌排名中，苹果蝉联榜首，品牌价值是 3229.99 亿美元；亚马逊升至第二，品牌价值同比增长 60%，至 2006.67 亿美元；微软超越谷歌名列第三，品牌价值 1660.01 亿美元；谷歌自 2012 年以来首次没有进入前三，以 1654.44 亿美元屈居第四。第 5 至 10 名依次是：三星、可口可乐、丰田、梅赛德斯 - 奔驰、麦当劳、迪士尼。排名前十的品牌总价值占 2020 年榜单总价值的 50%。华为仍是唯一上榜的中国品牌，排名第 80 位，排名下跌可能是以美国为首的西方国家集体无理打压（政治方面的迫害、经济和竞争方面的不公平对待）导致的。

在 Interbrand 公布的 2022 年全球最佳品牌排名中表现最好的 100 个品牌里，苹果以品牌价值 4822.15 亿美元再次占据榜首，微软品牌价值 2782.88 亿美元，排名升至第二，亚马逊品牌价值 2748.19 亿美元，排名降至第三。其余排名进入前十的公司有：谷歌、三星、丰田、可口可乐、梅赛德斯 - 奔驰、迪士尼和耐克。中国品牌小米首次上榜，排名超过华为。

互联网行业是中国诞生世界级品牌较多的领域，这是新兴领域，中国差不多与西方发达国家同时起步，所以能"弯道超车"。中国的庞大市场也为国内互联网品牌的崛起创造了较好的条件。

10.5.4　品牌管理与保护

零售商力量不断增长。规模更大、势力更强、信息更灵通的零售商正要求生产企业用更多的促销措施交换稀有的货架空间。零售商的要求超过了单个品牌经理的职能范围，有关规划必须在生产企业的更高层次进行。

为了解决这一问题，许多企业尝试把品牌管理和销售人员的职能结合起来，创设了"品牌销售经理"。

另一种方法是宝洁、高露洁 – 棕榄（Colgate-Palmolive）、卡夫（后合并为卡夫亨氏）等企业采用的产品种类管理制度。在此制度中，品牌经理向种类经理汇报工作，而种类经理对整个产品线负总责。产品种类管理不再局限于具体的品牌，种类经理决定整个种类产品的供给情况，这使产品供给更加完整和协调。这样的制度也能较好地适应大型零售商的需求，例如货架摆放和种类采购需求。

有的经营者以为要让品牌常新才更有利于创造品牌价值，其实更新品牌形象和内涵的频率不能过高。因为当经营者觉得自己企业的品牌显旧时，消费者往往并无这种感觉，后者并不像前者那样始终被这一品牌包围着。正是考虑到消费者与经营者不同的感受，才需要持续积累品牌资产，使推出新品、促销、广告等营销行动统一于连贯的品牌主题下。

使用网络爬虫（Wed-crawling）技术可以检测与合法品牌相似的域名和未经授权使用品牌商标和标识的网站，也可以搜索假冒商店及其销售情况，还可以自动向明显的违法者发出警告。（准备）开展国际营销和经营的企业应坚持"商标先行，产品推后"原则，否则可能在东道国注册商标时遭遇严重障碍。可口可乐、麦当劳、雀巢、柯达等国际知名公司在 150 多个国家注册了商标，日本松下公司先后在 180 多个国家和地区注册了 1.3 万个商标。

10.5.5　无品牌策略

无品牌、包装简单的日用品的售价一般比那些经常做广告的全国性品牌商品的售价低 20%～40%，比零售商自有品牌商品的售价低 10%～20%。例如，日本零售商无印良品就成功应用了无品牌策略，无印良品的日文字面意思是无品牌的好产品。

说无品牌，其实无印良品这个名称就是其品牌，产品来源与日本的迅销集团（优衣库是其品牌）、丹麦的 Bestseller（Selected 是其品牌）等集团或企业的情况类似，来自贴牌生产企业。然而近些年，无印良品在中国的发展并不顺利，与同样来自日本的迅销集团形成鲜明对比。

原因是多样的，包括进入中国市场早期的高价位 ①（与日本国内定价相比。无印良品故意为之，欲抬高身价、获得溢价），不重视营销、宣传，等等。商标和包装成本极低，广告投入小，采用低质量原料，这些本应成为无印良品商品便宜的因素，但较长时

---

① 一个相关的例子是在国内被当作大牌的玉兰油，在美国等国家只是普通品牌。哈根达斯的情况也类似。

间里他们的商品在中国仍比较贵（与材质、档次相近的商品相比）。因此说他们的经营策略自相矛盾。2018 年 10 月 9 日中国经济网中韩肖的一篇文章说：连续 9 次降价，无印良品中国销售仍放缓。不过无印良品和迅销集团的商品品类的差别还是比较大的，无印良品的品类数量大很多，商品范围也大很多（有人称其杂货零售商），所以不宜过多对比这两家企业。

而从 2013 年开始，名创优品、网易严选、小米有品、淘宝心选（2022 年停止运营并升级为新品牌"喵满分"）……这些本土零售品牌在几年内如雨后春笋般出现，依靠制造业优势和本土供应链资源（这些互联网企业整合、优化供应链的能力比较强），快速复制无商标和高品质模式，推出了性价比更高的产品，对无印良品的冲击很大。

10.5.6　过去我国曲艺界的品牌意识

很多人熟悉的"六小龄童"这个艺名是怎么来的？不熟悉的人一开始听到这个艺名往往觉得怪怪的，那么艺术家章金莱为何还要用这个艺名呢？原来，六小龄童的父亲六岁就登台演出，他的爷爷就为他的父亲取了"六龄童"的艺名，六龄童后来成为演孙悟空的"南猴王"。六小龄童的哥哥从小就有很高的演戏天赋，父亲为其取了"小六龄童"的艺名——观众、听众一看到或听到这个艺名，基本上都能猜到这可能是父子相承。品牌效应就延续下来了。小六龄童少年早逝，后来章金莱也开始学演戏。取什么艺名呢？再用"小六龄童"这个艺名不可行。章金莱的父亲想来想去，决定为其取"六小龄童"这个艺名。当初尽管也有人反对取这个艺名，但叫着叫着，这个艺名就顺口、顺耳了。同样的效果是，"六龄童"乃至"南猴王"的品牌效应再次延续下来了。

在其他曲种领域也有类似的品牌传承做法。例如滑稽界的刘春山和小刘春山、程笑亭和程少亭、姚慕双（原名姚锡祺）和姚祺儿，他们都充分利用自己的个人品牌（姓名或艺名），为家庭成员的发展铺路。

10.5.7　术语辨析——品牌这个术语不能随意用

当今太多的媒体，甚至著作、论文，已经把品牌当作企业的同义词了，许多专家、教授也这样误用。企业由人组成，因此有主观能动性，在很多场景中可作为主体。品牌的概念本章已论述得很清楚，它在多数场景中只能作为客体，并且没有主观能动性。

作者看了译著《杀死营销》（作者是普利兹、罗斯，2020 年出版）后意识到，中国人把品牌与企业混淆，极可能是受西方国家的影响所致，因为许多经营管理概念和名称来自西方国家。此书有这样一句话："我和罗伯特一起拜访了世界各地的品牌……"品牌是抽象的东西，是概念，是价值的代表，是信任的来源，是标志，是图案，能拜访它吗？该书显然把它与企业混淆了。

还有，京东等电商平台上的品牌商这个说法也不恰当，难道是销售品牌的吗？很多企业都有品牌，因此也不值得把它作为定语。还是改成零售商比较恰当。

第 11 章

公关策略

学习目标

- 掌握公关的一些要素，例如道歉与沟通；
- 掌握常用的公关方法；
- 了解成功与失败的公关案例，总结经验教训。

美国一家超市的经理说，每当他看到一位满脸愤怒的顾客，马上就会想到他们的超市将可能失去该顾客的终生客户价值。一次不满意就可能使该顾客转向其他超市消费。如果该顾客又向别人传播该超市的坏话而造成其他顾客流失，损失就更惨重。经营者应该怎样处理类似的问题呢？这就需要采用恰当、有效的公关策略，并配合以服务、产品的改进。案例 11-1 是一个正面的例子。

 案例 11-1

不让顾客尴尬

一位中国学者在美国一家超市购物时，不小心碰落了四瓶酒，酒洒了一地。他想这下麻烦了，于是主动找到售货员表示愿意赔偿。售货员一面安慰他，一面向经理汇报，还检讨自己服务不周，让顾客受惊。经理来了后，满脸赔笑，说自己已从闭路电视看到情况了，反而向这位学者赔不是，还用手帕为他擦去酒污。当学者提出想赔偿时，经理说："是我的职员没放稳货架，让您受惊了，责任在我们。"经理一直陪这位学者采购完，并送他走出超市。这位学者那天倾其囊中所有，买了满满一车商品，并且以后每周采购时都去这家超市。①

现代营销学的观点是：交换（第 1 章提到，交换是市场营销的核心活动）有两种方法，一种是营销组合方法，另一种是关系方法及基于其扩展而形成的网络方法。使用营销组合方法时，更多基于企业的立场考虑营销。而使用关系方法时，则把买卖双方之间的交易看成发生在两者长期相互依赖、相互作用的关系基础上；使用网络方法时，进而把这种关系看作相互联结的网络。

现在普及、发达的移动互联网使消费者的传播更方便、快捷，如果商家能提供很好的商品和服务，许多消费者就乐于分享。而公关工作的优劣在很大程度上影响了第 10 章论述的品牌的美誉度，公关工作的优劣也会影响当前和未来的营销乃至组织的生存。

不过也有企业持不同思路，2020 年 10 月，特斯拉解散了公关团队，不再关注与媒体沟通这方面。为什么会有这样的反例呢？因为像特斯拉这样的新型企业天生带有互联网基因，与消费者关系紧密，已经自觉地从制造企业向"制造 + 服务"企业转型，所以这些企业的经营者认为没有必要保留公关部门或媒体关系部门。

11.1 企业必须处理好与各利益相关方的关系

（1）许多企业把"顾客就是上帝"奉为经营宗旨。顾客成了"上帝"，相对而言，企业就成了"仆从"，但这种"上帝"和"仆从"的关系并非企业与顾客的理

---

① 段淑梅、万平主编《市场营销学》（第 2 版），机械工业出版社，2017，第 84 页。

想关系。在有的企业，连营销观念（例如面向市场、面向顾客）都未被真正奉行，更何况"顾客就是上帝"的观念呢？还是应该真诚一些，踏实一些，说实际的话，做实际的事。企业与顾客之间应该是一种合作和依赖的关系，就像朋友或熟人之间的关系那样。

（2）企业应该与所处供应链上的其他组织建立友好的合作关系。竞争不仅包含企业之间的竞争，也包含供应链（或价值链）之间的竞争。如果供应链上的所有参与者（例如原材料供应商、生产企业与分销商）实现信息共享和利益分享，形成本供应链的竞争力，进而在与别的供应链的竞争中胜出，该供应链上的企业和其他组织就都得益。

有一个案例是关于国内某知名电商平台的。该公司在美国上市后股价情况不理想，公司负责人认为帮助他们开展上市工作的美国咨询公司过低评估了公司价值，才导致这一状况。该负责人的判断可能是正确的，因为以较低的股价上市可以降低上市难度，便于咨询公司开展工作。这位负责人的行动是在互联网上指责这家咨询公司，并自编说唱歌词讽刺对方。对方也不是好惹的，双方在网上你来我往。

事情的结果是该电商平台的损失更大，本来其股价走势就不好，网上吵架更损害了其形象，股价继续下跌。虽然此事对那家咨询公司也有消极影响，但做生意、经营公司不能意气用事，即使个人之间产生了矛盾，也要有礼有节，不能让发泄怒气的想法占上风。

咨询公司不够称职，可以通过别的途径向他们讨公道，包括起诉索赔、扣留尾款、向行业协会投诉等措施，哪怕在小圈子里传播他们的坏名声也行，就像顾客私下里传播某个商店的坏名声，这些都无可厚非。而选择在互联网上吵架显然是不妥当的方法。

（3）企业也可以与竞争对手建立双赢的关系，而不一定都是"战争"的关系。恶性竞争，往往是两败俱伤。吃"蛋糕"的人如果合作，把蛋糕做大，就可以分到更多的蛋糕。

企业应当根据实际情况制定竞争策略。如果企业与若干竞争对手主要争夺当地的市场，那么当地的竞争肯定是激烈的。但如果企业与若干竞争对手也在很大程度上争夺区域市场、全国市场乃至国际市场，则相对应的，当地的、区域的或国内的竞争者可以联合起来，形成更强的竞争力，从而在与更大竞争范围内的强大对手争夺中获得胜利，使本联盟中的所有组织均获益。

产业集群就包含上述思想。还有，20 世纪 80 年代，日本的一些企业就是采用群体战术成功抢占美国市场，而日本通产省（现为经济产业省）则是居中协调者。日本企业甚至把美国的一大批政府高级官员聘为自己的代理人。不过这一做法可能涉及违法违规。

案例 11-2

加多宝与广药集团把官司打成"马拉松"，嘴仗也打得不亦乐乎

加多宝与拥有王老吉品牌的广药集团打了一场旷日持久的官司，参见案例 6-5。其

间多次判决对加多宝均不利，这又导致两家企业在微博上打起嘴仗。

两家企业在营销广告方面的文案之斗如下所示。

图 11-1 是广药集团发布的"别装"篇，图 11-2 是加多宝于 2013 年 2 月 4 日发布的"对不起"篇，广药集团又推出"没关系"篇。其实消费者对企业间的竞争以及谁是谁非，往往持无所谓的态度——网友在上述系列公关篇后推出"无所谓"篇。

图 11-1 广药集团发布的"别装"篇

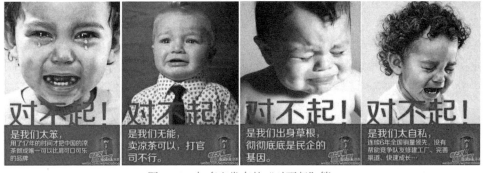

图 11-2 加多宝发布的"对不起"篇

王老吉和加多宝把很多资源与精力用于打官司，而忽视了品牌维护和产品创新，作为曾有望比肩可乐的品类（加多宝运用丰富的营销手段和完善的分销渠道屡创销量新高，2003 年王老吉的销售额突破 6 亿元，在中国市场超过了可口可乐），却在内斗过程中迎来了凉茶品类的整体萎缩。斗则两害，可乐公司是可以偷着乐了。

凯度消费者指数显示，2017 年 6 月，凉茶在家庭消费市场的销售额同比下降 9%，而上年同期的增速为 1%；家庭渗透率方面连续三年均在下滑——2015 年、2016 年、2017 年上半年的渗透率分别是 51.5%、48.7% 和 45.4%。合则两利，斗则俱伤，热衷于在营销方面打嘴仗更是无济于事的。如今"茶颜悦色""喜茶""丧茶""一点点"等网红奶茶迅速切入凉茶的消费群体，一系列创新营销活动直指消费者的情感需求，受年轻人喜爱和追捧。

资料来源：http://www.sohu.com/a/165613346_99891359[2024-04-04].

（4）企业应努力与东道国的消费者和政府建立友好关系，而非总是按法律和原则说事。例如，微软在中国的前十年把很多精力用于反盗版和起诉别人，但经常败诉，更糟糕的是，中国政府开始公开支持免费开源的 Linux 操作系统。在中国的第二个十年，微软彻底改变了自己在中国的策略：不再坚持一个非常高的全球价格，而是给予一个非常低的价格；放弃诉讼的强硬做法，转而与中国政府大力合作，给予中国力所能及的帮助，共同打击盗版；向中国和其他国家提供 Windows 源代码，以证明无植入的间谍软件，并允许中国的本土软件代替 Windows 部分功能。微软重塑了自己在中国的形象，并获得中国政府的大力支持——要求所有政府机构使用正版软件，所有计算机制造公司出售计算机前必须安装合法软件。

11.2　企业如何做好公关？

企业公关内容包括服务公关、公益公关、宣传公关、联谊公关、名人公关（也可以把这几种看作公关形式，例如案例 11-1 就涉及服务公关）、危机公关等。其中联谊公关包括互致信函、互赠纪念品、庆祝宴请、答谢宴请。宴请包括：正式宴会——规格较高，安排座次；冷餐会——以冷食为主，也可设热菜；酒会——也称鸡尾酒会或招待会，以酒水为主，略备小吃，形式活泼，便于参会者广泛接触交谈；茶会。

企业公关部门的主要职能包括：宣传产品，获得口碑；确保本企业获得活动赞助权；管理有关危机；撰写并管理本企业的有关新闻故事；推动有益（不一定仅仅指对本企业有益）的公众事件发生；管理与地方、全国及全球媒体的关系；在有的场合担当企业发言人；引导消费者；游说政府及处理本企业与政府之间的事务；处理投资人关系。

很少有哪家企业的公关部门能履行前述所有职能，前述的一些职能常常扩展到企业的其他部门，例如处理投资人关系需要财务部门的配合。在企业公关工作中，以下几个方面值得相关人员关注。

11.2.1　善用事件进行公关

企业公关部门应当利用一些可能有助于提高本企业的知名度与美誉度的事件，例如庆功会、新技术展示会和新产品展示会，通过富有创意的设计吸引媒体的注意，进而借助媒体广泛吸引公众的注意，以扩大本企业的影响。

有一些古老的例子——大夫郭隗给燕昭王讲古时"千金买马骨"的故事，燕昭王筑台师郭隗（为的是求天下英才），商鞅立柱赏百金（为的是树立强大的信用），他们为何闹这么大的动静？在古代，信息传播并不便捷高效，没有报纸，没有电台，朝廷体系内的信息传播还有专人专职成体制操作，例如八百里加急，社会面的信息传播就没有那么高效了，也就是贴告示，以及有关办事的在城里或乡下喊喊话，所以得把动静闹闹大。

用现在的讲法就是，得有爆炸性效果，然后有口口相传的效果才更好。否则信息传播过程可能终止、湮灭，因为百姓没有很强的动力传播。

在信息社会，互联网、电视、广播、报纸几乎无处不在，开展公关、宣传活动还要不要把动静闹闹大呢？还是要的，虽然当今传播信息非常便捷，但现在大家也都能便捷地使用这些媒体，也意味着各种信息都有可能被广泛传播，那么怎样才能吸引受众的注意力呢？还是需要把动静闹闹大，公关、宣传活动须有创意，才能产生吸睛效果。

 案例 11-3

日本电通公司的迁址公关

电通公司在其 66 周年纪念日之际，将办公地址由旧办公楼迁往筑地的新楼。电通公司为此组织 2000 多名员工在当日由旧址游行至新址。员工们一路挥舞彩旗，高呼口号，彩旗与口号充满"感谢""欢迎赐教"之类的话，引得路人驻足，新闻记者跟踪采访，一时举国上下人人皆知。此举既有效地向公众宣告了公司迁址，又让公众记住其具有 66 年的悠久历史，更让公众感受到该公司团结奋发的精神面貌，从而给公众留下良好、深刻的印象。

企业在其他营销活动中也可善用事件进行公关，例如，小米在主题活动"我是手机控"中发动大家晒出玩过的手机，瞬间就有 100 万网友参加。小米的另一个主题活动叫"我们的 150 克青春"，充满了校园场景和元素，雷军等七位合伙人还集体卖了一回萌，展现了他们当年在大学的真实生活场景——即使是现在看起来傻傻、丢丑的行为。这一活动还辅以转发微博抽奖送小米手机的激励，"小米青春版"微博转发量达 203 万，涨粉 41 万。就在大家纳闷为什么是"我们的 150 克青春"时，谜底来了，小米青春版手机的包装盒上写着"内有 150 克青春"，"150 克"原来是手机质量，放了一个大大的噱头。

11.2.2　企业正确做好自己的事

公共关系被作为营销组合策略（4Ps 理论、4Cs 理论等被称为营销组合理论）的四个组成方面之一，另外还有销售推广、人员推销、广告（第 9 章已论述过此三项）。但公关活动一般难以起立竿见影的效果，它往往立足于长远，在影响顾客购买方面具有润物细无声的作用。做好公关就是"做好自己，告诉别人"，这样才能使目标对象产生正面、积极的情绪。

企业经营者不要把"正确做好自己的事"过多地与自身个体联系起来，而应更多地与企业联系起来，例如多思考如何做好产品、做好服务、做好市场营销、做好研发。

脑白金曾遭国内媒体质疑，就是因为史玉柱太想挽回自己过去的声誉才过度曝光。而媒体人不会顺着史玉柱的思路考虑问题（常常这样，并不是针对史玉柱），更想揭一揭他此时的底。

如果史玉柱东山再起后一直保持低调，在幕后推广脑白金，从不在媒体中露脸，哪怕脑白金卖得再火，自己仍悄悄地做事，可能就不会有上述麻烦。史玉柱在新公司中曾长期仅以策划总监身份对外，该策略是正确的，可惜他最终还是坐不住，频频接受采访，召开新闻发布会，把自己还巨债的事当好人好事一样说出来，并一再曝光回购巨人集团的事。史玉柱的公关行动适得其反。褚时健东山再起后就一直很低调，所以基本上没有质疑褚时健的声音。这里讲低调仅指企业家本人应遵循的原则，并非质疑其公司或产品营销方面的高调行为。褚橙就被高调、幽默地卖着，否则也不会那么火。

上述观点也不可一概而论，例如，王石喜欢登山也被一些媒体批评，不过即使他出于个人兴趣或为了建立个人品牌而这样做，又怎能说他的个人品牌对树立万科的企业品牌没有帮助呢？企业品牌建设是多方面的，品牌形象是各种努力汇聚而成的，参见 10.1 节第一段。

英国维珍公司创始人理查德·布兰森是一位特立独行的企业家，很喜欢冒险、做有挑战性的事。例如，他 20 世纪 80 年代中期、90 年代早期乘热气球穿越大西洋和太平洋，这显然是他的个人爱好，但对树立维珍公司积极向上、青春朝气、叛逆、引领潮流的品牌形象不也有很大的作用吗？他还在时代广场开着坦克碾压可口可乐产品，宣称推出维珍可乐。

说得直白一些就是，有些人可以高调，甚至可以偶尔口出狂言，但曾经违反法规的人就不可以。这是从企业经营和企业利益的角度考虑，不是从一般社会问题和现象的角度考虑，读者不要把上述观点看作歧视。特殊案例除外。

11.2.3　宣传推广

公关与营销管理人员联系最密切的三项职能是：宣传产品与获得口碑，确保获得活动赞助权，管理危机。

在产品生命周期的导入阶段，信息传播是促销的中心目标。对潜在顾客而言，最可信的信息来源是那些免费撰写产品评论的人。报刊文章、网络帖子与博客、社交营销网站、电视与广播里的新闻故事都有这些信息，而企业可通过公关行动利用这些传播形式。

在公共出版物或目标顾客经常浏览的网站精心植入的故事，会催生出最初的知名度，许多新产品都曾受益于此。尽管利用这些媒体是免费或低成本的，但植入故事的过程需要大量的运作与管理。实际上公关可能需要大笔资金，回报可能也是巨大的。这就是为什么当今有如此之多的企业正在把营销传播的大部分工作转移到新媒体，参见 9.6.2 小节中提到的阿迪达斯不再使用电视广告。

媒体既是企业的公关对象，又是企业与其他公众交流的渠道。总体而言，报道企业的新闻稿的采用率比较低，要提高采用率，新闻稿必须尽量贴合公众的关注点和兴奋点。另外，记者招待会是企业或其他组织与媒体保持良好关系的一种重要手段。

11.2.4 着重宣传企业形象

作为公关工具的广告，目的往往不是推销或促销某一种特定商品或某一系列商品，而是集中宣传企业形象，而企业形象常常是品牌的核心。

 案例 11-4

为顾客雨中送伞

日本大阪某店每逢暴雨骤至，便在门口放置许多雨伞，旁边写有告示："亲爱的顾客，请自由取用，并请下次来店时带来，以利其他顾客。"未带雨伞的顾客顿时愁眉舒展，欣然取伞而去。这就是一个公关行为，体现了该店的形象和对顾客的关心。告示中写"请下次来店时"云云，让不少顾客本着还伞的责任再次光临，很可能再次带动销售。即使部分顾客怕麻烦不想来店还伞，甚至因为贪小便宜而不来还伞，也没有关系，因为该店提供的是廉价伞。何况伞上印有该店商标，这些伞流散在外，不就是流动的广告吗？对该店而言则是惠而不费。①

 案例 11-5

优衣库的捐赠旧衣项目

优衣库有一个向偏远山区捐赠旧衣服的项目。消费者可以把自己不需要的优衣库品牌的衣物，通过优衣库捐给偏远山区的人，并可基于捐赠件数获得一定的福利（捐赠多，说明他们是黏性强的消费者，为优衣库贡献了很大价值）。优衣库通过这一项目也宣传了自己的品牌与企业，较好地结合了企业利益与社会利益。

 案例 11-6

免费品酒会

当其他公司在广告和其他昂贵的营销手段方面投资时，某葡萄酒公司始终关注培养与核心顾客的紧密关系。该葡萄酒公司每周举办免费品酒会，以便顾客了解最新的葡萄酒信息。此营销策略或公关策略适合高档商品。

最后比较一下公关与广告。

广告是付费服务，因此公众对广告的引导倾向有某种程度的怀疑；而一些公关载体被认为是免费的，来自中立的第三方，因此有更大的可信度。做广告需要采取多种媒体战略，并且需要支付昂贵的费用；而对一个大篇幅的公关故事，可能只需支付少量费用，效果却可能很好，而且有可能吸引平常不看或不关注广告的部分受众。公关也可以作为营销手段，这一点与广告是一致的，但公关更注重双向沟通和长期效应。

---

① 张岩松、徐文飞主编《市场营销：理论·案例·实训》，清华大学出版社，2017，第268页。

公关宣传也有不尽如人意之处，最大的缺点是具有不可控性。广告主对于广告说什么、怎样说、何时说、在哪里说有完全的控制权；而公关宣传的控制权在媒体一方。企业可以为媒体提供资料，但不能保证媒体会使用这些资料，而且也不能决定媒体如何撰写报道。有时这些资料没有产生积极作用，甚至会有媒体歪曲宣传企业提供的资料。

11.3　公关危机管理

在公关危机管理中，公关工作并不是帮企业粉饰过错，更多的是作为沟通与理解的桥梁，架在企业和顾客、社会之间。

2001 年 12 月 27 日，全国各大媒体登出一条新闻——"新年新车修五次，五壮汉挥铁锤砸奔驰"。该新闻提到，2001 年 12 月 26 日上午，在武汉森林野生动物园总经理赵军的指令下，五个年轻壮汉挥铁锤砸毁一辆梅赛德斯 – 奔驰（以下简称奔驰）轿车。

这辆奔驰轿车从天津开到北京没多久便出现故障，计算机系统紊乱，警示灯持续闪亮，后来在洗车过程中又出现多处毛病。车主迅速与北京销售中心取得联系，但是维修五次后仍然没有解决问题。维权无望的愤怒的车主希望讨回公道，于是在 26 日发生了砸奔驰轿车的一幕。

在砸奔驰事件后，成都又相继发生数起因车辆问题得不到解决而砸毁奔驰轿车的事件。时隔不久，国家市场监督管理总局也做出消费者提示：奔驰新型客车存在安全隐患，等等。深圳、邯郸、广州也有砸奔驰事件，知名企业家陈光标砸奔驰更是引人注目。

公关界人士对奔驰公司的公关败笔有诸多评论，例如反应迟缓、态度傲慢、不通中国国情等，公众最不能容忍的失误是，奔驰公司对消费者无端指责和威胁。奔驰公司公关的失败首先是刻板的制度导致了迟缓的反应；其次是以技术替代公关，以律师替代公关人员。

在奔驰公司的每次表态中，技术人员和律师都是主角，技术人员讲一通别人听不懂的名词，律师再讲一通不是每个人都懂的术语，这些话可能都没有错，但别人听了却不是滋味。奔驰公司可能没有意识到，让那些严谨而较真的律师取代公关人员其实是一种错误。而且在砸奔驰事件发生后，奔驰公司的所有声明都有指责消费者的内容。

一些企业常常有两副面孔，例如，关于奔驰公司就有一个"开直升机前往为顾客维修"的案例赞扬它。该案例说的是一位法国顾客开着奔驰轿车在前往德国的高速公路上抛锚了，报修后，奔驰公司维修人员开着直升机很快到现场，免费为顾客维修，因为奔驰公司觉得汽车故障给顾客带来了不必要的麻烦，不应该再收费。

企业要正确对待公众的批评，减少强调自身做法的科学性和合法性的言行，勇于放低身段。科学性与合法性并非有效公关的充分条件，真诚的态度、为顾客着想的态度更为重要。产品发生（一系列）故障，甚至导致（一系列）事故，生产企业真的没有责任吗？如果奔驰公司不是做得很过分，如果顾客不是很绝望，他会砸自己的车吗？

就像在人际关系中，发生矛盾的双方中的一方希望得到另一方的谅解，这个时候，希望得到谅解的一方不要一味解释，解释矛盾发生之际自己是怎么想的、为什么那么做。一味解释的效果并不好，另一方会觉得对方一直在为自己辩解。想和解、想得到另一方原谅的人应该更多地以真诚的态度道歉、承认错误甚至忏悔。这往往比一大堆解释的效果好得多。一个人如果想为自己的问题、错误解释，常常能找出若干理由，但对于和解、获得别人的原谅有多大促进作用呢？不如真诚地承认错误。

正因为在社会中主动承认错误或道歉是（极）低概率事件，所以如果出了问题或犯了错误的企业能主动承认错误或道歉，并且不是敷衍地、勉强地、虚情假意地道歉，而是真诚地、在从顾客的视角设身处地地思考相关事项的基础上承认错误或道歉，那么这个企业就更容易赢得公关、赢回顾客的心、赢回社会的正面舆论。

在其他民事纠纷中，也常常出现强势方对弱势方甩出"与我的律师谈"这样刻板甚至无情的话，这样做的效果可能远不如恰当、温情的公关效果好。而且强势方往往误以为自己占理，又有优势地位和专业的律师资源，因此不把弱势方放在眼里。然而实际情况可能相反，即强势方不一定占理。另外弱势方虽无专职律师，但有公益保护组织的支持，还可以向主管部门投诉，再说个人也请得起律师，况且还有强大的互联网舆论力量，谁胜谁负是不好说的。

作者曾与某中学发生过纠纷，对方明明有重大责任却在电话那头对我说，他们没有责任，如果我不服可以跟他们的律师谈。我立即与教育主管部门联系，第二天对方马上改变态度，请我去面谈。我跟一家出版社发生纠纷后，也用同样的方法维护自身权益。2021年年底中国知网与赵教授的公案也说明，在中国，任何企业和单位都不能任性而为、店大欺客。

11.3.1　一些失败的危机公关

案例 11-7

失败的危机公关案例五则

第一则

多次被产品问题丑闻缠身的雀巢公司也有过类似上文提到的奔驰的经历。瑞士的一个社会活动组织指责雀巢产品"杀婴"，雀巢便与其打官司。虽然雀巢赢了官司，但那份长长的公开判决书导致了雀巢的一次巨大的公关危机，在国际社会，人们开始了对其产品的抵制运动。从人们开始怀疑雀巢奶粉到抵制运动形成，经过若干年后（1980年年末），雀巢才认识到，仅用法律手段和为自己辩护并不能解决所有问题，需要一种能协调各方关系的国际公关手段。雀巢不得不改变态度，与一些国际公益组织积极沟通，并承诺遵循世界卫生组织有关经销母乳替代品的国际法规，国际抵制雀巢产品运动委员会才宣布结束抵制运动。雀巢的整个危机持续了十几年。

企业尽量不要与媒体、个人、非营利组织打官司，因为即使打赢了，也往往输掉口碑、输掉市场，这还是长远的结果，立竿见影的结果是股价下挫（如果是上市公司的话）。

第二则

一位博主杰夫·贾维斯在他的博客中发布了一系列关于他的戴尔计算机以及他与戴尔公司客服之间纠纷的信息。这些信息迅速吸引了全美国的关注。

第三则

2008 年，加拿大歌手卡罗尔因美国联合航空公司（下文简称美联航）的行李搬运工摔坏了他的吉他向美联航索要赔偿。当美联航拒绝了他的要求后，卡罗尔创作了一段朗朗上口的音乐视频——"美联航搞坏了吉他"，并发布在 YouTube 中，超过 10 亿人观看过这段视频。美联航的股票价格在几天里狂跌 10%，蒸发掉 1.8 亿美元，这就是店大欺客的结果。

2017 年 4 月，一位 69 岁的亚裔乘客在被强制改签时（起因是美联航超额售票，尽管是业内惯例，但毕竟是航空公司的原因）拒绝走下美联航的客机，随后被三位航空警察粗鲁地拽出座位并强行拖出机舱。大约 10 分钟后，遭遇暴力的乘客满脸是血地返回机舱，最终还是被赶下飞机。该事件导致航班延迟约 3 小时。（美联航难道没有更好的处理办法吗？）该事件一出，众网友纷纷扒出美联航以往的种种劣迹，并在全球范围引起对美联航大规模的谩骂和指责。网友们抵制美联航的标签迅速走红，有人贴出退订美联航机票的截图。该事件的第二天，美联航股票大幅下跌，半小时内蒸发 9.6 亿美元。损失可谓惨重至极，而且还是不吸取以往惨痛教训的结果。

其实蛮横的公司远不止美联航一家，损失惨重的公司也不止它一家，但总有许多公司不吸取教训，前赴后继犯同样的错误。

第四则

费希尔是 Progressive 保险公司（下文简称 Progressive）的客户，死于一个闯红灯且投保额不足的司机之手。她的家人起诉这个司机以督促 Progressive 赔偿司机无法补偿的部分。费希尔的弟弟在 Progressive 积极为这位司机辩护时感到非常愤怒。他在 Tumblr 中的文章《Progressive 用我姐姐付的钱为杀死她的凶手辩护》被媒体大量转载，并在该公司的脸书和推特主页上引发众怒。1000 多名客户表示不再购买 Progressive 保险。尽管 Progressive 认为它有正当的商业理由支持自己的辩护行为——"我们充分调查了这起索赔案及其相关背景，我们认为我们在合同责任范围内恰当地处理了这起索赔案"，批评者还是被它不明智的回应激怒了。几天混乱的日子过后，Progressive 给费希尔家的赔偿额比他们之前要求的 76000 美元还多了好几万美元。

第五则

2016 年，三星在 Note 7 "爆炸门"危机中，对责任的否认、对后续的安全保证与承诺乃至对用户使用情况的怀疑，也多次被更多的手机爆炸事件粉碎，形象大跌，信誉严重受损。三星于当年 8 月全球发售 Note 7，于同年 10 月全面、永久停产该机型。"爆炸门"对三星的打击是巨大的，给它的竞争对手们带来了更多的销售机会，但它的失败公关与严重的质量问题也是这些竞争对手需要认真吸取的重要教训。而它的质量问题主要源自其大容量电池与整机匹配之间的设计缺陷：薄型手机的内部结构留给电池的空间有限，电池结构必须十分紧凑，散热环境不良。

实际上有许多公关工作与 15.1 节中讲到的服务营销工作紧密相关，甚至就是客户服务（下文简称客服）工作。客服工作没做好，结果演化成危机了，如果公关部门再出现错误言行，这家企业的形象就危险了，并且最后还是得花钱消灾。

2019 年 4 月西安利之星奔驰 4S 店事件中，女车主哭诉：第一次利之星说要退款，后来说退款不方便，改为换车，再后来又说换车也不方便，改为补偿，我都答应了。如果上述哭诉内容属实，说明该车主像大多数顾客一样，还是好商谈的，并未对商家提出过分要求。然而利之星最后说只能换发动机，这下惹恼了顾客，结果在社会中尤其在互联网上闹得沸沸扬扬。

顾客闹起来一般都对企业不利，起码形象受损，销售也会受影响，中外有那么多前车之鉴，为什么就是不吸取教训呢？原因还是企业只想着自己的利益、自己的便利，并且自以为很强势，然而结果往往事与愿违。

有一次作者在微信群里对朋友感慨道："为什么许多企业损害了客户利益后总是要赖呢？"有朋友回应道："因为他们店大欺客，以为能赖下来。"

11.3.2 积极的危机公关

当前，类似 11.3.1 小节中的公关危机并非个别事件，而消费者则可在互联网中向数以百计的人传播他们的抱怨，因此现在的品牌信誉也比以往的更脆弱。通过倾听和积极应对互联网上的事件（抱怨），企业可防止负面信息失控。

案例 11-8

塔可钟运用社交网站有力地为其产品质量辩护

当与塔可钟（Taco Bell）快餐店相关的谣言散播，以及消费者起诉其墨西哥玉米薄饼卷里的填充料远比肉多的时候，网上有很多关于塔可钟的负面言论。塔可钟却在报纸上发布整版广告，并把标题定为"多谢您起诉我们"。通过该报纸广告、脸书帖子及"你的部落"视频，塔可钟澄清说：塔可钟的墨西哥玉米薄饼卷 88% 是牛肉，而其他的添加成分如水、燕麦、香料及可可粉只是为改善口味。为更有效地传播该信息，塔可钟的营销人员买断了 taco、bell 和 lawsuit（官司）等关键词，让该公司的回应能出现在雅虎、谷歌和必应等搜索引擎的相关链接的首页上。

案例 11-9

捷蓝航空公司回应其失误的良好做法

2007 年，一场灾难性冰雹袭击了捷蓝航空公司的基地——纽约市肯尼迪国际机场，导致该公司的运营出现巨大混乱。该公司时任首席执行官尼尔曼创新性地在 YouTube 和知名电视脱口秀节目中回应捷蓝航空的混乱，并向大众道歉："我们非常抱歉和不安……"伴随着诚恳的道歉，该公司承诺给予乘客一些具体赔偿。这样的道歉，辅以赔偿作为支持，为那些愤怒和受损的乘客提供了具体利益，为其在商业媒体和忠诚顾客那里挽回了声誉。

道歉是企业危机公关的常用对策。产生问题后，生产企业必须多从自身找问题来源，快速找到原因。即使自身的责任不是最大的（也许供应商或分销商的过错更大），也要向顾客与社会大众真诚道歉。在 2000 年福特与凡士通的"爆胎门"事件中，即使凡士通的轮胎质量是主要原因，但福特使用这种轮胎，难道不应该向顾客坚决表明愿意承担相关责任？至于两家企业之间的责任分担、纠纷乃至诉讼是"后台"事务。把这种"后台"事务转到"前台"，让顾客面对两家企业之间的纠缠，对解决问题没有意义和价值。

还要注意，道歉与解释是两回事。如果想为自己解释，也许能找到很多理由，但这些不是顾客与大众想听的，他们要的是道歉。参见案例 11-7 中的第一则案例。美国西南航空公司甚至设有首席道歉官这样的高级职务。

当其顾客指出产品或服务的问题时，大到跨国公司，小到个体摊贩，他们中的很多人总想辩解或解释点什么，态度好一些的是一边道歉一边解释。其实顾客不傻，他们不需要过多、低层次、常识性的解释，卖方解释得越多，顾客往往越不开心，觉得卖方在推卸责任，并且好像在暗指顾客不知道这些常识。尤其当顾客不耐烦地说"你是不是听不懂我在说什么"时，卖方最好立即停止解释，只真诚道歉或提出补偿方案才是正道。

还有一些人没有认识到道歉或承认错误的价值，他们以为用实际行动补偿就能挽回顾客的心。承认错误也是一种强大的能力，更是一种良好的品德。

无印良品在被电视媒体错误曝光后，没有及时回应，而是沉默了 14 小时（也许他们在调查情况），也就让公众和媒体骂了自己 14 小时。即使在日常工作联络中，对用户的质疑或请求也应先告知"已知悉，马上调查/处理"，并在过程中汇报进度，更何况是重大公关危机呢？

好事不出门，坏事行千里。企业不可一厢情愿地以为自己的不利消息会自行平息下去，所以不必采取有效应对措施。在网络时代，企业的负面消息会像病毒一样快速、四面传播，所以企业对负面消息应该快速反应。

企业面对危机应注意在多种主要信息媒介中实现以自身为信息主渠道，压制小道消息与谣言，如买断搜索引擎关键词等策略；尽量提供全部情况的信息以避免陷入被动；在"黄金 24 小时"内积极有效应对以免陷入辟谣的被动局面。

除了产生危机时必须有效使用各种媒体积极地、有建设性地回应，企业平时也要利用网络媒体与客户和大众保持良好、积极的关系。客户（尤其潜在客户）现在一般会在购买前更多地参考网上评价，再做出决策。因此企业应积极参与电商平台、网上论坛以及自身网站中的网民讨论，真诚、虚心地对待正面和负面的评价。

作者在微博里写了两则帖子批评建设银行深更半夜发工资到账的短消息和美团优选的食品质量不好，尤其实物与照片相差太大。数小时内就收到他们的反馈，包括在帖子下留言和发微博私信。这说明一些企业专门有人在微博这些平台上搜索、监测关于他们的帖子和发言，并及时与负面信息的发帖者沟通，希望减少负面影响。

第 12 章

互联网营销

- 了解我国互联网发展情况；
- 了解互联网推广方法，掌握获取互联网流量的策略与措施；
- 全面认识社交媒体对营销的作用；
- 理解程序化广告；
- 理解互联网企业的 6 种经营思维。

12.1 互联网营销概述

互联网营销的英文术语是 Internet Marketing、Network Marketing、Cyber Marketing、Online Marketing、Digital Marketing 等。尽管不少人以网络营销作为专业术语，不过基于内涵考量角度，本书还是选择互联网营销这个专业术语。

使用互联网营销可以方便地和顾客双向沟通、收集市场情报、调查消费者满意度、辅助产品测试等工作。互联网营销是一种低成本且以人为本的营销。以前大企业，尤其跨国巨型企业，凭借其资金、技术、品牌、渠道方面的实力和优势垄断了市场，尤其是国际市场。互联网则弱化了企业规模作用，为中小企业、新生企业提供了机遇。例如互联网直播营销（2015 年前后蓬勃兴起）、微信营销等。互联网营销可以帮助经营者以比较低的成本接触广大的客户。

12.1.1 互联网营销的特性

（1）互联网营销是一种直复营销。"复"来自英文中的 response，即回复，指企业与顾客间的交互（电话营销、电视导购以及在美国比较普及的邮购也都属于直复营销）。例如，淘宝和京东电子商务平台都向网络购买者提供了与商家直接、快速、方便沟通的网络工具（例如淘宝的"亲淘""旺旺"）。对互联网营销而言，顾客评价、口碑、情感消费这些因素与传统营销中的一样重要，并且它们的影响更直接、快速。所以互联网营销强调一对一互动。而社交网络营销的核心就是交互性，例如微博和微信营销表现出的特点——与粉丝和消费者的互动。

（2）互联网营销可以是一种软营销（传统营销自然也可以以软营销方式出现）。软营销的特征主要体现在通过巧妙运用互联网交流获得较好的营销效果。软营销和强势营销的一个根本区别是，软营销的主动方是消费者，而强势营销的主动方是企业。传统的网络营销人员正面临这样一个现实：他们对市场的控制力正在减弱，而随着信息与交流技术的发展，消费者渐渐掌控了交流和营销的过程。所以现在必须以消费者为中心。

案例 12-1

脸书有效经营海量流量，获得商业价值

脸书的用户很多，如何利用这一点获利而又不影响忠诚用户的体验？脸书在用户的主页、简介或相册中嵌入展示类或视频类广告。广告贴合用户的信息，非常有针对性。例如，一条帖子写着："某某（男子名，发帖人）：今天第二次与某某（女子名）去星巴克。"后面紧跟着星巴克的标志和链接，星巴克需要为此支付广告费。虽然这是嵌入式广告，但不突兀，不令人讨厌。这些广告使脸书的用户感觉它们是脸书的一部分。

意识到会员们希望用脸书听音乐或看电影后，脸书尝试提供这些服务，例如与音乐流服务商合作，进入电影租赁领域。脸书巨大的、紧密联系的社交网络给予其在广告方面挑战谷歌，或者在在线购物方面挑战亚马逊的潜力。很多企业很快就发现了社交网络的商业价值，它们建立了自己的脸书主页，脸书中每天有 5000 万人次的品牌关注量。例如，宝洁公司通过脸书销售帮宝适；鲜花公司在脸书上让消费者选择花束（QQ 群、QQ 空间、微博、微信群、微信朋友圈、微信公众号等也有类似功能）。

（3）互联网营销还是一种整合营销——整合各种资源和方法。

互联网营销的其他特性还包括跨时空、富媒体、个性化、高效性、经济性（经济性与高效性密切关联）、技术性等。例如，直播营销更多地引入了现场感，也就是逛店的感受，让消费者能更清楚地认识商品，就好像自己能在现场看到、摸到一样。在介绍商品方面，主播甚至比店铺营业员更卖力，说得更详细、生动，因为面对大量的直播观众，主播更有动力，从而让消费者获得关于商品的品质、品牌、使用方法和技巧等方面的更多信息。

12.1.2　互联网营销对企业经营的重要影响

互联网时代的市场竞争是透明的，企业不得不进入跨国经营的时代。互联网时代的企业不但要熟悉跨国市场顾客的特点以便争取信任，并满足他们的需求，还要安排跨国生产、运输与此后的服务等工作，这些跨国业务都经由互联网联系与执行。

互联网营销的内容或范围可以从提供商品信息到收款、售后服务。互联网是一种全过程的营销渠道，可以传送的信息数量与精确度远超其他媒体的，并且可以减少印刷与邮递成本。

12.1.3　互联网营销发展历程

为与行业习惯用语统一，这里介绍时使用数字营销代替互联网营销，二者涵义相同。

数字营销 1.0 阶段，也就是门户营销时代。数字营销 2.0 阶段，也就是搜索营销时代。数字营销 3.0 阶段，也就是电商营销时代。数字营销 3.0 阶段利用大数据驱动，完成从消费者洞察到需求精准定向，到线上线下整合，再到效果反馈的闭环，使营销效果可以被直接衡量；打通了消费数据与社交数据，实现从品牌曝光、展示、互动到交易下单的闭环服务。数字营销 4.0 阶段以共享为特征，追求线上线下融合。

1. 数字营销 1.0 阶段

数字营销 1.0 阶段出现在 20 世纪 90 年代，以网络广告、电子邮件营销为代表。用户是被动的信息接收者，网络话语权较小。（哈佛商学院的穆恩说，20 世纪 90 年代美国的互联网也刚刚起步。）

2. 数字营销 2.0 阶段

数字营销 2.0 阶段在 2000 年前后开始出现，数字营销 2.0 阶段利用互联网数据对用户需求精准定向，例如，谷歌、百度等搜索引擎推出的实时竞价（Real Time Bidding，RTB）模式。基于 RTB 模式，衍生出广告交易平台（Ad Exchange，ADX，即通过竞价选择出价最优者）、广告主需求代理平台（Demand Side Platform，DSP）、媒体资源供应方平台（Supply Side Platform，SSP，供应方可自行管理媒体广告位）、第三方数据管理平台（Data-management Platform，DMP）[①]等形式。

这一阶段有影响力的互联网应用有脸书、推特、人人网、新浪博客、腾讯博客等社交平台，博客营销和网络商城（淘宝、京东、当当、天猫）等也出现了。这一阶段的数字营销表现出草根性、真实性等特点，用户参与度明显提高。

3. 数字营销 3.0 阶段

数字营销 3.0 阶段在 2010 年前后开始出现。这一阶段出现了互联网社区、互联网生态，企业追求创立互联网品牌、消费者导流和在线价值变现。具体的形式有微商营销、朋友圈营销、品牌社区营销（例如小米的米粉在线社区、华为的花粉在线社区）、网红营销、直播营销、自媒体营销等。应用终端也多样化了。

4. 数字营销 4.0 阶段

数字营销 4.0 阶段出现在 2016 年前后，以共享为特征，用户既是消费者，也是生产者。企业追求线上线下融合，互联网与智能终端融合，互联网营销与传统营销融合。

12.2　我国当前互联网发展情况

（1）2021 年 8 月，中国互联网络信息中心发布第 48 次《中国互联网络发展状况统计报告》。截至 2021 年 6 月，我国网民规模达 10.11 亿人，较 2020 年 12 月增长 2175 万人，互联网普及率达 71.6%。10 亿用户接入互联网，形成了全球最庞大、最生机勃勃的数字社会。

我国拥有全球最大的信息通信网络。截至 2021 年 4 月，我国光纤宽带用户占比达 94%，固定宽带端到端用户体验速度达到 51.2Mbps，移动网络速率在全球 139 个国家和地区中排名第 4 位。我国 5G 商用发展实现规模、标准数量和应用创新三个指标均领先。截至 2021 年 5 月，我国 5G 标准必要专利声明数量占比超过 38%，位列全球首位；5G 应用创新案例已超过 9000 个，已形成系统领先优势。我国具有一定行业和区域影响力的工业互联网平台超过 100 家，连接设备数超过了 7000 万台（套），工业 App 超 59

---

① 广告交易的买卖双方都可以从第三方数据管理平台获得有效数据并分析、利用之，以便在交易过程中实现自身利益的最大化。

万个，"5G+工业互联网"在建项目已超过 1500 个。

截至 2021 年 6 月，我国农村网民规模为 2.97 亿人，农村地区互联网普及率为
59.2%。全国行政村通光纤和 4G 的比例均超过 99%。截至 2021 年 6 月，农产品网络零
售规模达 2088.2 亿元，全国乡镇快递网点覆盖率达到 98%。

截至 2021 年 6 月，我国网上外卖用户规模达 4.69 亿人。

2020 年 6 月六类应用使用时段分布如图 12–1 所示。

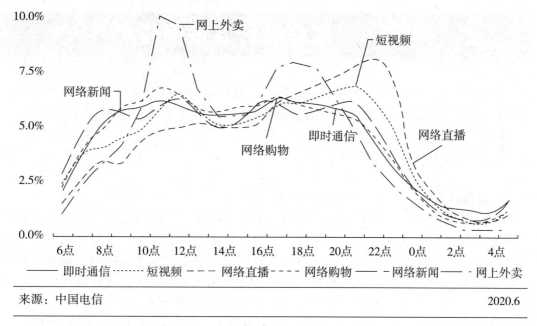

图 12–1　2020 年 6 月六类应用使用时段分布

注：六类应用指手机网民常用的应用。
资料来源：中国互联网络信息中心发布的第 46 次《中国互联网络发展状况统计报告》。

Internet World Stats 统计显示，2018 年全球互联网接入普及率是 54.4%，北美地区
达 95%，欧洲达 85.2%。①

（2）2022 年 8 月，中国互联网络信息中心发布第 50 次《中国互联网络发展状况
统计报告》。截至 2022 年 6 月，我国网民规模为 10.51 亿人，互联网普及率达 74.4%。
截至 2022 年 6 月，我国短视频的用户规模增长最明显，达 9.62 亿人，占网民整体的
91.5%，比 2021 年 12 月增长 2805 万人。即时通信用户规模达 10.27 亿人，占网民整体
的 97.7%，比 2021 年 12 月增长 2042 万人。网络新闻用户规模达 7.88 亿人，占网民整
体的 75.0%，比 2021 年 12 月增长 1698 万人。网络直播用户规模达 7.16 亿人，占网民
整体的 68.1%，比 2021 年 12 月增长 1290 万人。在线医疗用户规模达 3.00 亿人，占网
民整体的 28.5%，比 2021 年 12 月增长 196 万人。

（3）2022 年 9 月，中国互联网协会发布《中国互联网发展报告（2022）》。该报告
显示，2021 年，我国数字经济规模增至 45.5 万亿元，总量稳居世界第二。其中，工业

---

①　西蒙·金斯诺思：《数字营销战略：在线营销的整合方法（第 2 版）》，王亚江、王彻译，清华大学
出版社，2021，第 4 页。

互联网核心产业规模达 1.07 万亿元，人工智能产业规模达 4041 亿元，云计算市场规模达 3229 亿元。2021 年，我国电子商务交易额达到 42.30 万亿元，同比增长 19.6%。其中，全国网上零售额达 13.09 万亿元，同比增长 14.1%；农村网络零售额为 2.05 万亿元，同比增长 11.3%；跨境电商进出口规模达 1.92 万亿元，同比增长 18.6%。

较早的数据见附录。

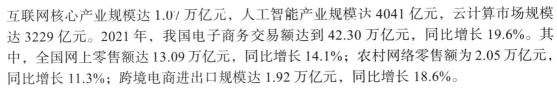

12.3　怎样做好互联网推广

互联网推广指利用互联网平台宣传推广，推广内容可以是企业、品牌和产品等。与传统推广的目的相同，互联网推广的目的也是增加曝光度和维护品牌。

12.3.1　互联网推广方法

企业可以通过以下几种方法进行互联网推广。

（1）企业必须保证其网站地址可以在相关产业的门户网站中被搜索到，不过仍然有不少企业到现在还没有建设企业网站，例如不少杂志社。建设、运营常规的企业网站费用很低，若至今企业及其他组织仍然没有网站，基本上只能说明它们对互联网推广非常不重视。另外，现在更重要的是企业要充分利用京东、淘宝等电商平台，连阿里巴巴的竞争对手亚马逊都投入其"怀抱"（近年因缺乏竞争力，在 2019 年 7 月和 2023 年 6 月，亚马逊的部分业务逐步退出中国市场），沃尔玛也使用了中国国内的电商平台。

（2）企业在互联网营销中提供的信息必须针对特定的客户群，给予他们真正想要的信息。一些广告主天真地以为全世界的互联网用户都会看他们的广告，只强调广告的国际性、跨区域性，却很少把互联网广告定位在具体区域上，忽略了市场细分的要求。

（3）要努力做有效的互联网广告，尽量减少骚扰广告。互联网用户对互联网广告最大的意见就是其骚扰性，他们被迫接触不感兴趣的大量广告，这是互联网广告发展的主要障碍之一——不少人对很多互联网广告看也不看，直接删掉或设法屏蔽。因此，企业必须把互联网广告的有效性放在第一位，让需要的人能得到想要的信息。相对于传统广告，互联网广告更容易实现针对性，随着互联网技术和大数据技术的发展，做到这一点更加容易。例如，美国 Excite 网站（www.excite.com）每次都保留用户的浏览行为，找出每个用户的兴趣点，然后为他们提供相关信息，就很受用户欢迎。

不过我们常使用的一些电商平台的购后推荐有较强的假相关性。例如，刚买了一本书，成功付款页面的下端却推荐一堆相同书名的书，刚买好一盏台灯，又推荐一堆台灯，这算什么智能推荐呢？如果推荐相关书名的书或者推荐壁灯，这才叫相关推荐。这些知名电商平台经营者需要反思。

（4）可以通过微信、微博、论坛、博客、贴吧、电邮直接营销、关键词搜索、搜索引擎优化、网站排名、软文或专题推广、采供商机发布、询报价、账号推广认证、数据

库、外链平台、百度竞价、百度百科、团购网、社
交网络、即时通信、大众点评、简易信息聚合订阅、
网媒等平台进行全网络营销（见图 12-2），获得大
量的网络推广机会。

图 12-2 全网络营销

搜索引擎优化指通过站内优化，例如调整网站
结构、建设网站内容、优化网站代码，以及站外优
化，例如站外推广、建设网站品牌，使网站满足搜
索引擎的收录、排名需求，在搜索引擎中提升关键
词排名（花费也更多），从而吸引精准用户进入网
站，促成销售或产生品牌推广的效果。

简易信息聚合（Really Simple Syndication，
RSS）订阅是某站点用来和其他站点共享内容的一
种简易方式。

（5）网站必须有良好的逻辑结构（链接结构）和物理结构。应把层次高、重要的网
页文件放在网站根目录，即 index.html 所在目录，便于搜索引擎爬虫（或称蜘蛛、机器
人）遍历。网页文件树形目录结构层次应尽可能少，也就是应使结构扁平化。文字和图
像链接对搜索引擎爬虫较友好，JavaScript、Flash、下拉菜单链接不利于爬虫跟踪，生
成网站地图也是好办法——最好主动提交给搜索引擎，还要及时更新网站地图。

数据库驱动和程序动态生成、带过多参数的统一资源定位器（俗称网址，又称 URL
地址）及其中的目录和文件对爬虫不友好，尽量用静态 URL。框架结构与网页中的
Flash、图片、音频、视频、弹窗等是百度不能有效识别的，可疑的跳转（如 JavaScript、
Flash、Meta Refresh 跳转）和大量复制的内容对搜索引擎是不友好的。首页如果是一个
大的 Flash 文件，也会让爬虫"两眼一抹黑"。网站运营者强制访问者使用 Cookies，对
爬虫也不友好。[①]

企业在优化本企业网站的关键词时，可以参考竞争者的设定——打开他们的网站源
文件，查看相关 Meta（元）标记处的关键词。也可用一些搜索引擎搜索自己初步设定
的关键词组合，查看、参考搜索结果靠前的网站的关键词组合。确定关键词组合后，在
HTML 标签页的 <meta name="keywords"content=""> 处（content 后）设定关键词。多个
关键词用逗号或空格隔开，逗号表示"或"的关系，空格表示"与"的关系。

淘宝、京东平台上的网店则为自己的各种商品设定一个很长的标题，尽量包括消费
者可能使用的搜索关键词，例如，"冬天男士纯棉保暖内衣加绒加厚高领打底衫中青年
可外穿男单件上衣""创意家居软装酒柜摆设结婚礼物客厅装饰柜摆件陶瓷摆设描金天
鹅"。在付费搜索服务中，高流行度、能带来高流量的关键词搜索服务的价格也更高，
不一定适合互联网推广预算少的企业，这些企业可以考虑细分市场关键词或者长尾关键
词，它们的搜索服务价格低，但是也能带来一定的流量。

（6）软文是相对于硬性广告而言的，它将宣传和文章内容结合起来，类似嵌入式广
告。史玉柱就是撰写软文广告的高手，20 世纪末，他为脑白金撰写了十多篇软文，如

---

① 魏兆连、杨文红主编《网络营销》（第 3 版），机械工业出版社，2021，第 73-75 页。

"一天不大便等于抽三包烟"软文中的夸大成分可以规避广告法的限制。

 案例 12-2

王老吉的软文推广

2008 年 5 月 12 日，四川汶川发生 8 级地震。5 月 18 日，抗震救灾大型募捐活动在中央电视台一号演播大厅举行。电视屏幕上出现加多宝集团（当时王老吉品牌由它经营）捐出一亿元人民币（等于捐出了王老吉品牌 2007 年的全部利润①）的场景，该笔捐款成为国内单笔最大捐款。

2008 年 5 月 19 日，就在加多宝集团捐款的第二天，国内一知名论坛上出现了一则名为"封杀王老吉"的帖子。其内容是："王老吉，你够狠！捐一个亿，胆敢是王石的 200 倍！为了整治这个嚣张的企业，买光超市的王老吉！上一罐买一罐！"这条热帖被各大论坛纷纷转载。"要捐就捐一个亿，要喝就喝王老吉！""中国人，只喝王老吉！"等跟帖迅速得到众多网友的追捧。随后，"王老吉"在网上的搜索量直线上升，百度贴吧关于王老吉的发帖 3 小时内超过 14 万条。接下来不断出现王老吉在一些地方断销的新闻。

资料来源：孙世强，胡发刚，2017. 管理学：思想·案例·实践 [M]. 北京：人民邮电出版社.

（7）企业还要特别重视本企业网站的访问速度。我国约 90% 的企业网站使用虚拟主机服务，因此要选择好的服务商，以便保证速度和稳定性，也要优化网站本身的设计，确保访问速度。

有一个认识误区是，开展互联网营销就是优化搜索效果或竞价排名。搜索引擎优化前文已论述，竞价排名是花钱让搜索引擎供应商为自己争取更多流量。企业做电商的方式通常是，建立一个可实现线上交易的网站，然后全力做搜索引擎优化和竞价排名，无暇他顾，推广手段单一。不可否认，搜索引擎优化和竞价排名是让潜在客户快速找到企业的网站和产品的很好途径，但不是只有这一条窄路可走。对这种常规路径，大家都往里挤，就会导致不当的搜索效果优化、价格居高不下的竞价排名成本和竞争对手的恶意点击（按点击支付，本企业的成本上升，而这些点击是无效点击），使这种营销方式的投入产出比大打折扣。

随着内容营销威力的显现和社交媒体的兴起，企业可用其他有效方法，使潜在客户找到自己、信任自己。企业可精心策划、制作对受众有价值的内容（互联网内容、其他各种媒体内容、活动等），通过线上的微信公众号、行业网站、微博、微信朋友圈、音频和视频网站等，以及线下的人员销售、行业媒体、行业展会、行业会议等，实现全渠道传播。

增加访问流量固然重要，但是如果不改善用户体验，用户黏性就不强。例如，企业可以用新闻、事件、观点、案例、使用方法、客户问题解答等多角度有价值的内容表

---

① 这个例子也说明，加多宝在经营王老吉品牌的过程中付出了很多，所以 2018 年，最高人民法院在裁决加多宝与广药集团的商业纠纷案时，肯定了前者的付出，裁定两家企业均可使用红罐凉茶包装。

达，以图文、视频、动画等信息承载方式呈现。打通线上和线下，整合电脑端电商网站和手机端微商城，实现二者的同步运作。

12.3.2　主要指标

互联网推广中的一些主要指标如下所示。

1. 竞价排名优先度

$$竞价排名优先度 = 出价 \times 质量得分$$

质量得分由搜索引擎根据广告主的网站表现自动算出，网站表现涉及历史数据、账户质量、点击率、相关性、网站质量等，这与前文的论述是一致的。一般而言，大搜索引擎供应商采用竞价排名——广告客户多，客户需要竞争广告资源；小搜索引擎供应商采用固定排名。

2. 转化率

$$转化率 = 消费者购物次数 \div 访客数$$

也可把访客数换成访问次数。用转化率衡量网店、互联网商城等对象比较直观、有效，可以衡量它们对访客促成销售的效果。可以用漏斗分析监测网站的转化率。

3. 跳出率

$$跳出率 = 只浏览一个网页的访问量 \div 该网站的总访问量$$

跳出率高表明该网站在持续吸引访客方面做得不好。

既可以使用微博、微信公众号、今日头条等自媒体平台的后台统计、分析工具分析企业的推广情况，也可借助上述平台授权的第三方分析工具分析，还可导出数据后用 Excel 或其他数据分析软件分析。目前国内的主流数据分析服务平台有友盟＋、TalkingData、GrowingIO、神策数据等，它们支持从客户端、服务器日志、业务数据库、第三方服务平台等处采集数据，帮助客户建立数据仓库、深度挖掘数据。百度统计也是监测和分析（电脑端）网站和移动应用的重要工具。

12.4　获取互联网流量的策略与措施

12.3 节论述了怎样做好互联网推广，该项工作的一个重要目标就是增加本企业网站或电商入口（例如网店、手机应用软件、微信公众号）的访问流量。本节将集中论述获取尽可能多的互联网流量的具体方法，部分内容会与 12.3 节重叠。

（1）在获取流量的工作方面，一开始就要认识到，良好的网站访问体验和网上商城（或网店）购买体验是线上访问流量不断增加的基础。

（2）在网站或网店平台的关键词设置方面，应收集与网店商品相关的关键词（特别是加长关键词），关注搜索引擎网站底部的"相关搜索"和关键词输入栏下拉框中的搜索建议，定期更新关键词。这里的关键词包括非目标（不一定直接指向某商品）关键词，但应与目标关键词相关，也可以是带来搜索流量的组合型关键词。

企业应收集、整理每周搜索量上升的关键词，可将百度指数工具或阿里指数工具中的需求图谱作为数据参考，把这些关键词写进软文、百度知道和百度文库中与本企业产品相关的文章中，可以考虑一周或两周更新一次。

企业应在网站首页部署品牌热门词，在栏目页部署产品类别关键词，在产品页部署产品关键词。在网店上传产品时可以同步定义产品独立的标题、关键字、描述。搜索效果优化人员必须和销售人员保持良好沟通，了解产品特征后再编写。

网站的 Meta 标签，例如 Title、Keywords、Description，上线后不能轻易修改，否则搜索引擎会认为网站不稳定，大大延误网站被搜索引擎索引的时间，降低访问量。

百度、搜狗、360 都有站长平台。例如，百度的站长平台网址是 zhanzhang.baidu.com；搜狗的站长平台网址是 zhanzhang.sogou.com，该平台还有网站分析、站点信息查询等功能；360 站长平台有 sitemap 提交与官网直达等功能；企业通过站长平台可以主动向搜索引擎提交数据，使消费者能尽早看到电商企业网站的信息，也可以监测自家网站的被检索情况等。爱站网、5118 网站可以帮助营销者分析、监测自己的网站。

不可忽略百度百科、百度视频等关联产品，以及其他互联网企业平台（例如爱奇艺的视频播放平台）的传播效果与流量获取能力。百度对自己旗下的关联产品都授予较高的优先权，百家号、百度百科及百度文库等的内容在同类内容（关键词相同或相近，付费广告除外）中排名靠前，利用这些媒体推广，能给网站带来更多流量。不过有人谴责百度的这一自利做法，2019 年 1 月出现在互联网上的《搜索引擎百度已死》一文，导致百度声誉大跌，股价也大受影响。

（3）在网站、网店和网上商城的内容建设方面，应做到图文结合，文字须生动有趣；精美、大气、专业化的"装修"风格能给网站或网店带来更多流量，稍后详述；增加行业信息及原创文章，以提高网上商城运营商及网上商城的知名度；不定期搞一些专题采购活动。

网站或网店的常见"装修"风格有以下几种。

① 大气简约：适用于家具、灯具、服饰，以及风格不明确、颜色比较杂的商品。

② 艳丽多彩：适用于时尚商品、运动类商品、化妆品。

③ 小公主：以粉色为主色调。

④ 酷黑帅气：适用于重金属感强、时尚新潮、稀奇古怪的商品。

⑤ 复古原始：适用于美食、木雕、布艺、家居商品，宣扬天然、无污染、健康、绿色属性。

⑥ 乡村田园：以黄绿色为主色调，体现环保特性，适用于鲜花、草帽等商品。

⑦ 蓝透清新：适用于洁具、小电器、小家居商品，体现清透、水灵、纯净、科技属性，例如 Wacaco 便携式咖啡机的网格。

⑧ 喜庆中国红：适用于年货，体现热情、感染力、视觉冲击力。[①]

---

① 魏兆连、杨文红主编《网络营销》（第 3 版），机械工业出版社，2021，第 117 页。

（4）在口碑营销及外键建设方面，企业应关注行业论坛、贴吧和相关博客，在其中发表带品牌或产品关键字的软文。帖子较长时可分多次发布——在快节奏的社会，较少有人有耐心看完一个长长的帖子。可以把拆开的帖子以跟帖（作者发布一则微博长帖后如果意犹未尽或者日后又有新想法，就在它的下面再以评论形式写一段补充内容）的形式发布并置顶，如果帖子有吸引力，分次发布可让受众充满期待，为帖子增加人气。可以与同类商品网站互设友情链接，初期可以在较有名气的网站做企业对企业（Business To Business，B2B）店铺外部链接。

多"曝光"，线上线下互动。网上商城运营商和入驻企业都应积极参加本行业的一些展会，乃至自己举办一些活动。了解市场行情，联络（潜在）客户，增强了解和互信，为进一步合作打下基础。借助微信公众号和微博等平台，吸引粉丝，定期发布活动信息和新闻，吸引粉丝访问商城网站。

（5）为了增加访问流量，改善搜索效果，树立良好口碑只是一个方面，网上商城运营商还必须更关注产品的质量和价格，交易（安全）保障，物流配送，售前、售中、售后服务等。①

12.5　社交媒体改变交流和营销方式

本章的前半部分已提到社交媒体对互联网营销的作用，本节进一步论述社交媒体是如何改变人们的交流和营销方式的。

12.5.1　社交媒体改变了交流方式

网络使人们容易聚集，并且把市场话语权从企业处转移到顾客处，这给企业带来了机会与挑战。企业需要理解社交媒体给自身的业务带来的影响，继而制定有效的营销策略。社交媒体的即时性迫使企业与其顾客保持联系。

2016 年 12 月的统计数据显示，国内用户使用频率排名前三的社交应用是微信朋友圈、QQ 空间和微博，都属于综合类社交应用（见图 12-3）。

CNNIC 发布的第 46 次《中国互联网络发展状况统计报告》显示，截至 2020 年 6 月，微信朋友圈使用率为 85.0%，QQ 空间和微博使用率分别为 41.6% 和 40.4%。

2018 年微信每天发送 450 亿条信息；2021 年微信的注册用户达 12.4 亿，是国内最大的社交平台，QQ 即时用户达 6 亿多（2021 年第二季度的数据显示，脸书每月有 29 亿活跃用户，每天有 19.1 亿活跃用户）。

---

① 黄炜、解济峰：《工业品综合性网上商城规划》，《现代商业》2018 年第 5 期。

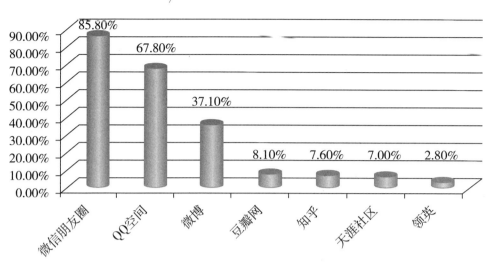

图 12-3　2016 年 12 月国内主要社交应用的用户使用频率

资料来源：http://www.chyxx.com/industry/201703/499435[2024-04-05].

豆瓣网、小红书（社区电商）则是兴趣社交应用的代表。微信朋友圈是相对封闭的个人社区，使用者分享信息偏重朋友间的交流，也会产生转发——增加受众，增加开放度。QQ 空间和微博则是传播信息的公开平台。总体而言，微信朋友圈用户渗透率高，除了低年龄（6～9 岁）、低学历（小学及以下）网民群体，各群体网民使用微信朋友圈的比例没有显著差异，都相当高。10～19 岁网民的 QQ 空间使用比例明显较高，QQ 聊天软件和邮箱的使用比例也较高。

微博用户的特征也很明显：女性、20～29 岁、本科及以上学历、城镇网民，这是微博的一个主要用户群体的画像。微博发布的《2020 微博用户发展报告》显示，90 后、00 后用户占比接近 80%，女性用户规模大于男性规模。2020 年 10 月 19 日，2020V 影响力峰会中，新浪微博的时任高级副总裁曹增辉介绍：新浪微博的月活跃用户数达 5.23亿，在月活跃用户中，30 岁以下的用户占 77%。（2020 年，推特在全球拥有 1.86 亿用户。）

图 12-4 为 2017 年 12 月与 2018 年 12 月典型社交应用使用率对比。

微信朋友圈复制和放大了现实中的熟人社区，但 2016 年腾讯的一项调查指出，95后最常用的社交工具是 QQ。一些 95 后认为，微信就像一个气氛尴尬的家庭派对，但自己"又不能真的走开"。高达 48.2% 的 95 后在微信朋友圈里屏蔽自己的父母。95 后采取多方作战的策略，对自己不同的需求，使用不同的 App，在不同的网上社区进行不同的社交行为。追星用微博、贴吧和 QQ 群（青少年更多使用 QQ 也是为了与成年人、中老年人有所区别），分享心情用微博小号和 QQ 空间，和熟人聊天才用微信。

领英网站以白领为目标群体，并且在商务社交领域具备一些独特优势。该网站使个体保持联系并相互引荐。一些企业在招聘中大量使用领英，一些大学鼓励学生创建领英账户，该网站的许多功能特性如同简历。一些销售人员也把领英作为与客户沟通的工具之一，其中许多人会在自己的名片上写上自己的领英账户。

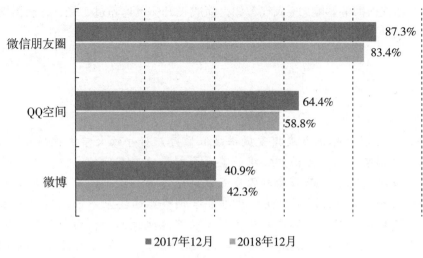

图 12-4　典型社交应用使用率对比

资料来源：中国互联网络发展状况统计报告。

12.5.2　社交媒体改变了营销方式

社交媒体已成为营销的一个重要阵地。例如，充分利用社交媒体，与（潜在）消费者真诚沟通，是小米公司在发展初期与行业内在位企业竞争的重要手段。小米把微博、微信公众号、QQ 空间、论坛、贴吧的每一个账户都当作产品经营，配备完整的团队管理，通过社交媒体提供优质内容并传播品牌。销售阿芙精油的企业每天在用户留言中寻找精华，找到后会给留言者寄礼物，给这位可能的意见领袖带去惊喜。中央人民广播电台"经济之声"的《那些年》栏目组除了抽奖，也采用类似策略。

一方面，广告仍然是社交媒体变现的主要方式。相对于其他网络广告，社交媒体广告具有社交化、视频化、智能化的特点，并能基于用户的社交关系、兴趣和行为精准营销，大幅提升了广告投放的到达率和转化率，吸引广告主使用，社交媒体广告的市场份额不断扩大。

另一方面，互联网内容生产者能通过社交媒体实现商业变现。2018 年内容生产者在微博上的收入达 268 亿元，其中网红电商是目前发展最快、最主要的变现方式，同年网红电商收入达 254 亿元，占比为 94.8%，同比增长 36%，商业变现能力稳步提升。

为了让在线社区发挥作用，必须让顾客感受到企业的真诚，企业应当允许参与者发表各种观点（只要不违法）。苹果公司采取的正是这种策略，围绕他们的产品和顾客建立了上千个社区。

在社群营销领域，营销学家科特勒呼吁为贬低者正名。批评可使品牌话题更丰富有趣，还可能会激发该品牌更多粉丝的反弹——更加护卫这个品牌。一些品牌经营者甚至适当自黑，以保持在线社区的活跃度。设想一下，某个品牌的在线社区里是纯一色的溢美之词，淘宝里某商品的用户评价区全是夸奖，是不是给人虚假的感觉？而且也确实显得无趣。造高速公路有时还要故意设几个弯呢——免得驾驶员精神松懈、打瞌睡。在新浪微博中，曾经有人质疑周杰伦是不是不火了，结果使周杰伦的粉丝们空前团结，为偶像"打榜"了新浪。周杰伦在新浪微博的影响力（人气）如火箭般飞升，迅速超过 1 亿，打破微博纪录。

另外，一些大型的在线社区已成为部分品牌的杀手。

 案例 12-3

百度的广告危机事件

2016 年，知乎社区曝出百度搜索提供虚假医疗广告导致大学生魏则西死亡的事件，给百度带来品牌形象和收入方面的灾难，甚至引起了政府部门的注意。这一事件使大量愤怒的网民自发抵制百度，而百度应国家互联网信息办公室、国家工商总局（已组建为国家市场监督管理总局）、国家卫生计生委联合调查组的要求，不得不把 1 亿余条医疗健康广告信息下线。这对其网络广告业务的营收产生极大影响，因为医疗健康广告收入占百度总收入的 35% 左右。2016 年 5 月后的一段时间，百度股价累计下跌 12%，市值缩水近 50 亿美元。

在网民话语权不断增强的（移动）互联网时代，企业从事违反道德和法律的业务被曝光的风险成倍增加，这迫使每一家企业行动时须考虑互联网舆论的影响。参见 11.3.2 小节中的一些类似案例。大部分搜索引擎在政府和社会的共同压力下，区分显示付费广告和自然搜索广告。但近年来，越来越多的搜索引擎运营商想方设法混淆这两种广告的差异。以百度为例，它曾在付费广告下方以小号灰色字标示"推广"，这个词本身就不明不白的，并在魏则西事件后撤下"推广"标示——百度的目的是想撇清自己的责任，让公众以为魏则西搜索到的条目是自然搜索结果。其实这样做后，百度仍然有责任——即使是自然搜索结果，搜索引擎运营商岂能让这种虚假广告出现在自然搜索结果中？为何不检查、清理？

12.6 程序化广告典范：京腾计划
——有效进行互联网营销

2015 年 10 月，京东与腾讯联合推出京腾计划①，它是基于"电商平台 + 社交网络"的互联网营销服务解决方案。该方案的关键是打通了电商数据与社交数据。京腾计划就是所谓的程序化广告，因其运用了大数据分析、精准营销等技术，所以广告主们购买的不仅是广告位，更是精准的目标客户资源、及时的广告优化和实时分析，关注（此处的

---

① 虽然腾讯拥有全国最大的流量入口，但其拍拍网、QQ 商城、易迅网的运营并不成功。在近 10 年的苦苦探索后，腾讯决定改变战略。2014 年，在京东股票价格下跌、京东的经营连续亏损、非常危急的时刻，腾讯以 2.15 亿美元购得京东 15% 的股权及新股 5% 的认购权，同时把上述三个电商业务并入京东，与京东开展战略合作。

在微博经营方面腾讯也有类似情况，作为追赶新浪微博的竞争对手，腾讯认为自身拥有全国最大的用户群（QQ、微信等用户），没有采取与其他互联网平台合作的策略，而是采取较封闭的策略，因此始终未能赶超新浪微博。新浪则采取与百度等平台合作的策略。

关注是名词作定语，但其内涵是动词，指关注广告主的产品）流量从"期货"变成"现货"，广告实施全流程从黑箱、灰箱变成白箱，广告主及代理商可以更自主地选择。

程序化广告更广泛的内涵包括数据驱动、动态性，广告位上的内容可能不是事先确定好、上传好的，而是由系统根据打开这个广告位的不同受众（例如本节讲的人群包，人群包的极细微颗粒度就是个体），在 0.1 秒内决定内容并展示的。[①]

有人把本章第 12.1.3 小节中提到的"数字营销 2.0 阶段"中的一些形式也看作程序化广告，例如实时竞价就是程序化广告的"始祖"。只是程序化广告这个术语并不频繁出现在媒体和相关场景中，不过这不是坏事，作者比较反对花哨的甚至杜撰的新名词和新概念，它们把受众搞得晕头转向，其实往往是新瓶装旧酒。我国程序化广告的发展是由百度、阿里巴巴和腾讯推动的，它们占有重要份额，字节跳动和小红书等也在奋起直追。

2015 年第四季度，QQ 活跃账户达 8.53 亿，在线账户峰值达 2.41 亿，微信活跃账户达 6.97 亿（腾讯财报显示，2023 年微信及 WeChat 月活跃用户数超过 13 亿）；京东则拥有近 1.7 亿电商用户。腾讯和京东各自拥有海量的社交数据和电商数据。把两者的数据打通有助于解决电商平台入驻商家关注的精准人群定向、用户多维洞察、效果衡量分析三大核心问题，让平台、用户、零售商实现多赢，参见第 12.6.1 小节最后一段。这也是京腾计划的战略意义。

腾讯的社交数据对电商是很有用的，例如，通过分析性别、年龄、上网场景、商业兴趣等属性值（这是聚类数据挖掘过程），可以勾勒出用户的个人标签、购买力等"画像"。[②] 这是大数据营销的基础工作。腾讯和京东在数据方面把用户账号打通，使双方的用户匹配起来，但又把用户账号改写（用户特征模糊化处理或称脱敏），使入驻商家看不到腾讯用户的 QQ 号或者微信号，这样就不侵犯用户隐私，又便于保证数据的安全性。房产中介公司也类似，会设定销售人员只能通过电脑系统拨客户的电话，至于具体号码，销售人员是看不见的，参见 9.5.2 小节。

顺便分析一下，许多互联网公司为什么要用户在注册时填写真实姓名、身份证号、手机号码等隐私信息或者说敏感信息？有可能是主管部门的要求，也可能是互联网公司需要制约用户或者说给用户施加一定的压力，促使他们更合理合法、更规范礼貌地使用互联网服务，节制自己在互联网中的言行。还有一个重要原因则是企业为了精准定位互联网用户，确切地知道这个用户是谁（是独一无二的某个人），而不与其他用户混淆。往远了说，则是为了方便将来与互联网应用的其他生态系统打通数据——身份证号或者手机号都是极佳的匹配数据（在数据库应用领域称为键值）。

京东打通了各流量方的用户数据，整合了电商流量、社交流量、门户流量、视频流量、搜索流量等，并将其导引到京东平台上。电商流量主要是京东站内流量，包括京东商城平台、京东应用等的流量。同时，京东做了很多场景化导流。社交流量以腾讯旗下

---

① 宋星：《数据赋能：数字化营销与运营新实战》，电子工业出版社，2021，第 89-90 页。

② 社交媒体研究者肯普说："通过分析一个人在社交网络中点击的 68 个赞，就可推测此人的肤色、性取向、宗教和政治信仰、学养等；分析 70 个赞的话，分析报告比他的朋友对他的认识还要准确；分析 150 个赞的话，分析报告知道的比他的父母知道的还要多；分析 300 个赞的话，分析报告比他的伴侣更清楚他；若能分析足够多的赞的话，分析报告可能比他本人都要了解他自己。"

微信、QQ、QQ 邮箱、QQ 空间的海量流量为主。门户流量主要来自京东购买的新浪网、凤凰网等的流量资源。视频流量主要来自京东购买的视频平台流量资源。搜索流量主要来自京东与百度等搜索引擎的合作。

京腾计划最终达到了提升零售商投资回报率的目标，例如，京腾计划的使用者护肤品牌 SK-Ⅱ（宝洁的品牌）即获得了这样的效果。2015 年 12 月，SK-Ⅱ品牌入驻京东。活动当日 SK-Ⅱ销量为平时销量的近 6 倍，SK-Ⅱ微信公众号的粉丝增长量相当于平时两个月的总和。具体做法是，首先，从京东、腾讯的海量用户中筛选出定向人群——把目标消费者锁定在 SK-Ⅱ既有消费者及潜在消费者、SK-Ⅱ品牌互动者、SK-Ⅱ品牌代言人的粉丝三个群体。其次，把社交用户场景与电商交易平台对接，把定向人群导入微信中的京东购物小程序里的 SK-Ⅱ商品页和 SK-Ⅱ微信公众号（这就是我们有时会收到微信推荐公众号的原因，在腾讯及相关商业生态系统中经常购物或浏览商品的人可能收到这种推荐的次数多一些，反之则少一些），并打通数据以及从品牌展示到下单交易的闭环模型流程。最后，对定向人群投放个性化广告，把用户导引到京东 SK-Ⅱ旗舰店，从而实现从品牌营销到交易下单的服务闭环。

12.6.1　京腾魔方

京腾魔方是京腾计划全面升级的品效合一产品，是数字营销 3.0 更细化的解决方案。零售商（京腾体系的客户）通过京腾魔方不仅可以管理完整的营销路径，还可以根据自身需求实施不同的组合方案，获取营销效果反馈。对零售商而言，用户画像（对用户的描绘）和效果衡量两个环节对其营销实施至关重要，而它们也正是京腾魔方的优势所在。在数字营销中，用户画像直接影响营销策略的精准度和最终的营销效果。要真正勾画出精准的用户画像，大数据挖掘是关键。

京腾计划把社交数据与购物行为数据打通后，抓取腾讯的社交数据，并通过机器算法和学习使用户画像更加立体和完整。在用户画像清晰后，京腾魔方通过"多维用户洞察"确定用户的行为、需求、兴趣等多维信息，以便把零售商需传播的信息精准地推送至目标人群，无须再广种薄收。大数据营销使"读心"也不再是纸上谈兵。例如，2016 年4 月，乐视超级手机 2 首发试水京东平台的数字营销，在京东平台的首发当日销量近 15 万台。

京腾魔方团队还在开发人群包体系，基于京东大数据挖掘出零售商需要的精准定向人群，把整理出的几十万人数规模的人群包（单个人群包）放在腾讯 10 亿级用户池中扩展，利用相似的社交属性发掘出几千万人数规模的人群包。运用此方法，零售商提出定向人群需求后，即可迅速投放广告。这样不仅大大缩短投放流程，而且可以节省人力、提升效率。

精准营销对腾讯（平台）、京东（平台及其平台上的零售商）和腾讯用户都是有利的。对腾讯而言，精准营销既把海量用户和流量有效转化成收益，又保持了用户的良好体验——大大减少了推荐给用户的不相干广告（不少用户曾对此很恼火），推荐的相关广告对用户而言可能还是增值服务。这样就能保持用户对腾讯的黏性，而不是使他们恼火地一去不回。

12.6.2　京准通

京腾体系的京准通整合了互联网上多种流量，包括京东的电商流量和腾讯的社交流量，同时向各大门户网站和新闻客户端、视频网站、搜索网站等流量方采购流量，并把这些流量引到京东平台上打包，再贴上相应标签销售。销售（作动词，后一个"销售"也作动词）流量实际上就是销售（潜在）市场。从这一点也可看到，为什么有许多网站和移动应用的经营者愿意费钱费力制作新闻节目及评论、创作其他音视频节目并免费开放，因为这样做是有利可图的，例如这里讲的出售流量。京准通有京选展位、京东快车、京东直投、京挑客四大基础广告服务。

京选展位业务采用按天计费（CPD）形式。其做法是，在京东平台首页和其他重要位置，开设营销推广位，零售商按不同频道或关键词竞价获取不同展位。（对应的有淘宝的钻石展位。）

京东快车业务采用按点击付费（CPC）形式和按广告千次展现付费（CPM）形式。其做法是，把门户网站、视频网站、移动端等站外资源的流量导引到京东平台，通过对访客站内搜索定向，让零售商在京东平台上营销。站内搜索定向指访客在京东平台上搜索，京东系统对访客的搜索行为追踪、定向，帮助零售商了解访客。

京东直投业务也采用按点击付费形式和按广告千次展现付费形式，其做法是利用精准定向进行付费导流。

京挑客业务采用按最终成交金额付费（CPS）形式。其做法是，零售商在京东平台上推广，在达成交易后按约定的佣金比率向京东支付相应费用。这样，零售商的广告投入回报（Return On Investment，ROI）也相对可控。（对应的有阿里妈妈旗下的淘宝联盟服务，平台上有很多推手帮卖家推广，佣金由卖家自主设定。）这一付费方法适合对广告采取精益管理的企业。

许多企业粗放地管理广告事项，营销或公关部门对投入一大笔广告费进行的决策比其他部门对投入少得多的经费进行的决策还要轻率，也不精细、科学评估广告效果。当前不少企业（例如宝洁）改变了这一情况，遏制了营销或公关部门懒惰的工作风格、决策风格，根据广告、传播取得的业务效果向广告公司支付报酬。参见本小节最后一段。

京准通的价值就是以多元营销服务或工具为客户提供精准营销需要的精准流量。京准通实施精准营销的步骤是：

第一步，确定营销目标，即侧重品牌推广还是提升销售额；

第二步，确定营销人群；

第三步，确定营销工具及营销方案，即广告主根据自身需求选择京准通旗下服务，京东再为其制订具体实施的营销方案；

第四步，衡量营销效果，评测出综合投资回报率。

京东 2016 年一季度通过移动端渠道完成的订单量约占总订单量的 72.4%。[①]

上述程序化广告有直接广告的属性，强调可度量，强调直接有效的行动，例如统计点击数，计算广告转化成订单过程中的成本。不过，如果经营者购买、使用的是品牌营

---

① 黎冲森：《京东怎么玩数字营销？》，《经理人》2016 年第 7 期。

销广告，就要有耐心，不要过多关注广告的可度量的特点，要专注，要多与相关文化因素打交道。即使是产品广告，同一产品的广告也可能出现在不同渠道，例如私域流量渠道和公域流量渠道，还有不同的分销渠道；甚至同一产品有多个广告，它们有的起"破门进球"的作用（转化为客户的购买行动），有的起"传球""助攻"的作用（例如引发客户的兴趣和关注）。不能只重视"破门进球"的广告而不重视"传球""助攻"的广告，更不能只留下"破门进球"的广告。

12.6.3　其他电商平台的程序化广告

接下来讲一讲其他企业的电商平台（广告）实践与京腾体系形成的对比。

淘宝平台上也有广告服务。本节的分析表明，广告服务与大数据结合可以增强广告效果，因此获得优质大数据支持很重要。腾讯的数据来源广泛，用户多样性、数据多样性很强，社交数据广博而深入，包含用户的社会属性和兴趣数据，但是购物行为数据比阿里巴巴的弱。京东与腾讯进行战略合作可以弥补这一弱项。阿里巴巴的用户购物行为数据很丰富，但是社交数据比较欠缺，这也是阿里巴巴努力用其他应用完善的方面。

阿里巴巴也提供数据赋能服务，京腾计划的服务偏向定向广告，而接下来介绍的阿里巴巴的服务偏向预测市场趋势。2019 年 4 月，阿里巴巴 B2B 平台和聚划算天天特卖联合推出"天天特卖工厂店"。工厂不需要开网店，平台分析顾客数据、判断市场趋势，指导各工厂开发新产品和定价，工厂转型成原始设计制造（Original Design Manufacture，ODM）企业。许多工厂，特别是一些经营状况不好的工厂，愿意接受这种转型。例如，"阿里小二"通过大数据洞察消费者需求，提供卡通伞的市场建议，汉德伞业迅速设计、提交审核、把样品上线（聚划算代为销售），销量第一周就突破千单/天，其毛利率从 5% 上升到 15%，60% 以上的销量来自这一模式。①

从战略层面看，京东、阿里巴巴不只是为了获得销售利润而向其平台用户及其他客户推出广告服务、销售辅助服务及其他营销服务，也是为了进行商业生态系统间的整体竞争或者说平台间的竞争。也不仅仅是他们两家间的竞争，他们还要与拼多多、唯品会等后起之秀的商业生态系统竞争。用战争比喻的话就是，企业不应只盯着一城一池的得失，应争取各自商业王国整体的胜出，否则就会逐渐衰败，最终被别的竞争对手吃掉。

由于对媒体经营者或广告公司和广告代理商的暗箱操作、虚假数据不放心，类似宝洁这样的大广告主正在使自己的营销策略专业化、精细化。因此，为广告主提供打包服务的一揽子模式受到挑战，提供数据分析/挖掘、人工智能服务的技术型公司将获得更多机会。

---

① 周文辉：《营销功夫：一心九式》，机械工业出版社，2021，第 145–146 页。

12.7 互联网企业的 6 种经营思维

互联网企业不仅指提供互联网服务的企业，例如传统的网络企业（华为、移动、联通）、互联网内容提供商（腾讯、百度、网易），也泛指侧重把业务基于互联网的企业，例如京东、阿里巴巴。当今许多企业乃至机关事业单位都把业务搬到互联网上，只是程度不同而已，这些互联网企业应当具备互联网（经营、运营）思维，而不只是把业务搬到互联网上，却仍旧持传统思维——这样并不能充分发挥互联网平台、应用程序等的作用。

互联网思维包括：用户思维，以用户为中心；流量思维，强调重视受众的注意力，吸引粉丝；大数据思维，小企业也要有大数据；精准思维；平台思维，开放、共享、共赢，打造互利共赢的生态圈；跨界思维；等等。互联网思维不仅是方法论，也是互联网时代经营者的一种素质。而互联网企业的经营思维是借鉴互联网思维，并结合企业自身的经营情况形成的思维。在上述理解的基础上，本节将从以下 6 方面论述互联网企业的经营思维。

1. 简约思维

互联网时代，消费者的选择太多，企业必须在短时间内"抓住"消费者，使产品和服务看上去简洁，用起来简便，就如同当今的多数智能手机、平板电脑的界面或者谷歌、百度首页（尤其早期的首页风格）那样。阿里巴巴创始人马云对阿里巴巴的工程师强调，技术是为人服务的，人不应为技术服务。为何 iPod、iPhone 一面市就迷住了很多消费者，其使用简单、方便是一个重要原因。

21 世纪初，作者做计算机工程师时发现不少企业招聘系统工程师和程序员时，要求应聘者熟悉某些复杂的硬件（服务器、主机、网络交换机及其指令）、编程语言及相关的编程环境。这就包含着人为技术服务的意思，技术人员必须适应那些复杂的系统。而要使技术为人服务，那些硬件企业就必须改进、完善自己的产品，改进产品设计和制造工艺，降低其（使用）复杂性，简化其接口、界面。编程语言及其编程环境也需进一步简化、友好化。这样一来就可以降低对工程师和程序员的要求，减少其成长成本，减少为他们花费的培养费用，并且有更多的可选用工程师和程序员。另外，上述改进、完善和简化也会使这些软硬件更健壮。

2. 迭代创新思维

企业应持续学习和搜集用户反馈，快速迭代、优化产品。尽管作者在 2.1 节末批评了为创新（更新产品）而创新的快速迭代现象，但是也必须理解，许多企业这么做也是迫于市场竞争的压力。参见 5.2.2 小节关于企业创新的论述。

3. 追求用户规模思维

先免费或者以极低的价格吸引大量用户，之后正常收费，例如交友网站、网约车平台、腾讯会议系统经营初期的策略。不过共享单车行业的情况表明，这一经营思维导致的风险很大——"烧钱"烧光了，资金链断裂了，企业可能还没有盈利，发展不可持续，甚至面临倒闭。

4.平台思维：共建、共享、开放、平等、共赢

企业史学家、战略学家艾尔弗雷德·D.钱德勒说，工业资本主义时代的原动力是规模经济与范围经济。互联网时代的原动力就是平台。（企业）建立一个开放的平台，可以快速、高效地配置资源。越开放，和别人的连接越多、越广，平台的价值就越大。所以很多人喜欢加别人的微信号或 QQ 号，初次见面就加，多多益善，关系不紧密的也可能变成紧密的。对其他类型的组织而言道理相同。

客户也是价值链上的价值创造者，刚刚提到的平台思维内涵中的共赢元素也反映了此点。我国政府倡导大众创业、万众创新，鼓励更多的年轻人成为创客，所以共赢不只是生产企业与供应商、分销商之间的共赢，也不只是竞争对手之间的共赢，还包括企业与客户之间的共赢。例如，道客巴巴、百度文库、360 个人图书馆、知乎等就体现了这样的经营思想——为了让亿万网民为其贡献优质文档，其经营者愿意与网民分享利润。只是他们做得还不够好，例如，利用人工智能审核文档是否含违规内容时，常常出现误判或者过于严判的现象，导致用户上传合规文档屡屡受挫，浪费大量时间；分享利润的机制不清晰；有贡献的用户获得回报的途径充满障碍。

还有一些互联网教育平台（例如腾讯课堂）及新浪微博、抖音、喜马拉雅、分答等互联网平台都持有共赢的经营思维。不过它们的共赢策略的实施仍然需要完善。

平台之间的竞争越来越激烈，也说明了平台越来越重要，所以亚马逊在中国市场也会"投入阿里巴巴的怀抱"。尽管双方是竞争对手，但是阿里巴巴的平台对亚马逊而言实在是太重要了，不能不利用。尽管海尔集团不是互联网企业，但是在全球范围内，它是平台型企业的典范，它的创业生态系统就是其对网络化战略的实践，为其在新时代、新竞争环境中大幅提升经营效率作出了巨大贡献。

5.跨界颠覆思维

互联网企业的跨界颠覆实质上是用"互联网的高效率＋创新"改进原产业的低效率，包括结构和运营方面的效率。用彼得·F.德鲁克的观点解释就是用新商业模式战胜旧模式。

例如，互联网与快餐外卖这种传统商业模式结合后，尤其美团、大众点评（2015年，这两家企业合并，但电商平台和 App 仍然独立运营）等大平台的出现，快速冲击了方便面的市场。前者的优势是符合健康饮食要求（不过这些平台上的一部分黑作坊供应商的外卖并不卫生，更别说符合健康饮食要求了）、品种丰富、方便快捷，甚至是一种时尚，方便面自然竞争不过。不过方便面也并没有被彻底打败，仍然顽强坚持着，甚至还趁着一些机会时不时地涨价。

互联网企业能跨界"打劫"其他企业 [①] 还有一些重要原因，例如，互联网企业拥有

---

① 例如阿里巴巴、腾讯提供支付服务，甚至开办网上银行业务；微信"打劫"电信、移动、联通。不过阿里巴巴和腾讯很快又被数字人民币"打劫"了，数字人民币系统的服务更好——没有手续费，支持双离线等。

大量用户，互联网企业的某些服务更好、更方便。阿里巴巴、腾讯提供的互联网支付服务更方便，微信、QQ 的一些通信服务更好，例如视频通话，而且（客户）成本低得多。

许多市场是自由的，因而没有实质边界只有竞争壁垒，而竞争壁垒可能会被打破。所以跨界是自由市场的自然属性和许多企业的天性。传统企业靠专业技术和大量资源辛辛苦苦建立了自己的市场地位，然而一些侧重使业务基于互联网的企业更加以用户为中心，更能获得用户的心，再加上互联网本身的优势（方便、快捷、普及、低成本等），所以能降低市场壁垒（如投资规模），抢得市场份额。跨界是人类对行业时空边界新的理解和洞见（类似第 4 章中对细分市场的认识和定义），跨界不仅需要跨越行业的藩篱和偏见，也要超越人类思维的时空局限。心中无界，方能跨界。

6. 重视长尾理论

此点与前述"追求用户规模思维"和"平台思维：共建、共享、开放、平等、共赢"部分有较强关联。信息时代，互联网压缩时空的特点（或者说无处不在、无时不在的特点，直达客户更容易）使当今企业能以比过去的企业低得多的成本服务更广泛的客户，包括小、散客户（长尾效应客户）。而由于过去的企业不能以较低成本有效为量大面广（"二八"定理中的"八"部分）且散的客户服务，所以它们不重视长尾效应，也不重视对长尾理论的应用。这些小、散客户的总体客户价值可能大于那些大客户价值的总和。

从商品角度看长尾理论，用一个例子可以说明。一家大型书店通常可以摆放 10 万多本图书，不过在亚马逊网络书店，其图书销售额的 1/4 来自畅销排名 10 万名以后的图书。这些冷门图书就是亚马逊商品的长尾部分。亚马逊、淘宝、京东等平台在产品种类方面均可运用长尾理论，不同档次、不同款式、不同功能的产品在长尾曲线的横轴坐标上占据不同的位置，相互的冲突不是很大。

不过像苹果公司推出新型号手机这样的经营情景，就不宜运用长尾理论。如果不适时停止生产老机型，则会明显影响新机型的销售[①]，不但在整体销售收入方面有损失，还影响新机型在市场中的号召力，从而让竞争对手的（新）产品钻了空子，无意中使竞争对手的产品获得了更强的影响力，甚至成为主流产品。

消费者追求个性化消费也会使长尾产品日益受欢迎，而不是都去买大牌或大众品牌商品及流行商品，结果造成"撞衫"。唯品会于 2008 年选择时尚品牌服装折扣专营这片"蓝海"也与长尾理论密切相关——消费者类型较分散，但总数很大。

可把长尾战略看作为增量小客户服务，即原来未把他们纳入服务范围，现在技术、资金、人力等条件具备了，因而把他们纳入服务范围。针对此角度反过来考虑，如果原来就为一些小客户服务，但他们对本企业的贡献值不大，甚至是负值，那么要不要放弃这些存量小客户呢？以邮局为例，把公用事业单位必须为全民服务的法规暂时放在旁边不作为限制条件，如果邮局因无利可图而放弃边远地区顾客，则邮局对所有顾客的价值就降低了。也就是说，留住无利可图的顾客有利于留住有利可图的顾客。

还有，有些顾客带来的是负利润，从表面上看显然须放弃他们。不过即使不考虑上段中的两点原因，即法规要求和帮助留住有利可图的顾客，也要考虑到这些顾客分担了

---

① 王春梅、马雪松、李永利：《网络营销理论与实务》（第二版），清华大学出版社，2022，第 34 页。

一些固定成本①，如果放弃他们，剩下的顾客就要分担更多固定成本，进而可能需要提价，这可能会进一步降低产品的市场竞争力。这笔账企业必须算算清。

如果企业不抓住这些"长尾"，它的竞争对手就可能抓住它们而获利。资源充足的大企业应尽量抓住它们。长尾效应客户中的一部分可能会成长、转变成较重要甚至重要客户，此过程可能伴随着行业服务重点的迁移而发生，也可能需要重视长尾效应的企业培养、促进之。这一迁移产生后，行业实际上被重塑了，重塑者则较有可能成为市场领导者或佼佼者。

为了有效应用长尾理论，企业的组织架构可能也须变革。海尔集团的战略实践就是一个典范——从传统的层级组织架构转型为充分扁平的、由大量小微企业组成的企业架构，或称创业生态系统。正是这些小微企业（甚至可能是海尔集团外部的创客组成的）方能更有效地应用长尾理论，更好地满足量大面广且散的客户的不同需求。

虽然每个小微企业只能为特定范围或特定类型的客户服务，但是把这些小微企业的力量积累起来（海尔就有 3000 多个小微企业）就是非常庞大的服务力量，不过协调、整合小微企业的难度也大于协调传统层级组织架构的难度。市场越接近完全竞争状态，越要重视小的利基市场，长尾理论也就显得越发重要。这也是海尔集团破釜沉舟式改革的意义，它给全球企业都带来重要启示和借鉴。

互联网企业的经营思维还包括去中心化、自组织、分布式、零距离、"痛点"等，这些思维（包括前述几种思维）中的大部分与中华传统文化比较契合，中国人采用它们应该如鱼得水。例如，平台思维、自组织思维、分布式思维与无为而治是相通的；中国人既喜欢繁复（如繁复的装饰、礼仪）也欣赏简约（简约思维），后者如宋徽宗的画、明清风格的家具、徽州或苏州的民宅外观；中国人追求大（规模思维）；长期而言、整体而言，中华文化具有包容、开放性；中国人更偏好共赢（平台思维），而不是零和博弈；中国人也擅长跨界（跨界颠覆思维），在古代不少从未打过仗甚至从未学过兵法的文官在国家危急时刻居然成为卓越的军事家，例如于谦；中国人关爱芸芸众生，心怀天下，还有大乘佛教的普度众生，契合关注长尾效应的理念。

"痛点"思维意味着创新，例如苹果体验店、"饿了么"、共享单车就是为克服现有产品或服务的不足应运而生的。

互联网思维也促使我们透过数据看世界，"互联网＋"使我国的巨量人口和劳动力优势进一步转化成创新优势。不少人曾以为十三亿多（过去的数值）人口是负担、累赘，会妨碍我国的发展，然而换一个思维、换一个态度，巨量人口就能成为巨大红利。我国发展的实际情况也清楚表明巨量人口是财富，没有这一财富，我国也不能取得让世界惊叹的成就。巨量人口也促进了美国、印度、印度尼西亚这些人口大国的发展，并且当今将人口与互联网的力量结合起来，相较过去能产生更大优势。

互联网思维也促使人们用新的眼光看待大数据，不一定像过去那样特别重视事物间的因果关系分析（分析得出的因果关系可能不可靠），而是用更宽广的视野看待大数据反映的事实，也就是相关关系。人们目前虽然不能清晰阐释某些相关关系的源头和本

---

① 尼尔·T. 本德勒、保罗·W. 法里斯、菲利普·E. 普法伊费尔等：《营销量化考核指标（第三版）》，人民邮电出版社，2020，第 141 页。

质，但它们确是客观存在。不能因为没有理论支撑就不相信事实，大部分理论都是人们基于事实，事后归纳、总结、抽象、提炼出来的。《大学》也讲了类似的道理：物有本末，事有终始。知所先后，则近道矣。

此处讲的是大数据反映的某些事实（相关关系），大数据又确保了其反映结果的普遍性。这些事实不是研究者用定量模型计算、拟合出的结论。关于后者，由于可能存在收集、处理数据的策略错误和操作错误，以及假设的逻辑、变量设计、度量指标设定、数学模型设计方面的错误，计算结论可能是错误的或有较大偏差。[1]

---

[1]　黄炜：《互联网公司的六种经营思维》，《江苏商论》2023 年第 5 期。

第 13 章

当前销售的重要方面
——电子商务

学习目标

- 理解电子商务与互联网营销的关系；
- 了解我国电子商务应用状况；
- 了解美国电子商务应用状况。

20 世纪 70 年代，电子商务的雏形——企业间电子数据交换和银行间电子资金转账出现。1991 年，美国政府允许向社会开放互联网，网上商业应用系统应运而生。1993 年，万维网得到了更多使用，可以支持多媒体应用。1994 年，杰夫·贝索斯创办全球第一家企业对顾客（Business To Customer，B2C）电子商务公司——亚马逊，一开始，名为 Cadabra，因看到互联网的潜力，贝索斯用孕育了无数种生物的亚马孙河为之重新命名。1995 年，皮埃尔·奥米迪亚创建了全球第一家顾客对顾客（Customer To Customer，C2C）电子商务网站——eBay，供收藏爱好者交流。1995 年以后，新的互联网应用形式不断涌现。

我国的电子商务起源于 20 世纪 90 年代初的电子数据交换。1993 年，我国成立信息化联席会议，政府组织实施"三金工程"。1998 年 3 月，我国第一笔互联网交易成功。1999 年"中国电子商务第一人"王峻涛创建我国第一家 B2C 网站——8848，该网站主要在线销售软件和图书，然而在 2000 年互联网泡沫破裂后于 2001 年倒闭。1999 年，马云创办我国第一家 B2B 公司，隶属于阿里巴巴（中国）网络技术有限公司，当年成立的电商① 网站还有携程网、易趣网（后被 eBay 收购，于 2022 年关停）和当当网。互联网泡沫破裂期间，阿里巴巴的处境也极其危险。2003 年"非典型性肺炎"暴发之后，我国电子商务开始爆发式发展。

电子商务主要分成三种模式。第一种是平台型电子商务，淘宝就属于此类型。第二种是垂直型电子商务，这类电子商务企业获得了某些品牌的代理权或经销权，例如优购网、有货网、酒仙网。第三种是混合型电子商务，特点是"自营＋店铺"，例如京东、聚美、乐蜂、亚马逊、当当、天猫。

现在电子商务发展得如火如荼，在许多国家把实体店打得难以招架——我国的情况就是一个代表。其中的原因有很多，从消费者购买体验的角度看，可以概括如下：电商平台不仅比实体店有诸多优势，而且在劣势方面，电商经营者也通过新技术、新经营模式、新方法（例如跨境线上线下商务模式，即 O2O 模式）等克服之，甚至转劣势为优势。优势越来越多，自然把更多的消费者吸引过去了。也可把电子商务视作第 8 章所讲"销售渠道策略"的一个方面，即互联网渠道。

13.1　一些电商平台为何常常能赢过实体店

作者是一个比较传统的人，以前极少使用网购方式，现在却被它吸引过来，经常在网上购物，反而极少去大超市、购物中心了。以前作者买好商品，回家后发现不称心，基本上都持将就的态度，不想麻烦去商店退换，网购时亦如此，勉强用用算了。这次我在唯品会网站买了一条裤子，收货后觉得不满意，决定不再忍耐，打开唯品会网站，点击退换货按钮。退货过程比我想象的简单许多，只有一个操作页面，选一下退货理由，可以是 7 天无理由退货，然后点击提交按钮，就结束了。申请退货的成功页面提醒我，

---

① 　为使论述简洁，更符合行业习惯，下文电子商务作定语时简称为"电商"。

无须向快递公司付费，还有"享受极速退款"字样。半小时左右，顺丰快递人员上门收货。一分钟左右，我的手机响了一下，原来是银行的提醒来了，唯品会果然极速把货款退回到我的账户。

快递员说，京东的退货流程也差不多，退款也极快。唯品会借力于顺丰，两家的信息系统联结，所以能"极速"、无缝。消费者把商品退到顺丰快递员手里，就等于交给唯品会了，因此才会快速收到退款。这两家企业形成战略联盟，相互高度信任，双方都能大大提高运营效率、降低运营成本。例如，顺丰向唯品会收取的服务费会大大降低，从而降低后者的成本，而顺丰在此战略合作中亦能大大增强规模效应（不管是整个企业还是单个快递员），从而也能降低运营成本（包括用工成本）并获得较大收益。毕竟，唯品会是大客户，给顺丰带来的业务量是相当可观的。与顺丰进行类似上述战略合作的还有其他企业，例如一些网上书店。

再回到原来的话题，电商经营者能带给客户如此棒的消费体验，包括退换货体验，那么原来的劣势——"看不见、摸不着（商品）"；客户不能与商家面对面，因而找不到他们、抓不住他们，他们就可以在售后服务方面不负责任、耍赖，这些劣势就会被淡化了。不过其他电商平台不一定能像唯品会和京东这样提供售后服务，然而基于电商平台整体的便利、优惠、商品极其丰富等优势，它们仍然可以赢过传统实体店。

与实体店相比，电商平台的这些劣势快速淡化，甚至逆转成优势，例如快捷、方便、足不出户就能购物并享受相关的服务（送货、安装等，不比实体店提供的少），还有 7 天无理由退货、先用后付款这样的超级待遇。其中有些体验，传统实体店基本上都不能提供。

受这些优势激励，消费者自然就更大胆、放心、开心地享受网购的好处了。例如，在服饰购买方面，消费者不但可以放心地在电商平台买衣服，也可以放心地买鞋和裤子，如果尺码、款式、颜色等不合意，可以方便地退换货。另外，电商平台展示商品的手段也越来越丰富、有效，例如利用大量高清照片，从不同角度展示，视频展示，乃至直播。借力于这些优势，电子商务的发展势头将会继续下去。

设想一下，消费者现在在实体店购物，而后回实体店退换货，可能还没有在电商平台进行退换货方便。且不说来回跑的麻烦，就是在店里、在柜台前，消费者大概率得跟售货员费很多口舌，即使如此，可能仍达不到目的。售货员一般会搬出一大堆婉拒理由。就算有的售货员答应退货，消费者大概也享受不到前述的"极速退款"服务，多是在后续流程中由商家财务部门或老板操作退款事项。

尽管退换货数量、概率会增加，但基于规模效应（大量客户、大量购买）及前述的高效运营体系（包括战略合作），电商经营者的损失在其可承受范围内。再说，也没有多少刁钻的客户故意跟商家找茬，因为这对客户而言并非增值过程，反而消耗其时间与精力。因此退换货的负面作用在商家的可控范围。对商家而言，整体上利大于弊，所以他们才敢提供这样的售后服务。

13.2　电子商务与互联网营销

电子商务和互联网营销既有区别又有联系，并且有较多的重叠。

电子商务的核心是电子化交易，内涵比互联网营销的更广，包括交易方式和交易全过程的各个环节（交易前、中、后）。电子商务不仅包括电子化交易，还包括实体交易或者说线下交易（过程）。

而互联网营销是以互联网为主要媒介和手段的营销活动，主要关注交易前的各种宣传推广以及交易后的服务及二次推广，不是完整的商业交易过程。

电子商务可被看作互联网营销的高级阶段，企业在开展电子商务前，可开展不同层次的互联网营销活动——作为传统商务和电子商务的基础和促进手段，也是电子商务的一个环节。

互联网营销和传统的参加展会、刊登广告等一样，是一种营销手段，与传统营销不同的是，它利用互联网传播信息和接收反馈，以促成营销目标的达成。互联网营销也是整体营销的组成部分。而电子商务是一种交易方式，是在互联网上完成交易的过程，产生需求、确认需求、双方洽谈、选择产品、决定购买、完成支付、购买评价等重要环节，都在互联网上完成。其中的一些环节（例如完成支付）以及线上的信息安全保障、线下配送、线上线下的法律保障往往不属于互联网营销范畴。

当下几乎所有的企业都需要互联网营销，但不是所有的企业都适合做电子商务，不开展电子商务的企业也可以使用互联网营销手段促进销售。不适合做电子商务的产品的特点有以下几个：

① 产品品质对买方的生产经营影响大，购买风险高；

② 产品无法标准化，需要定制；

③ 买方在使用产品的过程中高度依赖产品生产者或提供者。

例如，对标准化的、用于简单机械的粗加工的工业刀具，可以采用电子商务；而对加工精度要求高、加工条件复杂、被加工产品非常重要（如飞机和汽车发动机）的加工场合中的工业刀具，就不适合采用电子商务。这正是工业用品电子商务发展缓慢的重要原因。

个人购买昂贵商品时，例如奢侈品，也倾向于在实体店购买，以增加可靠性、降低各种风险。不过昂贵商品的内涵和外延会随时代变化，例如 2010 年前后，空调、冰箱、洗衣机仍算昂贵商品，即使淘宝、京东销售这些大家电，许多消费者仍然偏爱在实体店买；这几年，它们基本上已不算昂贵商品，因此网购者大大增加。高级餐馆考虑到食品口感、经营效率、品牌形象、口碑等因素，也不愿意涉足电子商务，而愿意做传统的坐商。不过受前几年的新型冠状病毒感染疫情影响，它们也进入电商领域，至于新型冠状病毒感染疫情基本上消失后，已经"触电"的大多数高级餐馆是否保留电商渠道和电商业务，还有待观察。保留或舍弃，各有利弊。

关于互联网应用情况的数据，参见第 12 章和附录中"2012—2019 年我国电商市场总体数据"部分。

案例 13-1

格力电器的电商之路

格力电器董事长董明珠说，以前不采用电子商务销售空调是因为无法保证其具有高标准的送货、安装、维修服务，到 2014 年其已具备这方面的服务实力。入驻天猫是格力电器触网第一步，销售绩效立竿见影——以天猫"双十一"的销售情况为例，2014 年 1.3 亿元，2015 年 2.5 亿元，2016 年 7 亿元。电商领域也可能出现 8.3 节论述的冲突，再加上为了更有效地经营，电商渠道多元化也是需要的，因此自建电商渠道是格力电器触网的第二步，2015 年，格力电器自己的"格力商城"上线。

为减少与线下渠道的冲突，格力电器及其他许多家电企业选择推出电商平台专供型号。电商平台上的订单会转到靠近消费者所在地的经销商，由当地经销商提货、送货、安装和提供售后服务。这既提高了效率，又可让传统经销商从电商领域分一杯羹——与电商经营者分成。格力电器有了电商渠道也并不会抛弃线下传统渠道，产品展示、营销服务都离不开实体企业。解决好线上线下渠道的利益分成问题后，冲突就大大弱化，还可以最大范围地接触消费者并提供优质服务。①

直播带货现在越来越火，崛起为电子商务最大的流量来源。开展直播带货就有免费流量，不开展就没有，就只能买昂贵的流量。商家直播已逐渐取代个人主播带货，成为未来直播带货的主流。

对电子商务和互联网营销，企业可以使用平台自带分析工具，也可以借助第三方互联网分析工具分析经营数据，或者把数据导出到本地电脑，用 Excel 或者专业数据分析软件进行特定分析。

13.3 电商平台、电商应用开发模式及电商经营模式

13.3.1 电商平台、电商应用开发模式

这里讲的电商平台不仅包含京东、天猫这样的公共平台，也包含各企业完全独立开展电子商务的载体，即电商网站。

1. 独立电商网站开发（网站原型开发和敏捷软件开发）

网站原型开发指先开发一个试验版本，通过交互、修改，完善网站。敏捷软件开发重视（网站用户和开发者）面对面交流，而不是需求规格说明书。

独立电商网站的优点主要体现在个性化、针对性方面，而这些优点又有利于提高网

---

① 朱国强、刘凤军：《格力 打造互联网渠道新格局》，《企业管理》2017 年第 2 期。

站运行效率，例如响应速度可能更快。因为上述个性化、针对性特点使这类网站无须兼顾用户不大会用到的某些功能（与电商平台形成对比），所以软件架构就能更紧凑、简洁，程序执行效率能更高。

2. 使用电商平台

相对于开发独立的电商网站，使用电商平台更便捷，投资也更少。使用电商平台有以下两种方式。

（1）使用淘宝之类的大型电商企业的平台开设网店，并使用平台的网店软件和功能——整体而言是标准化的。

（2）使用网站开发商的平台（包括服务器资源和网络资源），选购功能模块，使用标准的或（准）定制的电子商务功能，可以快速搭建自己的电商平台，也可以招募相关网店店主。国内的博科、商派、筑云等平台都提供这种服务。

13.3.2　电商经营模式

开展电子商务的企业，以网上零售平台、基于零售平台的网店以及基于实业的电商网站为主要经营模式，典型代表有天猫商城、京东商城（前两者是电商平台）、众多的淘宝网店、我买网（中粮集团旗下的食品购物网站）、苏宁易购、国美商城等（后三个例子都是基于实业的网上零售平台）。

为电子商务提供服务的企业主要可分为平台（即电商平台）数据类、金融支付类、物流服务类，典型代表是阿里巴巴、慧聪、百度、华夏邓白氏（邓白氏提供全球商业信息、商业数据、信用风险管理、供应商风险管理、合规风险管理服务）、中国银联、支付宝、国付宝（国付宝是具有国资背景的独立第三方支付平台）、顺丰快递等。应用电子商务的企业以原材料供应、生产制造、分销代理的企业为典型代表，例如淘宝网店、中粮集团、苏宁易购。

电商应用模式可按交易主体分成企业对企业（B2B）、企业对顾客（B2C）、顾客对顾客（C2C）和顾客对企业（Customer To Business，C2B）四种应用模式。C2B 指顾客向企业提出购买需求，可能是个性化需求，有"拉"的效果；或者指个人向企业销售产品或服务。B2B 的例子有阿里巴巴的全球速卖通、环球易购的环球华品网、敦煌网等，即使小企业也可借助它们与国际客户洽谈、交易。国家统计局数据显示，2018 年我国电子商务交易总额是 31.63 万亿元，其中 B2B 市场交易额占比近九成。B2C 的例子有亚马逊、唯品会、华为商城、格力商城等。

案例 13-2

阿里巴巴

阿里巴巴成立于 1999 年。2022 年，阿里巴巴在 200 多个国家和地区拥有 13 亿多活跃消费者。与亚马逊不同的是，阿里巴巴的收入主要来自交易佣金和广告——亚马逊拥有部分货物的所有权（自营模式＋第三方销售 ① ），而阿里巴巴是交易平台。

阿里巴巴为了让买卖双方更方便地交易，为客户免费提供阿里旺旺即时通信软件，买卖双方可通过阿里旺旺沟通，甚至成为朋友。然而阿里巴巴并不忌讳这一点，简析原因如下。阿里巴巴的交易平台管控和支付宝的第三方信用保障是买卖双方非常需要的，即使买卖双方已成为朋友；买方一般不愿局限于一个卖家，哪怕他们已成为朋友，而是喜欢或习惯到淘宝、天猫上搜索产品信息，货比多家；卖方也有类似的需求，需要平台上更多的买家光顾；淘宝、天猫上有海量客户（买家和卖家）也保证阿里巴巴的平台是不会被"旁路"（跳单、跳开）的。这就是电商平台与传统中介的重要区别，传统中介希望与买方、卖方占有不对称的信息，尤其在交易完成前不希望买卖双方直接接触。电商平台则追求去中间化，尽量使各种信息透明，以此作为吸引客户的价值与优势。

13.4　我国电子商务的应用状况

本节先介绍我国近几年电商市场的总体数据，再详细介绍近几年跨境电商市场数据。

13.4.1　我国近几年电商市场的总体数据

2021 年 5 月，网经社电子商务研究中心发布《2020 年度中国电商上市公司数据报告》，该报告显示，2020 年国内 70 家电商上市企业的营业收入总额达 26015.28 亿元，较上年同期的 22929.87 万亿元约增长 13.45%。2020 年，电商上市企业营业收入排名前十的分别是：京东 7458.02 亿元，阿里巴巴 5298.94 亿元，苏宁易购 2523 亿元，小米集团 2458.66 亿元，美团点评（生活服务类电商）1147.95 亿元，唯品会 1019 亿元，卓尔智联（产业类电商）727.69 亿元，贝壳找房（生活服务类电商）704.8 亿元，拼多多 594.92 亿元，上海钢联（产业类电商）585.21 亿元。未在括号里注释的都是零售类电商。

2020 年网络零售 B2C 市场交易份额如图 13-1 所示。

2021 年 7 月，中国互联网协会发布了《中国互联网发展报告（2021）》。该报告显示，2020 年，全国电商交易额达 37.21 万亿元。其中，商品类电商交易额是 27.95 万亿元，服务类电商交易额是 8.08 万亿元，合约类电商交易额是 1.18 万亿元。

商务部电子商务司发布的《中国电子商务报告（2021）》显示，2021 年，我国全国电商交易额达 42.3 万亿元，连续 9 年保持全球最大互联网零售市场地位。在细分市场中，全国网上零售额达 13.09 万亿元，同比增长 14.1%；全国农村网络零售额为 2.05 万亿元，同比增长 11.3%；跨境电商进出口总额达 1.92 万亿元，同比增长 18.6%。

---

① 2020 年亚马逊的商品总销售额约 4750 亿美元，包括第三方在亚马逊平台上的约 2950 亿美元销售额和亚马逊自营的约 1800 亿美元销售额。2020 年亚马逊在《财富》全球 500 强中排名第 9。京东也有自营业务；eBay 无自营业务。

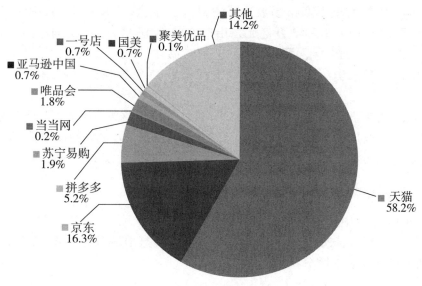

图 13-1　2020 年网络零售 B2C 市场交易份额

13.4.2　我国近几年跨境电商市场数据

中国电子商务研究中心发布的《2018 年度中国跨境电商市场数据监测报告》显示，2018 年，我国跨境电商交易规模达 9 万亿元人民币（见图 13-2，占全国进出口总额的 30%），同比增长 11.6%。其中出口跨境电商规模 7.1 万亿元，占比为 78.9%；进口跨境电商规模 1.9 万亿元，占比为 21.1%；跨境电商 B2B 交易占比达 83.2%，跨境电商 B2C 交易占比达 16.8%。2018 年，中国跨境支付行业交易规模达 4944 亿元，同比增长 55.03%。

2013—2018 年我国跨境电商交易规模见图 13-2。

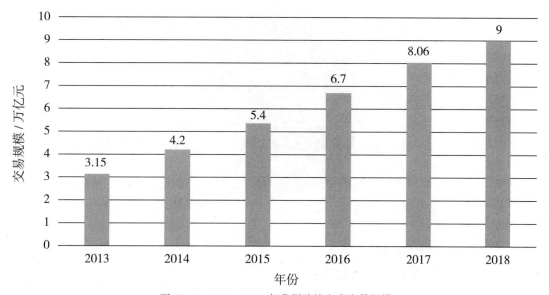

图 13-2　2013—2018 年我国跨境电商交易规模

《2019 年度中国跨境电商市场数据监测报告》显示，2019 年，我国跨境电商市场规模达 10.5 万亿元（进口 2.47 万亿元，出口 8.03 万亿元），占我国进出口总额 31.54 万亿元的 33.29%。2019 年，我国跨境电商交易中，B2B 交易占比达 80.5%，B2C 交易占比为 19.5%。2019 年，中国跨境支付行业交易规模达 7500 亿元，同比增长 51.69%。

网经社电子商务研究中心发布的《2022 年度中国电子商务市场数据报告》显示，2022 年中国跨境电商市场规模达 15.7 万亿元，较 2021 年的 14.2 万亿元同比增长 10.56%。其中 B2B 交易占比达 75.6%，B2C 交易占比 24.4%，上述比例仍是 2022 年的数据。

1. 出口电商市场数据

根据《2018 年度中国跨境电商市场数据监测报告》统计，2018 年中国出口电商品类分布如图 13-3 所示，2018 年中国出口跨境电商卖家地域分布如图 13-4 所示，2018 年中国电商出口国家及地区分布如图 13-5 所示。

图 13-3　2018 年中国出口电商品类分布

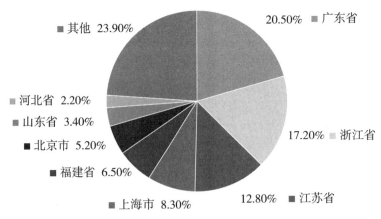

图 13-4　2018 年中国出口跨境电商卖家地域分布

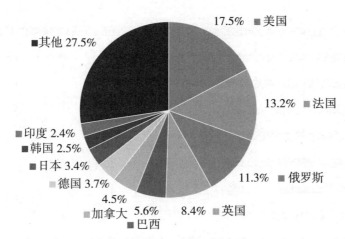

图 13-5　2018 年中国电商出口国家及地区分布

2. 进口电商市场数据

当前中国进口电商的商业模式各异，主要包括以下几种。

① 海外代购模式（属于 C2C 模式），包括海外代购平台代购与朋友圈海外代购，选择丰富，价格优势显著，但在一定程度上属于灰色营销，例如避税，有一定风险，包括售后服务风险等。

② 生产企业对顾客（Manufacturer To Consumer，M2C）电商模式。

③ 自营 + 平台 + 海外直采模式。

④ 自营 + 招商 + 承保生产线（与生产企业合作）+ 类保税店（实体店）模式。

⑤ 直发或直运平台模式：电商平台把收到的订单信息发给品牌持有企业、批发企业或生产企业，由后者直接向顾客供货。

⑥ 自营 B2C 模式，又分为综合型（例如亚马逊、1 号店）和垂直型（经营某一品类）。

⑦ 导购或返利平台模式。

⑧ 海外产品"闪购特卖"模式，即特定时间的优惠活动。

⑨ 跨境线上线下商务（Online To Online，O2O）模式，实体店与电商结合，线上线下同步销售，售后服务有保证。实现形式包括：在机场设提货点，例如韩国乐天免税店、天猫国际的做法；在保税区 ① 开店，例如美市库的做法；在市区繁华地段开店；与实体店合作。

2018 年中国进口跨境电商用户主要地区分布如图 13-6 所示。2013—2018 年中国跨境网购用户规模如图 13-7 所示。

---

① 保税区（英文表述有 Bonded Area，The Low-tax，Tariff-free Zone，Tax-protected Zone）具有国际中转、国际采购、国际配送、国际转口贸易、商品展示、出口加工、口岸等功能，例如外高桥保税区、浦东机场综合保税区、汕头综合保税区。

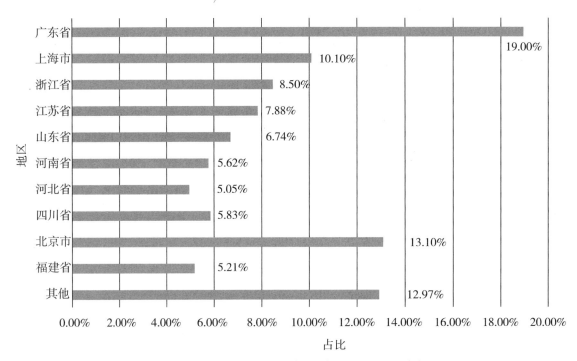

图 13-6　2018 年中国进口跨境电商用户主要地区分布

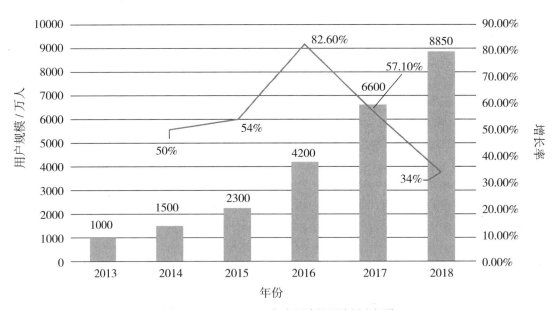

图 13-7　2013—2018 年中国跨境网购用户规模

　　网经社电子商务研究中心的监测数据显示：2018 年，我国跨境网购用户集中在 25～35 周岁的青年群体，占比达 56.3%；19～24 周岁的跨境网购用户占比达 20.2%；36～40 周岁的跨境网购用户占比达 17.8%；而 18 周岁及以下以及 41 周岁及以上的跨境网购用户只占跨境网购总用户的 5.7%。2018 年，我国跨境网购用户中，男性约占 14.7%，女性约占 85.3%。

2018 年，我国跨境网购用户最爱购买的前十个品类是：美妆护理、鞋靴服装、饰品箱包、母婴用品、家居用品、运动户外、食品、数码家电、生鲜水果、保健品。

近年来，国内大量保税区建成，个人商户或者跨境电商平台根据用户需求，将热卖的商品事先进口到国内保税区。消费者对上述商品在电商平台下单后，保税区物流部门可以快速发货，大大缩短了时间，并且降低了物流成本——进入保税区之前的物流环节是集中运输，相比个别商品的进口运输而言，可以大大降低成本。这属于保税备货模式，先有国际物流与备货，后有订单，是 B2B2C 方式（第一个 B 是国外企业，第二个 B 是跨境电商企业，C 指消费者）。这样的模式与国内的网购几乎没有差别，潜力巨大。

3. 其他方面

《2018 年度中国电商上市公司数据报告》显示，2018 年，跨境电商上市企业的总营业收入达 468.12 亿元，营业收入排名是：跨境通 215.33 亿元，联络互动 139.89 亿元，华鼎股份 66.02 亿元，广博股份 20.48 亿元，兰亭集势 15.3 亿元，天泽信息 8.95 亿元，新维国际 2.15 亿元。2018 年跨境电商上市企业的净利润排名为：跨境通 6.22 亿元，华鼎股份 2.6 亿元，天泽信息 0.24 亿元，新维国际 –0.72 亿元，兰亭集势 –4.02 亿元，联络互动 –6.68 亿元，广博股份 –6.77 亿元。

跨境电商正成长为推动中国外贸增长的新动能。为加快跨境电商发展，2018 年，国务院在 22 个城市设立跨境电商综合试验区。近年来，中国已成为电子商务和移动商务强国，迅速发展成为全球最大的在线销售市场。2019 年 1 月 1 日，《中华人民共和国电子商务法》开始施行。2022 年 2 月，第六批跨境电商综合试验区发布，至此，全国已在 132 个城市和地区建设了跨境电商综合试验区。选择 B2B 商业模式的企业大多是服务商（目前，生产资料、设备等商品更适合线下交易），但也很适合软件公司、办公家具等方面的供货商，及文档托管企业等。相较于 B2C 商业模式，B2B 商业模式通常需要更多的启动资金。

13.5　美国电子商务应用状况

2017 年 1 月 27 日，总部位于西雅图的亚马逊（创建于 1995 年）市值达 3983.79 亿美元，超过了美国排名前八的传统实体零售商市值的总和。这八大传统实体零售商分别是沃尔玛、Target、西尔斯百货（Sears）、诺德斯特龙（Nordstrom）、梅西百货（Macy's）、科尔士百货（Kohl's）、JCPenney 和百思买（Best Buy）。亚马逊一度成为全球最大的网络零售商，第二大互联网公司，仅次于谷歌。上述传统实体零售商也都开设了电子商务，例如近几年（2020—2022 年）沃尔玛的电商业务规模超过 eBay，在美国排第二，仅次于亚马逊。

美国是全球第二大电商市场，其电商销售额约为中国的三分之一。2019 年，美国电商销售额达 6020 亿美元，约占销售总额的 11.3%（数据来源：雨果跨境）；2020 年，美国电商销售额达 7900 亿美元，约占销售总额的 14%。在此前的十年里，美国电商销售额平均每年增长 15%。美国商务部发布的数据显示，2022 年美国电子商务销售额达 1.03 万亿美元，同比增长 7.7%。

图 13-8 为 2021 年美国十大电商网站市场占有率。

❶	amazon	Amazon	全品类	40.4%
❷	Walmart	Walmart.com	全品类	7.1%
❸	ebay	eBay	全品类	4.3%
❹		Apple	电子产品	3.7%
❺	百思买	BestBuy.com	电器、电子产品	2.2%
❻	TARGET	Target	全品类	2.2%
❼		The Home Depot	家居家具	2.2%
❽	Kroger	Kroger	超市	1.7%
❾	COSTCO	Newegg	超市	1.6%
❿	wayfair	Wayfair	家居	1.5%

图 13-8　2021 年美国十大电商网站市场占有率

Statista 的调查显示 2021 年美国有 2.63 亿电商用户，渗透率是 77%；2022 年，有 2.68 亿电商用户。

本土电商的成熟发展导致美国的跨境网购者数量相对较少，只有 34% 的美国网购者跨境网购，最受欢迎的海外市场依次是中国、加拿大和英国。美国本土电商平台大多支持国际卖家进驻，亚马逊、eBay、沃尔玛的电商平台上都有大量的中国卖家，构成了多元化的电商市场。

中国卖家进入美国市场时首选的 B2C 平台就是亚马逊，而亚马逊对入驻卖家的要求相对也较高，对产品品质和品牌都有要求，手续也比全球速卖通等平台的复杂一些。需要有一台计算机专门登录亚马逊账号，一台计算机只能登录一个账号；需要配备一张美国本土银行卡，亚马逊店铺的销售额在亚马逊自身的账户系统中，要把钱提出来，必须有美国本土银行卡。沃尔玛电商平台美国站的入驻门槛很高，需要有美国商业地址且年营业收入不少于 50 万美金（资料来源：上海百次方科技有限公司）。

美国的电商公司使用较多的社交媒体平台依次是脸书（94%，指使用该媒体的电商公司占调研对象整体的比例，下同）、推特（93%）和 Instagram（91%）。Instagram 是卖家们发布内容最活跃的平台，而推特多被作为品牌发布信息的渠道，发布产品广告的频次较低，现在也有 B2C 电商平台正与推特合作，发布产品广告。美国数字广告市场的收入（801.8 亿美元）几乎是中国市场（439 亿美元，这两个收入数据是 2021 年的调研数据）的两倍，这意味着其在线广告市场处于饱和状态，这使美国电商网站的运营变得艰难。例如，网站横幅广告在美国的平均展示时间是 44 秒，而全球平均水平是 58 秒；美国的付费搜索点击率仅为 0.9%，而全球平均水平是 1.4%。

　　中国是全球第一大电子商务国家，例如在 2016 年，中国的移动支付规模是美国的 50 倍，移动食品电商销售额是美国的 10 倍。利用这些丰富的数据资源，中国的无人机、计算机视觉、语音识别、语音合成和机器翻译等领域，成为高价值创业企业的发展方向。[①]

　　有人认为中国的电商、移动支付等比美国等西方国家发达不是好事，因为会减少就业。此想法不妥，有更先进的技术和生产方式，就应该充分利用之，"三个代表"重要思想提出，我们党要始终代表中国先进生产力的发展要求，这是中国共产党、社会主义的优势。至于替代掉的就业者，可以往新行业、新岗位发展。应持变革、发展的理念，不应过于谨慎、保守。

　　当前电子商务呈现去中心化现象，主要在销售主体和渠道方面去中心化。现在和未来，电子商务不一定再以大零售企业或大电商平台为中心，而是以人为中心，人人都可能成为卖家。[②]社交电商就是表现形式之一。淘宝直播间的主播、抖音红人、微博大 V、影视明星及其他娱乐明星和主持人、企业负责人、政府官员，都可以成为一定范围的销售主体，销售主体分散化（消费者跟着他们）。电子商务以前是以商品为中心，现在也以消费者为中心，智能推荐、社交电商等会为消费者找商品和供应商。

---

　　① 李开复：《AI·未来》，浙江人民出版社，2018，第 5 页。
　　② 范小军：《全渠道营销：后电商时代新常态》，清华大学出版社，2022，第 20 页。

第 14 章

国际营销

学习目标

- 理解国际营销与本土化策略的关系；
- 了解一些国家和地区的市场环境；
- 理解社会文化因素对国际营销的影响。

国际营销已成为一个趋势，尤其成为大企业的追求。例如，2021 年年底，麦当劳在约 120 个国家和地区开设了 40000 多家连锁餐馆，每天服务约 5800 万名消费者（另一说达 6500 万名），65% 以上的收入来自海外市场。早在 2007 年，华为和中兴通讯的国外市场销售额占总销售额的比重就分别达到 72% 和 58%，2008 年华为的国外收入比例上升到 75%，近几年，受国际环境影响，这一比例呈下降趋势。

面向国际市场的企业并不一定是大企业，中小企业也可以实现全球销售。例如，创立于 1888 年的李锦记是一家广为东亚人及全球华人熟悉的食品生产商，李锦记的产品被销往 100 多个国家，该企业还在全球推广中式饮食文化。小型企业进入国际市场的速度正变得越来越快，其原因有以下几个。

（1）当今，经济全球化和信息化的发展，使资源及生产要素跨国流动的障碍越来越小。

（2）国内分销商的关系网络拓展，小企业的本土客户进行全球扩张，以及小企业可以高效地建设自己的营销网站（参见 13.4.2 小节中《2018 年度中国跨境电商市场数据监测报告》的一些数据）。

（3）经济全球化促使企业，包括小企业，在全球范围配置资源及其他生产要素。

有些小企业在诞生之初，就被定位为国际化经营企业。

如果国内市场足够大，很多企业会选择仅在国内经营。因为经理们不需要学习其他语言和法律，不必面对汇率波动的风险，以及他国政治和法律方面的差异性和不确定性，不必重新设计产品以适应不同国家和地区市场的需求和期望，经营会更容易、更安全。因此，对有些企业而言，国际营销是不得不采取的选择，有被动成分。很多企业的管理者仍然会采取国内优先的经营方式。国内业务往往是企业生存和发展的基础，好高骛远地发展国际业务可能给企业带来困境。联想集团在 2008 年国际金融危机中就深深体会到这一点：尽管亚太地区的业务很健康，但欧美地区的业务严重拖累整个集团的业绩。联想集团迅速调整经营战略，仍旧以亚太地区为中心，尤其把国内业务放在中心位置，才扭转了企业危险的形势。TCL 科技集团在这方面的教训也是深刻的。海尔集团的思路是：无内不稳，无外不强。

微观层面如此，宏观层面亦如此。新冠疫情、贸易保护主义、单边主义、民粹主义、地缘政治对抗等都对经济全球化产生了不小的负面影响，所以我国构建以国内大循环为主体、国内国际双循环相互促进的新发展格局。在这样的背景下，企业的国内、国际经营策略和规划也需要调适。

企业进入国际市场有四种方式。

（1）出口，包括直接出口和出售给本国代理商的间接出口，沃尔玛等零售商和贸易企业就是这样的代理商。

（2）采用合同制进入，包括许可证贸易、特许经营和合同生产方式——可能培养出未来的竞争对手。

（3）直接在国外投资，建独资或合资公司。

（4）以战略联盟的方式进入国际市场。

不管采用哪种进入方式，在营销时都可考虑借助一些平台的力量。做广告时借助东道国媒体的力量，销售时借助东道国或国际性的销售平台，包括阿里巴巴的 B2B 和 B2C 平台、亚马逊、eBay 以及诸多国家的特色平台。

海尔集团在进行国际化经营时遵循一条原则——先有市场，后有工厂，即先采用出口方式进入国际市场并进一步开发，当出口量达到在东道国设厂的盈亏平衡点时再设厂。所以海尔集团的国际化经营比较稳健。

国际营销与国际贸易有不同之处也有相通之处，明显的不同之处是国际营销的商品或服务转移不一定跨国界，例如某公司在境外的子公司进行的营销，而国际贸易的商品和服务必然跨国界。即使是上述情况，营销活动本身也仍然有跨国界性质。另外，国际营销主要指售出，而国际贸易往往有出口有进口。

14.1　结合国际营销与本土化策略

成功的营销是地域性的，国际营销也需要本土化。在可口可乐风靡全球之时，可口可乐公司的经营者保持了清醒的头脑，不一味传播、销售美国观念。可口可乐公司在1999年就聘请中国明星拍广告，这就很明智，因为中国消费者不一定熟悉可口可乐欧美广告中的明星，如果仍使用聘请欧美明星拍的广告，影响力会打折扣。可口可乐公司的本土化措施甚至包括在西班牙把可乐和酒混合，在日本发明了一种有啤酒口味的碳酸饮料。

在中国市场，星巴克推出了星巴克月饼、星冰粽、中式星巴克茶、蔬菜豆腐卷、生肖储蓄罐和随行杯等。

 案例 14-1

传音公司在国际化进程中采取本土化策略

2008年，传音公司在进军非洲时采取本土化策略解决了该地区市场的若干痛点。因跨网通信资费昂贵，当地人持有多张电话卡，不得不在同一手机上频繁切换电话卡。传音公司在非洲推出第一款双卡双待手机，风靡尼日利亚，后又推出四卡四待手机。主流手机在为非洲当地人拍照时因其肤色较黑容易成像模糊。传音公司攻关开发出能准确聚焦、为当地人拍出清晰照片的手机照相功能。非洲用电很不方便，传音公司推出了"续航"长达一个月的电池，为用户节省了充电开支和时间。针对当地人喜欢跳舞的特点，传音公司提供大音量扬声器，推出防灰尘显示屏，支持当地语言，这些都完善了用户体验。

企业除了须关注产品或服务的本土化，还须关注供应本土化、人才本土化等方面。用一句话概括就是：采用国际化思考方式或国际化战略与本土化策略。如果本土化策略运用不当，即使跨国大公司在国际上也不一定具备竞争优势。

例如微软的MSN Messenger不得不退出中国（微软未重视中国用户的手机应用需求，迟迟未开发MSN Messenger的手机应用），而它的强大对手——腾讯的QQ，却在当时占据中国即时通信软件市场的绝大部分份额。继而，腾讯又推出另一个王牌产品——微信，不但风行中国，还流行于海外华人圈甚至外国人的圈子。

亚马逊中国（前身是中国国内的卓越网）在与淘宝、天猫、京东的竞争中长期处于下风，甚至不得不借用天猫平台。上述中国本土企业提供的不只是产品，还有遵循、尊重本土文化和习惯的理念和风格。

谷歌、Groupon 等企业在中国经营时不愿本土化（产品本土化、经营风格本土化等，一个可能的原因是傲慢，以为他们的产品能全球通吃），或者本土化不充分，成了中国创业者的重要机会。在人工智能时代，本土化经营的要求更高、更强烈，因为深度学习算法需要本土数据的训练，业务经营也需要适应当地市场需求。产品与服务本土化不是一件容易的事，常常需要持久的调研、适应与改进，也需要真诚的服务态度。

美国网络招聘巨头 Monster 收购中华英才网后，急于求成，对中华英才网的改革动作频繁，很多政策和想法却无法落地，导致其走下坡路。后又不顾中华英才网的实际状况和中国招聘市场的现状，生搬硬套美国模式，套用美国系统，导致中华英才网的经营进一步滑坡，最后被 58 同城收购。

美泰公司花巨资在上海建芭比娃娃旗舰店，两年后，它默默地关掉此店。因为芭比娃娃的性感、时髦形象不符合中国家长和孩子的审美标准，且其价格也过于昂贵。

外国企业在中国营销，既要适当调整原有策略，迎合中国市场（例如麦当劳、肯德基当前的策略①），又不能失去品牌原来的味道，过度中国化、失去洋腔洋味会适得其反。反过来，中国企业到国外营销时也要注意此点。

国际营销中，如何平衡原产地营销策略、原产地品牌与在东道国的本土化策略的关系？须因地制宜。例如，美国的安海斯–布希（Anheuser-Busch）公司和米勒酿酒公司在欧洲销售清爽型啤酒，就不大受欢迎。很多欧洲人不喜欢酒精含量低的啤酒，认为美国啤酒"兑过水""毫无味道"。安海斯–布希公司在欧洲为了改变"清爽型"形象，在营销过程中大力宣传美国形象、美式理念，但未能获得预期回报。米勒酿酒公司则采用去美国化策略，在莫斯科附近建厂，使用为欧洲定制的广告，市场份额显著增长。

由上例可见，美国品牌在欧洲并不是那么受人尊崇，一个重要原因是，美国与欧洲的部分国家都是发达经济体，发达国家的居民不会盲目崇拜美国品牌。而发展中国家乃至转型经济国家的居民可能比较崇拜欧美发达国家的品牌，因此欧美企业在这些地区可较多保持原产地品牌形象（但在营销策略方面还应较多体现本土化特色）。

此点可解释为何同款苹果手机在中国、印度卖得比在美国还贵许多；相对而言，在印度的价格又比中国的贵不少，因为印度的手机产业远不如中国的强大。

14.2 一些国家和地区的市场环境

1950—2021 年非洲、亚洲、欧洲、拉丁美洲、北美洲、大洋洲分别贡献世界人口增量的 21.8%、61.0%、3.7%、9.0%、4.0%、0.6%。联合国发布的《世界人口展望

---

① 麦当劳、肯德基在中国营销时，一开始固守原有策略，在感受到本土产品的激烈竞争后，才开始采取本土化策略，例如在中国提供中国的传统食品。

《2022》显示，2022 年，人口超过 1 亿的国家有中国、印度、美国、印度尼西亚、巴基斯坦、尼日利亚、巴西、孟加拉国、俄罗斯、墨西哥、日本、埃塞俄比亚、菲律宾和埃及。这里面有一个比较有趣的对比是孟加拉国和俄罗斯，前者的国土比后者的小得多，但人口却超过了后者。

14.2.1　部分新兴市场国家的市场环境

不同的国家和组织对新兴市场国家的名单有不同的定义。下文仅介绍部分新兴市场国家的市场环境。

1. 巴西

外交部数据显示，巴西的总人口为 2.03 亿，排名拉美第一、世界第七。黑白混血种人占 45.35%，白种人占 43.46%，黑种人占 10.17%，黄种人和印第安人等占 1.02%。约 50% 的居民信奉天主教，31% 的居民信奉基督教福音教派。巴西人是天生的乐观主义者。官方语言是葡萄牙语。

据巴西地理统计局统计，巴西国土面积约 851.04 万平方千米，排全球第五，耕地资源丰富。巴西原材料资源丰富，铁、铜、镍、锰、铝矿储量居世界前列，该国开采、经营铁矿石等资源的淡水河谷公司全球闻名。巴西的咖啡、香蕉、木薯、大豆、可可产量在全球名列前茅。巴西在发展生物能源方面积累了丰富的经验，例如用甘蔗提炼酒精驱动汽车。

巴西也有营销障碍，被称为"巴西成本"：物流成本占 GDP 的 12%，比美国高 4%（不过也要认识到此比例是经济结构比例，不能视同运输成本的高低比较，我国的这一比例近几年达 15%，这是因为货物运输量远大于多数国家的，发达国家的服务业占比较大）；集装箱装卸费用是印度的 2 倍，耗时是中国的 3 倍多；严格的劳工法使很多经济活动转入地下，据麦肯锡估计，地下经济量约占巴西 GDP 的 40%，解决了大约一半的城市就业。

2. 俄罗斯

外交部数据显示，俄罗斯人口为 1.46 亿，有 194 个民族，俄罗斯族人口占 77.7%，民众主要信仰东正教，其次为伊斯兰教。

俄罗斯的森林覆盖面积占国土面积的 65.8%，居世界第一位；木材蓄积量居世界第一位；天然气已探明蕴藏量占世界探明储量的 25%，居世界第一位；石油探明储量占世界探明储量的 9%；煤蕴藏量居世界第五位；铁、镍、锡蕴藏量居世界第一位；黄金储量居世界第三位；铀蕴藏量居世界第七位。

由于俄乌冲突等国际形势的巨大变化，俄罗斯 2022—2024 年的天然气出口在全球第二至第四间波动，2022 年俄罗斯是第二大石油出口国（第一大石油出口国是沙特），在 2020 年、2021 年分别是第二、第三大钢铁出口国。2009 年后俄罗斯经济增长乏力，根据世界银行 2024 年发布的最新统计数据，2019 年俄罗斯的国内生产总值在世界经济中只占 1.94%。俄罗斯的基础设施建设不佳，劳动力人数不断下降。俄罗斯经济的威胁隐藏在政治中，从俄乌冲突可以看到，不良的国际关系和严峻的国际环境也是俄罗斯经济发展的重大障碍。2022 年，其人均国内生产总值为 15270.7 美元。

2014 年中国是俄罗斯的第五大出口国、第一大进口来源地。2018 年中俄双边贸易额突破 1000 亿美元。2019 年，中俄双边贸易同比增长 2.5%，达 1107.57 亿美元，中俄贸易占俄罗斯外贸总额的比重增至 16.6%。2022 年中国连续 13 年成为俄罗斯第一大贸易伙伴国。2022 年中俄双边贸易额 1902.72 亿美元，同比增长 29.3%。2016—2018 年，俄罗斯连续三年超过沙特成为中国的第一大原油供应商。2021 年俄罗斯是中国的第九大贸易伙伴，2023 年俄罗斯是中国的第六大贸易伙伴。2023 年 1—9 月，中俄双边贸易额 1764.16 亿美元，同比增长 29.5%。

俄罗斯经济尚未摆脱资源依赖的结构，2020 年，在俄罗斯出口商品中，矿产品占 51.19%，金属和金属制品占 10.37%，贵金属和宝石占 9.03%，食品和农产品占 8.80%，木材和纸浆及纸制品占 3.68%，化工产品占 7.11%，机械设备和车辆占 5.73%，俄罗斯在全球产业链中扮演着原材料供应者的角色。随着"页岩气革命"和碳中和的到来，俄罗斯能源出口也将遇到越来越多的挑战。[①]

3. 印度

国际货币基金组织数据显示，2023 年，印度人口约 14.4 亿，人口偏年轻化，是大经济体中人口最年轻（2021 年，年龄中位数是 27.9 岁[②]）的国家。全球 25 岁以下的人口中，约有 1/5 生活在印度。但不能基于中国的情况和思维思考印度，必须认识到在印度使用人力资源、征地等都可能有不小的麻烦。印度的官方语言是印地语和英语。约 80.5% 的居民信奉印度教，约 13.4% 的居民信奉伊斯兰教。印度的国土面积居世界第七位，资源丰富。印度实行议会民主制。

印度的软件业、制药业（电影《我不是药神》就讲印度某药企仿制瑞士的白血病药，药效相同，价格却便宜得多）处于国际领先水平。印度的孟买及周边和班加罗尔地区的人相对富裕。大企业有米塔尔、塔塔集团等。印度的改革始于 20 世纪 90 年代早期。印度的基础设施不够完善，财政赤字居高不下。

2014 年，《印度时报》《印度斯坦时报》等媒体称，中国取代阿联酋和美国，成为印度的最大贸易伙伴，2017—2018 财年及 2020—2021 财年，中国也是印度的第一大贸易伙伴。《印度斯坦时报》报道，2021—2022 财年美国超越中国，成为印度的第一大贸易伙伴，2022—2023 财年美国仍是印度的第一大贸易伙伴，中国位居第二。

4. 印度尼西亚

印度尼西亚是世界上第四大人口国[③]（2023 年 12 月人口总数为 2.81 亿）和穆斯林人口最多的国家。印度尼西亚由 17000 多个岛屿组成，是最大的群岛国家。印度尼西亚南北连接大洋洲和亚洲，马六甲海峡就位于苏门答腊岛与马来半岛之间。

---

① 冯玉军:《中俄经济关系：现状、特点及平衡发展》,《亚太安全与海洋研究》2021 年第 3 期。
② 墨西哥的年龄中位数是 27 岁，中国的是 35 岁，日本、德国和意大利的则是 43～45 岁。
③ 第三大人口国是美国。

14.2.2　其他地区与国家简介

1. 非洲

非洲的国家间具有高度异质性。非洲的矿产资源富饶，自然条件优越，森林、草原面积极其辽阔。农业是非洲最大的生产部门，盛产可可、棕榈油、咖啡、棉花和木薯等。非洲的经济发展水平低，经济结构单一，工业相对落后。《2023 年最不发达国家报告》指出，全球最不发达的 46 个国家中有 33 个在非洲。可把非洲分为东非地区、南非地区、西非地区、北非地区和中非地区。受益于石油资源，北非地区的部分国家相对富裕。

波士顿咨询集团把非洲 8 个最强大的经济体称为"非洲雄狮"，它们是：阿尔及利亚、博茨瓦纳、埃及、利比亚、毛里求斯、摩洛哥、南非和突尼斯。尼日利亚是非洲最大的国家，2024 年人口为 2.27 亿。

很多分析家认为，非洲是投资成本最低、获利机会最佳的地区。因此我国（包括国企、民企和政府）也在非洲大力投资。

2. 中东

中东一般指欧、亚、非三大洲连接的地方，主要是亚洲西部一带。该地区的大多数人是阿拉伯人，波斯人也占相当大的比重。中东人热情、友好、具有集体意识，擅长讨价还价，在商务关系方面喜欢由可信赖的第三方搭桥，个人关系、相互信赖和尊重是中东人建立良好商业关系最重要的因素，甚至可以说中东商人是与个人而不是公司做生意，在重视关系方面甚至超过中国人。

沙特《经济报》2022 年 7 月 11 日援引全球十大产油国储量以及沙特能源部和欧佩克数据报道：截至 2021 年年底，沙特已探明石油储量 2671 亿桶，占全球已探明石油储量 15450 亿桶的 17.3%，仅次于拥有 3035 亿桶的委内瑞拉，位居第二；占中东国家总储量 8696 亿桶的 30.7%。

3. 拉丁美洲和加勒比地区

拉丁美洲和加勒比地区是指美国以南的美洲地区，共 33 个国家和若干地区。拉丁美洲和加勒比地区河流众多，水力资源丰富；海岸线绵长，渔业资源也非常丰富。南美洲与非洲的地理环境比较相似，多由高原、山地、森林覆盖，阻碍了经济发展。拉丁美洲和加勒比地区的平均关税在 10% 左右。拉丁美洲和加勒比地区的商业环境也有一些不足：治安不佳；腐败严重；工会战斗性很强，罢工时常发生。

4. 欧盟

世界银行数据显示，2020 年，欧盟人均地区生产总值约为 3.44 万美元，2022 年为3.74 万美元。

欧盟是重要的经济体，随着欧盟东扩，其市场规模还将继续扩大，其市场一体化也为营销者创造了巨大市场。欧盟国家在时尚潮流、音乐、电视节目等方面出现了很大的趋同性。

欧盟统计局的信息显示，2014 年欧盟的最大货物贸易伙伴国是美国，第二大货物贸易伙伴国是中国（2022 年的排名依然如此，同年，欧盟也是中国的第二大货物贸易伙伴），其次是俄罗斯和瑞士。俄乌冲突使俄罗斯与欧盟的贸易量迅速降低。2020 年欧盟的最大出口国是美国，其次是英国、中国；最大进口来源国是中国，其次是美国、英国。

5. 日本

尽管日本的森林面积占陆地面积的 67.7%，但日本的木材自给率仅为 20% 左右，日本是世界上进口木材最多的国家（传统建筑使用木结构比较多）。农业用地面积小，农业生产的集约化程度很高，粮食自给率很低。日本的山地与河流较多，水力资源丰富；海洋渔业发达，常年捕鱼量位居世界前列。日本除了煤、锌有一定储量，绝大部分矿产资源依赖进口。日本拥有世界一流的制造业，在微电子、半导体、节能、环保等许多高科技领域处于世界领先地位。

与西方大多数发达国家相比，日本虽然是一个相对节俭的国家，但日本人还是把大部分的国民收入用于消费，对奢侈品、高科技产品、时装、卫生保健品和金融服务产品的需求很大，耐用消费品的淘汰速度比西方国家的更快，并且日本人不喜欢买二手货。日本消费者是非常挑剔的，他们需要好产品和好服务；大多数日本人认为，本国产品的质量是最好的；对外国企业有一定的抵制，日本政府也有贸易保护的习惯。日本民族单一，移民少，这使日本市场具有较明显的同质性。日本的银发市场为国际营销者提供了广阔的空间。

日本的（商业）礼节非常正式，外国人进入日本市场必须熟悉这些礼节，例如鞠躬的学问，参见动画电影《千与千寻》《龙猫》等。日本的分销系统雇用了大约 20% 的劳动力，该系统非常复杂、昂贵、不易操作，被认为是外国企业进入日本市场的一个巨大障碍。日本人学习西方语言的风气不盛。

6. 加拿大

加拿大是联邦制国家，由 10 个省和 3 个地区组成，各省有独立的立法机关。加拿大人主要为英国、法国等欧洲后裔（先后被法国、英国殖民），土著居民约占 5%。英语和法语同为官方语言。居民中，信奉基督教的约占 67.3%。移民政策宽松。加拿大是西方七大工业国之一。

加拿大农业发达，是全球主要的农产品生产国和出口国之一。加拿大外接三大洋，内拥五大湖，是世界上最主要的渔业国之一（日本、挪威也是），其 85% 的水产品用于出口。加拿大森林资源丰富，是全球最大的木材、纸浆和新闻纸出口国；矿产资源丰富。加拿大经济严重依赖对外贸易，对美国经济的依赖尤其严重。美国是加拿大最主要的贸易顺差来源地，其贸易逆差主要来自中国、墨西哥和德国。

7. 美国

外交部数据显示，美国人口约 3.36 亿，通用英语。美国是移民国家，各民族都有自己的传统节日，例如华裔的节日、意大利裔的节日、爱尔兰裔的节日，这些节日形成了众多的销售机会。美国的城市化率很高，东北部人口较稠密。纽约是美国的金融、出版、广播和广告等行业的中心，洛杉矶是电影和电视节目制作中心，旧金山湾区和太平洋沿岸西北地区是技术开发中心，中西部是制造业和重工业中心，底特律是著名的汽车城……

美国是一个资源大国。美国文化强调个人至上。美国消费品市场容量巨大。美国人口结构的多元化决定了美国消费品市场需求的多样化。美国的贫富差距使高、中、低档产品在美国均有很大市场。美国执法严厉，行业协会势力强大。

美国拥有十分多样化的种族及民族。据美国 2020 年人口普查数据显示，非拉美裔白人占 58.9%，拉美裔占 19.1%，非洲裔占 13.6%，亚裔占 6.3%，印第安人和阿拉斯加原住民占 1.3%，夏威夷原住民或其他太平洋岛民占 0.3%（以上比例存在重叠）。根据 2023 年盖洛普民调数据，美国人口中约 68% 信仰基督教，其中 33% 信仰新教、22% 信仰天主教、13% 信仰其他教派；7% 信仰非基督教，其中约 2% 信仰犹太教、约 1% 信仰伊斯兰教、约 1% 信仰佛教；约 22% 无宗教信仰；约 3% 拒绝回答。

2022 年，欧盟是美国的第一大贸易伙伴，加拿大排第二，随后是墨西哥，中国已降为美国的第四大贸易伙伴，2022 年中美贸易额是 6906 亿美元。从美国政府近年连续打压中国企业，以及更早之前美国企业、媒体和政府联合打压日本企业、欧洲企业、墨西哥企业等案例看，美国的营商环境并不理想。

14.3　在国际营销中重视社会文化因素

中国企业走向国际，销售产品与服务，碰到的障碍可能不是交易本身，而是文化和观念冲突。我们首先应了解甚至深入体会基督教文化、伊斯兰教文化等，在国际营销中重视社会文化因素。

1. 注意一些国家和地区的禁忌

英国人忌用大象、山羊作为商品装潢图案，也忌用人像作为商品装潢；在非洲许多地方，两头大象是噩运的象征；北非、南亚的一些国家忌用狗的形象作为商标。

在法国、英国，孔雀被视为祸鸟，中国的凤凰形象有可能被法国人、英国人误认为孔雀，所以在销售给他们的商品中最好不要有这样的造型；在东方人的心目中，孔雀是吉祥的象征（例如印度的孔雀王朝）；在法国，鹤是蠢汉和淫妇的代称；澳大利亚人不喜欢别国将袋鼠和浣熊形象作为商标；龙在西方人的心目中往往是邪恶的形象，却是中国人的图腾，尽管在有的中国神话中龙也呈现恶的形象，例如《哪吒闹海》。由于文化交融，例如中国手机游戏走红于西方市场，当下的西方青年逐渐喜欢龙的形象，认为龙是一种酷的象征。2.2.3 小节和 6.4 节也有相关内容介绍。

德国人、法国人忌核桃，认为核桃是不祥之物；日本人忌荷花（可用于祭奠）、梅花图案，也忌用绿色，认为不祥；法国人也很讨厌墨绿色；荷花（莲花）却是印度的国花，佛教体系中多用荷花；在日本，菊花是皇家的形象；法国人不喜欢菊花。

日本人忌 4 和 9，因为 4 和"死"音相近（日本人对之采用了中国古代读音），9 和"苦"音相近；不过也有不少国家的人喜欢 9，定价时可利用好 9；印度人不喜欢 6 和 8；

日本人和中国人一样，除非送礼者（例如西方国家的送礼者）请求，否则不当着送礼者的面打开礼物包装，这样显得有城府；在拉丁美洲的许多地方，送刀具（有斩断的含义）或手绢（有擦泪的含义）意味着断绝关系或将有悲剧发生。

广告中如果有男女亲密的场景，则不宜在日本和沙特阿拉伯等国播放，沙特阿拉伯甚至认为这样的广告违法。

2. 不同国家和地区的不同时间观念

大多数阿拉伯人对设定期限反感，一旦受其约束便会产生一种受人威胁而陷入困境的感觉。相反，大多数美国人常常规定期限，以掌握事情的节奏。在中东地区的修理店，美国人的数百台收音机躺在那里"久病不愈"，原因就是美国人不懂，他们要求修理店在规定期限内修理完，反而坏了事。

发生上述情况是因为不同国家的人持有不同的时间观念。德国、美国等多数西方国家的人，喜欢一次把注意力集中在一件事上，根据时间顺序安排工作（甘特图就反映了这样的思想），把这样的情形看作高效、精确和公平的。法国人很注意对方是否迟到，而他们自己则常常迟到，以堵车等为借口。德国人很守时，如果对方迟到，德国人可能就会表现冷淡。

而西班牙、葡萄牙、希腊、阿拉伯国家和拉丁美洲国家的人，认为在时间方面可以变通，对管理和计算时间没有多少兴趣，更有耐心，重视关系的程度远远超过重视计划时间的程度，倾向于重视现在而不是未来。他们时间观念较弱，经常迟到，跟他们做生意须有耐心。在他们看来，时间应当是被享用的，而非被时间束缚。似乎也有道理，中国人不也常说另一个道理，金钱和物质是被享用的，而不应被它们束缚，也就是勿役于物。洽谈生意时韩国人一般不会提前到，总是准时或故意略微迟到。

中国人约定时间时常常讲一个模糊的时间，我们常常听到"改天请你吃饭""回头帮你找一下"这样的话，这既源于中国人常见的含蓄、委婉的性格，也因为他们不想被限定的时间束缚。但这样的话让西方国家的人很不适应。

其实中国人自己也不喜欢，尤其是别人对他们这样讲时。"改天"是哪天？"回头"是什么时候？其实它们常常是假客套、敷衍的代名词。例如有人说："回头帮你找一下。"听者不免想：会不会帮我找呢？是不是在敷衍我？我等着急用，你什么时候才帮我找呢？己所不欲，勿施于人，中国人乃至东亚人在约定时间时应改一改含糊其辞的习惯，也须避免说上述的客套话和敷衍之词。例如，有人在路上短暂碰头时向我请教，三言两语讨论后，对方可能意犹未尽，我会对他们说："这两天有空时我们再讨论。"我觉得这样说比"过两天有空时我们再讨论"或"我们下次有空时再讨论"真诚，表明我愿意向他们提供我的想法，而非找托辞敷衍他们。

3. 注意不同国家和地区的风俗、习惯

（1）慎用手势。

OK 手势在巴西、澳大利亚、尼日利亚、阿拉伯国家、土耳其、希腊，以及意大利撒丁岛和德国的部分地区是侮辱性手势；在法国和比利时则意味着零、一文不值或正在做徒劳的事；在日本意味着钱；在中国既可以表示"好""可以"的意思，也可表示零

或三；在美国意味着"好""可以"。美国时任总统尼克松第一次访问巴西时，面对电视机前的全巴西人民，高举双手比着 OK 手势（在巴西有粗俗下流的含义），还不停前后摇摆，巴西人都惊呆了。

类似的例子还有很多，例如竖大拇指、V 字形手势、击掌庆贺或停止手势、食指与中指交错手势，在不同国家和地区有不同含义——积极的或消极的。因此在外国尽量不做手势。还有，摸鼻子在英国表示小心，在意大利表示正在受骗。不管在哪个国家，除非有特殊情况，否则不要用左手递东西，更不要伸左手跟别人握手。

（2）尊重东道国是做广告的红线。

索尼在泰国拍的电视广告中有这样一个场景，佛祖听了索尼随身听后，不再正襟危坐，而是欣然起舞。此广告激怒了泰国人。怎么能让泰国人崇敬的佛祖为索尼做广告呢？可口可乐在一个广告画面中，把支撑雅典神庙的石柱换成四个可乐瓶，这激怒了希腊人。请注意，这是神庙，能这样游戏对待吗？

还有一个类似的例子，麦当劳在中国播放了一则电视广告：一位年轻的男性顾客为了使优惠期延长，竟向卖家下跪，拉着卖家的裤管，口称大哥，画外音是："幸好麦当劳 365 天都优惠。"虽然广告中的顾客不是向麦当劳的经理下跪，但麦当劳这种自作聪明、自以为幽默的广告还是激怒了不少中国消费者。

丰田公司在中国做的陆地巡洋舰车型广告也曾激怒了中国人——石狮向它敬礼，高山在它脚下，还拖着出故障的中国国产车。

尊重消费者、尊重大众是做广告的红线。在东道国做广告，应多听听当地广告公司和咨询公司的意见。

（3）尽量别拒绝对方的邀请。

印度人把在家里及社交场合谈论工作，看作对热情待客这一神圣社会风尚的亵渎。一个印度商人对你说"请随时光临"，一般是出于真心；换作美国人这样说，或许纯属礼节用语。印度人发出邀请时，如果没有得到时间方面的答复，他们会认为对方拒绝了邀请。一家美国企业的经理在商谈一笔大有赚头的生意时，由于毫无恶意地回绝了热情的沙特阿拉伯生意伙伴一起喝杯咖啡的邀请而失去生意。芬兰人达成交易后会举行长时间宴会并请对方洗蒸汽浴，这是一个重要的礼节，不能拒绝。

保险起见，面对各国合作伙伴时，尽量不要拒绝对方善意的邀请，顺从对方邀请的好意。

（4）伊斯兰教国家的禁忌。

在中东地区，客人把食物或饮料带到东道主的家里，意味着东道主无力款待客人，等于侮辱东道主。酒是伊斯兰教信徒的禁品，更是不当的赠品，而饮料就很受他们欢迎。在信奉伊斯兰教的国家或地区做广告时，不能出现不戴面纱的妇女与非亲属的男性在一起的画面。"海尔兄弟"图案中的两个孩子没穿上衣，在中东地区被禁止。

（5）其他。

在希腊人看来，美国人谈吐欠客气，措辞少含蓄（美国人认为这是坦率、真诚），并且总想限制会谈时间。希腊人认为，限制会谈时间有失礼貌。美国人希望希腊人在确立大原则后，让下属解决其余细节；希腊人则喜欢当场解决问题。

　　向德国公司销售时须适应他们的官僚主义和程序化。在德国公司，职位等级非常明显，上司不在时下属往往不能决策，这会使向他们推销的人耗费很多时间。德国商人喜欢别人用头衔和姓氏称呼自己。德国人很严谨，不喜欢用幽默掩盖不确定性，着装很正式。德国人不习惯与人连连握手。在德国人面前不要把手放在口袋里，这被他们认为是粗鲁的行为。

　　南美洲的商人谈判时与对方相距很近，表现得亲热，说话时常把嘴凑到对方耳边。在南美洲，不管怎样炎热，都以穿深色服装为宜。

　　在美国，购买食品被视为琐事，而且大超市或集贸市场离城镇中心一般很远，因此家庭主妇到超市采购的次数少，但每次的购买量很大；法国家庭主妇的采购是多次数、少量的，与中国、日本等东方国家的情况相似，在购物过程中，她们与店主和邻居交往是其日常生活的组成部分。因此，广告对美国主妇的影响更大，而现场陈列对法国主妇更有效。

　　在美国营销人员那里很少有讨价还价的余地，因为合同条款是其公司董事会研究决定的。在英国营销人员那里则有讨价还价余地。在澳大利亚，大部分交易是在小酒馆里进行的。谈判者须记住哪一顿饭该由谁付钱，既不能忘记，也不要过于积极。在日本，很多交易都是在饭店、酒吧里消磨几个小时后达成的，给他们回赠礼品时，其价值不要超过接受礼品的。不要在餐桌旁、游玩时与法国人谈生意，他们会觉得很扫兴。很多时候，当阿拉伯商人与人会谈时，可能有其他客人进来坐在旁边，希望谈话不被打扰的北欧人、美国人会感到窘迫。

　　还可用霍夫施泰德的文化维度模型分析各国、各地区的社会文化特点，有效地与国际客户沟通、向他们营销。该模型的 2010 年版本包括 6 个维度：权力距离，权威影响；个人主义和集体主义倾向、影响；男子气概和女子气质，性别角色；不确定性规避倾向；长期取向和短期取向；放纵和克制。

　　在国际营销中除了重视不同社会文化的影响，还要注意大陆法系、英美法系和伊斯兰法系的不同要求和影响。

14.4　跨国公司的国际转移定价

　　国际转移定价指在跨国公司的母公司与其位于各国的子公司之间，或在跨国公司位于各国的子公司之间转移产品或劳务时采用的定价方法。这一内部交易价格即国际转移价格——当今的国际贸易中有相当一部分是跨国公司的内部交易。跨国公司常常把国际转移价格定得偏离正常的国际市场价格，以实现利润最大化。其常用方法如下。

　　当某国的所得税较高时，转移产品到该子公司时把价格定得高一些，从该国子公司转移产品出关到跨国公司的其他机构时把价格定得低一些，从而降低跨国公司在该国的利润，可以少缴所得税。当某国出现较高的通货膨胀率时，如果向在该国的子公司转移产品，也可采用高进低出的价格——高价卖给其在该国的子公司，低价向其在该国的子公司采购，以避免资金在该国大量积淀，第一个过程是多支出该国货币（在银行用美元结算，转移出该国），第二个过程是少收进该国货币（银行把国外公司支付的美元兑换成该国货币后支付给该子公司）。

跨国公司在实行外汇管制的国家转移产品时，也可采用高进低出的定价方法，降低在该国的利润，既可避免利润汇出的麻烦，又可少缴所得税。

如果某国采用从价税，且关税较高，母公司或其他子公司向该国子公司转移产品时宜制定低价，以减少缴纳的关税。

上述都是跨国公司内部的转移——转移产品、服务和资金。跨国公司人为地操纵国际转移价格，虽然有利于其整体利益的最大化，却损害了东道国的利益，因此很多国家都制定有关国际贸易的法规以遏制这种行为。

第 15 章

市场营销的其他方面及发展

学习目标

- 理解服务营销；
- 理解体验营销；
- 掌握文化营销的模式和途径；
- 掌握内容营销的思路和方法；
- 了解绿色营销的效用和实践方法；
- 理解灰色营销。

有创新才有发展，营销创新将成为永恒的主题。只要社会在发展，市场需求在变化，市场营销（包括其理念、方法、技术、组织、策略、理论等方面）创新就必须持续下去。

15.1 服务营销——历久弥新的营销策略

狭义的服务营销（Service Marketing）指把服务看作一种商品，促进其销售；广义的服务营销还指把服务作为工具或手段，促进有形商品的销售。广义的服务营销往往就是经营过程、经营管理，它能促进销售，尤其是复购。现在研究者和实践者嘴里的服务营销一般都指广义的。

这方面一个极佳的例子是文华东方酒店的客户关系管理，其不但包含广义服务营销理念并体现为极佳实践，也包含狭义服务营销理念并体现为极佳实践。例如，顾客几年未光临，就写一封饱含牵挂感情的短信，把它与生日贺卡一起用航空邮件寄给顾客，也就是把他们的服务再次推荐给顾客。读者可在网上搜索、阅读一下该案例。

服务营销的目的是提高消费者忠诚度、增加复购、促进口碑传播。例如，地板公司为老客户提供免费打蜡服务，而且不因为免费而降低丝毫的质量标准，客户满意了就会为企业传播口碑。参见海底捞体贴入微的餐前等候服务（案例 15-3）。过去的许多营销人员和企业是这样看待售后服务的："我们完成销售了，现在我们怎样摆脱这些客户呢？"用现在的眼光看可能觉得这一观点很好笑，但现在仍然有一些营销人员还有类似的思想。

营销人员完成服务后也可主动询问客户的邻居、亲友有无购买其产品的需要，并承诺实现销售就给予客户相应的奖励。在这方面连续 12 年荣登吉尼斯世界大全的美国汽车推销员乔·吉拉德的有奖促销方法是一个有益的参考（参见案例 9-19）。通过这些方法，老客户能成为新客户的巨大源泉。

在服务行业，众多员工就是企业广义的品牌大使，应激发他们的潜力，使他们言行正确、有效使其减少不当言行，参见 11.3.2 小节。并非现在的经营者更注重服务，过去（包括古代）国内外的经营者重视服务的程度也不比现在的弱。

15.1.1 优质的服务和客户关系管理有利于形成高顾客忠诚度

以 4Ps 理论为核心的营销战略的根本目标是扩大市场份额，但怠慢一位顾客，可能会影响 40 位潜在顾客，参见第 11 章第一段。20 世纪 80 年代以来，人们开始认识到顾客忠诚度的重要性，因此把企业的营销重点放在如何留住顾客、如何使他们购买本企业的相关产品、如何让他们向其亲友推荐本企业的产品，所有的一切最终落实到如何提高顾客的满意度和忠诚度上。顾客忠诚度使顾客产生重复购买行为，还会在顾客的群体中产生传播效应。有一句商业谚语——"最好的广告是满意的消费者"，海底捞、星巴克、特斯拉等企业都在实践这一点。

顾客忠诚度可用三个指标衡量：整体的顾客满意度（可分为很满意、相当满意、满意、不满意、很不满意）；重复购买的概率（可分为 70% 以上、30%～70%、30% 以下）；推荐给他人的可能性（很大可能、有可能、不可能）。

由于老顾客对某企业的产品有信心，该企业向他们营销时，新产品的广告与推销费用会大大降低；而为企业获得新顾客的成本比维持现有顾客的成本高许多，在一些发达国家，这两种成本的比值是 5 : 1，并且新顾客的贡献值仅是老顾客的十分之一。实践也表明，即使挽回流失的现有客户，其平均成本也大大低于获得新客户的平均成本。提高顾客满意度的战略将比低成本战略更能获得长期竞争优势。

施乐公司曾对其全球 48 万个客户进行调查。他们发现：给 4 分（满意）和 5 分（非常满意）的顾客的忠诚度相差很大，给 5 分的顾客购买施乐设备的可能性比给 4 分的顾客高 6 倍。

别的企业卖出一部手机可能是一桩生意的结束，而小米公司则认为这是生意的开始。小米公司创始人雷军通过微博把他们的手机买家吸引过来，变成自己的忠实粉丝，这样以后会有更多的回报。苹果公司阿灵顿市商店的普通员工也懂得：永远不要尝试结束交易，销售就是为顾客找到困扰之处并帮他们解决。

而类似保险这样的业务更需要优质的服务和客户关系管理，服务越周到，顾客与保险销售人员及其所在的保险公司合作的时间就越长。不管是寿险、车险还是其他险种，顾客都希望购买后一直能得到正面、积极的回应，以使他们确信购买了正确的保险。优质的服务就能达到这样的效果，而不是相反的结果——使他们后悔。

顾客忠诚度由顾客的满意度决定；顾客满意度由顾客获得的价值大小决定；顾客获得的高价值源于提供相关产品和（或）服务的企业的员工工作的高效率；员工忠诚度的提高能促进员工工作效率提高；员工忠诚度取决于员工对企业的满意度。员工忠诚意味着员工对所在企业的未来有信心，为成为该企业的一员感到骄傲，关心企业的经营、发展状况，并愿意为之效力，其工作效率自然会提高。关于这方面的经验可参考海底捞、美国西南航空等企业的经营管理。

15.1.2　如何实践服务营销战略 ①

服务可作为差异化因素（对顾客而言），例如，迪士尼乐园、海底捞火锅店相对于其竞争对手的优势即在此。海底捞创始人张勇意识到，火锅店不同于其他餐馆，顾客接受的是自助式服务，相当于半个厨师，因此火锅店应在其他方面为顾客提供更多的服务。在地段、价格、用餐环境相似时，服务水平的高低是决定顾客回头率的关键因素。张勇还认为，让顾客体会到服务的差异在于为其提供超出预期的服务。参见案例 15-3。

案例 15-1

迪士尼的服务之道

在迪士尼乐园，员工得到的不仅是一份工作，还是一个角色，因为来这里的游客

---

① 服务营销战略既可以指导战略层面，也可以指导战术层面。

也是前来观赏表演的观众；员工不是穿制服，而是穿演出服（迪士尼的面试方式往往也是表演）；就连清洁工也是庞大演员队伍的一分子，因为他们也直接与游客打交道；他们也仿佛不是在为游客表演，而是在热情招待自己家的客人。迪士尼这样做，就是为了完成其给游客带来快乐的使命。迪士尼能使游客体验到快乐，还在于其员工能展示出发自内心的快乐，并把快乐传递给游客。同一个表演，日复一日，年复一年，但演员（员工）们并未表现出厌倦情绪，这就是成功的情绪管理。（海底捞在这方面也做得很好。）

在游园旺季，管理人员会放下手中的文件，到餐饮部、演出后台、游乐服务点等处加班加点。这样，既加强了一线岗位，保证了服务质量，管理人员也获得了一线员工的尊重。管理人员这么做，也体现了他们对一线员工和一线工作的认可与尊重。

资料来源：

孙元欣，2006. 管理学：原理·方法·案例 [M]. 北京：科学出版社.

修菊华，理阳阳，2017. 市场营销理论与实务 [M]. 北京：清华大学出版社.

很多顶尖企业都把自己的经理派去迪士尼学习服务之道。

只有通过有效管理服务质量，企业才知道其提供的服务是否符合顾客的需求，以及与竞争对手相比，是否处于优势地位，方能评估服务人员对服务工作负责与投入的程度（例如希尔顿到设在各国的希尔顿酒店巡视，检查员工的微笑服务和其他服务质量）。服务质量管理的内容包括：设立服务标准，制定服务内容，反馈服务结果和评估服务质量等。

分析服务质量差距的多个角度包括：营销人员对顾客服务期望的认知与顾客实际服务期望的差距；营销人员对顾客服务期望的认知与其制定的服务标准的差距；服务标准与实际提供服务的差距；企业实际提供的服务与传播的服务内容（例如广告和公关宣传内容）的差距；（最终的检验标准是）顾客感知的服务与顾客期望的服务的差距。

 案例 15-2

丽思卡尔顿酒店的超职责服务

有一家人住在巴厘岛的丽思卡尔顿酒店，其中的儿子对一些食物过敏，需要特殊类型的鸡蛋和牛奶，当地却没有。酒店的执行官想起来新加坡有这种商品卖。他立刻联系他的岳母帮忙购买，然后空运到巴厘岛，提供给客人。

一对夫妻住在丽思卡尔顿酒店，妻子出行需要坐轮椅，丈夫很难带她去海滩。一位服务生知道后立即通知他们的维护小组，第二天他们铺了一条通往海滩的木板路。

这些是丽思卡尔顿酒店超职责服务的精彩故事中的两个。

丽思卡尔顿酒店的服务准则是：立刻让客人满意是每位员工的责任，任何员工听到客人的抱怨就有责任平息客人的不满，直到客人满意为止，并把事情记录在案；以客人得到真诚关怀和舒适款待为最高使命……丽思卡尔顿酒店还赋予员工自主处理问题的权力。当客人提出额外需求，或者员工认为有必要为客人创造惊喜时，无须报告上级主管，在 2000 美元的授权额度内可以自行决定处理方式，并享有不被质疑的权利。

案例 15-3

海底捞的服务营销

海底捞的服务营销也可称作情感营销，是海底捞员工发自内心的个性化随机服务，而非标准化的服务，所以更能打动顾客。顾客等座期间，可以享受免费水果、饮料、零食，以及免费美甲、擦皮鞋的服务，服务员甚至会送上扑克、跳棋，等等。对提供的免费服务，海底捞一样毫不含糊。

顾客就餐时，服务员为长发女士送上皮筋和发夹，为戴眼镜的顾客送上擦镜布，为桌面上的手机套上小塑料袋，帮顾客给小孩喂饭，陪小孩在"儿童天地"做游戏，在卫生间准备了牙膏、牙刷、护肤品，过生日的顾客还会收到小礼物……顾客用餐后，服务员马上送上口香糖，如果顾客喜欢店内的免费食物，也能得到一包带回家。顾客们用便宜的价格便可买到星级服务。连跨国餐饮巨头百胜集团都安排他们在中国的 200 多名经理到海底捞体验、取经（两者非直接竞争对手，前者聚焦于快餐，真功夫倒是百胜集团的直接竞争对手）。[①]

有一次，有一位顾客在海底捞用完餐后在门口叫出租车去火车站，可等来等去就是等不到。看到拉着行李箱的顾客，门口的服务员问明情况后告诉了店长。一会儿，店长把自己的车开到门口，对顾客说："赶紧上车，时间不多了。"

上述两个案例表明，在服务中既要注重标准流程，例如像麦当劳那样有严格的时间规定（确保顾客无需为就餐等待较长时间），以及关于食品的严格的新鲜度规定，也要注重个性化，满足不同顾客的不同需求。

也可以把这两个案例中的服务称为"超级服务"，就是鼓励、授权各个部门的员工（不仅仅是一线服务员）尽可能满足顾客的需要，不管那些事是否是其分内的工作，超级服务及其实现可能需要企业的多部门相互配合和支持。海底捞对服务员授权，让他们能根据需要尽量满足顾客五花八门的需求，这不是标准流程与制度能实现的。位于纽约曼哈顿的本杰明酒店为了让顾客拥有好睡眠，提供十多种枕头让顾客选择。

相反，如果员工（例如售后热线客服人员）不积极想办法、不设身处地为顾客着想、不努力寻找替代办法，甚至因为欠缺敬业态度而推卸责任，只是呆板地说"实在抱歉，我无能为力"，那么顾客就可能离开这家企业。例如，大储户把资金全部转到另一家银行，并在原来为其提供服务的银行彻底销掉账户。

海底捞甚至在服务营销方面也一切以顾客的需求为准绳。例如有的顾客不喜欢过度服务，海底捞发现这个情况后立即推出"请勿打扰"桌牌，类似宾馆客房挂在门上的那种。顾客只要摆上此牌，服务员就只提供基本服务。此举大受顾客好评。

---

① 张岩松、徐文飞主编《市场营销：理论·案例·实训》，清华大学出版社，2017，第 303—304 页。

15.2 体验营销——当前企业和顾客的关注点

体验营销也可以作为服务营销的一方面内容。在信息时代、互联网时代，企业难以单单通过营销活动、广告左右顾客对企业及其品牌的感受、看法，只有服务好、给顾客提供良好甚至超值体验，方能在互联网和线下群体中塑造美好形象。为提升顾客体验，一些电商企业纷纷开设了实体体验店，如盒马鲜生和曾经的超级物种（已关闭），而京东则与永辉超市建立合作关系。15.2.1 小节和 15.2.2 小节将介绍一个突出的例子，也可以说是开拓体验营销的先驱——亚马逊。然而亚马逊只能算是电商企业在体验营销业务方面的先驱，更早的实践还有苹果公司的手机体验店。

15.2.1 亚马逊实体书店——完全根据顾客喜好布置

在亚马逊实体书店，不少书的封面朝顾客摆放。虽然这样摆放的空间利用率比较低，但是顾客可以方便地看到每一本书。传统书店的分类大概是人文、社科、小说……但亚马逊实体书店的分类模式如图 15-1 所示。

图 15-1　亚马逊实体书店的分类模式

图 15-1 中的分类模式基于互联网中读者的评分，也不能说这种分类模式一定比传统书店的分类模式好，但亚马逊实体书店的分类模式更适合无特定目的的购书者。这些购书者往往更想知道社会上比较流行的书是哪些，他们便购买这些书。与之异曲同工的一个例子是 Zara 连锁店的分类模式，它不按常规的品类摆放服装，而是把上装、裤子、皮包、配饰等搭配放在一起，让顾客容易一动心买走一整套商品。不过这种摆放方式占据的面积较大。

亚马逊有自己的大数据系统（Zara 亦如此），对评分高的书有专门的推荐。类似的分类还有"本月畅销图书""本周最多预订图书""用户最多收藏图书"等。由此看来，或许可以称亚马逊实体书店为"线下网店"——按网店的经营思维经营实体店（亚马逊是以网络营销起家的，以前不经营实体店）。不过，反过来不一定可取，即仅仅把实体店网络化不一定有效，还需要互联网思维，参见 12.7 节。互联网思维不仅是方法论，也是互联网时代经营者的一种素质。互联网思维并不只适用于互联网应用，也适用于实体店，它的本质是透明、高效。

　　亚马逊实体书店中每本书下面都有一个标牌，下面都有一段读者书评——不是名人推荐。这也贴近（现代）读者的阅读心理，读者更喜欢看普通人的评论，因为更真实，而且与自己的思想更接近，如图 15-2 所示。上述方法与网店中的评价相似。并且标牌带有分数和条形码，方便读者查阅。

图 15-2　亚马逊实体书店的读者书评

这些条形码（见图 15-3），可方便读者扫描、查询网上的价格。
旁边还有价格查询设备让读者查询网上的价格，如图 15-4 所示。

图 15-3　亚马逊实体书店方便读者扫码查询网上价格　图 15-4　亚马逊实体书店提供的价格查询设备

　　由此可见，亚马逊实际上不希望读者在它的实体书店消费更多（实体书店中的消费多，经营成本将增加——相对于网店而言），而希望读者在书店里有愉悦的体验（类似旗舰店的功效），并且享受网购的实惠。所以作者在本节开头说亚马逊实体书店是"线下网店"还是恰当的。亚马逊开实体书店是在日益激烈的电商竞争中寻求突围的一种方法，为自己开拓新空间。（亚马逊的首家实体书店是于 2015 年在西雅图开设的，亚马逊随后又开设了实体超市。）

　　而传统的实体书店为反击、突破网店的围剿，可考虑采取多元化经营策略，或者改变只卖书这样的概念，为读者提供更多的价值。例如，把咖啡与书结合起来成为"书吧"，那么，卖给读者的就不仅是书，还有阅读空间、休闲空间，乃至生活方式，读者甚至可以在这里会友、轻声聊天。实体书店如果引入文具和文化创意产品，那么，卖给读者的就是这些产品与书的组合价值。实体书店还可以把书与银行业务结合，与休闲餐饮结合……

这些营销有一个共同的名字，就是当前流行的"场景化营销"。更早使用场景化营销的是房产商——精装修样板房，而宜家商场精心设计的样板间也给消费者"宜家如家"的感觉，充分展示了产品的现场效果，顾客容易产生把其家居产品买回家的欲望。宜家商场里的员工主要不是销售员的角色，而是服务员的角色，他们不能直接向顾客推销，而是任由顾客体验后决定。

星巴克里的顾客横着排队也是该企业的一种场景化营销策略：顾客在排队时可以无阻挡地看到吧台里的场景，缓解了烦躁感；还能看到服务员制作咖啡的过程，增加了仪式感；方便左右的顾客交流；也能避免堵塞店内过道。相反，麦当劳采用纵向排队策略，这是为了营造快节奏的气氛，让顾客产生焦虑感和压力感，从而在轮到自己点餐时尽快决策。这样的场景化营销策略符合麦当劳的经营特点。当然，现在许多餐饮企业都采用手机下单了，因此需要为下单后坐在位子上等待的顾客营造别的适宜、温馨、有效的营销场景。

15.2.2 无收银员超市

无收银员超市这个称呼，作者在以前的研究中未在各种媒体和文献中看到过，这是作者认真思考后特地取的名字。

1. 亚马逊便捷高效的无收银员超市

全球首创经营的亚马逊无收银员超市（智慧超市）的经营特点是：不用排队等候结账，直接走人——支付已于无形中自动完成（无感支付）。

顾客只需打开 Amazon Go App（亚马逊直接走人应用），刷一下二维码，就可进入亚马逊无收银员超市，入口如图15-5所示。

图15-5 亚马逊无收银员超市入口

虽然该超市里没有收银员（其他类型的员工还是有的，例如理货员），但请注意：从进入该超市起，你已被人工智能锁定，你的一举一动都被摄像头记录并传入亚马逊无收银员超市系统。例如，你拿起一件商品，超市系统会自动记录商品品种及数量。因此，在亚马逊无收银员超市里（其他企业无收银员超市的情况亦如此），如果有人请你帮忙从货架上拿一件商品，请不要好心帮他们，因为基于该超市当前的经营管控原理，谁从货架上拿商品，账就算在谁的账户中。

如果不想要了，放回去就可以，系统会自动删除此商品条目。拿好想买的东西后，直接出门就可以了，Amazon Go App 会显示你买了什么，而超市系统会自动扣款。

顾客不一定要拎着购物篮或推着购物车，以方便收银员检视商品并结账，这里没有收银员；自己带着包的话，把商品放包里就行；甚至可以在超市里把选好的食物吃掉，把饮料喝掉，也没关系，不影响结算，该超市本身就提供微波炉与就餐座位；也不用排队等候结账。

亚马逊无收银员超市结合人工智能经营，保留了逛的元素，把实体店带给消费者的体验、愉悦、比价选择的纠结感都保留了；剔除的是排队、结账这样的时间成本。这个智能购物系统融入了机器学习、计算机视觉、传感器技术、人工智能等多个领域的前沿技术。

2. 无收银员超市的良好发展表明企业不能忽视实体经济

在线下零售行业经历严冬时，亚马逊为什么还要插上一脚，开实体店呢？因为亚马逊知道，相对于电商，实体店的优势是体验感。所以，在这方面最大程度地满足消费者，给消费者需要的，剔除消费者不需要的，实体店一定有自己的发展空间。不管开实体书店还是无收银员超市，亚马逊都想给消费者更多的选择。苏宁发展电子商务，戴尔也采用分销模式，都有此意图。

所以说，不是实体经济不行了，是"你"的实体经济不行了。为什么有不少人说实体经济不行，宜家却活得很好；为什么当当线上书店的生意很好时，它还要开线下书店；为什么天猫国际、网易严选和曾经的网易考拉等也采取类似的行动。实体也罢，虚拟也罢，服务的对象都是消费者，不是谁替代谁，而是相互补充、相互促进。互联网不会改变商业运营的基本思想，例如追求低成本、高效率、消费者的良好体验——对一般企业而言。以下是一些实例。

2016 年 10 月，马云在云栖大会中提出线上、线下、物流结合的"新零售"模式。随后，阿里巴巴联合新华联控股等企业成立杭州瀚云新领股权合伙企业，以投资并购方式大举布局新零售，而阿里巴巴早在 2014 年 3 月就投资银泰商业，2015—2017 年，阿里巴巴均有大的投资行动。京东也频频与购物中心、连锁超市合作。2018 年京东的 7Fresh 生鲜超市的坪效达传统超市的 5 倍以上。

经历多年高速发展后，互联网消费市场供需两端双升级正成为行业增长的新一轮驱动力。在供给侧，线上线下资源加速整合，像京东、阿里巴巴这样的电商企业也愿意在线下认真耕耘；社交电商（如拼多多）、品质电商（如唯品会）等新商业模式不断丰富消费场景，带动零售业转型升级；大数据、区块链等技术被深入应用，有效提升了运营效率。在需求侧，消费升级趋势保持不变，消费分层特征日益凸显，进一步推动市场多元化。

2016 年，广泛分布的门店助力华为、OPPO、vivo 超越小米的销量。该年度，像手机、计算机这样的商品，电商渠道的销量还是比门店的小。在门店挑选更直观、更放心，安装软件、设置等可以更个性化，售后服务也更有保障，有小问题直接去门店。小米曾经忽视传统门店的长期轻资产经营策略是其一大失误，另外，小米还忽视了三、四线城市市场，县城市场和农村市场（换机高潮到来），小米错失这些市场，而这些市场需要线下经营的配合。

太超前往往会忽视脚下，就容易跌倒。电商零售额毕竟只占零售总额的一部分。所以2016年2月小米举起新零售大旗，积极布局实体门店，把客服中心"小米之家"升级成实体门店。截至2017年8月底，全球"小米之家"门店达183家，坪效稳定在27万元以上，位居世界零售品牌前列，参见6.8节。不过不能因为小米后来采用线下经营策略就否定小米以前的线上经营策略。其B2C网站小米商城避免了与分销商分成，大大减少流通环节，节省仓储和渠道成本，使小米轻装出发。这些都是小米初期成功发展的重要因素。

3. 无收银员超市走进大众生活

2016年8月，全球第一款真正意义上可规模化复制的24小时全自助智能便利店"缤果盒子"落户广东中山。2017年2月，可自助购物的新型便利店"便利蜂"在北京中关村开业；6月，深兰科技联合支付宝、芝麻信用等，发布三款TakeGo无收银员智能零售店；7月，北京居然之家开出无收银员便利店EATBOX；9月，全球首家无收银员咖啡店"友饮吧"亮相对外经贸大学，西南首家无收银员超市在成都大悦城亮相……作者授课的教学楼内也有咖啡自动售卖机。这一系列事件显示，无收银员超市或无收银员小型零售店开始走进大众生活。无收银员超市离不开多种"黑科技"支撑。例如，TakeGo无收银员智能零售店采用了生物识别和卷积神经网络等技术：生物识别技术可以基于每位消费者的手掌毛细血管结构生成"终生ID"；基于深度学习的卷积神经网络，可以监测、识别、跟踪消费者购买的商品。

2017—2020年，我国无收银员零售店交易额从389.4亿元增长至4591.5亿元，2021年增长至10970.8亿元。另外，其他无收银员零售业务也成为投资热点。无收银员超市虽然风头正劲，但还存在不少问题。例如，识别精度有待提升；服务方面，用户体验还不够好；前期一次性投资额大，主要是设备投资；设备维护成本高，整体运营成本并不低，效率较低；这又导致商品价格并不低；等等。例如，阿里巴巴在杭州开出了其首家"无人"酒店，只有人工智能设备和机器人为顾客服务。不过这难道不会给顾客带来不安全感吗？只有互不相识的房客，没有训练有素的服务人员。住酒店和逛超市毕竟不一样。

新加坡国家图书馆采用基于射频识别的管理系统后，会员读者找到书后直接可以离开图书馆，系统自动完成借书手续，省却了排队等候管理员人工处理的麻烦。读者也可用类似自动柜员机模样的设备自助还书。还有，德国西南部的Edeka超市从2004年开始就采用指纹支付方式，消费者把指纹记录交给该超市，选好商品伸伸手就能结好账出门了，超市在后台根据指纹从消费者账户扣款。

15.2.3 提升顾客体验的其他实践

（1）在Prada的纽约旗舰店里，每件衣服上都有射频识别码，每当顾客拿起衣服进试衣间时，这件衣服会被系统识别。试衣间里的屏幕会自动播放模特穿着这件衣服走台步的视频，而顾客很可能会下意识地认为，自己穿上这件衣服就会是那样，不由自主地认可拿着的衣服。类似的例子是内置摄像头的自动售货机，它能识别消费者的性别、年龄，在屏幕上显示推荐商品。它还记录了天气、气温、时间和销售额的数据，据此建立了预测消费者行为的模型。东日本旅客铁道株式会社就应用了这种设备。

（2）亲身体验，完善服务。滴滴（北京小桔科技有限公司）有一条硬性规定，中层以上的管理者每个月体验该公司的服务 30 次以上。所有的产品经理、运营经理都要抽出时间当客服，倾听顾客的声音。创始人程维甚至要求所有产品、运营和技术人员每月至少一天，且至少 10 小时以上开专车，这样才能拿到全额工资。一家企业想靠服务制胜，首先须了解顾客的需求和不满，不断改进。

考虑周到，方能使顾客多元化。老人接受新事物的能力较弱，大多对智能手机不太熟悉，但他们也是滴滴的消费群体，滴滴是如何做到的呢？滴滴推出了"滴滴老人打车"服务。注册滴滴的用户可为年老的父母设置好出行目的地，老人只需一键点击目的地，就能呼叫出租车。

（3）迪士尼乐园每年接待数百万慕名而来的游客。人们来到迪士尼乐园（见图 15-6），仿佛来到童话世界：世界建筑缩微荟萃、珍奇海底世界、三维立体电影、地震洪水模拟、高空坠落、探险者之路、民族歌舞、彩车游行，夜晚灯火璀璨、礼花绽放。游客们惊叹不已，流连忘返。迪士尼乐园的整个环境也是清新洁净，氛围高雅欢乐，服务人员热情友好。迪士尼还特别注意各种细枝末节的设计和演职人员的言行，确保游客完全沉浸在"魔法世界"或"童话世界"里，而不被某个"穿帮的镜头"惊醒美梦，继而感到大煞风景。这绝非一般的乐园能做到的。

图 15-6 迪士尼乐园

（4）美国汽车推销员乔·吉拉德的销售诀窍之一是让顾客体验新车。他会让顾客坐进驾驶室触摸、操作一番；如果顾客住在附近，他还会建议顾客把新车开回家，在家人和邻居面前炫耀一番（顾客"拥有"后，往往不想失去，所以更愿意买下来）。这样一来，凡试过车的，几乎没有不买的；即使当时不买，以后也会买。吉拉德认为，人们都有好奇心，都喜欢亲自尝试、接触、操作，让顾客参与其中，能更有效地激发他们的兴趣。[1] 参见案例 9-19。

（5）苹果公司对新产品有一个开箱体验的检测方法——把用户从打开苹果产品的包

① 冯蛟、张淑萍、王仲梅编著《市场营销理论与实务》，清华大学出版社，2017，第 242 页。

装到开始使用的全过程拍摄下来，让苹果公司的工程师体会还有什么可以改进。在新产品刚上市的几周，产品经理亲自接听热线电话，回答问题。苹果公司相信，只有持续研究用户体验，才能完善产品。

（6）定制化生产和营销也有助于提升顾客体验，以顾客为中心，让顾客参与价值创造。海尔集团的定制平台"众创汇"是行业首个顾客社群交互定制体验平台，包括模块定制（类似戴尔的定制模式）、众创定制（潜在顾客数须达到一定规模，共同设计）和专属定制三种模式。这一服务很受欢迎，产品常常供不应求。定制化生产和营销还有利于产品创新和优化。

15.2.4 一些相反的情况——没有充分考虑顾客的体验

（1）当大多数企业以及其他类型的（非营利）组织践行体验营销之际，也有一些企业和组织不合时宜地反其道而行之。例如，有报道介绍喜茶的经营之道：不是做好一杯叫号取走，而是攒七八杯成品，再叫号；只设一个收银机……喜茶诸如此类的措施只为营造"顾客盈门""供不应求"的表象。

（2）星巴克提供中杯、大杯和超大杯三种容量的咖啡。其实，他们的中杯就是其他咖啡店的小杯，也是顾客通常认识中的小杯，大杯、超大杯以此类推。尽管这种做法很另类，但其常客也习惯了，要小杯就点中杯，要中杯就点大杯。然而，星巴克还有进一步让上述常客也不能长期忍受的"中杯之问"——每当顾客点中杯时，店员就会根据销售程序提醒："这是小杯，再加3元就可以享受大杯。"星巴克长达4年的金卡资深会员、杭州的林先生终于忍无可忍，在微信公众号发布谴责星巴克中国公司的文章《致星巴克中国CEO王静瑛公开信：什么时候才不觉得中杯顾客无知或愚蠢？》。[①]

星巴克既然让店员提醒顾客"这是小杯"，为何还用中杯冒充小杯？不是自相矛盾吗？星巴克搞这种有悖常理的杯型设置，目的还是要顾客多掏钱并且还误以为物有所值——享受"大杯"。

（3）由于移动入口和流量或者说智能手机用户及其他移动设备用户越来越成为各企业和组织的重要市场来源（德勤《2018中国移动消费者调研》显示，2018年中国人手机持有率高达96%，全球第一，手机替换频率也是全球第一），于是从近几年开始，很多企业和组织为抢占移动端市场，故意不提供电脑端访问界面，或者虽然提供但是无法使用，用户在相关的电脑网页上折腾半天也不能正常使用，还是得下载、安装、使用移动端应用软件。这种不遗余力推广其移动端应用或者接口的行为已经到了不顾用户感受的程度。

有的企业和组织虽提供了可用的电脑端访问界面，但非要把用手机扫二维码登录的界面盖住输入账户和密码登录的电脑端界面，希望用户优先使用移动端入口。这些企业和组织却不实事求是地想一想，用户既然用电脑访问，自然不会优先使用移动端入口。

（4）百度新闻、网易新闻等媒体的新闻标题的写法代表了许多互联网媒体急功近利的思路和做法。在新闻列表页，明明可把标题写得具体一些，偏偏写断句、超短句或模糊处理，例如"邻国军队秘密赴美，张召忠警告……""亲美阵营再添大将，亚洲一国

---

① 李悦妮：《从顾客满意度到"顾客优越感"》，《销售与市场（管理版）》2017年第1期。

铁了心要投美国……"完全可写清哪个国家，他们却故意不写；甚至把两三天前的新闻换一个标题冒充新内容。

为何要这样做？他们希望用户点击链接，进入相关网页阅读，点击与仅仅浏览新闻列表带给他们的利益不一样。此类现象表明，许多企业为了实现自身的意图或获得利益，不惜做反常的事、表现出有违常理的思维。

（5）形成对比的例子是，以前备受诟病的银行等企业的客服电话的引导语，长得让人无法忍受，并且一开始还有广告，现在一些企业开始用智能语音系统引导、分流来电咨询的客户了。这些语音系统非常快捷，而且智能化程度很高，能识别客户的个性化叙述和不同咨询类别，引导客户快速进入需要的咨询服务"窗口"，例如中国建设银行的客服电话系统。一些快递公司也应用了智能语音系统。

也有一些企业的智能语音系统的引导效果不好，客户想转到人工服务又不方便。开发智能语音系统，最重要的指导思想应该是从客户的角度规划，而不是僵化地从提供服务的机构的角度规划。更准确地说，对智能语音系统的整体架构可按机构的视角规划，但具体的应答内容应从客户的角度规划。例如，语音系统总是提示客户提供客户编号、订单编号，如果客户说"没有"或"不知道编号"，语音系统就不应再问这个问题，而应进入咨询环节。再如，客户说"请转人工服务"，语音系统就不应再跟客户打太极拳，而应立即询问客户需要进入哪一类人工服务。

不过国内现有的不少所谓智能语音系统根本就不智能，更谈不上人性化服务，只不过是一些企业和机构节省人工成本的一种手段而已，带给客户的是诸多不便甚至愤怒。

2022 年 9 月 21 日，上海人民广播电台 7 点档早新闻报道：昨日，上海的王先生因某共享单车平台多次错误多扣款，每次打客服电话后总是智能语音长时间跟他打太极拳，好不容易跟服务人员说上话，要么被敷衍，要么直接被掐断对话，根本不解决他的问题，暴怒之下他砸了 18 辆共享单车。共享单车公司损失 4000 元，王先生被拘役，两败俱伤。记者随后假扮客户打此平台的客服电话，遭遇与王先生的一样。王先生的违法行为固然不可取，但服务企业及其服务人员躲在智能语音系统后面，根本不愿解决顾客的问题，让智能语音系统一而再再而三地激怒顾客，不也应该受严厉谴责吗？

（6）再说几个"偷工减料"的例子。作者到肯德基的一家门店点餐，柜台后的服务员居然说，必须用手机扫描旁边的菜单二维码自行下单，没有服务员提供点餐服务了。他们只是为了节省人工成本吗？作者转身离开，去了一家中餐馆。不只是肯德基、汉堡王、喜茶的门店也有类似举措，要求顾客用自助设备下单、手机扫码支付。瑞幸咖啡设的收银台也比较少，鼓励顾客下载手机 App，用 App 自助下单。不管为节省人工还是为推广自己的 App（增加企业的移动私域流量）、增强顾客黏度、获取顾客信息，为什么不考虑部分顾客的传统下单、支付习惯（看菜单点餐和现金支付）？而且许多顾客完全不喜欢手机支付，更不喜欢安装许多 App。

应该一切从顾客的角度着想，起码也应该采用折中方法——让顾客可以选用手机 App 或者微信小程序，也可以选用人工服务。还有，商家有没有提供免费无线网？并且是不需要注册、登录的，不设密码、轻松连接的无线网。以前手机支付不普及时，像杂货店、小摊贩这些商家拒绝手机支付；现在普及了，他们又嫌弃现金支付的麻烦。这些都是商家应克服的。

企业不要总想着收集顾客的手机号、微信号，不要总想着增加私域流量，应该认真、真诚地做好当前服务，这比什么都重要，服务做好了，自然会提高顾客的回头率。若一心只从企业利益和需求出发，总机械地想着顾客关系管理，反而适得其反。若顾客对商家的服务不满意，就可能再也不会来了。那么，收集了顾客信息，有顾客关系管理系统，又有什么用呢？

15.3　重视文化营销的模式和途径

人们越来越追求生活的品味，文化也就越来越成为重要的营销竞争力。当品牌竞争在质量、价格、售后服务等方面难以有突破之时，更需要给品牌注入文化内涵。例如，喜茶经营者在其公众号中一直强调喜茶的禅意和创新，就是因为茶的区别度太低，竞争对手相互复制经营模式和经营手段的门槛也很低，构建品牌差异化的重任就落在了文化建设上。企业文化建设外化后也能成为营销手段。以下是文化营销的几种模式或途径。

1. 复兴传统

例如，红豆服饰的成功要素之一在于它利用王维绝句的广泛知晓度和文化内涵，把"红豆"作为品牌，使品牌具有同样的文化意义。孔子学院则把"孔子"作为国际中文教学品牌。不过把人的名称注册成品牌并不容易，2021 年举办的东京奥运会结束后，国内有人立即蹭热点，想把杨倩、陈梦、全红婵等冠军的名字注册成商标，均被国家知识产权局驳回。前几年李子柒为什么那么火？仍然是文化在后台起了强大的助推作用，例如在国内她的视频唤起了受众"采菊东篱下，悠然见南山"的共鸣。

2. 概念创新

创新不仅适用于生产技术和管理方法，还可为产品创造新文化内涵、选择新顾客和采用新的营销手段。耐克的广告词很少提产品本身，而是讲出消费者内心的渴望，潜台词则是，这种渴望只有耐克能满足，所以"做你自己喜欢的（Just do it）"。耐克的广告试图使消费者相信，耐克销售的是一种健康生活方式，是给予顾客"伟大"的感觉。雀巢公司为速溶咖啡也创造了新文化内涵。

3. 伦理制胜

营销思想须体现企业、个人和社会的共同利益。在 21 世纪，人们对社会问题的关注使得伦理成为文化营销的重要内容。企业要有崇高的宗旨、神圣的使命、美好的愿景，用企业较高的思想境界和道德水平吸引客户。

4. 融合不同文化

在国际经营中融合不同文化，将有可能在竞争中处于领先地位。举一个反面案例。星巴克把门店开到故宫里，导致央视某主播在博客中以个人名义提出抗议，并引起广大网友共鸣，他们认为这是星巴克的强势美国文化对中国传统文化的侵蚀。星巴克最终不得不撤出故宫。

虽然茅台和五粮液在国内很受欢迎，但出口还不是其主要销售方向。因为出口的白酒主要是华人在喝，外国人并不充分了解中国的文化，怎会轻易接受中国的白酒？要让外国人接受中国白酒，首先要让他们接受中国的酒文化以及更广泛意义的中国文化。

而这一情景已逐步向我们走近。外国人正迅速接受中国的文化，包括汉语、儒学，以及更早被接受的中餐文化，乃至当前正被国际社会广泛认可、赞誉的习近平主席提出的共建"一带一路"倡议、"构建人类命运共同体"的概念，等等。截至 2019 年 12 月，中国已在 162 个国家和地区建立 550 所孔子学院和 1172 个中小学孔子课堂（欧美地区最多）。草根达人李子柒等，用他们的真诚与艰辛、唯美与感人，向外国人传播中华文化；中国电影、中国手机游戏也开始风靡全球。从另一个角度看，中国人喝可口可乐，喝香槟、白兰地、伏特加，实际上也接受了它们背后的文化。

案例 15-4

雀巢公司的文化营销

在雀巢咖啡推出之前，为享受到一杯口味纯正的咖啡，人们要么得费神自己磨，要么费钱请别人磨，价廉味正的速溶咖啡，理应受到欢迎。但是，雀巢速溶咖啡推出 5 年之久，仍然没多少人愿意购买。雀巢公司发现，雀巢速溶咖啡之所以得不到市场的认同，是因为受到传统咖啡文化的抵制，即烦琐的咖啡传统制作方式已成为咖啡文化的一部分，类似茶道。

雀巢公司决定：既然产品斗不过文化，那么，就把速溶咖啡做成一种文化——饮用简便且原汁原味，用文化来打赢文化。雀巢公司逐渐盯到对国际文化潮流影响越来越大的美国人身上。几轮谈判之后，美国政府同意把雀巢作为美军的供应商。于是，作为食品供应的一部分，雀巢速溶咖啡出现在美国大兵的餐桌上。

战争可以破坏一切，当然也可以割断传统咖啡文化与美国大兵之间的纽带，因为战场绝不是磨咖啡、煮咖啡的地方。于是，饮用简便且原汁原味的雀巢速溶咖啡终于有了市场。不久，雀巢速溶咖啡成为美国大兵的至爱。甚至，雀巢速溶咖啡成了盟军的心理战武器。英国空军常常在德军占领区投下一包包速溶咖啡"炸弹"，以加深连咖啡也喝不到的占领区百姓对纳粹的仇恨。

第二次世界大战后期，随着美军的节节胜利和南北转战，雀巢速溶咖啡开始影响世界。第二次世界大战也助推了可口可乐、Zippo 等品牌的发展，并影响世界。战后，已经被咖啡改变了饮用习惯与口味的大量美国退伍军人，把对雀巢速溶咖啡的偏爱带回国内，雀巢速溶咖啡迅速成为美国人的饮料。20 世纪 70 年代，美国实用主义文化影响世界达到高潮，饮用简便的雀巢速溶咖啡也成为国际时尚，以至于在很多地方雀巢甚至成为咖啡的代名词。而且，许多原本没有喝咖啡习惯的国家和地区，如日本、泰国，也掀起了饮用雀巢速溶咖啡的新文化风潮。

15.4　有效进行内容营销的思路和方法

内容营销与文化营销有较强的关联性，所以论述文化营销后再分析一下内容营销。先介绍两个案例。

 案例 15-5

红牛公司的内容营销

奥地利能量饮料品牌红牛的内容营销是值得学习的，受众往往不能分辨其分享的内容是营销内容还是非营销内容。红牛公司旗下有《红色公告》等杂志，并不专为宣传红牛饮料，红牛公司对它们的评判标准和其他媒体公司一样。红牛公司销售这些杂志并用它们销售广告、接受赞助，能从这些杂志直接获得利润。红牛还有唱片公司、赛车运动品牌、红牛电视、电影、纪录片、极限运动项目。通过提供各项内容服务，红牛公司的营销部门已成为利润中心之一。"红牛真的是一家恰好出售软饮料的媒体公司。"

 案例 15-6

小型创业公司开展内容营销

Terminus 是亚特兰大的一家小型创业公司，并不像红牛那样财大气粗，它又应如何做内容营销？他们邀请高端商业领袖在论坛内讨论业内相关话题，当然，该公司已在这一话题领域有一定知名度（例如借助首席营销官的领英博客）。论坛（取名为翻转漏斗）话题与该公司无关，论坛中也无人谈论 Terminus。经费由赞助商提供和活动参加者承担，甚至竞争对手也给予赞助，因为这是行业盛会而非 Terminus 的内部活动。尽管该公司在各地举办活动的成本超过 150 万美元，但他们自己几乎没有为此支付资金。而该公司 1/3 的客户来自这些活动。为了更好地开展工作，该公司改变原有组织架构，成立了 Terminus 营销团队和翻转漏斗营销团队。已有投资者想购买翻转漏斗品牌或者说翻转漏斗营销团队。

2016 年，百事公司和亿滋公司（美国食品巨头）都宣布设立媒体部门，并将把它们当作自给自足的机构甚至营利机构运营。几个月后，世界 500 强、电子设备制造巨头艾睿电子与联合商业媒体公司达成收购意向，随后又与传媒集团赫斯特完成媒体版权和公司收购。红牛、强生、艾睿电子的媒体部门不仅带动产品销售，还直接为公司创造收益，并且让顾客更长久地期待，买得更多，这就增强了顾客忠诚度。参见 9.6.2 小节最后一段。

万科集团的内刊《万科周刊》也是这方面的典范。为其撰稿的常常是知名经济学家、企业家、专栏作家，其文章被频繁转载，甚至被美国《时代》周刊转载。文章主题从万科出发但不局限于万科，读者阅读时很难察觉这是企业内刊。它很少直接宣传万科品牌，而是把万科理念融入精彩的文章中，读者品味、思考之余会自觉认同万科文化。

内容营销是一种长周期营销，一般也是潜移默化式的营销。企业不一定要将其只看作对原有业务的支持，可为之建立新商业模式和盈利模式，而不一定用原有业务的业绩变化衡量之。内容营销也包含了收集用户数据的功能。

设计文案时少用形容词，多用具体、准确的描述，形容词是留给潜在顾客判断时用的，不是自卖自夸时用的。写文案可以像写文章一样，先写几句概括、浓缩的精华语句，抓住耐心不足的浏览者；再适当展开，具体描述；最后写几句画龙点睛的结尾。结尾很重要，主要是动之以情，给消费者行动的理由，例如，使用此产品后自身可能发生的改变，可以解决哪些问题、满足哪些心理需求，并提供当下的优惠。[①] 这样的结尾可用于生发水文案、非处方药文案。

文案之外，设计精妙的内容还有图片、音视频，不过注意不要让图片或视频里的辅助形象（例如人、卡通形象）过多、长时间抢了产品的风头。可以调整两者的占屏大小比例，当然，不能违背实际大小比例。例如，如果人与产品的实际大小比例偏大，可以考虑只取人的上半身形象。还可以调整人或卡通形象的姿势，例如展示他们的侧影，让他们看向产品，引导受众也注意产品，而不是被明星的漂亮脸蛋或婴儿和卡通形象的可爱脸蛋过多吸引。

让内容营销先引起自身小圈子人士的关注（当今开展内容营销往往用到自媒体），如果吸引力强的话，随着转发、分享，传播范围逐渐扩大。除了自身的有趣创意，借助热点也能增强营销内容的吸引力并获得广泛转发。

企业与其他组织不能单纯、随便蹭社会热点，这样的广告和营销是走不远的。更不能像"年纪越大，越没有人会原谅你的穷"的营销内容那样，在目标客户的伤口上撒盐后却未能提供有效的安抚和解决方案，只是在图文的底部写"让理财给生活多一次机会"并非解决方案。理财产品简直到处都是，凭什么让目标客户相信你的就能帮他们赚钱呢？这只会使不少潜在客户厌恶你的扎心话语以及随后生硬的"来买我的产品"的赤裸裸的目的。[②]

组织或个人的媒体并非内容越多越能实现营销目标，少、精、新是实践者常常需要自我衡量的标准。作者尽管并不推销产品或服务，过一段时间也会检视自己的新浪微博，隐藏或删除当前看来价值不大的帖子。站点内容庞杂，访问者将迷失其中，不能欣赏到精华内容，浅尝辄止就退出了。

文化营销、内容营销，还有公关活动，它们有密切联系和诸多共通之处（例如讲求得人心者得天下），因此开展这些工作时应注意把它们有效结合起来以达到事半功倍的效果。在营销领域，有内在联系的并不止这三方面，绿色营销、互联网营销乃至服务营销、体验营销等，它们都有内在联系，甚至是密切的关系。因此做营销工作、思考营销事项要有整体观、系统观，通盘考虑、整体推进。

---

① 周锡飞主编《国际营销理论与实战》，北京理工大学出版社，2020，第 54-56 页。
② 黎媛：《精准内容：让你的内容营销品效合一》，清华大学出版社，2020，第 182 页。

15.5 建设顾客数据库，开展数据库营销

顾客数据库指企业收集的现有和潜在顾客的、有助于实现企业营销目标的信息。顾客数据库包含企业从顾客交易、顾客注册信息、顾客电话咨询、顾客浏览本企业网站的记录，以及企业每一次和顾客接触等来源积累的很多信息。互联网用户在网上一般会产生信息、行为、关系三个方面的数据，收集这些数据有助于企业预测和决策。当前正风行的智慧门店就非常重视对顾客数据库的应用。企业可以在营销和交易网站中"埋点"，也就是在相关网页的关键事件处手工插入监测代码，或者借助第三方软件可视化地插入监测代码，甚至可以无差别监测网站中的用户行为，也就是"全埋点"或称"无埋点"，从而收集互联网用户的行为数据和特征，进而分析、挖掘有用的信息，为采取有效的营销策略和交易行为提供帮助。参见 12.3 节最后一段。

理想的个人顾客数据库包含：顾客以往的购买记录、人口统计特征（年龄、收入、家庭成员、生日）、心理特征（参与的活动、兴趣和意见）、偏好的媒体和其他有用信息。

理想的企业顾客数据库包含：企业顾客以往的购买记录，采购团队成员的姓名、年龄、生日、爱好和喜欢的食物，现有合同的执行情况，本企业拥有该企业顾客的相关采购量的大致份额，与本企业具有竞争关系的供应商（该企业顾客的其他供应商），本企业向该企业顾客推销产品和提供服务时的优劣势。

案例 15-7

蒙牛公司的数据库营销

刚刚进入上海市场时，蒙牛公司想采用连锁超市的销售方式，但这种方式的门槛太高。蒙牛找到麦德龙公司，后者利用其消费者数据库，把蒙牛牛奶的样品免费赠送给精心挑选出的 4000 户家庭品尝。麦德龙随后跟踪消费者的反馈信息，同时在网上及直邮广告单上发布蒙牛牛奶的促销信息。麦德龙有效促进了蒙牛牛奶在上海的销售，使其从一开始每月只有几万元的销售额一下子增加到几十万元。就这样，蒙牛没有投入大量资金做广告，也没有花费巨额的超市"入场费"，就顺利地打开了上海市场。

资料来源：苏朝晖，2018.市场营销：从理论到实践[M].北京：人民邮电出版社.

案例 15-8

纽约大都会歌剧院的数据库营销

纽约大都会歌剧院分析自己的观众数据库，在庞大的观众群里找到即将上演的歌剧的潜在观众，然后用通信的方式推销歌剧票。结果正式公开发售前，70% 以上的歌剧票已借助数据库销售出去了。

数据库营销和顾客关系管理的弊端如下。

首先，建立和维护顾客数据库需要在电脑硬件、数据库软件、分析软件、通信线路和技术人员等方面大量投资。而企业很难收集到正确的数据，特别是难以捕捉到与个人顾客互动的信息。对以下情形建立顾客数据库就不值得：顾客在其一生中很可能只购买一次的产品，例如三角钢琴，还有房产——同一个顾客向同一家房产商重复购买房屋的概率很低；信息收集成本太高。

其次，并非所有顾客都想与企业建立长期关系，他们可能会在得知企业收集了他们的大量个人信息后感到气愤。

最后，一些企业实施顾客关系管理后，经营情况并未好转。可能因为软件系统设计糟糕，也可能因为企业员工没有充分使用此系统。例如，由于惯性思维和惰性，企业员工没有使用的积极性；员工不熟悉该软件系统，使用水平不高；缺乏使用该软件系统的制度规定；等等。因此应当先制定顾客关系战略，再实施顾客关系管理；先调整、建设组织，使之与顾客关系管理匹配，再开展顾客关系管理。

最常使用数据库营销的是那些较容易收集到大量顾客数据的制造企业和服务企业，例如宾馆、银行、航空公司、保险公司、信用卡公司和电话公司。家电制造企业可以通过分销商收集顾客的信息，完善其经营与销售，而且顾客有可能重复购买该企业的产品。超市等企业则可以通过会员优惠制度吸引顾客申办会员卡，进而收集顾客的个人信息和消费数据。

有一些企业，例如立顿，通过下述方法收集顾客信息。人们只要向立顿提供亲友的姓名、手机号和地址，立顿就会以此人的名义向其亲友赠送红茶礼盒。此促销行动不仅可以收集顾客信息，还可以帮助立顿拓展市场。星巴克也有类似的营销行动，不过消费者须先支付，然后要求星巴克以该消费者的名义向其亲友、同事等发送电子消费券，这也能实现上述两个目的。

最适合对顾客关系管理投资的企业是那些从事大量交叉营销和向上营销的企业。交叉营销指从顾客的购买行为中发现顾客的多种需求，向其推销相关产品或服务。向上营销指根据顾客过去的消费喜好，提供更高价值的产品或服务。交叉营销指推荐相似但不同类的产品，而向上营销指推荐同类产品的升级版产品或优化产品。

数据库营销与大数据驱动的商业创新的简单比较如表 15-1 所示。

表 15-1　数据库营销与大数据驱动的商业创新的简单比较

数据库营销	大数据驱动的商业创新
管理现有顾客的交易行为	管理现有顾客和潜在顾客的生命周期、全价值链和全渠道的社会互动
产品上市后的销售	产品全价值链的商业模式创新

表 15-1 中的"管理……的生命周期"指关心顾客的一生，因为顾客是企业的重要资产。当前，社会互动（互联网使之更便捷、普遍）成为消除市场失灵的主要手段，成为全价值链上创造价值的主要机制。

当下流行的互联网营销使企业比过去更强调：与顾客完成一次交易不是双方关系的结束，恰恰是一个全新的开始。这也说明了数据库营销的重要性。

15.6　绿色营销的效用和实践方法

绿色营销以环保、健康、简约等理念为经营指导思想，是对企业、顾客、环境及社会利益的一种协调，属于社会营销观念。绿色代表（对环境）无危害（例如可降解）、少农药、纯天然、可重复利用、可回收、低消耗（节水、节能、节约原材料）、低排放、低噪声等。从宏观角度看，践行绿色营销非常符合我国的可持续发展战略。而顺应国家大政方针的经营实践一般都是合理的、有前途的、可持续的，也更有可能得到政府及有关组织的支持。

绿色营销的特点包括：设计产品时考虑保护与充分利用资源和能源；易于回收和处置产品；采用清洁生产技术；不仅要尽可能在生产阶段消除污染，也要最大程度地减少产品在使用和处置过程中对环境的危害。

绿色商标、绿色品牌等绿色营销手段对消费者往往有很强的吸引力。消费者达到较高经济水平后往往愿意追求健康、绿色、环保的消费模式，他们认识到这样做不仅对自己还对保护地球有益处。销售绿色产品，例如可降解的快餐盒、充电电池（可重复使用数百次，大大节省了材料）；提供绿色服务，例如废品回收及逆向物流、再循环（重复使用零部件）、（对不能利用的部分）无害处理，可以吸引这些消费者。

举一个反面案例。每年中秋节要产生很多月饼盒，可是现在收废品的人对铁皮盒、铝罐等不感兴趣；许多月饼生产企业至今也未公开提出回收月饼盒的计划与措施。于是大量的铁皮盒、铝罐流向垃圾处理环节，增加了垃圾处理的压力。环保类型的消费者对铁皮盒、铝罐包装的商品可能就会敬而远之。

我国现在推动绿色消费转型，倡导简约适度、绿色低碳的生活方式，反对奢侈浪费和不合理消费，践行绿色生活成为每个公民的责任。例如，在2013年，全国出现提倡"光盘行动"的热潮，2019年和2020年，党中央再次号召节约粮食，使全国人民，包括消费者、饭店经营者、企事业单位员工、政府部门工作人员，都行动起来了，宣传横幅、海报随处可见，实际行动和效果也令人欣喜。面对这样的社会环境和形势，商业领域的从业者应该更有信心地开展绿色营销。过去，不少人的"过度消费甚至追求奢侈消费可以带动经济发展"的错误观点可以休矣。

绿色经济已成为全球产业竞争制高点，开展绿色经营和营销能开辟或进入"绿色市场"。西方发达国家对绿色产品的需求非常广泛。发达国家已经通过各种途径和手段（包括立法等），推行所有产品的绿色消费，从而培养了极为广泛的市场需求，为绿色营销的开展也打下了坚实的基础。以绿色食品为例，英国、德国的绿色食品需求完全不能自给，英国每年进口的绿色食品约占其绿色食品消费总量的80%，德国则高达98%。这表明发达国家的绿色产品市场潜力非常巨大。而发展中国家由于资金、消费导向和消费质量等方面的原因，还无法实现所有消费需求的绿色化。例如，我国目前只能对部分食品、家电产品、通信产品等实现绿色化。

企业开展绿色营销，应先树立绿色营销观念，强化环保意识；对绿色消费市场进行调查和预测，例如分析绿色消费意识和绿色消费行为特点；创造绿色价值；进行绿色营销管理，例如实施绿色宣传和绿色分销。实施绿色营销战略，可与4Ps理论等营销组合理论结合起来，例如在产品开发、包装设计等经营环节实施绿色营销战略。德国莱茵模式也可为我国发展绿色农业和其他种植业提供不少有益借鉴，包括建立绿色食品消费观念、城市居民下乡从事第一产业的工作、开展中小规模农业生产、遵循自然法则、大幅减少使用农药和化肥、不破坏生态等。以下是一些绿色营销案例。

北卡罗来纳州的"绿色"麦当劳采用再生建材、透水地砖、节能LED灯、抗旱植物。

耐克公司鼓励顾客把穿旧的鞋送回当初购买此鞋的商店，这些旧鞋会再被送回耐克公司。耐克公司的合作工厂把这些旧鞋粉碎后作为跑道和球场的铺设材料。这一策略（逆向物流策略）提升了耐克公司的社会形象。顾客把旧鞋送回商店也增加了复购概率。

"世界生态保姆"沃尔玛采用风力发电机组、大窗户（增加透光），燃烧废弃的食用油供热，把有机废物（例如农产品）用作花园肥料……通过这些做法，沃尔玛成为更有影响力的"私人环保组织"，其宝洁、通用磨坊等供应商都须以更环保的方式提供产品。在绿色经营方面，沃尔玛对其供应商甚至比环保组织能施加更大的促进压力。沃尔玛的绿色营销效果包括环境改善、成本降低、节约消费者的钱、节约子孙后代的资源。短期可能增加供应商的额外支出——为满足沃尔玛的环保要求而采取相关措施；长期来看，供应商因环保行动降低了总成本。

维他奶国际集团使用采光天花板、中空玻璃窗（隔热、保温）、环保砖；建设独立的污水处理站，把二次水用于绿化、清洁；循环使用利乐包装复合纸，例如制作围栏、椅子、垃圾桶。

以色列的一家企业发明了SodaStream气泡水机，相对于可口可乐公司和百事公司，这既是在实施市场补缺战略，又是在实施绿色营销战略——不是销售碳酸饮料，而是让消费者能在家里自制碳酸饮料（酸奶机、面包机等小家电也有同样的功效），避免在超市货架上与两大可乐公司正面竞争。可重复使用的瓶子能替代一万多个传统饮料罐；自制碳酸饮料使碳足迹减少80%；自制碳酸饮料自主而有趣；比购买的碳酸饮料便宜一半。2018年8月，百事公司宣布以32亿美元收购该公司，并保持其独立运行，作为百事公司原业务的补充。

绿色壁垒正成为贸易保护者的武器，跨国公司或开展国际营销的企业必须采用绿色发展战略，进行绿色营销，打破绿色壁垒。海尔集团生产的绿色电冰箱获得欧洲认可后，就能畅通无阻地进入欧洲市场，其三分之一的产品被销往海外。天然中药与西药相比，副作用小，优势不言而喻，因此天士力集团也采用绿色营销策略。非电空调是远大科技集团的核心业务，其产品减少了能源消耗和碳排放，销往70多个国家，其中，北美市场占有率超过45%，欧洲市场占有率超过50%。

倘若绿色产品的价格比普通产品的高许多（可能未形成规模效应以及使用优质材料生产，导致成本上升，价格也偏高），那么制定合适价格有助于推广绿色产品。企业可在推广绿色产品之初制定活动价格或开展买一送一等优惠活动，促进消费；当消费者使用过该产品并认同该产品后，可调回原价，并不定期开展优惠活动。

15.7　正确对待灰色营销

灰色营销指未经授权的经销商销售品牌产品。黑色营销（仿造产品）是非法的，但灰色营销在许多情况中是合法的。由于汇率、税率或价格敏感度（例如俄罗斯当初不能按卖给西欧的价格把天然气和石油卖给我国，因为国情不一样）不同，制造企业可能针对不同地区的市场制定不同价格。这使平行进口商（向同级经销商进口①）能在全球范围寻找便宜货源，也为其提供了相对于一部分授权经销商的成本优势，还省掉了授权认证费或加盟费之类的费用。

一个案例是日本折扣连锁商 Jonan-denki 组织员工进行圣诞节后的欧洲购物之旅，在合法采购大量奢侈品后，将其在日本的店中销售。欧洲的价格原本就比日本的便宜，再加上节后大降价（旅费也大降价），更加实惠。该企业的员工享受了免费旅游，该企业则实现了大量的廉价采购，员工也能私人采购一些，可谓多赢。

制造企业为营造公平的销售环境和竞争环境，为减少市场混乱（对该制造企业的同一产品，有的店卖得便宜，有的卖得贵，价格相差较大，这一情况甚至出现在同一区域），也为加强控制力度（指控制经销商的力度，控制不了平行进口商——他们甚至不是授权经销商，制造企业无法控制他们，甚至不知道这些非签约经销商的存在）和维持品牌形象（例如确保其产品在专卖店卖，而不是在杂七杂八的店卖）……要遏止平行进口现象。制造企业阻止平行进口的办法有：检查自己的订单处理程序；跟踪产品，一旦发现问题即向管理部门报告；限制差别定价政策以防止套利机会出现或减少套利机会。参见 8.1.3 小节中治理窜货的方法。

然而在采取阻止平行进口的行动前，制造企业应考虑灰色营销的利弊，在以下几种情况中制造企业可容忍灰色营销。

（1）违规行为难以被察觉或证明。如果没有授权经销商提出抗议，制造企业不如睁一只眼闭一只眼；控制的难度大，不如给平行进口商一个生存的机会。

（2）产品处在成熟期，制造企业需要大量销售，获得更多利润和更大的市场份额。

（3）平行进口商是高绩效的、忠于制造企业的经销商，平行进口商的销售行为已经类似该制造企业专卖店的行为，对制造企业没有太大的坏处。

事实上，一些制造企业很欢迎灰色营销，因为它能增加这些企业在新兴市场的覆盖范围。不管是授权经销商销售，还是非授权经销商销售，对制造企业而言，其产品均通过正常渠道被销售给授权经销商（只是平行进口商从某些授权经销商处采购了大量此种产品并转售），制造企业获得了销售款和利润，减少了库存积压。总体而言，这是好事。灰色营销也有助于其产品抵达价格敏感型消费者。在中国、印度尼西亚和越南，这种情况常发生在烈性酒、香烟和其他快速消费品市场。不要把灰色营销与走私、水货混淆，后者是违法的，例如逃避关税。

---

① 之所以不直接向制造企业进口，是因为制造企业对该平行进口商制定的价格可能比较高——由前面提到的汇率等原因导致的。

15.8　其他营销形式

15.8.1　饥饿营销

例如，苹果公司多年来形成一种保密文化，不到最后正式发布新产品，外界从苹果公司得不到该产品的任何信息。在开发 iPhone 的过程中，苹果公司把其在 iMac 计算机和 iPod 音乐播放器上修炼已久的饥饿营销推到一个新的高度。苹果公司对 iPhone 的所有细节保密长达 30 个月，严格的保密制度是为了形成"饥饿"强度。2007 年 6 月，苹果公司开始销售 iPhone 的一周内，消费者的购买欲望被充分激发。苹果公司原计划在2007 年年底前销售 100 万部 iPhone，实际上只用了 6 天就完成了计划。

擅长饥饿营销的还有微软、斯沃琪，小米手机的饥饿营销也采用了类似的做法。20世纪 90 年代，微软甚至虚晃一枪，用不实的产品发布时间劝告用户不要采购 Novell 公司的新版网络操作系统软件（NetWare），但它并未在讲定的时间发布新版网络操作系统软件（Windows）。Novell 和广大用户都吃了哑巴亏。以后别的企业若碰到类似微软这样的竞争行为，不管对方的宣传是真是假，就先反击之，指责其宣传是空头支票，把客户拉回来。反击还有一句俗语支撑：二鸟在林，不如一鸟在手。微软当年能成功阻拦计划购买者，也是因为它已销售的产品很有竞争力和号召力，很多用户看好微软的产品，所以宁愿放弃 Novell 已发布的产品也要等微软的新产品。

当今的饥饿营销往往与互联网营销紧密结合，通过互联网营销把消费者的关注转化为购买。饥饿营销好的效果正如德鲁克说的："市场营销的目标是使推销成为多余的。"另外，饥饿营销既让公众看好其股票又刺激了销售。

饥饿营销的实质是生产企业开发、生产、销售的进程赶不上消费者需求的变化速度，所以虚晃一枪，美其名曰饥饿营销。在市场竞争不充分时，饥饿营销策略有一定优势，但在市场竞争充分的情形中，饥饿营销策略可能导致把顾客拱手让人。例如，在三星、华为、小米等企业的智能机尚未形成竞争压力时，苹果公司可充分采用饥饿营销策略，但在对手的产品越发卓越后仍使用饥饿营销策略，效果将被大大削弱。此时企业应加快设计、生产、销售的进程，抢占市场。长期而言，饥饿营销可能遭消费者质疑。

15.8.2　许可营销

许可营销（Permission Marketing）不是许可证经营（License To Operate）——例如麦当劳的经营方式。

塞思·戈丁于 1999 年提出许可营销概念。许可营销是在与顾客建立关系前取得顾客的许可，同时为他们提供一些东西作为补偿。希望达到的效果是，使营销成为顾客期望的、相关的、个人的、适时的营销。例如，安装软件时，安装程序会问用户将来是否愿意接受该软件公司的广告信息，愿意接受哪几类信息，等等；商家在网站、电子商务中提供信息推送服务的选择功能——选择加入（Opt-in）和选择退出（Opt-out）接受服务。但一些银行在手机短消息推送服务中提供虚假的退订选项，用户退订后仍然收到其广告信息。营销就像与顾客"约会"，不能强行"约会"。

微信营销基本上是许可式的，较好地体现了许可营销的理念。一般而言，只有用户自愿添加关注之后，商家才能进行后续的营销行为（微信偶尔也会不请自来，推荐卖家公众号给微信用户）；微信用户如果对某个公众号不再感兴趣，取消关注后就不会再收到此公众号的广告或新闻。

与许可营销对应的是打扰营销甚至骚扰营销，例如广告骚扰。从营销方的利益角度看，企业的骚扰广告稀释了营销信息的有效性；而顾客则对此失去耐心并反感、排斥。在这样的情况下，企业想与营销受众建立联系和感情是不现实的。参见 9.5.2 小节。

15.8.3　病毒营销

美国市场营销协会把病毒营销定义为，推动并鼓励人们传递营销信息的一种营销现象。网络为病毒营销提供了良好环境。当病毒营销发挥作用时，其信息不但能快速传播（像病毒一样扩散），还会产生大量关于产品的讨论，使产品获得很高的知名度。病毒营销与口碑营销、饥饿营销相关，对青少年消费者群体的营销效果更好。口碑营销的特性使病毒营销几乎是无成本的。微信及 WeChat 用户数突破 10 亿，其用户的积累就是靠病毒营销或口碑营销迅速促成的。

15.8.4　知识营销

知识营销是一种较新的营销方法，它能培育潜在顾客，提升企业口碑，提高服务质量，符合 9.7.3 小节最后的 4Is 网络整合营销理论。知识营销有时候与内容营销重叠。20 世纪 90 年代初，微波炉生产企业格兰仕在市场导入期未做大规模的品牌广告，而是采用知识营销方法，比做品牌广告更节约开支。格兰仕在 400 多家报纸、电视开设专栏，向大众普及微波炉知识、菜谱等，还组织专家出版《格兰仕微波炉使用大全——菜食谱 900 例》，将之连同各种小册子、几百万张菜谱光盘免费赠送给消费者。其营销效果非常好，也更能博得消费者信赖，宣传效果直观、具体。昂立教育、宝洁等企业也有类似营销实践。

消费者在宜家能学到家居物品的色彩搭配和杂物收纳方法，软硬装修灵感也可能在宜家购物环境中被激发出来。宜家场景化的布置也能激发消费者的购买欲望。比尔·盖茨成立盖茨基金会，其"先教电脑，再卖电脑"策略也是知识营销策略。积木玩具制造企业乐高为普及其复杂的积木玩具，常年在各国中心城市开办"乐高训练营"。苹果公司的实体店不定期组织培训，向消费者传递新产品的知识。

知识营销可借力于互联网社区等新媒体，例如喜马拉雅音频网站、抖音视频网站、知乎问答平台、学习强国平台、百家号、微博。①

---

① 张明文、高文婷编著《知识营销》，哈尔滨工业大学出版社，2020，第 107–148 页。

15.8.5　非营利组织的营销

突出的组织形象和良好的市场宣传对非营利组织来说非常重要。例如，潜在的学生在接待日参观大学时可能无法准确判断课程的质量，但他们比较容易判断该学校是不是他们生活和学习的良好处所，图书馆的资源如何，教室是否令人感到舒适，生活设施是否齐全，信息技术设施怎么样，等等。

非营利领域的市场营销正在迅速发展，它借鉴、测试和发展营利组织市场营销的技巧。非营利组织其实也需要营利，以辅助支持运营开销，但以捐助资金为主。其与营利组织最大的区别是，非营利组织不能向组织拥有者发红利，各项收入、支出受到有关部门和个人的严密监控。

附录

2016—2018 年品牌价值数据

世界品牌实验室发布 2016 年《中国 500 最具价值品牌》。该榜单主要从财务、消费者行为和品牌强度等角度分析。国家电网位列第一，品牌价值 3055.68 亿元人民币；第二至第十四名是腾讯、工商银行、中国人寿、海尔、华为、中化、CCTV、中国一汽、中国移动、中国银行、阿里巴巴、苏宁、中国石油；第十五名是联想，价值 1351.92 亿元人民币。

世界品牌实验室发布 2018 年《中国 500 最具价值品牌》。前十名是：国家电网（4065.69 亿元人民币）、腾讯（4028.45 亿元人民币）、海尔（3502.78 亿元人民币）、工商银行（3345.61 亿元人民币）、中国人寿（3253.72 亿元人民币）、华为（3215.63 亿元人民币）、中化（2775.67 亿元人民币）、CCTV（2740.82 亿元人民币）、中国一汽（2716.27 亿元人民币）、阿里巴巴（2705.92 亿元人民币）。

品牌战略管理咨询公司 Interbrand[①] 发布的《2016 年全球最佳品牌》报告，列出了 100 个最有价值的品牌。其中 52 个来自美国，10 个来自德国，8 个来自法国，6 个来自日本……中国有华为（58.35 亿美元）和联想（40.45 亿美元）两个品牌上榜，分列第 72 和 99 位。

世界品牌实验室和 Interbrand 的评选标准显然不同，否则不会出现前者的榜单（尽管是中国榜单）中排在华为前面的国家电网、腾讯等公司未进入后者榜单的情况，参见本页的脚注。

《2016 年全球最佳品牌》排名前十的是：苹果（1781.19 亿美元）、谷歌（1332.52 亿美元）、可口可乐（731.02 亿美元）、微软（727.95 亿美元）、丰田（535.8 亿美元）、IBM（525 亿美元）、三星（518.08 亿美元）、亚马逊（503.38 亿美元）、梅赛德斯－奔驰（434.9 亿美元）、通用电气（431.3 亿美元）。

Interbrand 发布的《2018 年全球最佳品牌》报告中，前十名是：苹果（2144.8 亿美元）、谷歌（1555.06 亿美元）、亚马逊（1007.64 亿美元）、微软（927.15 亿美元）、可口可乐（663.41 亿美元）、三星（598.9 亿美元）、丰田（534.04 亿美元）、梅赛德斯－奔驰（486.01 亿美元）、脸书（451.68 亿美元）、麦当劳（434.17 亿美元）。华为是唯一入选的中国品牌（75.78 亿美元），排第 68 位。

---

① Interbrand 公司成立于 1974 年，是综合性品牌咨询公司，客户覆盖超三分之二的全球 TOP100 公司。《2016 年全球最佳品牌》报告主要从品牌业绩表现、影响力及品牌保障公司持续收入的能力三个方面衡量。Interbrand 偏重数据分析，偏重国际市场销售收入占比，即偏重国际化品牌，所以中国品牌难进其排行榜也有这方面的主客观原因。

"2018 年 BrandZ① 全球品牌价值 100 强"榜单中，美国有 55 个品牌，中国 14 个，德国 8 个，法国和英国各 4 个，日本 3 个。谷歌蝉联冠军，苹果第二，腾讯和阿里巴巴进入十强。

2016—2018 年我国互联网发展、应用情况

1. 2016 年 12 月的数据

中国互联网络信息中心（CNNIC）发布的第 39 次《中国互联网络发展状况统计报告》显示：截至 2016 年 12 月，我国网民规模达 7.31 亿人，大约是欧洲的人口总量，互联网普及率是 53.2%，网民人均上网时长是 26.4 小时 / 周。互联网购物用户规模达 4.67 亿人，占网民总体的比例是 63.8%；手机网民规模达 6.95 亿人，占网民的 95.1%；手机支付用户规模达 4.69 亿人；农村网民数量达 2.01 亿人。微信朋友圈应用率高达 85.8%，成为应用率最高的典型互联网社交应用程序。

国内互联网营销渠道使用比例如图 A-1 所示。

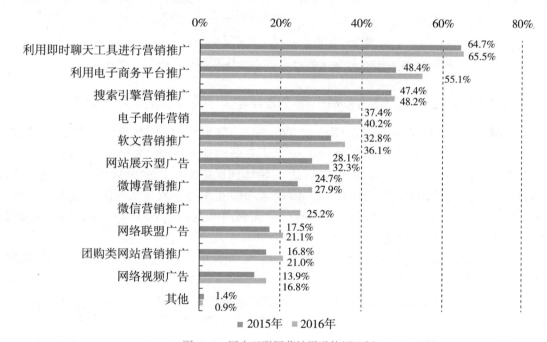

图 A-1 国内互联网营销渠道使用比例

数据来源：http://www.cac.gov.cn/2017-01/22/c_1120352022.htm[2024-03-24].

---

① 偏重实地消费者调查，调查覆盖 30 多个国家，包括发展中国家，涉及约 200 万消费者和 1 万多个品牌。2006 年开始发布排行榜。它的排名标准和 Interbrand 的不同，所以中国品牌在 2018 年进入该排行榜的就多许多。BrandZ 的排名似乎更公平一些，因为虽然一些品牌的国际影响力不强，但在其国内却有很强的影响力，如果该国是人口大国的话（例如中国、印度、巴西），起码在影响人数方面不能忽略这些品牌的影响力。

五类 App 用户使用时段分布如图 A-2 所示。

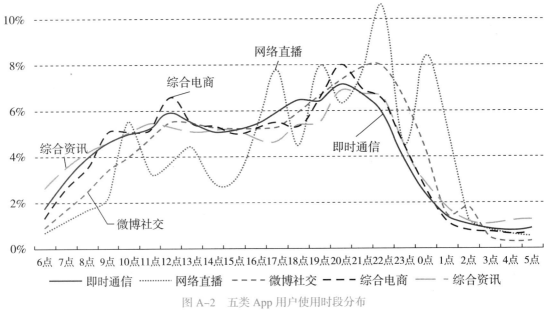

图 A-2　五类 App 用户使用时段分布

资料来源：http://www.cac.gov.cn/2017-01/22/c_1120352022.htm[2024-03-24].

2. 2018 年 12 月的数据（附少量 2020 年 6 月的数据作为对比）

中国互联网络信息中心发布的第 43 次《中国互联网络发展状况统计报告》显示：截至 2018 年 12 月，我国网民规模达 8.29 亿，互联网普及率达 59.6%，较 2017 年年底提升 3.8 个百分点，全年新增网民 6433 万；整体网民中，手机网民规模达 8.17 亿，网民使用手机上网的比例高达 98.6%。第 46 次《中国互联网络发展状况统计报告》显示，截至 2020 年 6 月，我国网民规模达 9.40 亿，互联网普及率达 67.0%；其中手机网民规模达 9.32 亿，网民使用手机上网的比例达 99.2%。

2008—2018 年网民规模和互联网普及如图 A-3 所示，2008—2018 年手机网民规模及其占整体网民比例如图 A-4 所示。

截至 2018 年 12 月，我国农村网民规模为 2.22 亿，占整体网民的 26.7%，较 2017 年年底增加 1291 万，年增长率为 6.2%；城镇网民规模为 6.07 亿，占比达 73.3%，较 2017 年年底增加 4362 万，年增长率为 7.7%。2018 年我国网民人均每周上网时长是 27.6 小时，较 2017 年增加 0.6 小时。

我国网民以中青年为主并持续向中高龄人群渗透。截至 2018 年 12 月，10～39 岁群体占整体网民的 67.8%，其中 20～29 岁年龄段的网民占比最高，达 26.8%；40～49 岁中年网民群体占比由 2017 年年底的 13.2% 增至 15.6%，50 岁及以上的网民比例由 2017 年年底的 10.5% 增至 12.5%（如图 A-5 所示）。从职业看，网民群体中，学生占比最高，达 25.4%；其次是个体户或自由职业者，占比是 20.0%（如图 A-6 所示）。

单位：万人

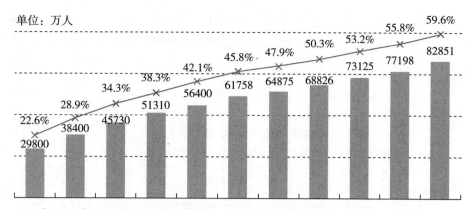

图 A-3　2008—2018 年网民规模和互联网普及率

资料来源：http://www.cac.gov.cn/2019-02/28/c_1124175677.htm[2024-03-24].

单位：万人

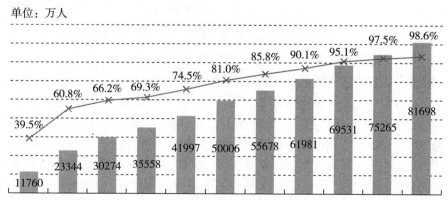

图 A-4　2008—2018 年手机网民规模及其占整体网民比例

资料来源：http://www.cac.gov.cn/2019-02/28/c_1124175677.htm[2024-03-24].

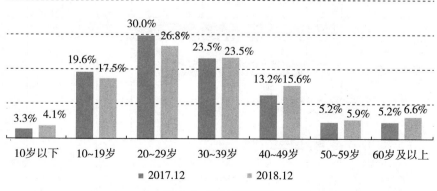

图 A-5　网民年龄结构

资料来源：http://www.cac.gov.cn/2019-02/28/c_1124175677.htm[2024-03-24].

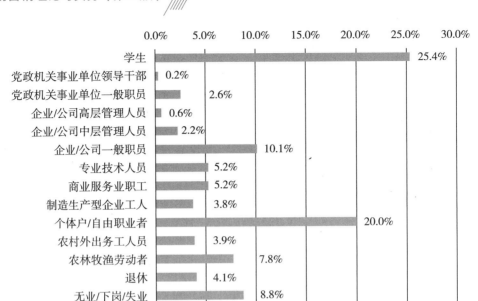

图 A-6　网民职业结构

资料来源：http://www.cac.gov.cn/2019-02/28/c_1124175677.htm[2024-03-24].

网民学历结构和网民收入结构如图 A-7、图 A-8 所示。

截至 2018 年 12 月，我国城镇地区互联网普及率是 74.6%，较 2017 年年底提升 3.6 个百分点；农村地区互联网普及率是 38.4%，较 2017 年年底提升 3 个百分点。

2018 年，《中华人民共和国电子商务法》公布。截至 2018 年 12 月，我国网络购物用户规模达 6.10 亿，年增长率为 14.4%，网民的使用率是 73.6%。截至 2018 年 12 月，我国手机网络支付用户规模达 5.83 亿，年增长率为 10.7%，手机网民网络支付使用率（占手机网民的比例）达 71.4%。另外，网民在线下消费时，手机支付比例由 2017 年年底的 65.5% 提升至 2018 年年底的 67.2%。截至 2020 年 6 月，我国网络支付用户规模达 8.05 亿，占网民整体的 85.7%；手机网络支付用户规模达 8.02 亿，占手机网民的 86.0%。

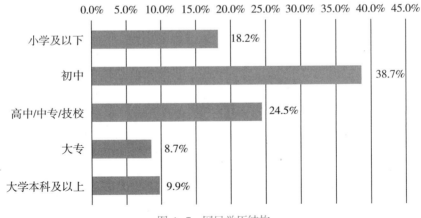

图 A-7　网民学历结构

资料来源：http://www.cac.gov.cn/2019-02/28/c_1124175677.htm[2024-03-24].

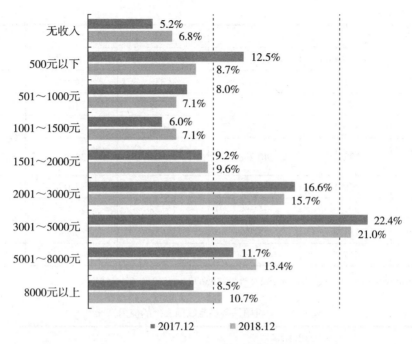

图 A-8　网民收入结构

资料来源：http://www.cac.gov.cn/2019-02/28/c_1124175677.htm[2024-03-24].

　　互联网娱乐持续繁荣。截至 2018 年 12 月，网络视频、网络音乐和网络游戏的用户规模分别是 6.12 亿、5.76 亿和 4.84 亿，占网民整体的使用率分别是 73.9%、69.5% 和 58.4%。截至 2020 年 6 月，我国网络视频（含短视频）用户规模达 8.88 亿，占网民整体的 94.5%。表 A-1 和表 A-2 介绍了网民和手机网民各类互联网应用的使用情况。

表 A-1　网民各类互联网应用的使用情况

互联网应用	2018.12		2017.12		年增长率
	用户规模 / 万	网民使用率	用户规模 / 万	网民使用率	
即时通信	79172	95.6%	72023	93.3%	9.9%
搜索引擎	68132	82.2%	63956	82.8%	6.5%
网络新闻	67473	81.4%	64689	83.8%	4.3%
网络视频	61201	73.9%	57892	75.0%	5.7%
网络购物	61011	73.6%	53332	69.1%	14.4%
网上支付	60040	72.5%	53110	68.8%	13.0%
网络音乐	57560	69.5%	54809	71.0%	5.0%
网络游戏	48384	58.4%	44161	57.2%	9.6%
网络文学	43201	52.1%	37774	48.9%	14.4%
网上银行	41980	50.7%	39911	51.7%	5.2%
旅行预订	41001	49.5%	37578	48.7%	9.1%

续表

互联网应用	2018.12		2017.12		年增长率
	用户规模／万	网民使用率	用户规模／万	网民使用率	
网上订外卖	40601	49.0%	34338	44.5%	18.2%
网络直播	39676	47.9%	42209	54.7%	−6.0%
微博	35057	42.3%	31601	40.9%	10.9%
网约专车或快车	33282	40.2%	23623	30.6%	40.9%
网约出租车	32988	39.8%	28651	37.1%	15.1%
在线教育	20123	24.3%	15518	20.1%	29.7%
互联网理财	15138	18.3%	12881	16.7%	17.5%
短视烦	64798	78.2%	—	—	—

资料来源：http://www.cac.gov.cn/2019–02/28/c_1124175677.htm[2024–03–24].

表 A–2　手机网民各类互联网应用的使用情况

互联网应用	2018.12		2017.12		年增长率
	用户规模／万	手机网民使用率	用户规模／万	手机网民使用率	
手机即时通信	78029	95.5%	69359	92.2%	12.5%
手机搜索	65396	80.0%	62398	82.9%	4.8%
手机网络新闻	65286	79.9%	61959	82.3%	5.4%
手机网络购物	59191	72.5%	50563	67.2%	17.1%
手机网络视频	58958	72.2%	54857	72.9%	7.5%
手机网上支付	58339	71.4%	52703	70.0%	10.7%
手机网络音乐	55296	67.7%	51173	68.0%	8.1%
手机网络游戏	45879	56.2%	40710	54.1%	12.7%
手机网络文学	41017	50.2%	34352	45.6%	19.4%
手机旅行预订	40032	49.0%	33961	45.1%	17.9%
手机网上订外卖	39708	48.6%	32229	42.8%	23.2%
手机在线教育课程	19416	23.8%	11890	15.8%	63.3%

资料来源：http://www.cac.gov.cn/2019-02/28/c_1124175677.htm[2024-03-24].

各年龄段网民人均手机 App 数量如图 A–9 所示。

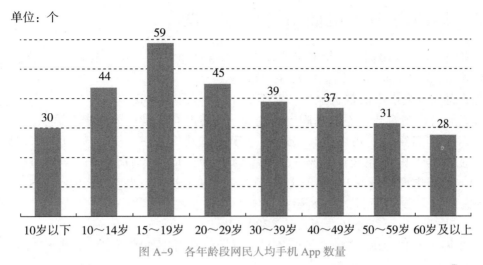

图 A-9　各年龄段网民人均手机 App 数量

资料来源：http://www.cac.gov.cn/2019-02/28/c_1124175677.htm[2024-03-24].

经历多年高速发展后，互联网消费市场供需两端双升级正成为行业增长的新一轮驱动力。在供给侧，线上线下资源加速整合，像京东、阿里巴巴这样的电商企业也愿意在线下认真耕耘；社交电商（如拼多多）、品质电商（如唯品会）等新商业模式不断丰富消费场景，带动零售业转型升级；大数据、区块链等技术被深入应用，有效提升了运营效率。在需求侧，消费升级趋势保持不变，消费分层特征日益凸显，进一步推动市场多元化。

得益于网络覆盖工程和互联网提速降费的加速实施，互联网使用门槛进一步降低。自 2018 年 7 月起移动互联网跨省漫游收费成为历史，运营商移动流量平均单价降幅超过 55%，居民信息交流效率获得提升。截至 2020 年 6 月底，5G 终端连接数超过 6600 万个，三家基础电信企业已开通 5G 基站超 40 万个，建设速度和规模超出预期。

非网民人口以农村地区人群为主。截至 2018 年 12 月，我国非网民规模为 5.62 亿，其中城镇地区非网民占比为 36.8%，农村地区非网民占比为 63.2%。调查显示，不懂电脑或网络技能和文化程度限制导致非网民不上网的占比分别是 54.0% 和 33.4%；因为年龄太大或太小而不上网的非网民占比是 11.2%；因为没有电脑等上网设备而不上网的非网民占比是 10.0%；因为无需求或不感兴趣、缺乏上网时间及无法连接互联网等原因造成非网民不上网的占比均低于 10%（同一被调查对象不上网的原因可能有多个，所以上述比例之和大于 1），这表示提高网民比例有较大潜力可挖。

2018 年全球互联网接入普及率是 54.4%（Internet World Stats 统计），北美地区达 95%，欧洲达 85.2%。[①]

　① 西蒙·金斯诺思：《数字营销战略：在线营销的整合方法》（第 2 版），王亚江、王彻译，清华大学出版社，2021，第 4 页。

2012—2019 年我国电商市场总体数据

国家统计局发布的 2014 年电子商务交易情况调查结果显示，2014 年全社会电子商务交易额达 16.39 万亿元，同比增长 59.4%。

电子商务研究中心的数据显示，截至 2014 年 6 月底，我国 B2C 零售市场（包括开放平台式与自营销售式，不含品牌电商企业①）的占有率是：天猫排名第一，占 57.4% 份额；京东排名第二，占 21.1% 份额；苏宁易购排名第三，占 3.6% 份额。第 4～10 位排名依次为：国美在线（3.3%）、唯品会（1.9%）、亚马逊中国（1.5%）、当当网（1.2%）、腾讯电商（0.8%）、聚美优品（0.7%）、1 号店（0.6%）。

国家统计局数据显示，2018 年我国电子商务交易规模为 31.63 万亿元，同比增长 8.5%。2018 年，电子商务从业人员达 4700 万人。

2018 年中国 B2B 和 B2C 电子商务平台市场份额占比如图 A-10 和图 A-11 所示。

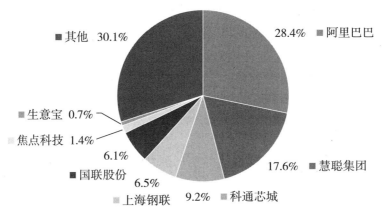

图 A-10　2018 年中国 B2B 电商平台市场份额占比

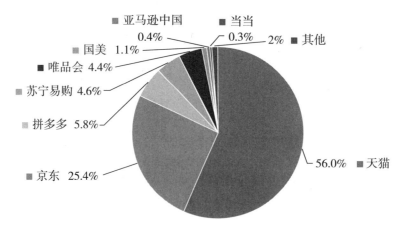

图 A-11　2018 年中国 B2C 电商平台市场份额占比

①　指通过互联网销售产品，具有广泛的品牌知名度，受到消费者认可的商品生产企业。包括传统品牌企业和在互联网崛起的新兴品牌企业。

2013—2018 年，我国连续六年成为全球最大的互联网零售市场。电子商务研究中心发布的报告显示，2018 年上半年，国内网络购物用户规模达 5.69 亿，同比增长 10.2%。（截至 2020 年 3 月，我国网络购物用户规模达 7.10 亿。）

2019 年，零售电商市场"三巨头"格局已形成，2019 年中国 B2C 电商市场份额如图 A-12 所示。若以年活跃用户数衡量平台规模，拼多多在 2019 年已超过京东，直逼天猫，但无论从营收还是净利润指标看，天猫与京东均领先于拼多多。总体来看，零售电商依然是巨头的舞台，天猫、京东依旧领先，商品交易总额（GMV，Gross Merchandise Volume，等于销售额＋取消订单金额＋拒收订单金额＋退货订单金额）达万亿级；拼多多异军突起，GMV 也突破万亿，于 2019 年首度跻身"万亿俱乐部"行列；苏宁易购、唯品会等的 GMV 为千亿级；云集、蘑菇街等的 GMV 为百亿级。

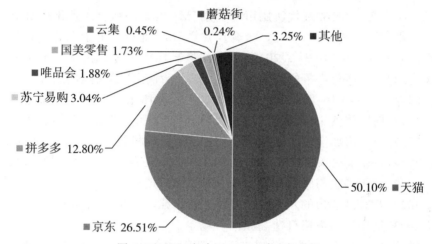

图 A-12　2019 年中国 B2C 电商市场份额

数据来源：网经社电子商务研究中心。

我国商务部电子商务和信息化司发布的《中国电子商务报告 2019》显示：2019 年，全国电商交易额达 34.81 万亿元，其中全国网上零售额 10.63 万亿元，同比增长 16.5%。实物商品网上零售额 8.52 万亿元，占社会消费品零售总额的 20.7%。电商市场规模持续引领全球。

2019 年 26 家零售电商上市公司的营收总额约 1.8 万亿元。其中千亿级营收公司包括京东、阿里巴巴、小米集团、苏宁易购；百亿级有唯品会、国美零售、拼多多、云集、乐信、三只松鼠；60～100 亿元的是趣店、宝尊电商、寺库；10～60 亿元的有 1 药网、南极电商、小熊电器、歌力思、御家汇、壹网壹创、优信、微盟集团、中国有赞；10 亿元以下的包括蘑菇街、什么值得买、团车、宝宝树集团。

参考文献

阿姆斯特朗，科特勒，2013.市场营销学：原书第 11 版 [M].赵占波，译.北京：机械工业出版社.

查菲，埃利斯－查德威克，2015.网络营销：战略、实施与实践：原书第 5 版 [M].马连福，高楠，等译.北京：机械工业出版社.

苌丽萍，崔玉艳，张扬，2020.品牌运营与管理研究 [M].长春：吉林出版集团股份有限公司.

陈葆华，任广新，2016.现代实用市场营销 [M].北京：机械工业出版社.

陈明宇，曹大嘴，傅一声，2021.大客户营销 [M].北京：电子工业出版社.

陈钦兰，苏朝晖，胡劲，等，2012.市场营销学 [M].北京：清华大学出版社.

陈韵博，2020.程序化广告的道与术 [M].北京：社会科学文献出版社.

程维，柳青，等，2016.滴滴：分享经济改变中国 [M].北京：人民邮电出版社.

戴鑫，2017.新媒体营销：网络营销新视角 [M].北京：机械工业出版社.

黄炜，2022.产品市场定位的两个层次 [J].中国眼镜科技杂志（8）：39–40.

黄炜，2022.对企业公关几个重要方面的认识 [J].江苏商论（5）：97–100.

黄炜，2022.销售经验与感悟分享 [J].中国眼镜科技杂志（7）：51–53.

黄炜，2023.互联网公司的六种经营思维 [J].江苏商论（5）：40–43.

黄炜，2023.运用产品策略打造高频消费场景 [J].中国眼镜科技杂志（4）：59–60.

黄炜，解济峰，2016.我国五金机电门店在新形势中加盟电商平台的探索 [J].现代商贸工业，37（5）：17–20.

黄炜，解济峰，2018.工业品独立门店智慧化 [J].企业管理（10）：100–102.

黄炜，解济峰，2018.工业品综合性网上商城规划 [J].现代商业（5）：32–33.

黄炜，杨坤，2017.开发工业品网上商城的前期技术选择 [J].工程技术（全文版）（8）：308.

科特勒，凯勒，2016.营销管理：第 15 版 [M].何佳讯，于洪彦，牛永革，等译.上海：格致出版社.

李晏墅，李金生，2015.市场营销学 [M].2 版.北京：高等教育出版社.

林祖华，2018.市场营销案例分析 [M].3 版.北京：高等教育出版社.

刘治江，2017.市场营销学教程 [M].北京：清华大学出版社.

穆恩，2018.哈佛商学院最受欢迎的营销课 [M].2 版.王旭，译.北京：中信出版社.

普利兹，罗斯，2020.杀死营销：打造企业 IP 新策略 [M].孙庆磊，朱振奎，译.北京：中国人民大学出版社.

宋星，2021.数据赋能：数字化营销与运营新实战 [M].北京：电子工业出版社.

苏朝晖，2018.市场营销：从理论到实践 [M].北京：人民邮电出版社.

孙元欣，2006.管理学：原理·方法·案例 [M].北京：科学出版社.

万后芬，汤定娜，杨智，2007. 市场营销教程 [M]. 2 版. 北京：高等教育出版社.

王方华，2003. 市场营销学 [M]. 上海：上海人民出版社.

王海忠，2021. 高级品牌管理 [M]. 2 版. 北京：清华大学出版社.

吴健安，2013. 市场营销学 [M]. 5 版. 北京：清华大学出版社.

薛云建，2013. 市场营销学 [M]. 北京：人民邮电出版社.

闫国庆，2021. 国际市场营销学 [M]. 4 版. 北京：清华大学出版社.

杨剑英，张亮明，2018. 市场营销学 [M]. 4 版. 南京：南京大学出版社.

张岩松，徐文飞，2017. 市场营销：理论·案例·实训 [M]. 北京：清华大学出版社.

赵轶，2017. 新编市场营销 [M]. 北京：机械工业出版社.

赵玉平，2017. 管理之道：中西方管理的理念与方法 [M]. 北京：中国工人出版社.

郑锐洪，王振馨，陈凯，2016. 营销渠道管理 [M]. 2 版. 北京：机械工业出版社.

周锡飞，2020. 国际营销理论与实战 [M]. 北京：北京理工大学出版社.

朱立，2012. 市场营销经典案例 [M]. 2 版. 北京：高等教育出版社.

庄贵军，周筱莲，王桂林，2004. 营销渠道管理：含光盘 [M]. 北京：北京大学出版社.

WANG J, HUANG W, 2019. Redemption time for coupons with limited duration: role of regulatory focus and product type [J]. The international review of retail, distribution and consumer research, 29(2)：125–138.